Excel 2007
Avancé

Guide de formation avec cas pratiques

Excel 2007
Avancé

Philippe Moreau — Patrick Morié

Tsoft
EDITEUR

EYROLLES

ÉDITIONS EYROLLES
61, bd Saint-Germain
75240 Paris Cedex 05
www.editions-eyrolles.com

TSOFT
10, rue du Colisée
75008 Paris
www.tsoft.fr

Avant-propos

Conçu par des pédagogues expérimentés, ce manuel vise à vous apprendre à utiliser efficacement les fonctions avancées du logiciel Microsoft Office Excel 2007. Il fait suite à un manuel d'initiation chez le même éditeur.

Ce manuel s'adresse donc à des utilisateurs ayant déjà assimilé et mis en pratique les fonctions de base d'Office Excel 2007.

FICHES PRATIQUES

La première partie, *Manuel utilisateur*, présente sous forme de fiches pratiques l'utilisation des fonctions avancées du logiciel et leur mode d'emploi. Ces fiches peuvent être utilisées soit dans une démarche d'apprentissage pas à pas, soit au fur et à mesure de vos besoins, lors de la réalisation de vos propres documents. Une fois ces fonctions maîtrisées, vous pourrez également continuer à vous y référer en tant qu'aide-mémoire. Si vous vous êtes déjà aguerri sur une version plus ancienne d'Excel ou sur un autre logiciel tableur, ces fiches vous aideront à vous approprier rapidement les fonctions avancées d'Office Excel 2007.

CAS PRATIQUES

La seconde partie, *Cas pratiques*, consiste à réaliser de petites applications en se servant des commandes et des fonctions d'Office Excel 2007. Cette partie vous propose vingt-deux cas pratiques, qui vous permettront de mettre en œuvre la plupart des fonctions étudiées dans la partie précédente, tout en vous préparant à concevoir vos propres applications de manière autonome. Ils ont été conçus pour vous faire progresser vers une bonne maîtrise des fonctionnalités avancées d'Office Excel 2007.

Ces cas pratiques constituent un parcours de formation ; la réalisation du parcours complet permet de s'initier seul en autoformation.

Un formateur pourra aussi utiliser cette partie pour animer une formation à l'utilisation avancée d'Office Excel 2007. Mis à disposition des apprenants, ce parcours permet à chaque élève de progresser à sa vitesse et de poser ses questions au formateur sans ralentir la cadence des autres élèves.

Les fichiers nécessaires à la réalisation de ces cas pratiques peuvent être téléchargés depuis le site Web www.editions-eyrolles.com. Pour cela, tapez le code **G12217** dans le champ <RECHERCHE> de la page d'accueil du site puis appuyez sur ⏎. Vous accéderez ainsi à la fiche de l'ouvrage sur laquelle se trouve un lien vers le fichier à télécharger. Une fois ce fichier téléchargé sur votre poste de travail, il vous suffit de le décompresser vers le dossier *C:\Exercices Excel 2007* ou un autre dossier si vous préférez.

Les cas pratiques sont particulièrement adaptés en fin de parcours de formation, à l'issue d'un stage ou d'un cours de formation en ligne sur Internet, par exemple.

Téléchargez les fichiers des cas pratiques depuis www.editions-eyrolles.com

Conventions typographiques

Pour faciliter la compréhension visuelle par le lecteur de l'utilisation pratique du logiciel, nous avons adopté les conventions typographiques suivantes :

Gras : onglets, groupes, boutons et zones situés sont sur le Ruban.

Gras : noms des sections et onglets dans les dialogues (*) ou dans les menus.

Italique : noms des commandes dans les menus et noms des boîtes de dialogue (*).

`Police bâton` : noms de dossier, noms de fichier, texte à saisir.

[xxxxx] : boutons d'une boîte de dialogue (*).

■ Actions : les actions à réaliser sont précédées d'une puce.

(*) Dans cet ouvrage, le terme « dialogue » désigne une « boîte de dialogue ».

TABLE DES MATIÈRES

PARTIE 1

MANUEL UTILISATEUR

Calculs et simulations

1

CALCULER SUR DES DATES

PARAMÉTRER LE CHANGEMENT DE SIÈCLE

Lorsque vous saisissez une date avec la partie année sur deux chiffres, Excel interprète 00 à 29 comme 2000 à 2029 et 30 à 99 comme 1930 à 1999. Ce seuil de 29 est défini dans les options régionales et linguistiques de Windows.

- Pour modifier ce seuil, accédez au panneau de configuration Windows, *Horloge, langue et région*, puis *Options régionales et linguistique*, cliquez sur [Personnaliser le format], puis sous l'onglet **Date** : modifiez la zone contenant le seuil.

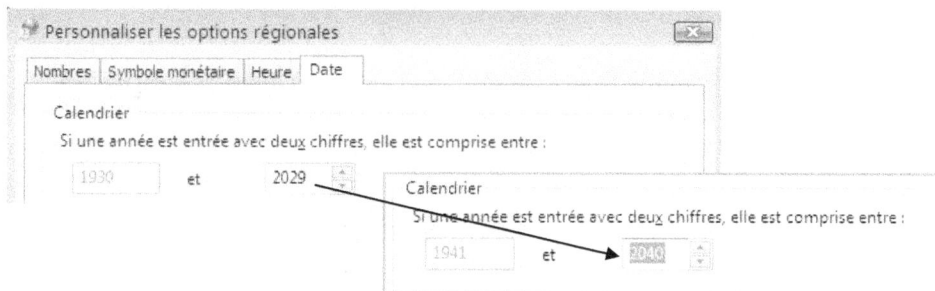

SAISIR DES DATES OU DES HEURES

- Pour saisir une date, séparez les jours, mois et année par / ou par -, par exemple `24/12/49`, `24-12-49`. Si le mois est saisi en lettres, vous pouvez le séparer par des espaces `24 déc 49`.
- Pour saisir une heure, utilisez le séparateur deux-points (`:`), par exemple `22:5:10` correspond à 22H 05 minutes et 10 secondes.

LE NUMÉRO DE SÉRIE

Excel enregistre la date comme un numéro de série. Le 1er janvier 1900 correspond au numéro 1, chaque date saisie correspond au nombre de jours écoulés depuis le 1er janvier 1900.

Excel enregistre une heure comme une fraction décimale de jour, par exemple `12:` correspond à `0,5` − `18:` correspond à `0,75` − `18:15` correspond à `0,760416666666667`.

Il existe un autre système de numérotation des dates partir du 1er janvier 1904 (utilisé par Excel pour Mac). Dans les options avancées d'Excel, il est possible d'activer une case <☑ Utiliser le calendrier depuis 1904> pour utiliser ce système de date.

CALCULER SUR DES DATES

`= A2-A2` renvoie le nombre de jours écoulés entre les deux dates contenues dans A1 et A2.

`=AUJOURDHUI()` renvoie la date du jour actuel.

`=PLAFOND(MOIS(A1)/3;1)` calcule le numéro du trimestre (n° du mois /3, arrondi supérieur).

`=FIN.MOIS(A1;0)` cette fonction renvoie la date du dernier jour du mois de la date.

`=FIN.MOIS(A1;-1)+1` renvoie la date du 1er jour du mois (dernier jour du mois précédent+1).

`=NO.SEMAINE(A1)` renvoie le numéro de semaine de la date.

`=JOUR(FIN.MOIS(A1))` renvoie le nombre de jour du mois (n° du dernier jour du mois).

`="Échéance:"&TEXTE(A1;"jjjj mmmm aaaa")` affiche la date en toutes lettres dans un texte.

`=TEXTE(A1;"jjjj")` renvoie le jour de la semaine en toutes lettres.

`=TEXTE(A1;"mmmm")` renvoie le mois en toutes lettres.

`=SI(AUJOURDHUI()>A1;"date dépassée")` affiche le texte si la date dans A1 est passée.

`=110/24/60` convertit `110` mn en heure et minutes, soit `01:50` en format hh:mm.

`=9,75/24` convertit l'heure en décimale `9,75` en heure et minutes, soit `9:45` en format hh:mm.

Par exemple, vous avez une liste d'articles et vous voulez créer un devis dans lequel vous voulez sélectionner les titres des articles. Les informations concernant les articles (référence et prix) doivent s'afficher automatiquement dans le devis lorsque vous avez entré un titre.

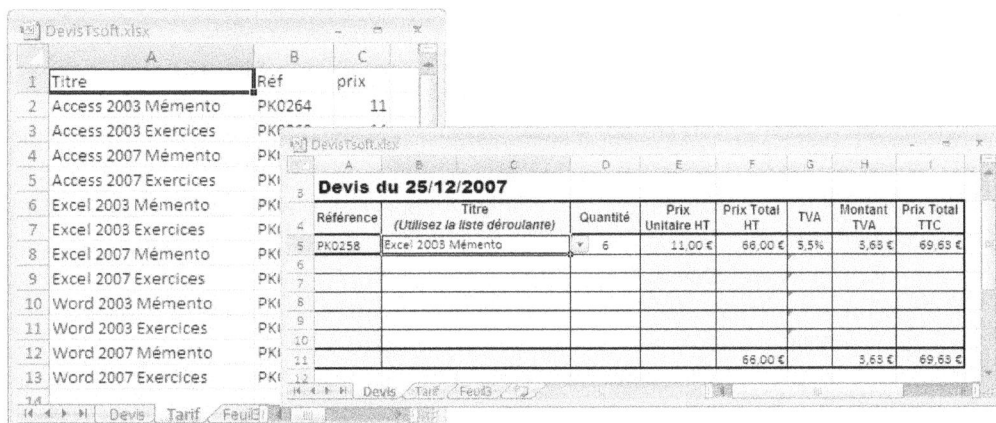

Liste déroulante pour faciliter la saisie des titres

Dans les cellules B5:B10 de saisie des titres, une liste déroulante d'entrées provenant de la plage nommée *Titre* ($A$2:$A$13 dans la feuille *Tarif*) peut être définie pour sélectionner le titre plutôt que d'avoir à le saisir.

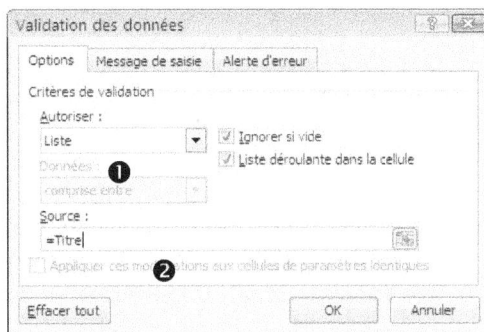

- Sélectionnez les cellules B5:B10, puis sous l'onglet **Données**>groupe **Outils de données**, cliquez sur la **flèche** du bouton **Validation de données**. ❶ Sélectionnez *Liste*, ❷ sélectionnez le nom de plage *Titre*, validez par [OK].

Lorsque vous cliquez sur une de ces cellules, un bouton flèche apparaît à droite de la cellule, cliquez sur le bouton et sélectionnez le titre.

Formules de la première ligne article du devis

La liste d'articles est placée dans la feuille *Tarif*, dans les colonnes A à C, dans notre exemple, la liste d'article est nommée *Catalogue* (la plage est $A$2:$C$13 dans la feuille *Tarif*).

- Une formule dans la cellule A5, va chercher dans la liste d'articles la référence correspondant à l'article entré en $B5 : =SI($B5=0;0;RECHERCHEV($B5;Catalogue;2;FAUX)).
  Tant qu'aucune valeur n'a été entrée dans la cellule B5 ($B5=0), le résultat de la formule est 0, sinon la fonction RECHERCHEV() cherche le titre entré en $B5 dans la première colonne de la plage Catalogue, et renvoie la valeur qui est contenue dans la colonne 2.

- Une formule dans la cellule E5, va chercher dans la liste d'articles le prix correspondant à l'article entré en $B5 : =SI($B5=0;0;RECHERCHEV($B5;Catalogue;3;FAUX)).
  Tant qu'aucune valeur n'a été entrée dans la cellule B5 ($B5=0), le résultat de la formule est 0, sinon la fonction RECHERCHEV() cherche le titre entré en $B5 dans la première colonne de la plage Catalogue, et renvoie la valeur qui est contenue dans la colonne 3.

- Les autres formules de la ligne, en F5 (=D5*E5), en H5 (=F5*G5) et en I5 (=F5+H5), affichent leur résultat supérieur à 0 dès que la quantité est entrée en D5.

Formules des autres lignes article du devis

Les autres lignes sont obtenues par copie des formules de la première ligne du devis.

RECHERCHEV

Cherche une valeur donnée dans la première colonne de la matrice d'un tableau et renvoie une valeur se trouvant sur la même ligne mais dans une autre colonne de la matrice du tableau. Le V de RECHERCHEV signifie Vertical, en colonne.

Syntaxe

`RECHERCHEV(valeur_cherchée;table_matrice;no_col;valeur_logique)`

- `valeur_cherchée` : la valeur à chercher dans la première colonne de la matrice, elle peut être une valeur ou une référence.
- `table_matrice` : au moins deux colonnes de données. Utilisez une référence à une plage ou un nom de plage.
- `no_col` : numéro de la colonne de l'argument `table_matrice` dont la valeur correspondante doit être renvoyée. Si `no_col` est égal à 1, la fonction renvoie la valeur de la première colonne de l'argument `table_matrice` ; si `no_col` est égal à 2, la valeur est renvoyée de la deuxième colonne de l'argument `table_matrice`, et ainsi de suite. Si l'argument `no_col` est inférieur à 1, RECHERCHEV renvoie #VALUE!, s'il est supérieur au nombre de colonnes dans `table_matrice`, RECHERCHEV renvoie #REF!.
- `valeur_logique` : VRAI/FAUX indique si vous souhaitez que la fonction RECHERCHEV recherche une valeur exacte ou voisine de celle que vous avez spécifiée.

  Si VRAI ou omis : la fonction renvoie une donnée exacte si elle est trouvée, ou la valeur immédiatement inférieure. Les valeurs de la première colonne de `table_matrice` doivent être classées en ordre croissant ; sans cela, RECHERCHEV ne renvoie pas forcément la bonne valeur.

  Si FAUX : la fonction recherche exclusivement une correspondance exacte. Dans ce cas, il n'est pas indispensable que les valeurs de la première colonne de `table_matrice` soient triées. Si plusieurs valeurs de la première colonne de `table_matrice` correspondent à `valeur_cherchée`, c'est la première valeur trouvée qui est utilisée. Si aucune valeur ne correspond, la valeur d'erreur #N/A est renvoyée.

LES AUTRES FONCTIONS DE RECHERCHE

`DECALER(réf;n_lignes;p_colonnes;hauteur;largeur)`

Renvoie une référence à une cellule ou à une plage de cellules décalée de `n` lignes et `p` colonnes par rapport à la référence `réf`. Vous pouvez spécifier la hauteur et la largeur de la plage à renvoyer. La fonction DECALER peut être utilisée avec les fonctions exigeant une référence comme argument, par exemple, la formule `SOMME(DECALER(C2;1;2;3;1))`.

`EQUIV(valeur_cherchée;matrice_recherche;type)`

Renvoie la position relative d'une `valeur_cherchée` élément dans une matrice. Utilisez la fonction EQUIV plutôt qu'une des fonctions RECHERCHE lorsque vous avez besoin de la position d'un élément dans une plage et non de l'élément en tant que tel.

`INDEX(tableau;no_ligne;no_col)` ou `INDEX(réf;no_lig;no_col;no_zone)`

Renvoie une valeur ou une référence à une valeur provenant d'un tableau ou d'une plage, à l'intersection du `no_ligne` et du `no_colonne`. `no_zone` sert à indiquer le numéro de zone dans le cas ou réf est constitué de plusieurs zones.

`RECHERCHEH(valeur_cherchée,table_matrice,no_lig,valeur_logique)`

Recherche une valeur dans la ligne supérieure d'une table ou d'une matrice de valeurs, puis renvoie une valeur, dans la même colonne, à partir d'une ligne que vous spécifiez dans la table ou la matrice (fonction transposée de RECHERCHEV).

RÉFÉRENCES CIRCULAIRES ET ITÉRATIONS

NOTION D'ITÉRATION POUR RÉSOUDRE LES RÉFÉRENCES CIRCULAIRES

Dans certains calculs, une formule peut renvoyer indirectement à elle-même, on parle alors de référence circulaire. Si l'option <☑ Activer le calcul itératif>est activée, Excel peut résoudre ce type de problème, par itération en tenant compte à chaque pas du résultat du calcul précédent.

Exemple 1 : Équations à deux inconnues : X=(Y+25)/2 et Y=X/5

- Saisissez la formule de la cellule E2, puis saisissez la formule de la cellule E3 qui introduit une référence circulaire.
  Excel affiche un message d'avertissement.

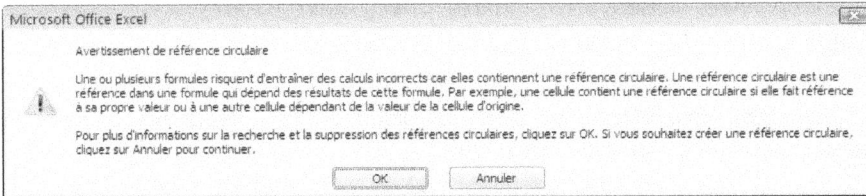

	D	E
1		
2	X	=(E2+25)/2
3	Y	=E2/5

Microsoft Office Excel

Avertissement de référence circulaire

Une ou plusieurs formules risquent d'entraîner des calculs incorrects car elles contiennent une référence circulaire. Une référence circulaire est une référence dans une formule qui dépend des résultats de cette formule. Par exemple, une cellule contient une référence circulaire si elle fait référence à sa propre valeur ou à une autre cellule dépendant de la valeur de la cellule d'origine.

Pour plus d'informations sur la recherche et la suppression des références circulaires, cliquez sur OK. Si vous souhaitez créer une référence circulaire, cliquez sur Annuler pour continuer.

[OK] [Annuler]

- Cliquez sur [Annuler] pour accepter la référence circulaire, le résultat 0 apparaît dans la cellule E3 car Excel ne peut effectuer le calcul.
- Si vous activez le calcul itératif (voir ci-dessous), Excel calcule et affiche le résultat.

Sans calcul itératif		Avec calcul itératif	
	D	E		D	E
1			1		
2	X	12,5	2	X	13,888875
3	Y	0	3	Y	2,777775

Solution : X=13,888875 et Y=2,777775 (arrondi à 6 décimales).

Exemple 2 : Calculons la commission d'un commercial définie à 5,25 % du Bénéfice net, qui lui-même dépend du montant de la commission (Bénéfice net = Bénéfice brut-Commission) : les formules en B3 et B4 contiennent une référence circulaire.

	A	B
1		Montant en €
2	Bénéfice brut	1000
3	Bénéfice net	=B2-B4
4	Commission	=5,25%*B3

Avec calcul itératif		
	A	B
1		Montant en €
2	Bénéfice brut	1000
3	Bénéfice net	950,12
4	Commission	49,88

Solution : Prime = 49.88 K€ (arrondi à 2 décimales) pour un bénéfice brut de 1 000 €.

ACTIVER LE CALCUL ITÉRATIF

- Cliquez sur le **Bouton Office**, puis sur [Options Excel], sélectionnez *Formules* et dans la partie droite de la fenêtre *Options Excel* cochez la case <☑ Activer le calcul itératif>.
  ❶ Saisissez le nombre d'itérations au terme desquelles Excel cessera le calcul, ❷ saisissez la valeur d'écart entre deux résultats successifs au-dessous de laquelle l'itération doit s'arrêter.

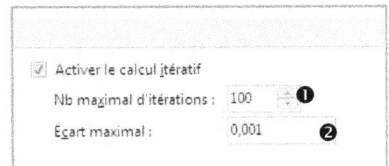

☑ Activer le calcul itératif
Nb maximal d'itérations : 100 ❶
Écart maximal : 0,001 ❷

- Cliquez sur [OK].

📌 Un calcul itératif peut être soit divergent (il n'amène aucun résultat significatif), soit convergent (il converge vers une valeur). S'il diverge, le calcul s'arrête au bout de N itérations et chaque fois que vous tapez F9 *Recalcul*, Excel effectue à nouveau N itérations et les valeurs changent.

VALEUR CIBLE

On crée une formule contenant une variable et l'on veut connaître la valeur de la variable pour que la formule renvoie un résultat que l'on se fixe.

Exemple : calcul du montant maximum empruntable

La formule de calcul du remboursement mensuel d'un emprunt est fonction du montant emprunté, de la durée et du taux d'intérêt. La recherche d'une valeur cible répond à la question : sachant que ma capacité de remboursement est de 2 000 € par mois, que le taux est de 6 % annuel et la durée de 9 ans, combien puis-je emprunter ?

Saisissez les données et la formule de calcul :

- Saisissez les données utilisées par la formule, ici ❶ (cellules B3 :B7).
- Saisissez la formule = -VPM(B7/12;B6;B3) ❷ (cellule B9).
- Sélectionnez la cellule contenant la formule (ici, B9).
- Onglet **Données**>groupe **Outils de données** cliquez sur la flèche du bouton **Analyse de scénario**, puis sur la commande *Valeur cible...*
- Dans la zone <Cellule à définir>, la référence B9 de la cellule qui contient la formule.
- Dans la zone <Valeur à atteindre>, saisissez la valeur cible 2000.
- Dans la zone <Cellule à modifier>, cliquez sur la cellule B3 dans la feuille.
- Cliquez sur [OK].

	A	B	C	D	E
1	Mensualité de remboursement d'un emprunt				
2					
3	Montant emprunté	275.000 €			
4					
5	Durée en années	9			
6	Durée en mois	108			
7	Taux d'intérêt annuel	6%			
8					
9	calcul de la mensualité	3.301,58 €			
10					
11					
12					
13					

Valeur cible

Cellule à définir : B9
Valeur à atteindre : 2000
Cellule à modifier : $B$3

OK   Annuler

Le résultat s'affiche dans la cellule à modifier, et une fenêtre message vous propose de confirmer.

- Cliquez sur [OK] pour valider le changement des valeurs dans la feuille.

	A	B	C	D	E
1	Mensualité de remboursement d'un emprunt				
2					
3	Montant emprunté	166.587 €			
4					
5	Durée en années	9			
6	Durée en mois	108			
7	Taux d'intérêt annuel	6%			
8					
9	calcul de la mensualité	2.000,00 €			
10					
11					
12					

État de la recherche

Recherche sur la cellule B9
a trouvé une solution.

Valeur cible : 2000
Valeur actuelle : 2.000,00 €

Pas à pas
Pause
OK   Annuler

La capacité d'emprunt est de 166 587 €.

SCÉNARIOS

Un scénario est un ensemble de valeurs que vous pouvez appliquer à un ensemble de cellules en une seule action, afin de visualiser les résultats des formules dépendantes de ces cellules.

Dans l'exemple ci-contre, les cellules variables sont B2 et B3. On veut calculer la marge (B6), les charges (B10), et le résultat (B12), pour différentes valeurs de Ventes 1 et Ventes 2 : Hypothèse 1 (200, 140), Hypothèse 2 (250,170), Hypothèse 3 (280, 200).

	A	B			A	B			A	B			A	B
1	Ventes 1	210		1	Ventes 1	200		1	Ventes 1	250		1	Ventes 1	280
2	Ventes 2	150		2	Ventes 2	140		2	Ventes 2	170		2	Ventes 2	200
3	Achat 1	70		3	Achat 1	67		3	Achat 1	83		3	Achat 1	93
4	Achat 2	30		4	Achat 2	28		4	Achat 2	34		4	Achat 2	40
5	Marge	260		5	Marge	245		5	Marge	303		5	Marge	347
6	Salaires	165		6	Salaires	165		6	Salaires	165		6	Salaires	165
7	Loyers	40		7	Loyers	40		7	Loyers	40		7	Loyers	40
8	Charges	205		8	Charges	205		8	Charges	205		8	Charges	205
9				9				9				9		
10	Résultat	55		10	Résultat	40		10	Résultat	98		10	Résultat	142

Créer les scénarios

- Commencez par sélectionner les cellules d'entrée, dans l'exemple la plage B1:B2. Si les cellules étaient dispersées, vous utiliseriez la sélection multiple : appuyez sur la touche [Ctrl] tout en cliquant sur les cellules concernées.

- Onglet **Données**>groupe **Outils de données** cliquez sur la **flèche** du bouton **Analyse de scénario**, puis sur la commande *Gestionnaire de scénarios…*

- Dans le dialogue *Gestionnaire de scénarios* : cliquez sur [Ajouter], saisissez le nom du scénario `Hypothèse 1`, spécifiez les références des cellules variables et deux options n'ayant effet que si la feuille est protégée : <☑ Changements interdits> pour que d'autres utilisateurs ne puissent pas modifier le scénario, <☑Masquer> pour que son nom ne soit pas visible dans la liste des scénarios. Cliquez sur [OK].

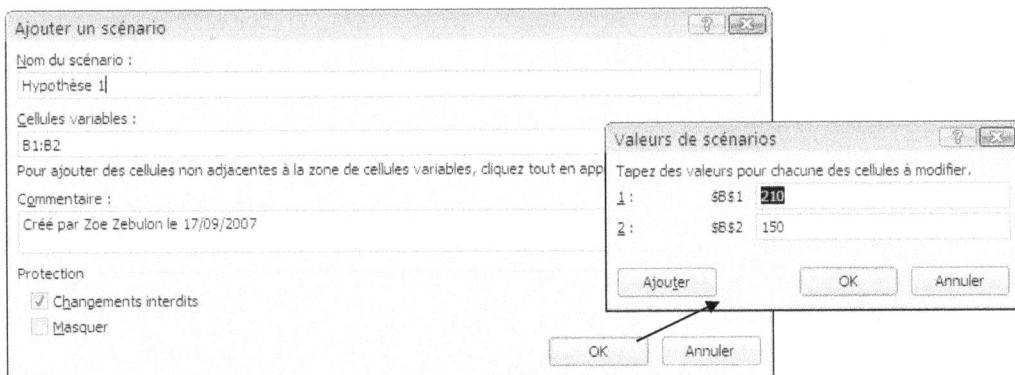

- Dans le dialogue *Valeurs de scénarios* : saisissez les valeurs du scénario (210,100), puis

- [Ajouter] pour créer le scénario et en ajouter un autre : dans le dialogue *Ajouter un scénario*, saisissez le nom du scénario, cliquez sur [OK], saisissez les valeurs du scénario.

- [OK] pour créer le scénario et revenir au dialogue *Gestionnaire de scénarios*.

- [Annuler] pour annuler la création du scénario et revenir au dialogue *Gestionnaire de scénarios*.

- Cliquez sur [Fermer] pour terminer.

Afficher un scénario

- Onglet **Données**>groupe **Outils de données** cliquez sur la flèche du bouton **Analyse de scénario**, puis sur la commande *Gestionnaire de scénarios…*

SCÉNARIOS

■ Sélectionnez le scénario que vous voulez afficher, puis cliquez sur [Afficher].

Les valeurs du scénario remplacent alors les valeurs existantes dans les cellules variables.

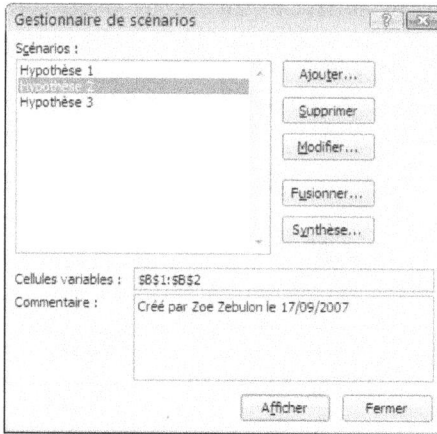

Pour pouvoir restaurer les valeurs d'origine des cellules variables, créez un scénario qui utilise les valeurs d'origine des cellules avant d'afficher les scénarios qui les modifient.

Supprimer, modifier un scénario et fusionner des scénarios

■ Onglet **Données**>groupe **Outils de données** cliquez sur la **flèche** du bouton **Analyse de scénario**, puis sur la commande *Gestionnaire de scénarios...*, dans le dialogue *Gestionnaire de scénarios* : sélectionnez le scénario et utilisez les boutons [Modifier...] ou [Supprimer].

[Fusionner] permet de fusionner les scénarios, créés dans d'autres feuilles d'autres classeurs. Ceci permet de fusionner des scénarios provenant de plusieurs personnes, mais il faut que si les autres feuilles sont construites sur le même modèle.

Rapport de synthèse

■ Nommez, sans utiliser d'espaces dans les noms, les cellules contenant les variables ainsi que les cellules contenant le résultat.

■ Onglet **Données**>groupe **Outils de données** cliquez sur la **flèche** du bouton **Analyse de scénario**, cliquez sur la commande *Gestionnaire de scénarios...*, puis cliquez sur le bouton [Synthèse].

❶ Choisissez entre une feuille de synthèse et un tableau croisé dynamique, ❷ spécifiez les cellules résultantes que vous voulez visualiser dans la synthèse, cliquez sur [OK].

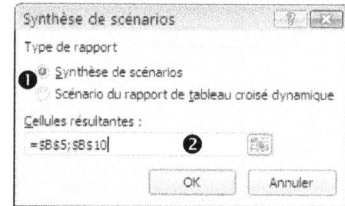

Excel crée une feuille *Synthèse de scénarios* et y place la synthèse de vos divers scénarios.

	Valeurs actuelles	Hypothèse 1	Hypothèse 2	Hypothèse 3	Origine
Cellules variables :					
Ventes_1	250	200	250	280	210
Ventes_2	170	140	170	200	150
Cellules résultantes :					
Marge	303	245	303	347	260
Résultat	98	40	98	142	55

La colonne Valeurs actuelles affiche les valeurs des cellules variables au moment de la création du rapport de synthèse. Les cellules variables de chaque scénario se situent dans les colonnes grisées.

TABLES DE DONNÉES (D'HYPOTHÈSES)

Cette fonction (appelée table d'hypothèses dans les versions antérieures d'Excel) vous permet de représenter dans un tableau les résultats d'une formule selon différentes valeurs d'une ou deux variables de la formule.

TABLE DE DONNÉES À SIMPLE ENTRÉE (FORMULE À UNE VARIABLE)

L'exemple suivant est un tableau qui calcule la mensualité de remboursement mensuel d'un emprunt (fonction VPM : valeur des paiements), en faisant varier les taux d'intérêt.

Saisissez les données et la formule de calcul, puis les valeurs d'hypothèse :

- Saisissez les données utilisées par la formule, ici ❶ (cellules B3:B5).
- Saisissez la formule `=-VPM(B5/12;B4*12;B3)` ❷ (dans la cellule B7).
- Saisissez les hypothèses, dans les cellules en colonne D2:D7. Nous faisons varier ici le taux d'intérêt, les hypothèses sont des valeurs de taux d'intérêt.
- Saisissez la formule de la table de données dans la cellule E2, au-dessus des cellules de résultats `=-VPM(B5/12;B4*12;B3)` ❸, vous pouvez aussi utiliser la formule = B7 puisque cette formule a déjà été saisie en B7.
- Sélectionnez la plage de cellules D2:E8, contenant les valeurs d'hypothèse en colonne et dans la colonne à droite les cellules résultats avec la formule au-dessus des cellules résultats.
- Onglet **Données**>groupe **Outils de données** cliquez sur la **flèche** du bouton **Analyse de scénarios**, puis sur la commande *Table de données...*
- Dans le dialogue *Table de données* : cliquez dans la zone <Cellules d'entrée en colonne>, puis cliquez sur la cellule B5 qui contient la variable dont les valeurs d'hypothèses ont été saisies.

- Cliquez sur [OK].

Vous pouvez obtenir les résultats de plusieurs formules utilisant les mêmes valeurs d'hypothèses : sélectionnez une plage (ici D2:G8) couvrant plusieurs colonnes, la première colonne contenant les valeurs d'hypothèses, chaque colonne suivante contenant une formule et ses cellules résultats.

TABLE DE DONNÉES (D'HYPOTHÈSES)

TABLE DE DONNÉES À DOUBLE ENTRÉE (FORMULE À DEUX VARIABLES)

L'exemple suivant est un tableau qui calcule la mensualité de remboursement d'un emprunt (fonction VPM) en faisant varier la durée et le taux d'intérêt (deux séries de valeurs d'hypothèses).

Saisissez le modèle :

- Saisissez les données utilisées par la formule, ici ❶ (cellules B3:B5).
- Saisissez la formule =-VPM(B5/12;B4*12;B3) ❷ (cellule B7).

Saisissez les données dans la table de données :

- Les valeurs d'hypothèse de la première colonne (plage D3:D7) : les durées en années.
- Les valeurs d'hypothèse de la première ligne (plage E2:I2) : les taux d'intérêt annuel.
- La formule dans la première cellule (cellule D2) : =-VPM(B5/12;B4*12;B3) ❸, vous pouvez aussi utiliser la formule =B7 puisque cette formule a déjà été saisie en B7.

Effectuez le calcul de la table de données :

- Sélectionnez la plage de la table de données (D2:I7) puis sous l'onglet **Données**>groupe **Outils de données** cliquez sur la **flèche** du bouton **Analyse de scénario**, puis sur la commande *Table de données...*
- Dans le dialogue *Table de données* :
- Cliquez dans la zone <Cellules d'entrée en ligne> puis cliquez sur la cellule B5 variable dont les valeurs d'hypothèses ont été saisies en ligne.
- Cliquez dans la zone <Cellule d'entrée en colonne> puis cliquez sur la cellule B4 variable dont les valeurs ont été saisies en colonne dans la table de données.

- Cliquez sur [OK].

SOLVEUR

Le solveur permet de trouver les valeurs de plusieurs cellules variables, permettant à une formule d'atteindre une valeur définie, maximale ou minimale, en respectant des contraintes.

Il faut avoir installé le solveur. Pour cela, cliquez sur le **Bouton Office**, puis sur [Options Excel], sélectionnez *Compléments*. Au bas de la partie droite du menu dans la zone <Gérer> : sélectionnez *Compléments*, puis cliquez sur le bouton [Atteindre], puis dans le dialogue *Macro complémentaires* : cochez <☑ Complément solveur>, cliquez sur [OK] pour installer ce complément.

EXEMPLE DE PROBLÈME

Un produit, fabriqué dans trois usines, est envoyé dans trois magasins régionaux et le coût d'expédition est fonction de la distance. Il s'agit de minimiser le coût d'expédition total (B16), en respectant :

- les exigences d'approvisionnement des magasins : la quantité livrée est supérieure ou égale à la quantité demandée (C3:E3≤C9:E9) ;
- les contraintes de capacité des usines : la quantité fabriquée est inférieure à la capacité (B6:B8≤ B13:B15) ;
- Les variables à calculer sont les quantités expédiées qui doivent être positives (C6:E8≥0).

■ Construisez le modèle comme ci-dessous :

	A	B	C	D	E
1			Demande des magasins		
2			Mantes	Toulon	Bastia
3			250	240	340
4			Quantités expédiées de l'u:		
5	Usines :	Expéditions	Mantes	Toulon	Bastia
6	Marseille	=SOMME(C6:E6)	30	30	30
7	Paris	=SOMME(C7:E7)	30	30	30
8	Brest	=SOMME(C8:E8)	30	30	30
9	Total expédié	=SOMME(B6:B8)	=SOMME(C6:C8)	=SOMME(D6:D8)	=SOMME(E6:E8)
10					
11			Cout unitaire d'expédition :		
12	Usines :	capacité	Mantes	Toulon	Bastia
13	Marseille	300	10	5	4
14	Paris	270	6	3	6
15	Brest	280	3	5	9
16	Cout expédition	=SOMME(C16:E16)	=SOMME(C6:C8*C13:C15)	=SOMME(D6:D8*D13:D15)	=SOMME(E6:E8*E13:E15)

	A	B	C	D	E	F
1			Demande des magasins			
2			Mantes	Toulon	Bastia	
3			250	240	340	
4			Quantités expédiées de l'usine x à l'entrepôt y			
5	Usines :	Expéditions	Mantes	Toulon	Bastia	
6	Marseille	90	30	30	30	
7	Paris	90	30	30	30	
8	Brest	90	30	30	30	
9	Total expédié	270	90	90	90	
10						
11			Cout unitaire d'expédition usine x à entrepôt y			
12	Usines :	capacité	Mantes	Toulon	Bastia	
13	Marseille	300	10	5	4	
14	Paris	270	6	3	6	
15	Brest	280	3	5	9	
16	Cout expédition	1530	570	390	570	

SOLVEUR

RÉSOUDRE PAR LE SOLVEUR

- Sous l'onglet **Données**>groupe **Analyse** cliquez sur le bouton **Solveur**, le dialogue Paramètres du solveur s'affiche.
- Spécifiez la cellule cible (B16) à définir en cherchant à la minimiser <⊙ Min>.
- Dans la zone <Cellules variables> : spécifiez la plage C6:E8.
- Dans la zone <Contraintes > : ajoutez les contraintes en cliquant sur le bouton [Ajouter].

- Cliquez sur [Résoudre] pour essayer de trouver une solution optimale.

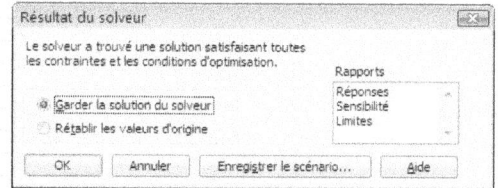

- Excel propose de choisir entre garder la solution ou rétablir les valeurs d'origine, indiquez votre choix et cliquez sur [OK].

OPTIONS DE RÉSOLUTION

Le bouton [Options...] permet de contrôler la résolution : si une solution optimale n'est pas trouvée au bout du temps de résolution ou du nombre d'itérations, Excel propose de continuer ou de se contenter de la solution approchée.

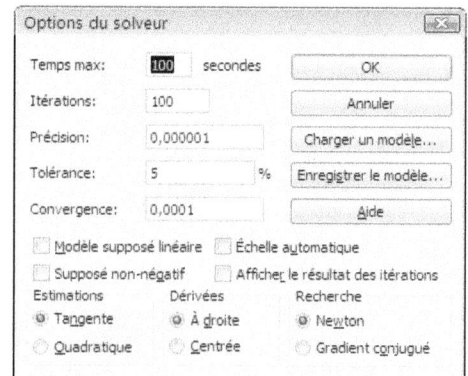

Pour améliorer votre efficacité

2

COMMENTAIRES

Un commentaire est un texte de remarque associé à une cellule, s'affichant dans une bulle lorsque vous amenez le pointeur sur la cellule. Les cellules possédant un commentaire ont un petit rectangle rouge dans leur coin supérieur droit.

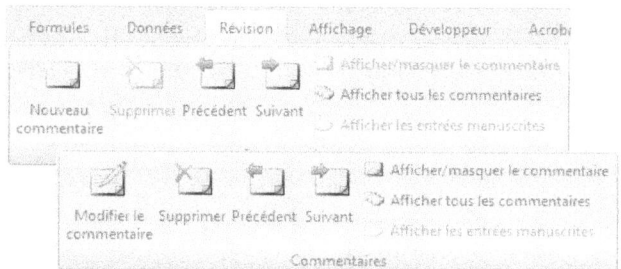

AJOUTER UN COMMENTAIRE

- Cliquez droit dans la cellule à commenter, puis sur la commande *Insérer un commentaire*, ou Onglet **Révision**>groupe **Commentaires**, cliquez sur le bouton **Nouveau commentaire**.
- Dans la bulle, saisissez le texte du commentaire, la touche ⏎ sert à passer à la ligne dans le commentaire. Vous pouvez formater les caractères en utilisant les boutons **Gras**, **Italique**... sous l'onglet **Accueil**>groupe **Police**, terminez en cliquant en dehors de la bulle.

AFFICHER LES COMMENTAIRES

- Pour afficher temporairement le commentaire : positionnez le pointeur sur la cellule dotée d'un triangle rouge dans son coin supérieur droit.
- Pour conserver l'affichage du commentaire en permanence : cliquez droit sur la cellule, puis sur *Afficher/Masquer les commentaires*, ou cliquez sur **Afficher/masquer le commentaire**.
- Pour masquer à nouveau l'affichage du commentaire : cliquez droit sur la cellule, puis sur *Masquer les commentaires* ou cliquez sur **Afficher/masquer le commentaire**.
- Pour afficher en permanence tous les commentaires : Onglet **Révision**>groupe **Commentaires**, cliquez sur le bouton **Afficher tous les commentaires**.

MODIFIER LE TEXTE D'UN COMMENTAIRE

- Cliquez droit dans la cellule, puis sur la commande contextuelle *Modifier le commentaire*, ou Onglet **Révision**>groupe **Commentaires**, cliquez sur le bouton **Modifier le commentaire**.
- Dans la bulle, effectuez les modifications dans le cadre, terminez en cliquant hors de la bulle.

SUPPRIMER UN COMMENTAIRE

- Cliquez droit sur la cellule, puis sur la commande contextuelle *Effacer le commentaire*, ou Onglet **Révision**>groupe **Commentaires**, cliquez sur le bouton **Supprimer**.

METTRE EN FORME UN COMMENTAIRE

- Procédez comme pour modifier le commentaire, puis cliquez droit sur le pourtour de la bulle du commentaire, puis sur la commande contextuelle *Format de commentaire*, définissez le formatage, validez par [OK].

PASSER D'UN COMMENTAIRE À L'AUTRE

- Cliquez sur le bouton **Suivant** ou **Précédent** fait passer d'un commentaire à un autre dans tout le classeur.

IMPRIMER LES COMMENTAIRES AVEC LA FEUILLE

- Affichez les commentaires, puis sous l'onglet **Mise en page**>groupe **Mise en page**, cliquez sur le **Lanceur** du groupe. Sous l'onglet **Feuille**, dans la zone <Commentaires> : sélectionnez *Tel que sur la feuille* ou *À la fin de la feuille*, puis cliquez sur [Imprimer...].

RECHERCHER ET REMPLACER

Vous pouvez retrouver une chaîne de caractères dans la feuille et la remplacer éventuellement par une autre. La recherche peut porter sur une plage de cellules ou sur la feuille entière et même dans tout le classeur.

RECHERCHER

- Sélectionnez la plage de cellules ou cliquez sur une cellule (pour chercher dans toute la feuille).
- [Ctrl]+F ou Onglet **Accueil**>groupe **Édition**, cliquez sur le bouton **Rechercher et sélectionner**, puis sur la commande *Rechercher...*
- Cliquez sur [Options»] pour afficher les options.

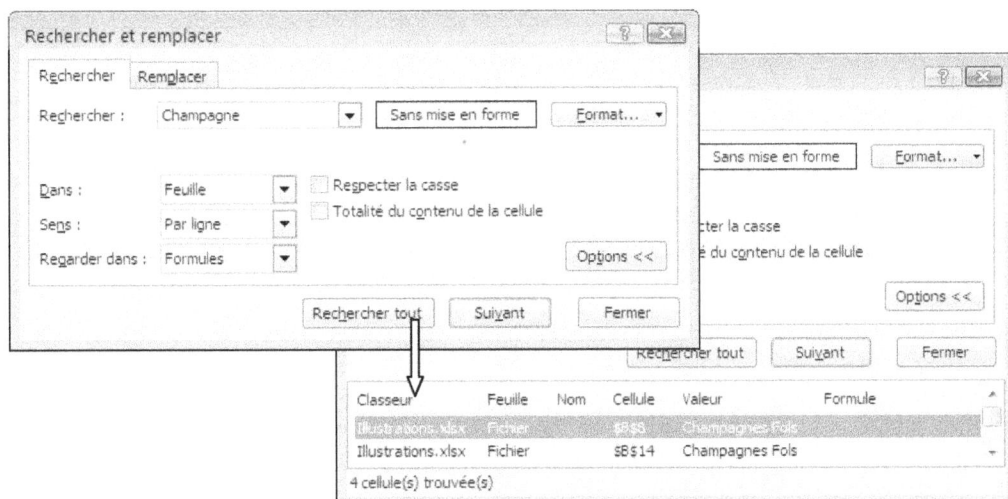

- Dans la zone <Rechercher> : saisissez le texte ou le nombre à chercher, ou sélectionnez une recherche récente (vous pouvez utiliser les caractères génériques (* et ?).
- <Dans> : sélectionnez *Feuille/Classeur* comme domaine de recherche.
- Cliquez sur [Rechercher tout] : liste toutes les occurrences trouvées au bas du dialogue. Vous pouvez cliquer sur une ligne de la liste pour sélectionner la cellule dans la feuille.
- Cliquez sur [Suivant] : sélectionne dans la feuille l'occurrence trouvée suivante.
- Cliquez sur [Fermer] ou Echap pour fermer le dialogue.

Rechercher un formatage

Vous pouvez rechercher dans les cellules ayant une mise en forme particulière :

- Cliquez sur [Format...] et spécifiez le format dans le dialogue *Rechercher le format*.

Pour rechercher dans les cellules ayant la même mise en forme qu'une cellule :

- Cliquez sur la flèche du bouton [Format...], puis sur la commande *Choisir le format à partir de la cellule...*, puis cliquez dans la feuille sur la cellule ayant la mise en forme voulue.

Pour effacer cette recherche de formatage :

- Cliquez sur la flèche du bouton [Format] puis sur la commande *Effacer la recherche de format*.

Rechercher sur les formules, les valeurs ou les commentaires

- Dans la zone <Regarder dans> : sélectionnez *Formules/Valeurs/Commentaires*.

Formules	recherche dans les valeurs saisies et dans les formules.
Valeurs	recherche dans les valeurs saisies et dans les résultats des formules.
Commentaires	recherche seulement dans les commentaires associés aux cellules.

RECHERCHER ET REMPLACER

Choisir le sens de la recherche par ligne ou par colonne

- Dans la zone <Sens> : sélectionnez *Par ligne* ou *Par colonne*.

  Lignes recherche de gauche à droite dans la première ligne de la sélection et ainsi de suite dans les lignes au-dessous.

  Colonnes recherche de haut en bas dans la première colonne de la sélection puis dans les colonnes à droite.

Distinguer majuscules et minuscules

Pour opérer une distinction entre majuscules et minuscules dans le cadre de la recherche :

- Cochez la case <☑ Respecter la casse>.

Rechercher l'expression exacte

Pour rechercher l'expression exacte telle qu'elle est apparaît dans la zone Rechercher :

- Cochez la case <☑ Totalité du contenu de la cellule>.

RECHERCHER ET REMPLACER

- Sélectionnez la plage de cellules ou cliquez sur une cellule (pour chercher dans toute la feuille).
- Ctrl +H ou Onglet **Accueil**>groupe **Édition**, cliquez sur le bouton **Rechercher et sélectionner**, puis sur la commande *Remplacer...* Cliquez sur [Options»] pour afficher les options.

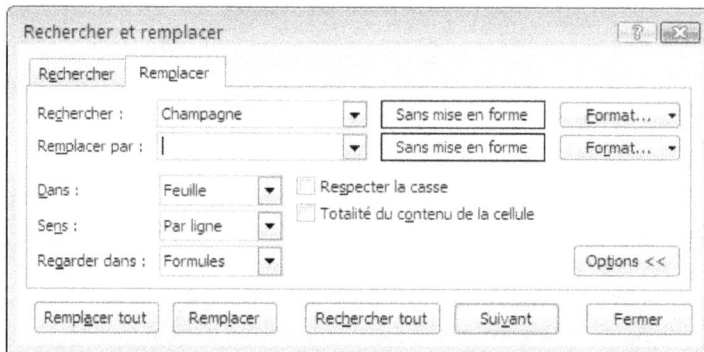

L'onglet *Remplacer* reprend la plupart des champs de l'onglet *Rechercher*, plus les options :

- <Regarder dans> : seule *Formules* est autorisé.
- <Remplacer par> : saisissez les caractères qui remplaceront ceux de la zone <Rechercher>.
- [Remplacer tout] : remplace toutes les occurrences trouvées.
- [Remplacer] : remplace l'occurrence sélectionnée et passe à l'occurrence suivante et s'arrête.

Supprimer les occurrences d'une chaîne de caractères

- Dans la zone <Rechercher> : saisissez la chaîne de caractères à supprimer.
- Dans la zone <Remplacer par> : effacez le contenu.
- Cliquez sur [Remplacer tout] pour supprimer toutes les occurrences trouvées.

Recherche et remplacement de formatage

- En regard de la zone <Rechercher> : cliquez sur [Format...], spécifiez le format à remplacer.
- En regard de la zone <Remplacer par> : cliquez sur [Format...], spécifiez le format de remplacement.
- Cliquez sur [Remplacer tout] ou [Remplacer].

VÉRIFIER L'ORTHOGRAPHE

VÉRIFIER ET CORRIGER

- Sélectionnez la plage de cellules ou cliquez sur une cellule (pour chercher dans toute la feuille).
- F7 ou Onglet **Révision**>groupe **Vérification**, cliquez sur le bouton **Orthographe**.

Le dialogue du vérificateur d'orthographe s'ouvre dès qu'un terme inconnu absent du dictionnaire est rencontré, ce mot est inscrit dans la zone <Absent du dictionnaire>.

- Saisissez l'orthographe correcte dans la zone <Absent du dictionnaire> ou sélectionnez un mot de remplacement dans la liste de la zone <Suggestions>, puis cliquez sur l'un des boutons.
- [Remplacer] : remplace l'occurrence du mot mal orthographié et passe au suivant, ou [Remplacer tout] : remplace toutes les occurrences du mot mal orthographié.

Rôle des autres boutons

- [Ignorer] : laisse le mot inchangé mais n'ignore pas ce mot dans les vérifications futures.
- [Ignorer tout] : laisse le mot inchangé et ignore ce mot dans les vérifications futures.
- [Ajouter au dictionnaire] : ajoute le mot au dictionnaire personnel choisi sous [Options...].
- [Correction automatique] : ajoute le mot absent et sa correction aux corrections automatiques.
- [Options...] : modifier les options, ignorer les mots en majuscules ou contenant des chiffres, les chemins d'accès aux fichiers, marquer les mots répétés et choisir le dictionnaire personnel.

LES CORRECTIONS AUTOMATIQUES

La fonction Correction automatique corrige lors de la saisie des fautes de frappe ou d'orthographe. Elle permet aussi d'insérer par une abréviation des symboles et des textes. Cette fonction utilise une liste de fautes d'orthographe et de symboles classiques, et vous pouvez modifier cette liste.

- Cliquez sur le bouton [Options...], puis sur le bouton [Options de correction automatique].
- <☑ Correction en cours de frappe> est cochée par défaut.
- Pour ajouter une correction automatique : ❶ saisissez le mot à remplacer ou l'abréviation, ❷ saisissez le mot ou le texte de remplacement ou collez le symbole, cliquez sur [Ajouter].
- Pour supprimer une correction automatique : sélectionnez-la puis cliquez sur [Supprimer].

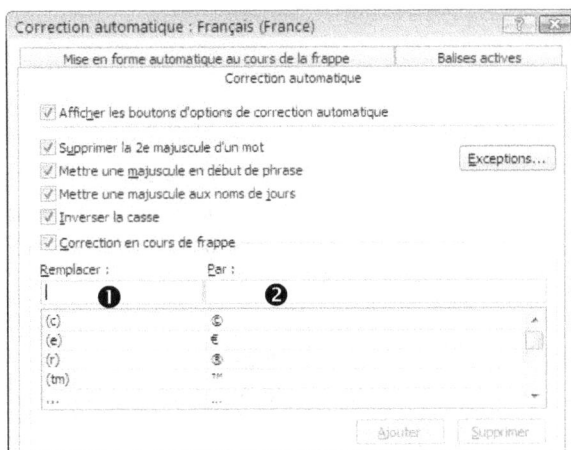

GÉNÉRER UNE SÉRIE

Il s'agit de générer dans une plage de cellules les valeurs des termes successifs d'une série.

REMPLISSAGE AUTOMATIQUE DES CELLULES VOISINES

- Entrez la première valeur dans une cellule, puis sélectionnez cette cellule, puis faites glisser la poignée de recopie (carré noir situé dans le coin inférieur droit de la cellule) sur la plage à remplir automatiquement avec des valeurs incrémentées.

Quelques exemples de valeurs utilisables :

– 01:00	génère :	02:00	03:00	04:00	05:00
– 01/10/2008	génère:	02/10/2008	03/10/2008	04/10/2008	05/10/2008
– Lundi	génère:	Mardi	Mercredi	Jeudi	Vendredi
– Janvier	génère:	Février	Mars	Avril	Mai
– Texte 1	génère:	Texte 2	Texte 3	Texte 4	Texte 5

Le remplissage automatique n'incrémente que les données reconnues par Excel, comme les nombres, les dates et les références aux cellules. Si Excel ne reconnaît pas les données, le remplissage automatique fait une copie simple de celles-ci. Mais pour traiter ce cas, vous pouvez créer vos propres listes personnalisées dans les options Excel.

Il est possible de préciser la valeur de l'incrément (le pas) en entrant les deux valeurs de départ.

- Entrez les deux premières valeurs deux cellules successives, puis sélectionnez ces deux cellules, puis faites glisser la poignée de recopie sur la plage à remplir automatiquement.

5	5,5	6	6,5	7	7,5
Lundi	Mercredi	Vendredi	Dimanche	Mardi	Jeudi

La balise permet de copier on non la mise en forme.

GÉNÉRER UNE SÉRIE À L'AIDE D'UN DIALOGUE

- Entrez la valeur de départ dans une cellule, puis cliquez sur cette cellule, puis sous l'onglet **Accueil**>groupe **Edition** cliquez sur le bouton **Remplir**, puis sur la commande *Série...*

❶ Cochez série en <Lignes> ou en <Colonnes>.

❷ Cochez le type de série, <Linéaire> : la valeur du pas est ajoutée, <Géométrique> : la valeur est multipliée par le pas, <Chronologique> : pour des dates, <Recopie incrémentée>.

❸ Cochez l'unité de temps (si chronologique) : <Jour>, <Jour ouvré>, <Mois>, <Année>.

❹ Spécifiez la valeur du pas (l'incrément) et la dernière valeur.

- Cliquez sur [OK].

Pour générer des mois, inscrivez le premier jour du premier mois dans la cellule, choisissez le type <⊙ Date>, l'unité de temps <⊙ Mois> et l'incrément 1. Pour générer une série de jours ouvrés, le type <⊙ Date>, l'unité de temps <⊙ Jour ouvré> et l'incrément 1.

Cette fonction permet de créer des listes de libellés de tableau et de les enregistrer afin de pouvoir les réutiliser régulièrement et rapidement.

CRÉER UNE LISTE PERSONNALISÉE

- Cliquez sur le **Bouton Office**, puis sur [Options Excel], sélectionnez *Standard* puis dans la partie droite de la fenêtre cliquez sur [Modifier les listes personnalisées...].

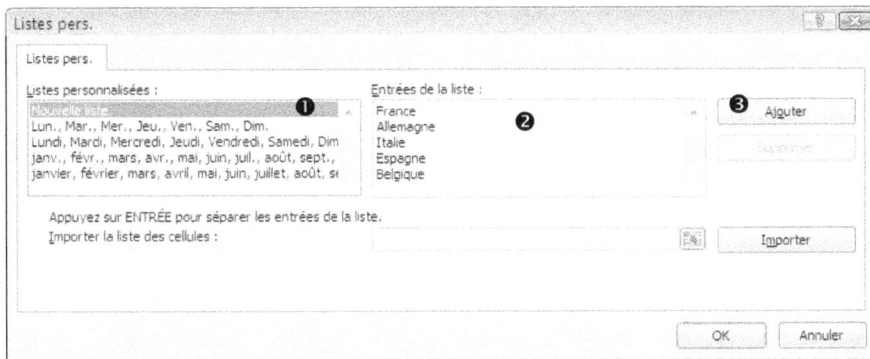

- ❶ Sélectionnez *Nouvelle liste*.
- ❷ Saisissez les divers éléments de la liste séparé par ⏎.
- ❸ Cliquez sur [Ajouter].
- Cliquez sur [OK].

IMPORTER UNE LISTE PERSONNALISÉE

- Saisissez la liste dans une partie de la feuille de calcul, sélectionnez cette liste.

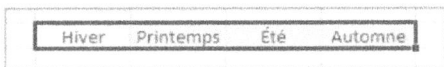

- Cliquez sur le **Bouton Office**, puis sur [Options Excel]. Sélectionnez *Standard* puis dans la partie droite de la fenêtre, cliquez sur [Modifier les listes personnalisées...] puis sur [Importer]. Terminez en cliquant sur [OK] puis fermez la fenêtre *Options Excel*.

MODIFIER OU SUPPRIMER UNE LISTE PERSONNALISÉE

- Pour modifier une liste personnalisée : ❶ cliquez sur la liste, ❷ modifiez-la, cliquez sur [OK].
- Pour supprimer une liste personnalisée : ❶ cliquez sur la liste, puis sur le bouton [Supprimer].

UTILISER UNE LISTE PERSONNALISÉE

- Entrez dans une cellule un item de la liste, cliquez sur la cellule, faites glisser la poignée de recopie, puis relâchez le bouton de la souris.

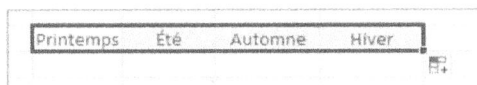

MISE EN FORME CONDITIONNELLE

La mise en forme conditionnelle permet de distinguer des cellules par leur apparence visuelle en raison des valeurs qu'elles contiennent.

MISE FORME CONDITIONNELLE PRÉDÉFINIE

- Sélectionnez la plage de cellules à mettre en forme, sous l'onglet **Accueil**>groupe **Style** cliquez sur le bouton **Mise en forme conditionnelle**, puis sélectionnez la catégorie.

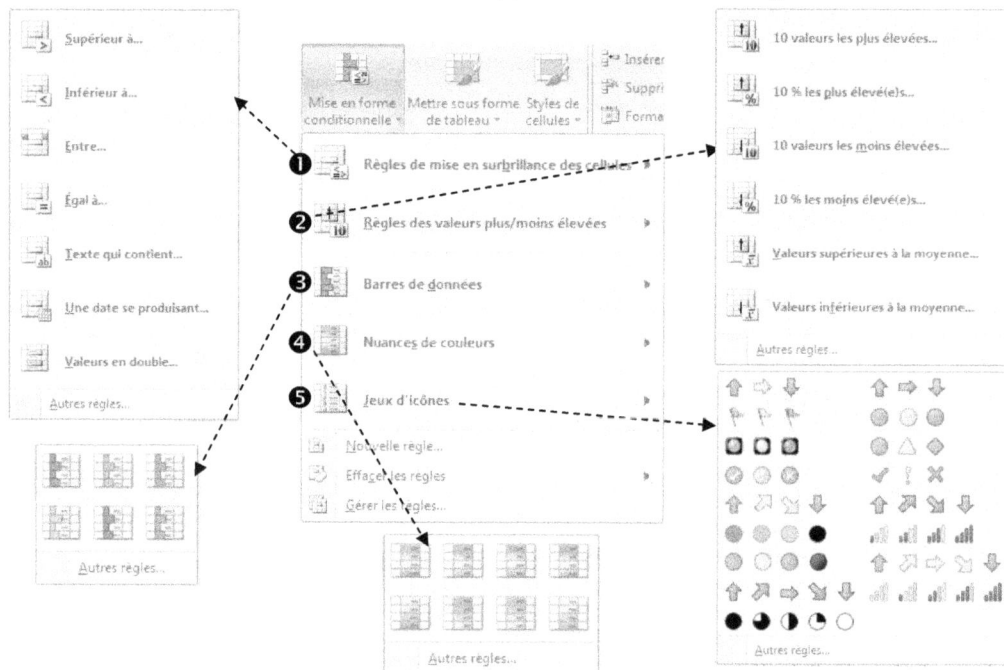

- ❶ Surbrillance selon la comparaison à des valeurs particulières : choisissez une des règles puis spécifiez les valeurs de comparaison et sélectionnez une surbrillance dans une liste de choix.
- ❷ Surbrillance selon la situation par rapport aux autres valeurs : choisissez une des règles puis sélectionnez une surbrillance dans une liste de choix.
- ❸ Affiche une barre de couleur proportionnelle à la valeur : choisissez la couleur des barres ou sélectionnez *Autres règles...* pour définir votre couleur.
- ❹ Met en évidence à l'aide de dégradés de couleurs selon la valeur des cellules : choisissez un jeu de couleur, ou sélectionnez *Autres règles...* pour définir votre nuance de couleur.
- ❺ Affiche dans chaque cellule une icône situant la valeur par rapport à celle de la plage, sélectionnez un jeu d'icônes ou sélectionnez *Autres règles* pour définir votre jeu d'icônes.

Lorsque vous êtes en train de modifier les paramètres de mise en évidence dans une règle, le résultat s'affiche directement sur la feuille de calcul, avant même que vous ayez validé.

CRÉER VOS RÈGLES DE MISE EN FORME CONDITIONNELLE

- Sélectionnez la plage de cellules à mettre en forme.
- Sous l'onglet **Accueil**>groupe **Style**, cliquez sur le bouton **Mise en forme conditionnelle**, puis sur la commande *Nouvelle règle...* Le dialogue *Nouvelle règle de mise en forme* s'affiche.
- – Dans la zone <Sélectionnez un type de règle> : sélectionnez l'un des types de règles proposés.
- – Dans la zone <Modifier la description de la règle> : définissez votre règle.

Nouvelle règle de mise en forme

Sélectionnez un type de règle :

❶ ▶ Mettre en forme toutes les cellules d'après leur valeur

❷ ▶ Appliquer une mise en forme uniquement aux cellules qui contiennent

❸ ▶ Appliquer une mise en forme uniquement aux valeurs rangées parmi les premières ou les dernières valeurs

❹ ▶ Appliquer une mise en forme uniquement aux valeurs au-dessus ou en dessous de la moyenne

❺ ▶ Appliquer une mise en forme uniquement aux valeurs uniques ou aux doublons

❻ ▶ Utiliser une formule pour déterminer pour quelles cellules le format sera appliqué

❶ Modifier la description de la règle :

Appliquer une mise en forme à toutes les cellules d'après leur valeur :

Style de mise en forme : Échelle à deux couleurs

	Minimum	Maximum
Type :	Valeur inférieure	Valeur supérieure
Valeur :	(Valeur inférieure)	(Valeur supérieure)
Couleur :		

Aperçu :

OK   Annuler

Règle appliquant une mise forme à toutes les cellules quelle que soit leur valeur, mais qui change selon la valeur. Sert en particulier aux nuances de couleur, barre de données et jeux d'icônes.

❷ Modifier la description de la règle :

Appliquer une mise en forme uniquement aux cellules contenant :

Valeur de la cellule ▾ comprise entre ▾ [   ] et [   ]

Aperçu : Sans mise en forme   Format...

Règle appliquant une mise forme seulement aux cellules qui respectent certains critères.

❸ Modifier la description de la règle :

Appliquer une mise en forme aux valeurs figurant dans les :

premiers ▾ 10   ☐ % de la plage sélectionnée

Aperçu : Sans mise en forme   Format...

Règle appliquant une mise forme seulement aux cellules rangées dans les plus fortes ou plus faibles valeurs.

❹ Modifier la description de la règle :

Appliquer une mise en forme aux valeurs qui sont :

au-dessus ▾ de la moyenne de la plage sélectionnée

Aperçu : Sans mise en forme   Format...

Règle appliquant une mise forme seulement aux valeurs au-dessus ou au-dessous de la moyenne.

❺ Modifier la description de la règle :

Appliquer une mise en forme à toutes les valeurs :

en double ▾ dans la plage sélectionnée

Aperçu : Sans mise en forme   Format...

Règle appliquant une mise forme seulement aux valeurs uniques ou aux doublons.

❻ Modifier la description de la règle :

Appliquer une mise en forme aux valeurs pour lesquelles cette formule est vraie :

[   ]

Aperçu : Sans mise en forme   Format...

Règle appliquant une mise forme seulement si le résultat de la formule est VRAI.

■ Après avoir défini la règle, validez en cliquant sur [OK].

MISE EN FORME CONDITIONNELLE

GÉRER LES RÈGLES DE MISE EN FORME CONDITIONNELLE

Plusieurs règles de mise en forme conditionnelle peuvent être combinées sur une même cellule. Si plusieurs règles sont contradictoires pour une valeur de cellule, le format appliqué est celui de la dernière règle définie dont les critères sont satisfaits. Mais vous pouvez changer les priorités.

- Sélectionnez une cellule sur laquelle s'appliquent plusieurs mises en forme conditionnelles.
- Onglet **Accueil**>groupe **Style** cliquez sur le bouton **Mise en forme conditionnelle**, puis sur la commande *Gérer les règles*.... Le dialogue *Gestionnaire des règles de mise en forme conditionnelle* s'affiche.

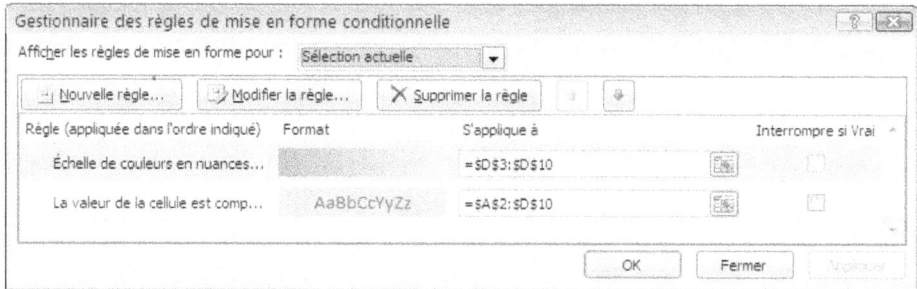

Le dialogue affiche les règles de mise en forme pour la sélection actuelle ou pour la feuille actuelle ou pour le classeur. Les règles situées en haut de la liste sont prioritaires par rapport à celles qui les suivent : en cas de conflit pour une valeur, c'est la règle prioritaire qui s'applique.

- Pour créer une nouvelle règle : cliquez sur [Nouvelle règle...] qui affiche le dialogue *Nouvelle règle*. Une fois la règle définie, il faut sélectionner la plage sur laquelle elle s'applique.
- Pour modifier une règle : double-cliquez sur la règle ou sélectionnez la règle puis cliquez sur le bouton [Modifier la règle...].
- Pour monter ou descendre la priorité d'une règle : sélectionnez la règle, puis cliquez sur le bouton ⬆ *Monter* ou ⬇ *Descendre*.
- Pour supprimer une règle : sélectionnez la règle, puis cliquez sur [Supprimer la règle].

L'évaluation des règles se fait dans l'ordre prioritaire, vous pouvez arrêter l'évaluation à une règle si vous cochez la case <☑ Interrompre si vrai>.

- Cliquez sur [OK] pour valider.

EFFACER LES RÈGLES DE MISE EN FORME CONDITIONNELLE

- Onglet **Accueil**>groupe **Style** cliquez sur le bouton **Mise en forme conditionnelle**, puis sur la commande *Effacer les règles*.... Puis sélectionnez :
- *Cellules sélectionnées* : efface les règles pour les cellules sélectionnées.
- *Feuille entière* : efface les règles pour toutes les cellules de la feuille active.
- *Ce tableau* : efface les règles pour toutes les cellules du tableau actif.
- *Ce tableau croisé dynamique* : efface les règles pour toutes les cellules du tableau croisé dynamique actif.

COPIER UNE MISE EN FORME CONDITIONNELLE SUR D'AUTRES CELLULES

- Sélectionnez la cellule ayant cette mise en forme conditionnelle, puis sous l'onglet **Accueil**>groupe **Presse-papiers**, cliquez sur le bouton **Copier**. Sélectionnez les cellules sur lesquelles vous voulez appliquer la mise en forme conditionnelle, puis cliquez sur la flèche du bouton **Coller**, cochez uniquement et exclusivement la case <☑ Formats> (les autres cases ne doivent pas être cochées), cliquez sur [OK].

UTILISER DES LIENS HYPERTEXTES

Un lien hypertexte permet un accès immédiat à partir du classeur en cours, à un classeur existant ou à un nouveau classeur, à un autre emplacement dans le classeur en cours, à un document créé à l'aide d'une autre application, à une page Web ou à une adresse e-mail.

Un lien hypertexte apparaît dans le classeur sous la forme d'un texte de couleur bleue et souligné, ou bien sous la forme d'une image : il suffira de cliquer dessus pour afficher l'élément associé.

UTILISER UN LIEN HYPERTEXTE

Afficher l'adresse associée au lien

- Sans cliquer, amenez le pointeur sur le lien. Une infobulle affiche l'adresse associée au lien.

La Poste : tarifs

http://www.laposte.fr/particulier_envoyez_
recevez_du_courrier_tarifs_331.html -
Cliquez une fois pour suivre. Cliquez et
maintenez le bouton de la souris enfoncé
pour sélectionner cette cellule.

http://www.boursorama.com/cours.phtml?symbole=1rPADE

Bilan annuel

file:///C:\Users\PhilippeM\Documents\Bilan.
xlsx - Cliquez une fois pour suivre. Cliquez
et maintenez le bouton de la souris
enfoncé pour sélectionner cette cellule.

Suivre un lien hypertexte

- Cliquez sur le lien. La couleur d'un lien qui a été visité change en violet.
  La mise en forme des liens est définie par les styles prédéfinis, *Lien hypertexte* et *Lien Hypertexte visité*.

Sélectionner la cellule ou l'image du lien hypertexte sans activer le lien

- Si le lien est dans une cellule : cliquez sur le lien en maintenant la pression sur le bouton droit de la souris, jusqu'à ce que le pointeur se transforme en une croix ⇧. Ou utiliser les touches fléchées pour amener le curseur de cellule sur le lien.
- Si le lien est associé à une image : maintenez appuyée la touche [Ctrl] en cliquant sur l'image.

CRÉER UN LIEN HYPERTEXTE VERS UN AUTRE DOCUMENT

- Cliquez sur la cellule qui va contenir le lien puis appuyez sur [Ctrl]+K, ou
  Sous l'onglet **Insertion**>groupe **Liens**, cliquez sur le bouton **Lien Hypertexte**, ou cliquez droit sur la cellule puis sur la commande contextuelle *Lien hypertexte*.

  Le dialogue *Insérer un lien hypertexte* s'affiche.
- Dans la zone <Lier à > ❶ : cliquez sur le bouton *Fichier ou Page Web existant(e)*.

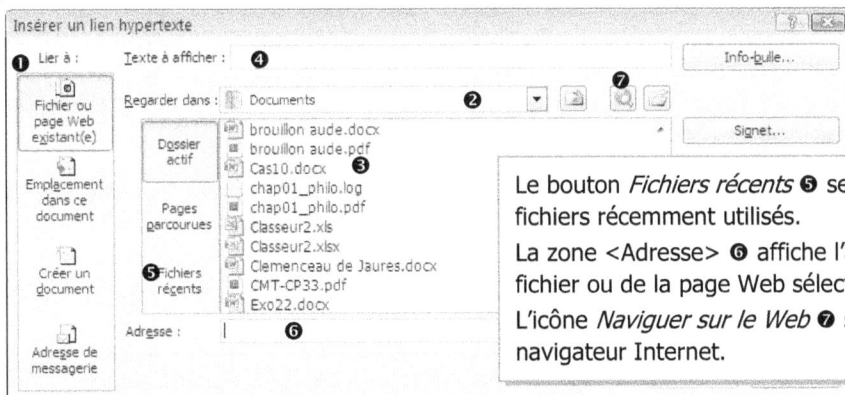

Le bouton *Fichiers récents* ❺ sert à lister les fichiers récemment utilisés.

La zone <Adresse> ❻ affiche l'adresse URL du fichier ou de la page Web sélectionné.

L'icône *Naviguer sur le Web* ❼ sert à lancer le navigateur Internet.

- ❷ Sélectionnez le dossier contenant le fichier.
- ❸ Sélectionnez le nom du fichier.
- ❹ Saisissez le texte du lien qui apparaîtra dans la cellule.
- Validez par [OK].

Lien vers un emplacement dans un classeur Excel, un document Word ou PowerPoint

- Pour créer un lien vers une cellule d'un classeur Excel par son adresse ou son nom : sélectionnez le fichier classeur Excel, puis cliquez sur le bouton [Signets...], sélectionnez l'adresse de cellule ou le nom de cellule/plage, cliquez sur [OK].

- Pour créer un lien vers un signet d'un document Word : sélectionnez le document puis dans la zone <Adresse> ❻ : après le nom du fichier, tapez # suivi du nom du signet, par exemple : `D:\Tsoft\Manuel Excel.docx#Consolider`.

- Pour créer un lien vers une diapositive PowerPoint : sélectionnez le fichier PowerPoint, puis dans la zone <Adresse> ❻ : après le nom du fichier, tapez # suivi du numéro de la diapositive après le nom de fichier, par exemple : `D:\Tsoft\Show.pptx#12`.

CRÉER UN LIEN VERS UN EMPLACEMENT DU CLASSEUR ACTIF

- Procédez comme précédemment, mais dans le dialogue *Insérer un lien hypertexte* : dans la zone <Lier à >❶, cliquez sur le bouton *Emplacement dans ce document*.

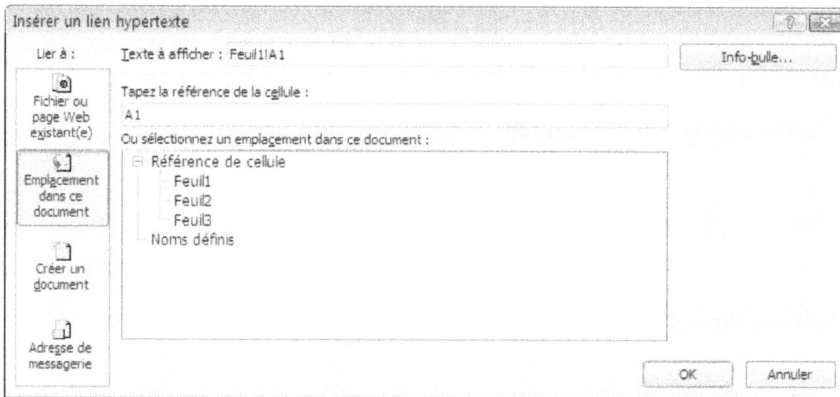

- Saisissez la référence de la cellule ou sélectionnez un nom défini. Validez par [OK].

CRÉER UN LIEN VERS UNE PAGE WEB

- Procédez comme précédemment (illustration page précédente). Dans le dialogue *Insérer un lien hypertexte*, dans la zone <Lier à >❶, cliquez sur le bouton *Fichier ou Page Web existant(e)*.

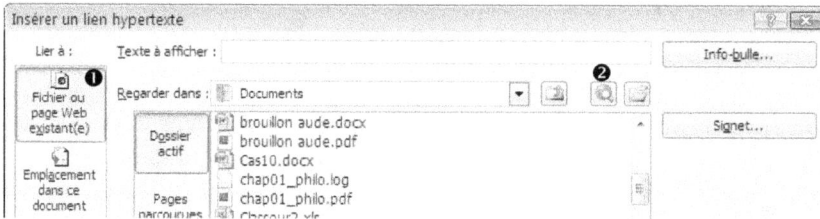

- Effectuez une des actions suivantes :

– Cliquez sur le bouton 🔍 *Naviguer sur le web* ❷, la fenêtre de votre navigateur s'ouvre. Naviguez jusqu'à la page que vous souhaitez puis réduisez la fenêtre de votre navigateur. L'adresse de la page Web affichée dans le navigateur est inscrite automatiquement dans la zone <Adresse>.

– Dans la zone <Adresse> : saisissez l'adresse (URL) de la page Web.

– Cliquez sur le bouton *Page parcourues* pour sélectionner la page parmi la liste des dernières pages ayant été consultées.

- Validez par [OK].

CRÉER UN LIEN VERS UN DOCUMENT QUI N'EXISTE PAS ENCORE

■ Procédez comme précédemment, mais dans le dialogue *Insérer un lien hypertexte*, dans la zone <Lier à >, cliquez sur l'icône *Créer un document*.

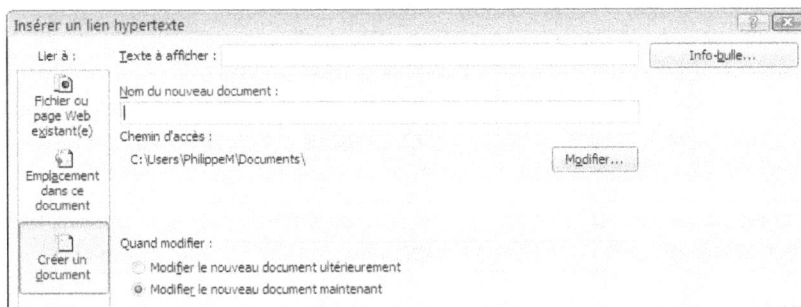

■ Saisissez un nom pour le document, spécifiez le chemin d'accès d'enregistrement du nouveau document, saisissez un texte pour le lien, indiquez si vous voulez créer le nouveau document maintenant ou ultérieurement, cliquez sur [OK].

CRÉER UN LIEN VERS UNE ADRESSE DE MESSAGERIE

■ Procédez comme précédemment, mais dans le dialogue *Insérer un lien hypertexte*, dans la zone <Lier à >, cliquez sur l'icône *Adresse de messagerie*.

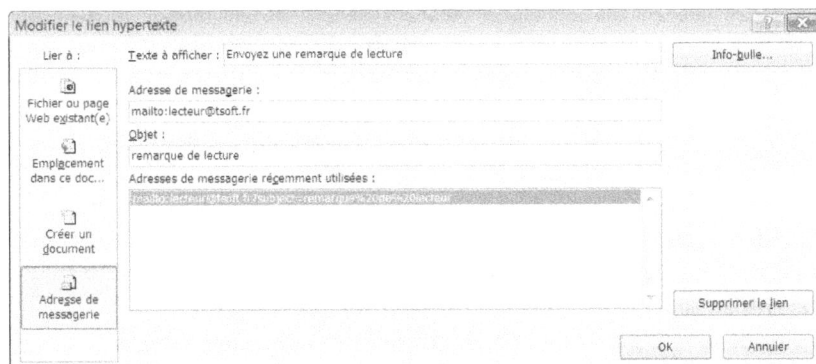

■ Saisissez le texte du lien, renseignez l'adresse de messagerie du destinataire du message, saisissez l'objet du message, cliquez sur [OK].

Vous pouvez sélectionner une adresse parmi les adresses de messagerie utilisées récemment qui sont listées dans la zone <Adresses de messagerie récemment utilisées>.

Lorsqu'un utilisateur cliquera sur ce lien, la fenêtre de création de message de son programme de messagerie sera ouverte avec l'adresse du destinataire et l'objet du message déjà renseignés.

MODIFIER LES CARACTÉRISTIQUES D'UN LIEN

■ Cliquez droit sur le lien, puis cliquez sur *Modifier le lien hypertexte* pour réafficher le dialogue de définition du lien, modifiez ses caractéristiques, cliquez sur [OK].

SUPPRIMER UN LIEN

■ Cliquez droit sur le lien, puis cliquez sur *Supprimer le lien hypertexte*.

Le texte du lien reste dans la cellule, mais le lien est supprimé.

Vous pouvez automatiser les tâches répétitives par la création de macros. Une macro est une série d'actions enregistrées que vous pouvez exécuter à volonté. Lors de l'enregistrement d'une macro, les actions sont converties par Excel en une suite d'instructions VBA (*Visual Basic Application*) qui sont enregistrées dans une feuille de type Module dans un classeur.

Les macros enregistrées dans le classeur de macros personnelles, `Personal.xlsb`, sont disponibles au lancement d'Excel. Ce classeur est généré dans le dossier : `C:\Users\nom_user\Application Data\Roaming\Microsoft\Excel\XLSTART`, lorsque que vous y créez une macro pour la première fois (voir ci-dessous). Ce classeur est ouvert automatiquement au lancement d'Excel, mais il n'est pas visible car c'est un classeur masqué par défaut.

📌 Pour afficher l'onglet **Développeur** : cliquez sur le **Bouton Office**, puis sur [Options Excel], puis sur *Standard*, cochez <☑ Afficher l'onglet Développeur sur le ruban>, validez par [OK].

CRÉER UNE MACRO

- Dans la barre d'état, cliquez sur l'icône 🔲 *Enregistrer une macro*, ou
  Onglet **Développeur**>groupe **Code**, cliquez sur **Enregistrer une macro**.

❶ Saisissez le nom de la macro (pas d'espace dans le nom mais vous pouvez utiliser _).

❷ Attribuez un raccourci clavier.

❸ Sélectionnez l'emplacement de stockage de la macro : *Classeur de macros personnelles* (`Personal.xlsb`)/*Nouveau classeur*/*Ce classeur*.

❹ Vous pouvez saisir un descriptif.

- Validez par [OK].
- Effectuez les actions qui vont constituer la macro.
- Dans la barre d'état, cliquez sur l'icône ◢ *Arrêter l'enregistrement,* ou
  Onglet **Développeur**>groupe **Code**, cliquez sur **Arrêter l'enregistrement**.

Si vous avez choisi de stocker les macros dans le classeur actuel et que le format est `.xlsx`, au moment d'enregistrer le classeur, un message vous informe que ce format (standard d'Excel 2007) ne peut pas contenir de macro.

- Soit vous supprimez les macros : cliquez sur [Oui], vos macros seront supprimées.
- Soit vous enregistrez le classeur au format `.xlsm` : cliquez sur [Non] puis enregistrez sous le format `.xlsm` via le dialogue *Enregistrer sous...*

UTILISER OU NON LES RÉFÉRENCES RELATIVES

Si la macro doit déplacer le curseur de cellule ou sélectionner à partir de la cellule active, il faut indiquer que les références doivent être relatives :

- Onglet **Développeur**>groupe **Code**, cliquez sur **Utiliser les références relatives**.

Il s'agit d'un bouton bascule, utilisez le même bouton pour désactiver l'utilisation des références relatives, et rendre le code généré indépendant de la position de la cellule active.

VISUALISER LE CONTENU DE LA MACRO

- ⬛ Alt + F8, ou sous l'onglet **Développeur**>groupe **Code**, cliquez sur le bouton **Macros**, sélectionnez le nom de la macro, cliquez sur [Modifier].

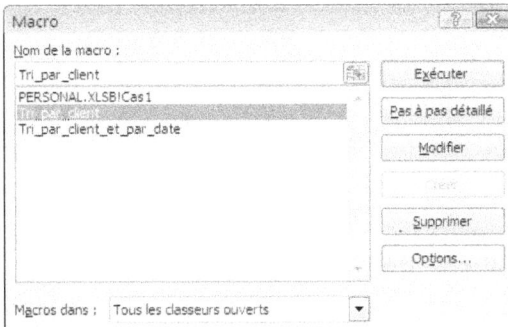

Sont listées les macros des classeurs ouverts. Dans `Personal.xlsb`, placez des macros qui peuvent s'exécuter indépendamment du contexte.

L'éditeur Visual Basic est lancé et la macro affichée.

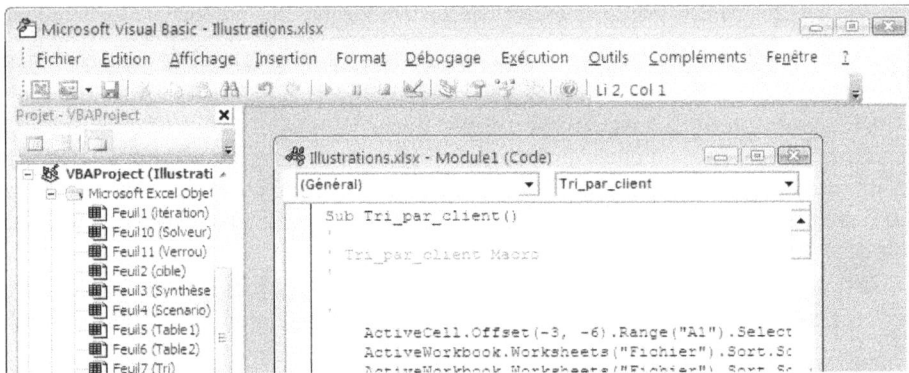

- ⬛ Pour quitter l'éditeur : *Fichier>Fermer et retourner à Microsoft Excel*, ou appuyez sur Alt +Q.

Macro enregistrée dans Personal.xlsb

Si vous voulez visualiser ou modifier une macro stockée dans le classeur de macros personnelles `Personal.xlsb`, il faut commencer par afficher ce classeur qui est masqué.

- ⬛ Onglet **Affichage**>groupe **Fenêtre**, cliquez sur le bouton **Afficher**, sélectionnez `Personal.xlsb`, validez par [OK].

📌 Quand vous quittez l'éditeur Visual Basic, ne refermez pas le classeur `Personal.xlsb`, mais masquez-le : sous l'onglet **Affichage**>groupe **Fenêtre**, cliquez sur le bouton **Masquer**.

EXÉCUTER UNE MACRO

- ⬛ Utilisez le raccourci clavier défini à la création de la macro, ou Alt + F8, ou sous l'onglet **Développeur**>groupe **Code**, cliquez sur le bouton **Macros**, sélectionnez le nom de la macro, cliquez sur [Exécuter].

Vous pouvez affecter une macro à un bouton sur la barre d'outils *Accès rapide*.

- ⬛ Cliquez sur le **Bouton Office**, puis sur [Options Excel], puis sur *Personnaliser*. Dans la zone <Choisir les commandes dans les catégories suivantes> : sélectionnez *Macros*, sélectionnez la macro et cliquez sur le bouton [Ajouter»], puis cliquez sur le nom de macro dans la zone de droite puis sur [Modifier], sélectionnez une icône pour la macro, validez par [OK].

LES NIVEAUX DE SÉCURITÉ

Lorsque vous recevez un classeur dont vous ne connaissez pas l'origine, il se peut que des virus y soient présents sous forme de macro. Excel peut vous alerter lorsqu'un classeur contient une macro, vous pouvez régler les paramètres de sécurité Excel pour les macros :

■ Onglet **Développeur**>groupe **Code**, cliquez sur le bouton **Sécurité des macros**.

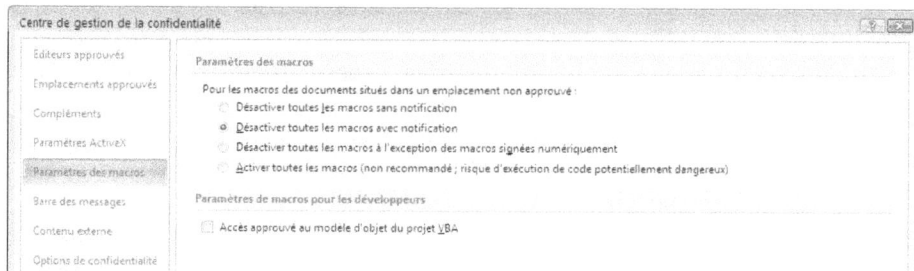

■ Sous la section Paramètres des macros, vous avez quatre niveaux de sécurité

– <⊙ Désactiver toutes les macros sans notification> : toutes les macros sont désactivées.

– <⊙ Désactiver toutes les macros avec notification> : les macros sont désactivées, mais une alerte vous informe que le classeur contient des macros et vous pouvez les activer.

– <⊙ Désactiver toutes les macros à l'exception des macros signées numériquement> : exécute les macros signées par un émetteur approuvé (défini dans *Éditeurs approuvés*). Une alerte vous informe si le classeur contient aussi des macros signées d'une source inconnue, dans ce cas vous pouvez décider d'activer ces macros ou d'approuver l'émetteur. Les macros non signées sont désactivées sans notification.

– <⊙ Activer toutes les macros> : toutes les macros sont exécutées sans notification. Utilisez cette option de façon temporaire pour tester des macros, elle rend votre ordinateur vulnérable.

Signer les macros d'un classeur

Office version 2007 permet aux créateurs de macros de signer numériquement un fichier ou une macro. Le certificat utilisé pour créer cette signature confirme que la macro ou le fichier provient du signataire, et la signature confirme que la macro ou le fichier n'a pas été modifié.

Un certificat est obtenu auprès d'une autorité de certification ou auprès de l'administrateur de la sécurité informatique de votre entreprise.

■ Onglet **Développeur**>groupe **Code**, cliquez sur le bouton **Visual Basic**, dans la fenêtre *Visual Basic*, utilisez la commande *Outils>Signature électronique*.

■ Cliquez sur [Choisir...], sélectionnez le certificat, validez par [OK].

Chaque fois qu'une macro ou un fichier signé est modifié, il perd sa signature numérique. Mais si vous disposez du certificat sur votre ordinateur, il est automatiquement signé à nouveau lorsque vous l'enregistrez.

Dessins, images et objets graphiques

3

INSÉRER UNE IMAGE OU UN CLIPART

On peut illustrer un classeur en y insérant des images, des photos ou des cliparts que l'on positionnera ensuite dans la feuille (habillage). Ces images peuvent provenir de diverses sources : extraites d'un document existant ou d'une page Web, un fichier image enregistré, de la bibliothèque multimédia, ou produite par un scanneur ou appareil photo connecté à l'ordinateur.

INSÉRER UNE IMAGE OU UN CLIPART

Insérer une image d'un autre document ou d'une page Web

Le document contenant l'image à récupérer peut être au format Excel ou Word, mais aussi dans un autre format, par exemple une présentation PowerPoint ou une page Web.

- Ouvrez dans son application d'origine le document contenant l'image, cliquez droit sur l'image, puis sur la commande contextuelle *Copier*.
- Basculez vers le classeur Excel, clique sur la cellule où l'image doit être insérée, sous l'onglet **Accueil**>groupe **Presse-papiers**, cliquez sur le bouton **Coller** ou Ctrl+V.

Insérer une image à partir d'un fichier

- Onglet **Insertion**>groupe **Illustration**, cliquez sur le bouton **Image**, ❶ choisissez le dossier contenant le fichier image, ❷ sélectionnez le fichier image et cliquez sur [Insérer] ou double-cliquez sur le fichier image (vous pouvez filtrer les fichiers image ❸).

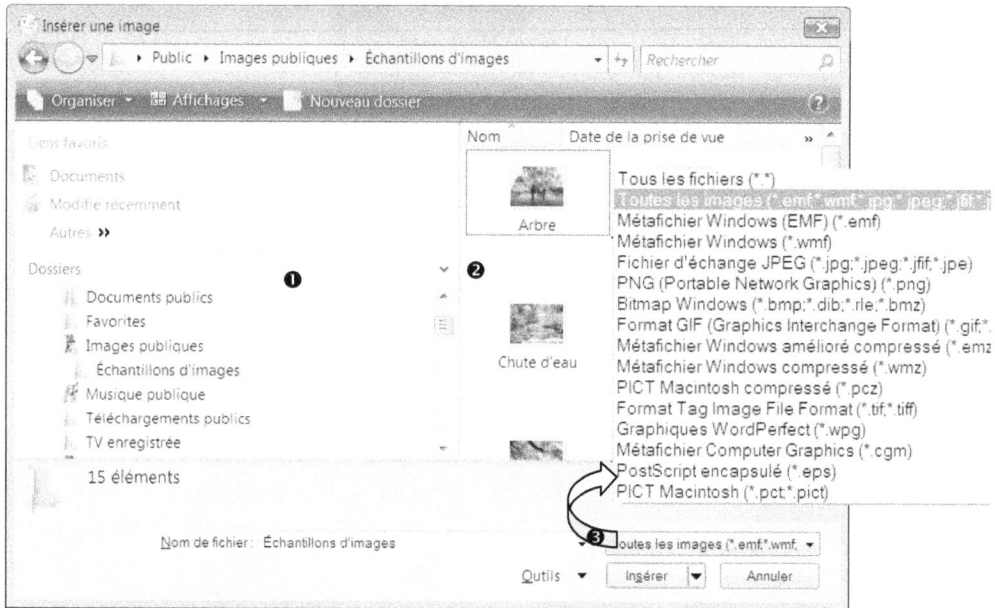

Insérer une image à partir d'un scanneur/appareil photo

Vous devez passer par la bibliothèque multimédia pour numériser une image et l'insérer comme dans le document Word.

- Onglet **Insertion**>groupe **Illustrations**, cliquez sur le bouton **Images clipart** pour ouvrir le volet *Images clipart*, puis cliquez sur Organiser les clips... situé au bas de la fenêtre. Dans la fenêtre *Bibliothèque multimédia Microsoft*, cliquez sur les commandes *Fichier>Ajout de clips dans la bibliothèque multimédia>À partir d'un scanner ou d'un appareil photo*.

Insérer un clipart

Les images clipart et autres clips (photographies, films et sons) sont rangés dans la bibliothèque multimédia, et organisés dans des collections avec des mots-clés associés pour les retrouver.

INSÉRER UNE IMAGE OU UN CLIPART

- Onglet **Insertion**>groupe **Illustrations**, cliquez sur le bouton **Images clipart** pour ouvrir le volet *Images clipart*. Dans la zone <Rechercher> ❶, saisissez un mot-clé pouvant être associé à l'image voulue, cliquez sur [OK].

Les vignettes des images trouvées s'affichent dans la fenêtre ❷.

- Cliquez droit sur la vignette de l'image à insérer dans le document, ou cliquez sur la flèche à droite de la vignette, puis sur *Insérer*.
- Vous pouvez élargir la recherche aux collections Web sur Internet, (dont fait partie Microsoft Online) en cochant la case devant la collection dans la zone <Rechercher dans> ❸.
- Vous pouvez éliminer de la recherche certains types de clips en décochant l'option dans la zone <Les résultats devraient être> ❹.

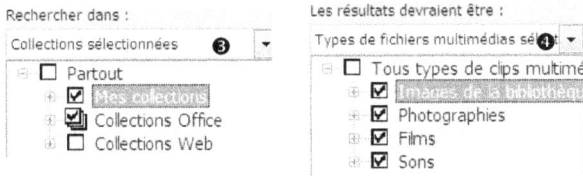

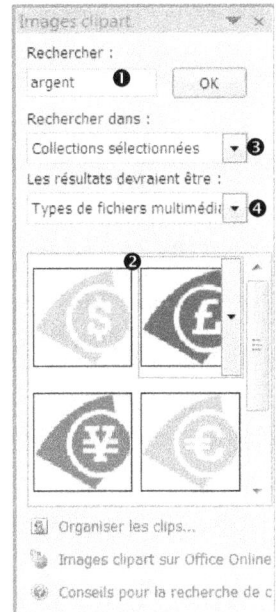

Les mots-clés sont essentiels pour retrouver les clips que vous voulez utiliser. Des mots-clés existent initialement pour chaque clip, pour ajouter, supprimer ou modifier des mots-clés associés à un clip, cliquez droit sur le clip, puis sur la commande Modifier les mots-clés...

LA BIBLIOTHÈQUE MULTIMÉDIA

La bibliothèque multimédia organise les photos, les cliparts et autres fichiers multimédia dans des collections séparées. La première fois que vous ouvrez la bibliothèque multimédia, vous pouvez la laisser rechercher les fichiers multimédia sur votre ordinateur.

La bibliothèque multimédia ne copie, ni ne déplace les fichiers sur votre ordinateur, elle les laisse à leur emplacement d'origine et crée des raccourcis vers les fichiers dans ses dossiers de collections. Ces raccourcis servent à afficher l'aperçu d'un fichier, d'ouvrir ou d'insérer celui-ci sans avoir à vous rendre à son emplacement d'installation.

- Cliquez sur <u>Organiser les clips...</u> situé au bas du volet *Images clipart*.
- Cliquez sur le signe + qui précède *Collections Office* pour ouvrir la liste des collections, cliquez sur une collection pour voir les images de la collection dans le volet droit de la fenêtre.

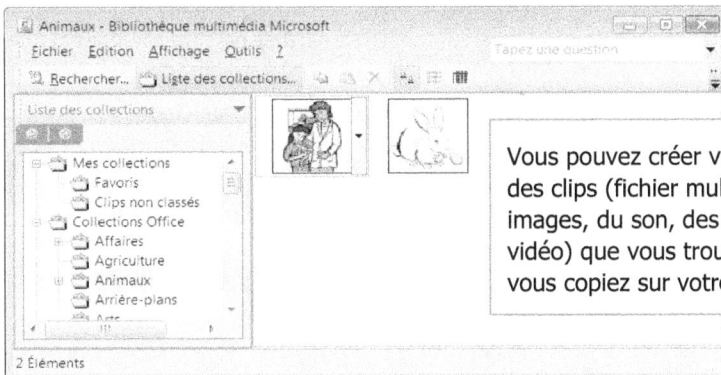

Vous pouvez créer vos collections, ajouter des clips (fichier multimédia comprenant des images, du son, des animations ou une vidéo) que vous trouvez sur Internet ou que vous copiez sur votre ordinateur.

INSÉRER UNE IMAGE OU UN CLIPART

METTRE EN FORME UNE IMAGE OU UN CLIPART

- Cliquez sur l'image à mettre en forme, puis utilisez les outils du Ruban sous l'onglet contextuel **Outils Image/Format**.

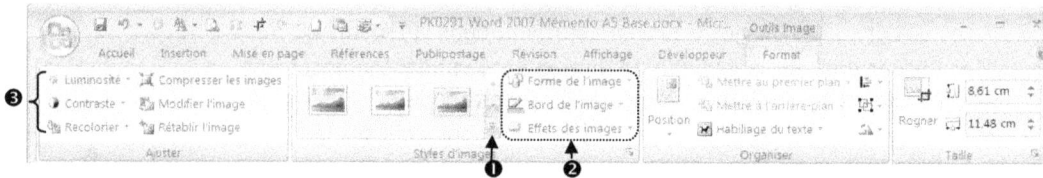

Utiliser les styles d'image

Un style d'image regroupe des effets d'images, de bord de l'image et de forme de l'image.

- Pour appliquer un style prédéfini, cliquez sur la vignette du style d'image dans la galerie, la flèche déroulante ❶ sert à agrandir la fenêtre de la galerie.

Vous pouvez affiner directement ces effets à l'aide des boutons ❷ du groupe **Styles d'image**.

Ajuster la luminosité, le contraste et les couleurs

- Onglet **Outils Image/Format**>groupe **Ajuster**, utilisez les boutons ❸ :
- **Luminosité** : pour augmenter ou réduire la luminosité des couleurs.
- **Contraste** : pour augmenter ou réduire le contraste des couleurs.
- **Recolorier** : pour recolorier l'image afin de lui donner un ton particulier.

Régler la compression

Les images sont compressées par défaut au moment de l'enregistrement du classeur, mais vous pouvez gérer différemment la compression :

- Onglet **Outils Image/Format** >groupe **Ajuster**, cliquez sur le bouton **Compresser les images**.

Le dialogue vous permet de compresser tout de suite, sans attendre l'enregistrement, toutes les images ou uniquement celles sélectionnées.

- [Options...] pour changer les réglages : pour ne pas effectuer une compression automatique lors de l'enregistrement, ou pour que les zones rognées ne soient pas supprimées (afin de pouvoir les restaurer) ou pour augmenter la compression selon la sortie cible.

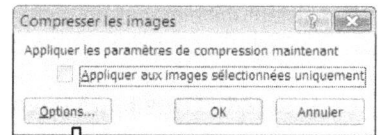

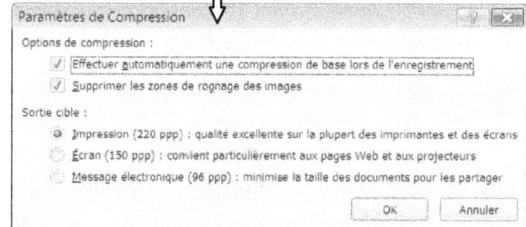

Rogner

Le rognage consiste à supprimer une ou plusieurs parties latérales de l'image. Vous pouvez rogner une photo ou un clipart mais pas une forme automatique.

- Onglet **Outils Image/Format**>groupe **Taille**, cliquez sur le bouton **Rogner**, le curseur se transforme en outil de rognage et des poignées de rognage apparaissent autour de l'image.
- Faites glisser les poignées pour rogner la partie de l'image.
- Pour rogner ensemble de façon égale deux cotés opposés : maintenez Ctrl appuyée en faisant glisser une poignée de l'un de ces côtés.
- Pour rogner ensemble de façon égale les quatre cotés : maintenez Ctrl appuyée en faisant glisser une des poignées d'angle.
- Pour terminer, cliquez à nouveau sur le bouton **Rogner** ou Echap ou cliquez dans le texte.

CRÉER UNE ZONE DE TEXTE

CRÉER UNE ZONE DE TEXTE

- Onglet **Insertion**>groupe **Texte**, cliquez sur le bouton **Zone de texte**, tracez la zone de texte dans la feuille et saisissez le texte.
- Pour définir la taille et la police des caractères : sélectionnez les caractères, puis utilisez les outils du Ruban sous l'onglet **Accueil**>groupe **Police** ou la mini barre d'outils.
- Pour positionner la zone : amenez le pointeur sur le contour, et faites-le glisser.
- Pour ajuster la zone à la taille des caractères : cliquez droit sur la zone, puis sur *Format de la forme*, cliquez sur la catégorie *Zone de texte* et cochez <☑ Ajuster la forme au texte>.

Il est possible de créer une zone de texte directement avec un style WordArt :

- Onglet **Insertion**>groupe **Texte**, cliquez sur le bouton **WordArt**. Dans la galerie, cliquez sur une vignette, la zone de texte est créée avec l'effet choisi. Saisissez votre texte.

UTILISER LES STYLES WORDART

WordArt sert à créer des effets décoratifs sur les caractères.

- Cliquez sur la zone de texte, le contour apparaît en pointillé, cliquez sur le contour pour sélectionnez toute la zone. Cliquez sur l'onglet contextuel **Outils WordArt/Format**.

- Utilisez les outils du groupe **Styles WordArt ❶**.

  Vous pouvez sélectionner une vignette dans la galerie des styles WordArt, puis affinez la décoration avec les autres outils :

  Remplissage de texte : couleur, dégradés et texture des caractères.

  Contour du texte : tracé, épaisseur et couleur du contour des lettres.

  Effets du texte : effets de réflexion, de lumière, de rotation 3D et transformations.

UTILISER LES STYLES DE FORMES

Il s'agit de modifier le fond et le contour de la zone.

- Sous l'onglet contextuel **Outils WordArt/Format**>groupe **Styles de formes ❷**.

  Vous pouvez sélectionner une vignette dans la galerie des styles de formes, puis affinez la décoration avec les autres outils :

  Remplissage de forme : couleur, dégradés et texture du fond de la zone.

  Contour de forme : tracé, épaisseur et couleur du contour de la zone.

  Effets sur la forme : effets de réflexion, de lumière, de rotation 3D et transformations.

INSÉRER UN SMARTART

Un objet SmartArt est une représentation graphique d'une idée, d'un concept, d'un processus, etc. Il existe sept types de SmartArt : Liste, Processus, Cycle, Hiérarchie, Relation, Matrice ou Pyramide.

INSÉRER UN OBJET SMARTART

- Onglet **Insertion**>groupe **Illustrations**, cliquez sur le bouton **SmartArt**.

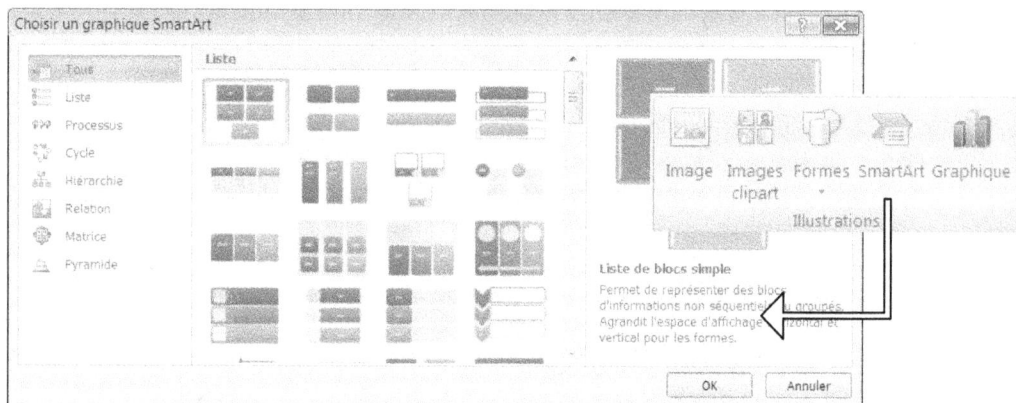

- Cliquez sur une vignette dans la galerie et lisez le descriptif dans la partie droite du dialogue avant insérer le SmartArt choisi, cliquez sur [OK] pour insérer.

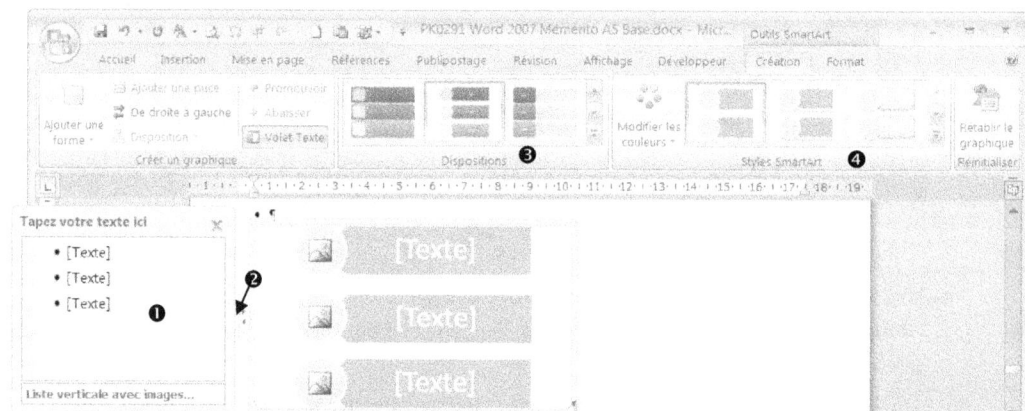

- Saisissez les textes dans les zones [Texte] ou dans le volet *Texte* ❶.
  Vous pouvez fermer le volet texte en cliquant sur sa case de fermeture, et l'ouvrir à nouveau en cliquant sur les flèches situées sur le bord gauche ❷ de l'objet SmarArt lorsqu'il est sélectionné.

MODIFIER UN SMARTART

Un SmartArt est constitué de plusieurs formes, vous pouvez modifier un SmartArt dans son ensemble, vous pouvez aussi modifier, ajouter ou supprimer des formes.

Modifier l'ensemble du SmartArt : la disposition ou les couleurs

- Double-cliquez sur le SmartArt, cliquez sur l'onglet **Outils SmartArt/Création**, les outils de formatage du SmarArt s'affichent sur le Ruban :
- – Les outils du groupe **Disposition** ❸ permettent de choisir une autre disposition dans la galerie.
- – Les outils du groupe **Styles SmartArt** ❹ permettent de choisir un autre style ou de changer les couleurs. Vous pouvez appliquer à un SmartArt les couleurs figurant dans les couleurs de thème.

INSÉRER UN SMARTART

Sélectionner une forme (ou plusieurs) d'un SmartArt

- Cliquez sur la forme jusqu'à ce qu'elle soit entourée du rectangle de sélection.
  Vous pouvez sélectionner plusieurs formes en appuyant sur la touche Ctrl.

Ajouter une forme

- Sélectionnez la forme à côté de laquelle vous souhaitez ajouter la nouvelle forme puis, sous l'onglet **Outils SmartArt/Création**>groupe **Créer un graphique**, cliquez sur la flèche du bouton **Ajouter une forme**. Choisissez la commande pour ajouter la forme au même niveau et après la forme sélectionnée, ou à un niveau au-dessus ou en dessous dans le cas hiérarchique.

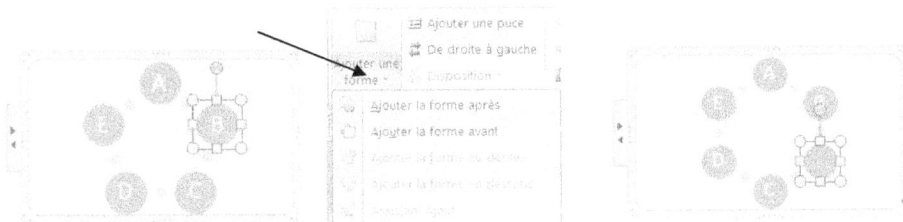

Supprimer une forme

- Cliquez sur la forme, puis appuyez sur Suppr.

Modifier l'aspect d'une forme

- Sélectionnez une forme ou plusieurs dont vous voulez modifier l'aspect, puis cliquez sur l'onglet **Outils SmartArt/Format**>groupe **Styles de forme ❶**.

Ces outils vous permettent de modifier la couleur de remplissage, le contour, les effets 3D, mais il est conseillé de ne pas en abuser pour conserver l'homogénéité d'ensemble du SmartArt.

Modifier les textes

- Ouvrez le volet texte : cliquez sur les flèches sur le bord de l'objet SmarArt ❶ lorsqu'il est sélectionné, ou sous l'onglet **Outils SmartArt/Création**>groupe **Formes**, cliquez sur le bouton **Volet Texte**. Modifiez ensuite le texte de la forme voulue.

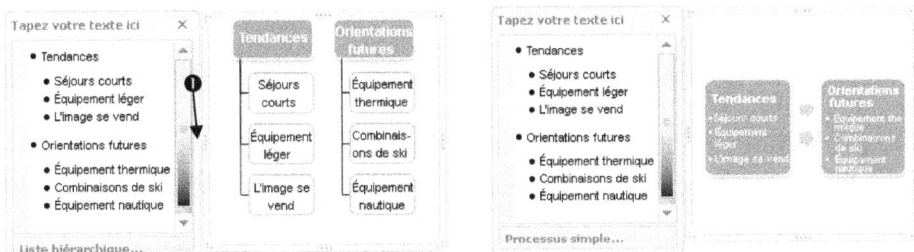

Selon la disposition du graphique SmartArt choisie, chaque puce du volet *Texte* est représentée dans le graphique SmartArt par une nouvelle forme ou par une puce à l'intérieur d'une forme.

INSÉRER UN SMARTART

INSÉRER UN ORGANIGRAMME

Un organigramme est un objet SmartArt. Illustrons la création d'un organigramme par un exemple.

- Onglet **Insertion**>groupe **Illustrations**, cliquez sur le bouton **SmartArt**. Dans le dialogue *Choisir un graphique SmartArt*, cliquez sur *Hiérarchie* dans le volet gauche, puis cliquez sur une vignette d'organigramme hiérarchique (ici *Hiérarchie libellée*), cliquez sur [OK].

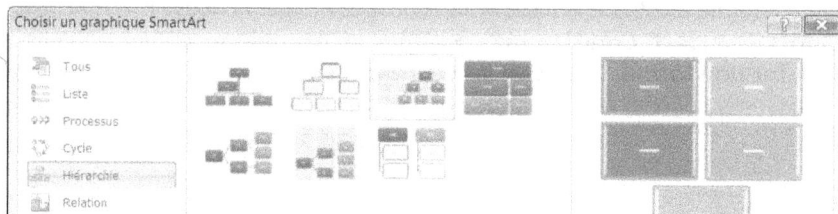

- Pour entrer vos textes : cliquez dans une forme du SmartArt puis tapez votre texte, ou dans le volet *Texte,* que vous faites apparaître en cliquant sur l'icône double flèche sur le bord gauche de l'objet, cliquez sur [Texte], puis saisissez les textes.

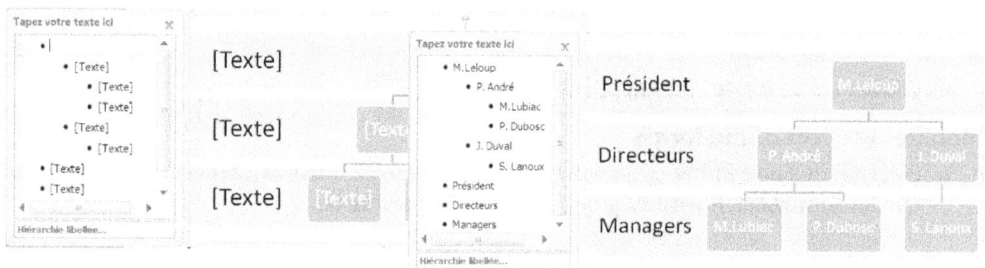

MODIFIER UN ORGANIGRAMME

Ajouter une personne au même niveau à droite des personnes existantes

- Cliquez sur la dernière forme du niveau, puis sous l'onglet **Outils SmartArt/Création**>groupe **Créer un graphique**, cliquez sur   **Ajouter une forme**, puis sur *Ajouter la forme après*, ou Cliquez droit sur la forme, puis sur *Ajouter une forme*, puis sur *Ajouter la forme après*.

Ajouter un niveau au-dessous du dernier niveau actuel

- Cliquez sur une forme du dernier niveau, puis sous l'onglet **Outils SmartArt/Création**>groupe **Créer un graphique**, cliquez sur   **Ajouter une forme**, puis sur *Ajouter la forme en-dessous*.

Promouvoir ou abaisser une forme

- Cliquez sur une forme, onglet **Outils SmartArt/Création**>groupe **Créer un graphique**, cliquez sur **Abaisser** ou **Promouvoir**, ou dans le volet *Texte*, utilisez ⬚ et ⬚+⬚.

Modifier l'aspect des formes et la couleur

- Onglet **Outils SmartArt/Création**>groupe **Styles SmartArt**, la galerie permet de choisir un aspect avec un entourage, des reliefs ou un effet 3D. Le bouton **Modifier les couleurs** sert à choisir des couleurs qui s'appliquent à toutes les formes.
- Onglet **Outils SmartArt/Format**>groupe **Styles de forme** ou groupe **Styles WordArt**, ces outils permettent de modifier le style et les caractères d'une ou plusieurs formes sélectionnées différemment du style de l'ensemble du SmartArt.

INSÉRER DES FORMES

Vous pouvez insérer des formes prédéfinies (flèche, trait, rectangle, cercle, bulles, éléments d'organigramme...) et créer vos propres formes en groupant des formes simples.

INSÉRER DES FORMES

- Onglet **Insertion**>groupe **Illustration**, cliquez sur le bouton **Formes**.
- Amenez le pointeur sur la forme pour afficher sa description dans une infobulle.
- Cliquez sur la forme choisie, le pointeur se transforme en +, faites glisser le pointeur dans le document pour tracer de dessin.
- Pour obtenir des formes parfaites : carrés, cercles, triangle isocèle..., maintenez la touche ⇧ appuyée en traçant.
- Pour obtenir des formes homothétiques par rapport au centre du dessin, maintenez Ctrl appuyée en traçant le dessin.

Si au lieu de tracer le dessin vous cliquez simplement dans la page, le dessin est créé avec une taille standard, que vous pouvez modifier ensuite.

AJUSTER ET DIMENSIONNER UNE FORME

- Cliquez sur le dessin, un contour de sélection apparaît autour du dessin, avec des poignées d'ajustement (losange jaune) pour certaines formes, une poignée de rotation (rond vert) et des poignées de dimensionnement (carrés et ronds bleu).

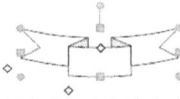

LES TRAITS DROITS

- Cliquez sur l'outil ⬉ *Trait*, amenez le pointeur sur la feuille, il se transforme en +. Cliquez à l'endroit où débuter le trait, faites glisser le pointeur jusqu'à l'endroit où terminer le trait.
- Pour imposer au trait des angles de 15 degrés à partir du point de départ : maintenez la touche ⇧ appuyée tout en faisant glisser la souris.
- Pour allonger le trait : cliquez sur le trait, puis faites glisser une poignée de redimensionnement.

LES FLÈCHES

- Pour tracer une flèche : cliquez sur l'outil ⬊ *Flèche* ou ⬉ *Flèche à deux pointes*, puis procédez de la même façon que pour un trait.
- Pour ajouter/supprimer une pointe de flèche à un trait : cliquez sur le trait, sous l'onglet **Outils de dessin/Format**>groupe **Styles de forme**, cliquez sur le bouton **Contour de forme**, puis sur la commande *Flèches...*, puis cliquez sur le style de flèche voulu (pour supprimer sélectionnez *Flèche 1*).
La commande *Autres flèches...* ouvre un dialogue servant à personnaliser la flèche.

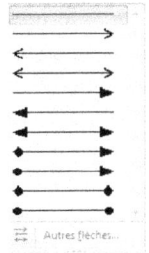

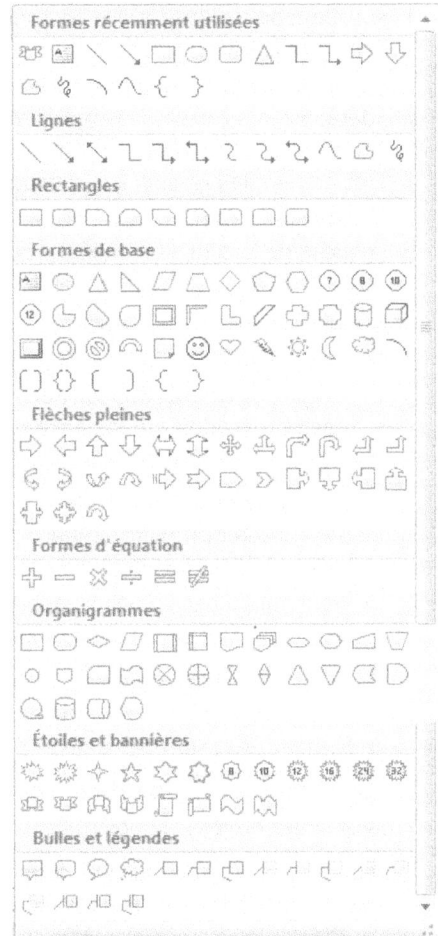

INSÉRER DES FORMES

LES COURBES, LIGNES BRISÉES OU TRACÉS À MAIN LEVÉE

Trois outils permettent de tracer des lignes sur mesure :

☐ **Courbe** : cliquez sur le bouton, puis cliquez sur la feuille et déplacez le pointeur. Pendant le tracé, cliquez à chaque point de courbure, terminez par un double-clic.

☐ **Forme libre** (ligne brisée) : cliquez sur le bouton, puis cliquez sur la feuille et déplacez le pointeur. Pendant le tracé chaque clic crée un angle, terminez par un double-clic. Vous pouvez passer temporairement en *Dessin à main levée* en maintenant la pression sur le bouton de la souris pendant le tracé.

☐ **Dessin à main levée** : cliquez sur le bouton, cliquez sur la feuille pressez le bouton gauche de la souris enfoncé. Le pointeur se transforme en crayon, faites glisser le crayon, le tracé est totalement libre, terminez en relâchant le bouton de la souris.

Affiner le tracé réalisé avec ces trois outils

- Cliquez droit sur la forme, puis sur la commande contextuelle *Modifier les points*, ou Onglet **Outils de dessin/Format>Insérer des formes**, cliquez sur le bouton ⁙ **Modifier les points**, puis sur la commande *Modifier les points*.

Des points carrés noirs sont disposés sur le tracé à chaque angle ou point de courbure.

- Pour déplacer un point : faites glisser le point à déplacer.
- Pour insérer un point : cliquez sur l'endroit voulu sur un segment et faites glisser le point le long du segment.
- Pour supprimer un point : appuyez sur Ctrl en cliquant sur le point. Un segment droit se trace entre les deux points avant et après le point supprimé.

Chaque segment entre deux points est soit droit, soit courbe. Vous pouvez transformer un segment courbe entre deux points en un segment droit et vice versa :

- Cliquez droit sur un segment, puis cliquez sur *Segment droit / Segment courbé*.

Chaque point peut être lisse, symétrique ou point d'angle. Pour changer la nature d'un point :

- Cliquez droit sur le point puis sélectionnez *Point lisse | Point symétrique | Point d'angle*.

Lorsque vous avez tracé une forme de plusieurs segments, vous pouvez fermer la trajectoire. Excel ajoute un segment entre le point d'arrivée et le point de départ :

- Cliquez droit sur la forme, puis sur *Fermer la trajectoire*.

Lorsqu'une forme tracée est fermée, vous pouvez ouvrir la trajectoire :

- Cliquez droit sur un segment, puis sur *Ouvrir la trajectoire*. Le point de départ du segment est séparé du point d'arrivée du précédent.

AJOUTER DES CONNECTEURS

Un connecteur est un trait qui se termine par des points de connexion et qui reste connecté aux formes auxquelles vous l'attachez. Il existe trois types de connecteurs : droits, en angle et en arc.

Lorsque vous déplacez des formes reliées par des connecteurs, ceux-ci restent attachés et se déplacent avec ces formes. Si vous déplacez l'une ou l'autre des extrémités d'un connecteur, celle-ci se détache de la forme et vous pouvez alors la raccorder à un autre point de connexion sur la même forme ou sur une autre forme.

- Cliquez sur un outil *Ligne* qui peut être connecteur, amenez le pointeur sur une forme, des points ronds rouges signalent les endroits où vous pouvez attacher le connecteur. Cliquez sur le point de connexion voulu, puis pointez sur l'autre forme et cliquez sur le point de connexion.

INSÉRER DES FORMES

METTRE DU TEXTE SUR UNE FORME

Vous pouvez insérer du texte sur toute forme, sauf sur un trait ou une flèche :

- Cliquez sur la forme, puis saisissez le texte.

Le texte fait partie intégrante de la forme, il est déplacé et il pivote avec la forme.

MODIFIER L'ASPECT D'UNE FORME

- Double-cliquez sur la forme, l'onglet **Outils de dessin**/**Format** s'affiche sur le Ruban.

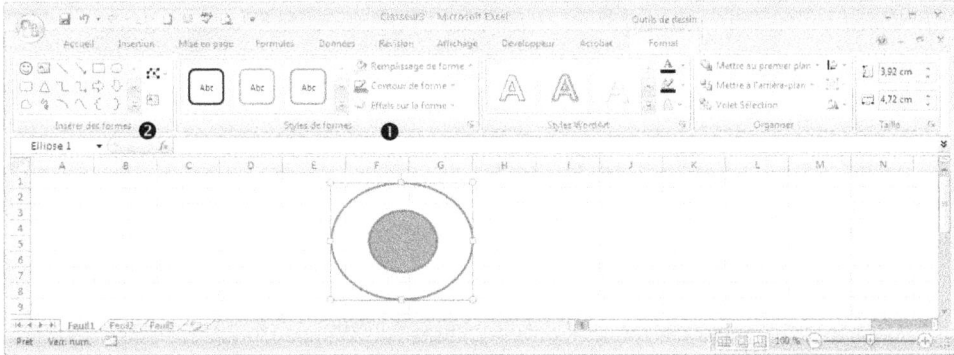

Utilisez les styles de formes

- Cliquez sur la forme dont vous souhaitez modifier l'aspect.
  Vous pouvez sélectionner plusieurs formes en cliquant sur les formes avec ⎡Ctrl⎤ appuyée.

- Dans le groupe **Styles de formes ❶**, sélectionnez un style dans la galerie. Le style est un ensemble d'attributs de remplissage, de contour et d'ombre. Vous pouvez ensuite affiner l'aspect avec les autres outils.

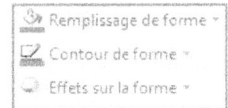

Remplir avec une image

- Dans le groupe **Styles de formes ❶**, cliquez sur **Remplissage de forme**, puis sur *Image*, sélectionnez le fichier image, puis cliquez sur [Insérer].

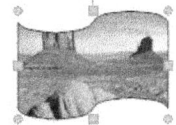

Transparence

- Dans le groupe **Styles de formes ❶**, cliquez sur **Remplissage de forme**, puis sur la commande *Autres couleurs de remplissage*. Au bas du dialogue *Couleurs*, déplacez le curseur *Transparence* ou entrez une valeur dans la zone à côté du curseur.
  Vous pouvez faire varier le pourcentage de transparence de 0 % (totalement opaque, la valeur par défaut) à 100 % (totalement transparent).

Effets sur la forme

- Dans le groupe **Styles de formes ❶**, cliquez sur **effets sur la forme**, choisissez dans le menu. *Prédéfini* : définit des profondeurs 3D, *Ombre* : définit des ombres portées, *Réflexion* : donne des effets de reflets, *Lumière* : définit des variations de lumière, *Bordures arrondies* : donne du flou aux bordures, *Biseau* : donne des bordures biseautées, *Rotation 3D* : sert à effectuer des rotations 3D.

POSITIONNER LES OBJETS

SÉLECTIONNER LES OBJETS

Sélectionner un objet

- Cliquez sur l'objet ou sur son tracé si l'objet n'est pas plein. Vous pouvez aussi cliquer sur le nom de l'objet dans le volet sélection.

  L'objet sélectionné apparaît alors bordé de traits, de carrés et de cercles : les poignées.

Sélectionner ensemble plusieurs objets

- Maintenez ⌐Ctrl⌐ appuyée et sélectionnez successivement les objets, ou dans le volet sélection cliquez sur les noms des objets en maintenant ⌐Ctrl⌐ appuyée.

Utiliser le volet de sélection

- Sous l'onglet **Mise en page**>groupe **Organiser** ou, si un objet est sélectionné, sous l'onglet contextuel **Format**>groupe **Organiser**, cliquez sur le bouton **Volet de sélection**.

- Pour masquer/réafficher un objet : cliquez sur l'icône affichant un œil à droite du nom de l'objet, si l'objet est masqué l'œil est aussi masqué sur l'icône.

- Pour masquer/réafficher tous les objets : cliquez sur le bouton [Masquer tout], pour les réafficher tous, cliquez sur [Afficher tout].

- Pour fermer le volet de sélection, cliquez sur la case de fermeture X à droite du titre du volet.

POSITIONNER UN OBJET

- Positionnez un objet en faisant glisser l'objet sur la feuille.

  Aimantation sur une grille, la forme la plus proche, ou le quadrillage de cellules.

- Sous l'onglet contextuel **Format**>groupe **Organiser**, cliquez sur le bouton **Aligner**, puis sur

  – *Aligner sur la grille* : active/désactive l'aimantation sur l'intersection la plus proche dans la grille.

  – *Aligner sur la forme* : active/désactive l'aimantation sur le bord de la forme la plus proche.

  Vous pouvez activer l'aimantation sur le quadrillage des cellules : maintenez ⌐Alt⌐ appuyée en faisant glisser l'objet, ou en le redimensionnant.

  Vous pouvez aligner des objets par rapport aux autres.

- Sélectionnez les objets, puis sous l'onglet **Format**>groupe **Organiser**, cliquez sur le bouton **Aligner**, puis cliquez sur la commande d'alignement voulue.

  Positionner les objets à égale distance

- Sélectionnez les objets, puis sous l'onglet **Format**>groupe **Organiser**, cliquez sur le bouton **Aligner**, puis cliquez sur *Distribuer horizontalement | Distribuer verticalement*.

REDIMENSIONNER UN OBJET

- Sélectionnez l'objet, puis faites glisser l'une des poignées de dimensionnement.

Utilisez les poignées situées dans les coins en appuyant sur ⌐⇧⌐ pour conserver les proportions.

POSITIONNER LES OBJETS

SUPPRIMER UN OBJET

- Sélectionnez l'objet, appuyez sur `Suppr`.

GROUPER/DISSOCIER DES OBJETS

Vous pouvez grouper des objets pour les manipuler ensemble.

- Sélectionnez les objets à grouper, sous l'onglet **Format**>
groupe **Organiser**, cliquez sur le bouton **Grouper**.

🖋 Vous pouvez modifier la mise en forme d'un objet groupé en le sélectionnant à l'intérieur du groupe : cliquez sur le groupe, puis cliquez sur l'objet, puis effectuez les modifications d'aspect.

- Pour déplacer/dimensionner un seul des objets d'un groupe, il faut dissocier les objets : sous l'onglet **Format**>groupe **Organiser**, cliquez sur le bouton 🔲 **Grouper**, puis sur *Dissocier*.

🖋 Pour regrouper les objets qui ont été dissociés, cliquez sur le bouton **Grouper** puis sur la commande *Regrouper*, cette commande regroupe les derniers objets qui ont été dissociés.

ORGANISER LA SUPERPOSITION DES OBJETS

Lorsque des objets sont superposés, un objet masque partiellement les objets situés dans son arrière-plan. Pour organiser la superposition des objets :

- Cliquez droit sur l'objet, puis sur la commande contextuelle *Mettre au premier plan| Mettre en arrière-plan*, ou cliquez sur la flèche de ces commandes puis sur la commande *Avancer| Reculer*.

Un objet mis au premier plan est placé au-dessus de tous les autres, un objet mis à l'arrière-plan est en-dessous tous les autres. Les commandes *Avancer* ou *Reculer* permettent de monter ou de descendre d'un niveau.

🖋 Si un objet est masqué par un autre, vous pouvez le sélectionnez par le volet de *Sélection*, ou cliquez sur un autre objet puis tapez 🔲 jusqu'à le sélectionner.

EFFECTUER DES ROTATIONS ET RETOURNEMENTS

- Rotation : amenez le pointeur sur la poignée de rotation, rond de couleur verte situé au-dessus, le pointeur se transforme, faites glisser dans le sens de rotation, ou
Onglet **Format**>groupe **Organiser**, cliquez sur le bouton 🔾 **Rotation** et choisissez la commande de rotation.

- Retournement : cliquez sur le bouton 🔾 **Rotation**, puis sur la commande de retournement.

PROPRIÉTÉS DES FORMES ET DES OBJETS

- Cliquez droit sur un objet, puis sur la commande contextuelle *Taille et propriétés*...

- Onglet **Propriétés**, activez l'option :

❶ L'objet est déplacé et redimensionné lorsque les cellules sous-jacentes sont déplacées ou redimensionnées.

❷ L'objet est déplacé mais pas redimensionné lorsque les cellules sous jacentes le sont.

❸ L'objet n'est pas déplacé ni dimensionné lorsque les cellules sous-jacentes le sont.

Le verrouillage est effectif lorsque la feuille a été protégée.

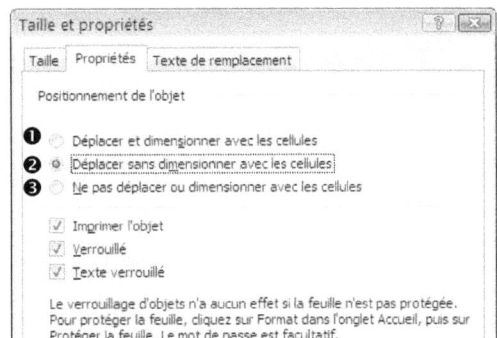

Représentation graphique des données

4

- Sélectionnez la plage de cellules à représenter, incluant les étiquettes des lignes et des colonnes, dans l'exemple la plage A6:E9.

	A	B	C	D	E	F
5						
6		Trim1	Trim2	Trim3	Trim4	**Année**
7	Ordinateurs	1.860	2.540	7.690	4.270	16.360
8	Logiciels	1.250	2.890	4.580	3.250	11.970
9	Services	850	1.780	2.650	4.520	9.800
10	**Total**	3.960	7.210	14.920	12.040	38.130

- Onglet **Insertion**>groupe **Graphiques**, cliquez sur le bouton correspondant au type de graphique à créer **Colonnes/Lignes/Secteurs** ... ou cliquez sur le **Lanceur** du groupe pour obtenir un menu de tous les types de graphiques.

- Cliquez sur la vignette du sous-type de graphique.

Le graphique est créé dans la feuille en cours.

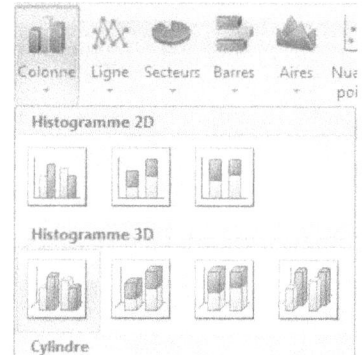

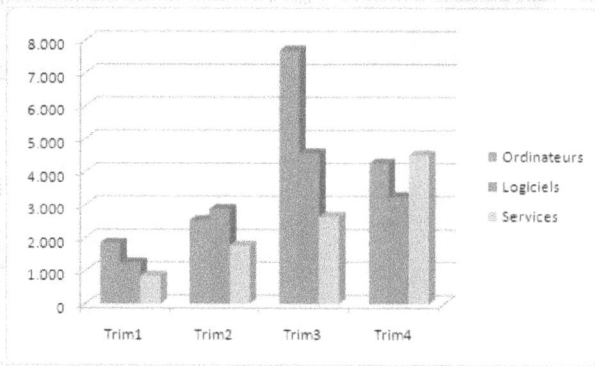

Un graphique est composé d'un ensemble d'éléments, Excel affiche le nom d'un élément lorsque vous placez le pointeur sur l'élément.

Zone du graphique : ensemble du graphique et de ses éléments constitutifs.

Zone de traçage : zone délimitée par les axes et qui comprend toutes les séries de données.

Titre : texte descriptif automatiquement centré en haut du graphique ou aligné sur un axe.

Axes : ligne bordant la zone de traçage et servant de référence pour la mesure.

Série de données : série de points de données groupés représentant une série de données.

Point de donnée : forme représentant une donnée.

Étiquette de données : étiquette qui fournit une information sur un point de donnée ou sa valeur.

Légende : zone qui identifie les motifs ou les couleurs attribués aux séries de données.

L'élément sélectionné est signalé par des poignées de sélection.

- Pour sélectionner un élément du graphique, cliquez sur l'élément sélectionné à l'aide de la souris ou sous l'onglet **Mise en forme**>groupe **Sélection active**, cliquez sur la flèche de la zone **Éléments de graphique** puis cliquez sur l'élément.

Les éléments groupés comme les séries de données sont composés d'éléments individuels qui peuvent être sélectionnés en cliquant dessus une deuxième fois après la sélection du groupe.

ÉTENDRE OU RÉDUIRE LA PLAGE DE CELLULES SOURCE

Lorsque les données sont dans une plage de cellules contigües.

■ Sélectionnez le graphique, les cellules de données source sont encadrées dans la feuille. Les données d'une part, les étiquettes de lignes et les étiquettes de colonnes d'autre part.

■ Amenez le pointeur sur cet encadrement, il devient plus épais. Amenez le pointeur sur un des angles d'une plage encadrée, le pointeur se transforme, faites glisser le contour.

AJOUTER, SUPPRIMER UNE SÉRIE DE DONNÉES

Lorsque les données que vous voulez ajouter ne sont pas contigües, vous ne pouvez par procéder par extension de la plage cellules de données source.

■ Sélectionnez le graphique, sous l'onglet **Création**>groupe **Données**, cliquez sur le bouton **Sélectionner des données** ou cliquez droit sur le graphique, puis sur la commande contextuelle *Sélectionner de données*...

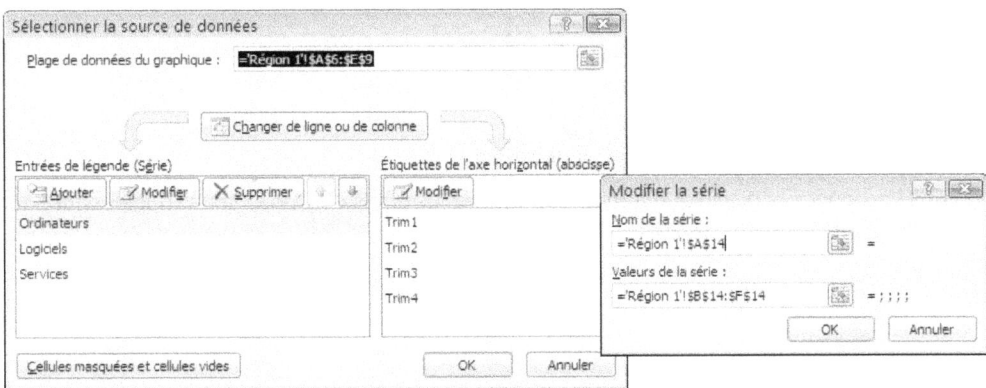

■ Pour ajouter une série de données : cliquez sur le bouton [Ajouter], puis dans le dialogue *Modifier la série*, ❶ saisissez le nom de la nouvelle série ou sélectionner la cellule qui contient le nom. ❷ Sélectionnez la plage de cellules contenant les données, validez par [OK].

■ Pour modifier l'ordre d'affichage des séries de données : cliquez sur une série et déplacez-la en utilisant les boutons ⬆ ⬇ *Déplacer vers le haut* et *Déplacer vers le bas*.

■ Pour supprimer une série de données : cliquez sur la série, puis sur le bouton [Supprimer].

Cas des cellules vides et des lignes et colonnes masquées :
Par défaut, les cellules vides et les cellules des lignes et colonnes masquées ne sont pas représentées. Vous pouvez choisir de les représenter dans le graphique :

■ Cliquez sur le bouton [Cellules masquées et cellules vides].

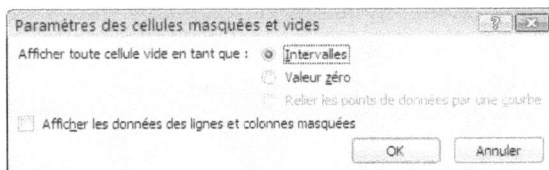

INTERVERTIR LIGNES ET COLONNES

Lorsque les données source sont dans une plage de cellules contigües.

■ Sélectionnez le graphique puis, sous l'onglet **Création**>groupe **Données**, cliquez sur le bouton **Intervertir les lignes/colonnes** ou dans le dialogue *Sélectionner la source de données*, cliquez sur le bouton [Changer de ligne ou de colonne].

DISPOSER LES ÉLÉMENTS SUR LE GRAPHIQUE

Vous pouvez modifier la disposition des éléments sur un graphique immédiatement après l'avoir créé. Au lieu d'ajouter ou de modifier manuellement des éléments du graphique, vous pouvez lui appliquer rapidement une disposition prédéfinie, que vous pouvez ensuite affiner.

Vous ne pouvez pas enregistrer une disposition personnalisée. Toutefois, si vous voulez réutiliser la même disposition, vous pouvez enregistrer le graphique comme modèle.

APPLIQUER UNE DISPOSITION PRÉDÉFINIE

- Sélectionnez le graphique à modifier, puis sous l'onglet contextuel **Outils de graphique/Création**>groupe **Dispositions du graphique**, cliquez sur la flèche déroulante ❶ pour afficher la galerie, puis cliquez sur la vignette de la disposition qui vous convient.

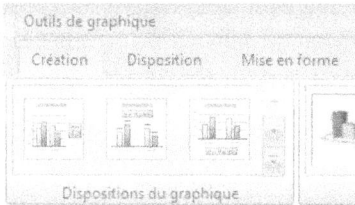

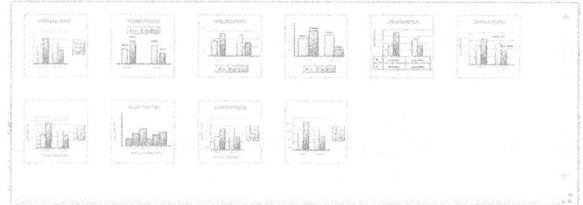

MODIFIER LA DISPOSITION DES ÉLÉMENTS

- Sélectionnez le graphique à modifier, utilisez les outils du Ruban sous l'onglet contextuel **Outils de graphique/Disposition**.

Modifier les titres, les étiquettes et la légende

- Sous le groupe **Étiquettes**, utilisez les boutons :
- **Titre du graphique** : pour afficher/non, positionner et mettre en forme le titre du graphique.
- **Titre des axes** : pour afficher/non et mettre en forme les titres des axes horizontal et vertical.
- **Légende** : pour afficher/non, positionner et mettre en forme la légende sur le graphique.
- **Étiquettes de données** : pour afficher/non et mettre en forme les étiquettes de données sur la série de données ou le point de donnée sélectionné.
- **Table de données** : afficher/non la table des données source sous le graphique.

Modifier les axes

- Sous le groupe **Axes**, utilisez les boutons :
- **Axes** : pour afficher/non et mettre en forme les axes horizontal et vertical.
- **Quadrillage** : pour afficher/non le quadrillage principal et secondaire.

Modifier l'arrière-plan

- Sous le groupe **Arrière-plan**, utilisez les boutons :
- **Zone de traçage** : pour mettre en forme la zone de traçage.
- **Paroi de graphique** : pour mettre en forme la paroi verticale (graphiques en 3D).
- **Plancher de graphique** : pour mettre en forme le plancher sur les graphiques en 3D.
- **Vue 3D** : pour modifier avec précision les paramètres 3D.

METTRE EN FORME LES ÉLÉMENTS DU GRAPHIQUE

Vous pouvez mettre en forme chacun des éléments sur graphique, si vous voulez réutiliser ces mises en forme vous pouvez enregistrer le graphique comme modèle. En ce qui concerne les couleurs des séries de données et des parois du graphique, vous pouvez commencer par appliquer un style prédéfini et ensuite affiner la mise en forme des différents éléments.

APPLIQUER UN STYLE PRÉDÉFINI

Les styles prédéfinis concernent seulement les couleurs des séries de données, le remplissage des parois et du plancher du graphique, le fond de la zone de traçage.

- Sélectionnez le graphique à modifier puis, sous l'onglet contextuel **Outils de graphique/Création**>groupe **Styles du graphique**, cliquez sur la flèche déroulante ❶ pour afficher la galerie, puis cliquez sur la vignette de style qui vous convient.

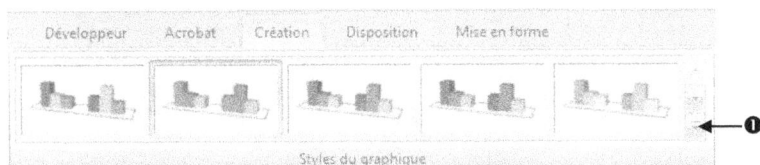

Les choix proposés varient en fonction du type de représentation.

MODIFIER L'APPARENCE DES ÉLÉMENTS

- Sélectionnez l'élément du graphique, puis cliquez droit sur l'élément. Ensuite, sélectionnez la commande contextuelle *Mise en forme du xxxxx...* (où xxxxx est le type de l'élément), ou
- Sous l'onglet **Disposition** ou l'onglet **Mise en forme**>groupe **Sélection active**, cliquez sur la flèche de la zone **<Élément de graphique> ❶** et sélectionnez l'élément, puis cliquez sur le bouton **Mise en forme de la sélection ❷**.

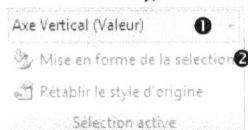

- Dans dialogue, spécifiez les paramètres, validez par [OK].

Modifier l'apparence d'un point de donnée

- Sélectionnez la série de données, puis cliquez sur le point de donnée.
  Le point de donnée sélectionné est signalé par des poignées de sélection.
- Cliquez droit sur le point de données, puis sur *Mettre en forme le point de données*.
  Sélectionnez les rubriques dans le volet de gauche et spécifiez les paramètres en face.

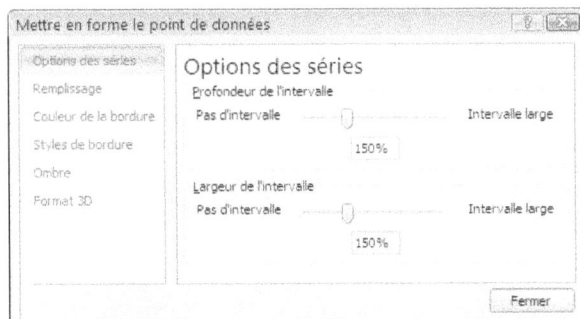

Options des séries : intervalle séparant les formes en largeur et en profondeur, plus l'intervalle est grand plus la forme est étroite.

Remplissage : couleur, motif, texture de remplissage de la forme.

📌 Si vous sélectionnez la série de données, la rubrique *Forme* permet de modifier la forme (bâton, pyramide, cylindre, cône...) pour tous les points de la série de données.

METTRE EN FORME LES ÉLÉMENTS DU GRAPHIQUE

Modifier la rotation d'un graphique 3D

- Sélectionnez l'élément *Zone du graphique*, puis sous l'onglet **Disposition**>groupe **Sélection active**, cliquez sur le bouton **Mise en forme de la sélection** et sélectionnez *Rotation 3D*.

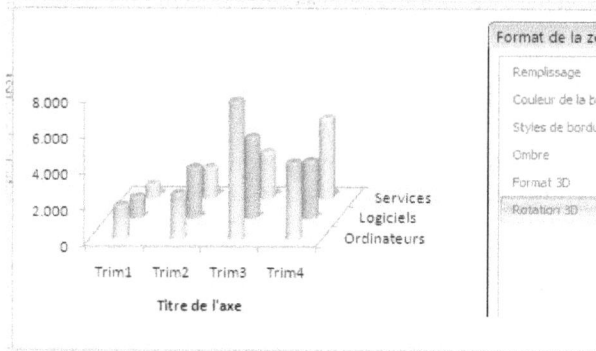

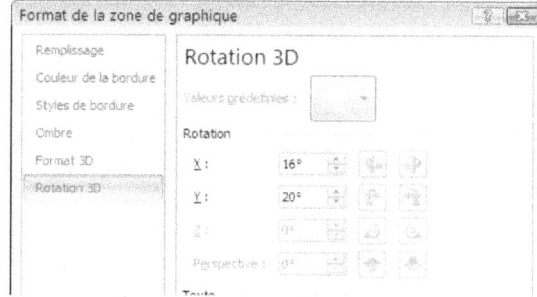

- Vous pouvez modifier la rotation autour des axes et la perspective en 3D.
  Le graphique se met à jour en aperçu instantané et vous permet de visualiser vos choix.

Modifier l'apparence des axes

- Cliquez droit sur l'axe vertical, puis sur *Mise en forme de l'axe...* Dans le dialogue *Format de l'axe*, cliquez sur une rubrique dans le volet de gauche et définissez les paramètres.

- *Options d'axe* : une valeur minimale et maximale. L'espace entre les graduations. L'unité d'affichage en milliers, millions, etc., éventuellement une échelle logarithmique, et la position des graduations.

- *Nombre* : le formatage des étiquettes de graduation. Avec <☑ Lier à la source>, le format des cellules de la feuille est appliqué aux étiquettes de graduation.

- *Remplissage* : le remplissage de l'axe.
- *Couleur du trait* : la couleur de l'axe.
- *Style de trait* : les caractéristiques du trait (continu, pointillé, épaisseur...).
- *Ombre* : paramètres d'ombrage de l'axe.
- *Format 3D* : effets 3D sur l'axe (lumière, éclairage...).
- *Alignement* : alignement et l'inclinaison du texte des étiquettes de graduation.

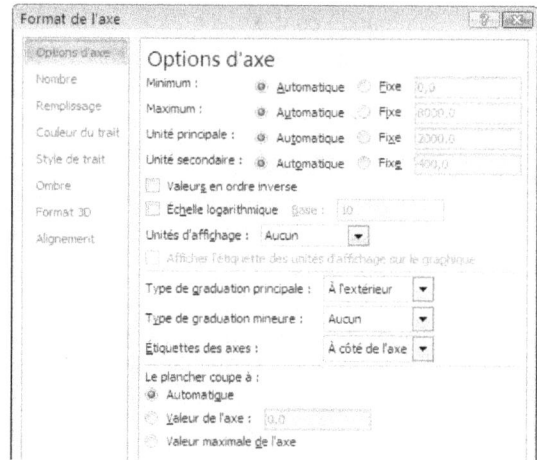

Excentrer des secteurs dans un graphique en secteur

- Cliquez droit sur le graphique en secteur, puis sur *Mettre en forme une série de données...*
- Pour excentrer tous les secteurs : cliquez sur la rubrique *Options des séries*, déplacez le curseur de la zone <Éclatement de point>, [OK].
- Pour excentrer un seul secteur, faites glisser le secteur vers l'extérieur.

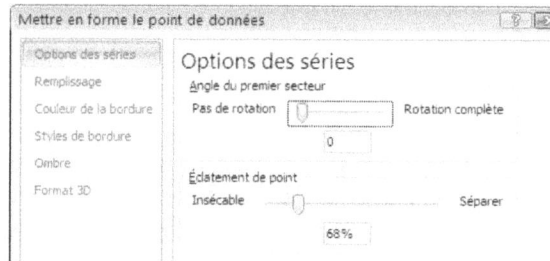

MODIFIER LE TYPE DE GRAPHIQUE

- Sélectionnez le graphique à modifier, puis sous l'onglet **Création**>groupe **Type**, cliquez sur le bouton **Modifier le type de graphique**, ou cliquez droit sur le graphique, puis sur la commande contextuelle *Modifier le type de graphique...*

- Dans le dialogue *Modifier le type de graphique*, sélectionnez le nouveau type de graphique, validez par [OK].

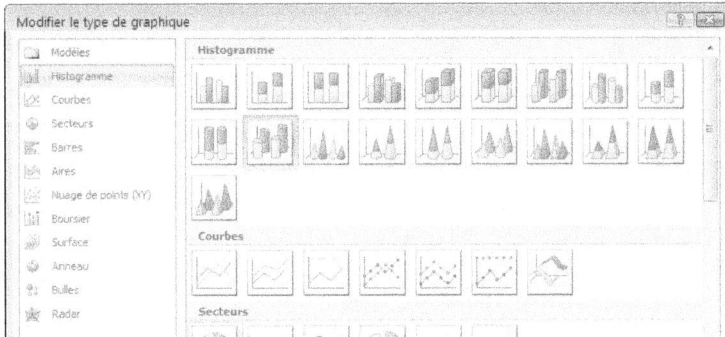

UTILISER DEUX TYPES DE GRAPHIQUE SUR UN MÊME GRAPHIQUE

Vous pouvez par exemple faire cohabiter des courbes et des histogrammes sur un même graphique.

- Construisez le graphique avec un même type de graphique pour toutes les séries.

- Sous l'onglet **Disposition** ou sous l'onglet **Mise en forme**>groupe **sélection active**, cliquez sur la flèche de la zone <élément de graphique> et sélectionnez la série de données, puis cliquez sur le bouton **Mise en forme de la sélection**.

- Dans le dialogue, choisissez le type de graphique à appliquer aux séries sélectionnées.

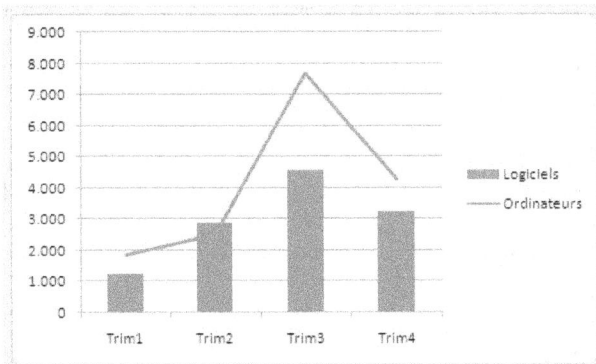

AJOUTER UN AXE SECONDAIRE

Vous voulez représenter sur un graphique une série dont les ordres de grandeur sont différents de ceux des autres séries, par exemple des prix et des quantités. La série de faible ordre de grandeur prix sera éloignée des autres séries. Il est même possible qu'une série de points soit confondue avec l'axe des abscisses si ses valeurs sont insignifiantes par rapport à celles des autres séries, par exemple si vous représentez des pourcentages de marge à des chiffres d'affaires.

Il faut activer un deuxième axe des ordonnées gradué pour cette série :

- Sélectionnez la série à associer au deuxième axe : sous l'onglet **Disposition** ou sous l'onglet **Mise en forme**>groupe **Sélection active**, cliquez sur la flèche de la zone **<Élément de graphique>** et sélectionnez la série de données.

- Cliquez sur le bouton **Mise en forme de la sélection**, puis dans le dialogue *Mise en forme des séries de données*, cliquez sur la rubrique *Options des séries*, et cochez <⊙ Axe secondaire>.

L'axe secondaire apparaît à droite du graphique. Il est paramétrable comme l'axe principal.

Pour supprimer un axe secondaire :

- Sous l'onglet **Disposition**>groupe **Axes**, cliquez sur le bouton **Axes**, puis sur *Axe vertical secondaire* ou *Axe horizontal secondaire*, puis sur *Aucun*.

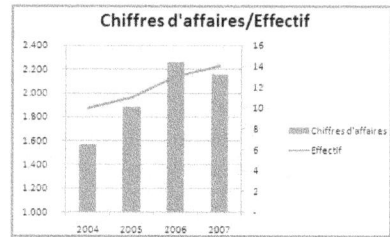

AJOUTER UNE COURBE DE TENDANCE

Une courbe de tendance est une représentation graphique des tendances d'une série de données. Vous pouvez ajouter directement une courbe de tendance au graphique d'une série de données.

- Sélectionnez la série de données sur le graphique, puis sous l'onglet **Disposition**>groupe **Analyse**, cliquez sur le bouton **Courbe de tendance**, sélectionnez le type de courbe de tendance le plus approprié ou cliquez sur *Autres options de la courbe de tendance...* puis définissez les options de la courbe de tendance à appliquer :

  - *Exponentielle* : pour les évolutions qui s'accélèrent avec le temps.
  - *Linéaire* : pour les évolutions régulières.
  - *Logarithmique* : pour les évolutions qui se ralentissent avec le temps.
  - *Polynomiales* : courbe polynomiale.
  - *Puissance* : pour les évolutions qui s'accélèrent avec le temps.
  - *Moyenne mobile* : pour lisser des variations.

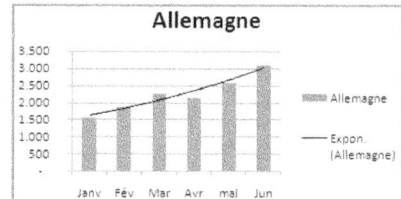

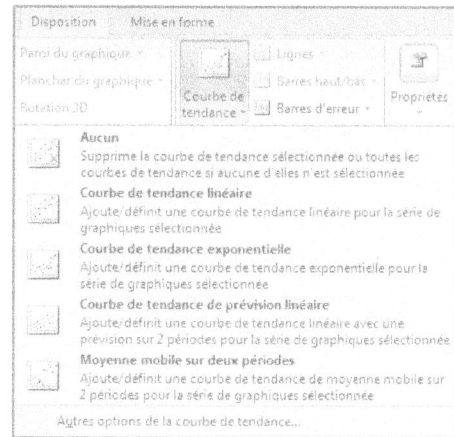

  ❶ Spécifiez un nombre de périodes dans <Transférer> : pour prolonger la tendance dans le futur ou dans <Reculer> : pour prolonger dans le passé.

  ❷ Pour afficher l'équation sur le graphique ou le coefficient de détermination.

- Cliquez sur [Fermer].

Une fois la courbe de tendance tracée, elle fait partie du graphique. Vous pouvez modifier ses paramètres : cliquez droit sur la courbe, puis sur *Format de la courbe de tendance*.

Les rubriques *Couleur du trait*, *Styles de trait* et *Ombre* servent à mettre en forme la courbe de tendance.

- Pour supprimer une courbe de tendance : sélectionnez-la et appuyez sur Suppr.

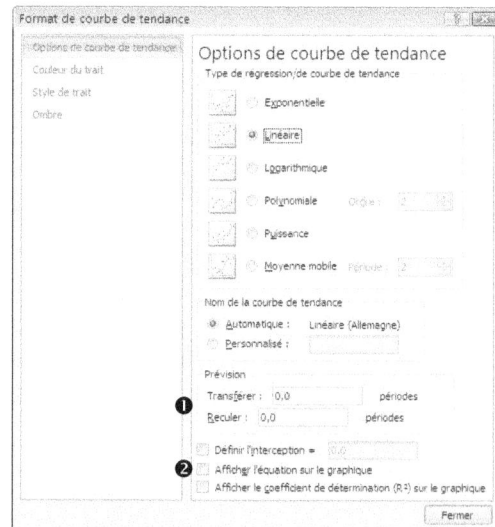

MODIFIER LE TYPE DE GRAPHIQUE

LIGNES DE SÉRIES OU DE PROJECTION, LIGNES HAUT/BAS ET BARRES D'ERREUR

Les **lignes de séries ❶** relient les points des séries de données des graphiques 2D en barres ou histogrammes empilés.

Les **lignes de projection ❷** dans les graphiques 2D et 3D en aires ou en courbes relient les points de données à l'axe des x.

Les **lignes haut/bas ❸** et les **barres haut et bas ❹** sont disponibles dans les graphiques 2D en courbes.

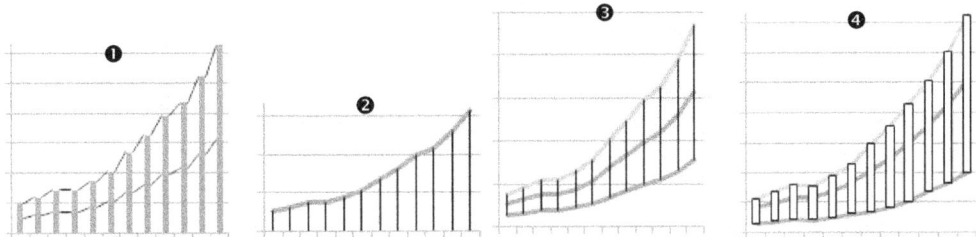

- Pour ajouter des lignes : sélectionnez une série de données, sous l'onglet **Disposition**>groupe **Analyse**, cliquez sur le bouton **Lignes**, sélectionnez *Lignes de projection ou Lignes haut/bas* ou *Lignes de série* (pour les barres empilées).
- Pour ajouter des barres haut et bas : sélectionnez une série de données, sous l'onglet **Disposition**>groupe **Analyse**, cliquez sur le bouton **Barres haut et bas** ou *Autres options de barres haut et bas...* pour définir le format des barres.

AJOUTER DES BARRES D'ERREUR

Vous pouvez ajouter des barres d'erreur sur un graphique en aires, en barres, en histogramme, en courbes, en nuages de points (XY) et en bulles 2D. Ces barres représentent la marge d'erreur que vous affectez à chaque valeur de données.

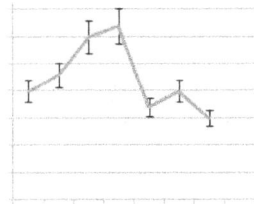

- Sélectionnez la série de données, sous l'onglet **Disposition**> groupe **Analyse**, cliquez sur le bouton **Barres d'erreur**, puis sélectionnez une des barres d'erreur prédéfinies ou *Autres options de barres d'erreur...* pour définir la barre d'erreur.

LISSER LES ANGLES D'UN GRAPHIQUE EN COURBES

- Cliquez droit sur la série de données, puis sur la commande contextuelle *Mise en forme des séries de données...*, ou sous l'onglet **Disposition** ou **Mise en forme**>groupe **Sélection active**, cliquez sur le bouton **Mise en forme de la sélection**.
- Cliquez sur la rubrique *Style de trait* dans le volet de gauche, puis cochez <☑ Lissage>.

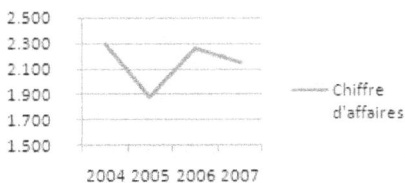

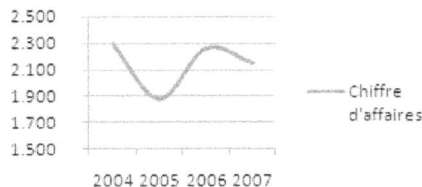

COPIER LE GRAPHIQUE COMME UNE IMAGE

Par une simple copier-coller d'un graphique dans un autre document, vous collez un objet graphique avec toutes les références aux séries de données du classeur Excel. Si vous voulez coller simplement une image du graphique, utilisez la procédure suivante :

- Sélectionnez le graphique, sous l'onglet **Accueil**>groupe **Presse-papiers**, cliquez sur la flèche du bouton **Coller** puis sur la commande *En tant qu'image*, puis sur *Copier comme image...* Dans le dialogue *Copier une image*, activez les options en fonction de l'usage du document final, puis validez par [OK].
- Puis dans le document destination, sus l'onglet **Accueil**>groupe **Presse-papiers** cliquez sur le bouton **Coller** ou Ctrl +V.

UTILISER UN MODÈLE DE GRAPHIQUE

Pour réutiliser un type de graphique que vous avez personnalisé, vous pouvez enregistrer le graphique en tant que modèle de graphique (*.crtx) dans le dossier des modèles de graphiques. Il existe des modèles de graphique téléchargeables sur Office Online.

Créer un modèle de graphique

- Sélectionnez le graphique à enregistrer en tant que modèle, puis sous l'onglet contextuel **Création**>groupe **Type**, cliquez sur le bouton **Enregistrer comme modèle**.
- Dans la zone <Enregistrer dans> : vérifiez que le dossier des modèles de graphique est sélectionné Microsoft/Templates/Charts, dans la zone <Nom de fichier> : tapez un nom approprié pour le modèle de graphique, validez par [OK].

Appliquer un modèle de graphique

- Pour créer un nouveau graphique à partir d'un modèle : sous l'onglet **Insertion**>groupe **Graphiques**, cliquez sur un bouton de type de graphique, puis sur **Tous types de graphiques**, ou cliquez sur le **Lanceur** de dialogue du groupe. Cliquez sur la rubrique *Modèles* dans le volet de gauche, puis double-cliquez sur le modèle à utiliser.
- Pour qu'un type de graphique sélectionné corresponde à un modèle : sous l'onglet **Création**>groupe **Type**, cliquez sur **Modifier le type de graphique**, cliquez sur la rubrique *Modèles* dans le volet de gauche, puis double-cliquez sur le modèle à utiliser.

Supprimer un modèle de graphique

- Onglet **Insertion**>groupe **Graphiques,** cliquez sur un bouton de type de graphique, puis sur *Tous types de graphiques*, ou cliquez sur le **Lanceur** de dialogue du groupe. Cliquez sur le bouton [Gérer les modèles...], cliquez droit sur le nom du modèle, puis cliquez sur *Supprimer*.

MODIFIER L'EMPLACEMENT DU GRAPHIQUE

Le graphique est créé dans la feuille active, vous pouvez le déplacer dans une feuille de graphique.

- Sélectionnez le graphique, sous l'onglet **Création**>groupe **Emplacement**, cliquez sur le bouton **Déplacer le graphique**.
- Cochez <⊙ Nouvelle feuille> et saisissez le nom de la feuille pour placer le graphique dans la nouvelle feuille.
- Cochez <⊙ Objet dans> et sélectionnez la feuille dans laquelle placer le graphique.
- Validez par [OK].

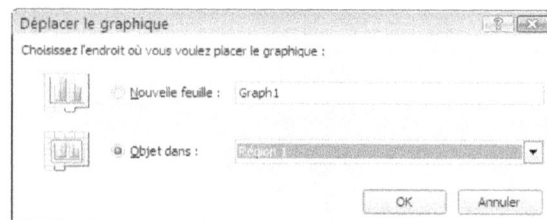

Gestion et analyse de données

4

Une consolidation combine les données de plusieurs plages sources dans une plage destination, selon une fonction (somme, moyenne...) spécifiée. Vous pouvez consolider :

- en fonction de la position des cellules : on consolide les cellules occupant la même position dans les plages source de consolidation.
- en fonction des étiquettes de ligne ou de colonnes : on consolide les cellules ayant mêmes étiquettes de ligne et de colonne dans les plages source de consolidation.

Les plages source et la destination de consolidation peuvent être situées dans des feuilles distinctes du même classeur ou de classeurs distincts.

CONSOLIDER LES CELLULES SELON LEUR POSITION DANS LES PLAGES

Vous disposez de feuilles de calcul présentant les résultats d'un magasin. Vous désirez les consolider pour obtenir les résultats pour l'ensemble. Dans l'exemple, on consolide dans une nouvelle feuille.

- Créez une nouvelle feuille *France* pour y placer le résultat de la consolidation, cliquez sur la première cellule de la zone destination de la consolidation.
- Onglet **Données**>groupe **Outils de données**, cliquez sur le bouton **Consolider**.
- Ajoutez une référence de plage source : cliquez sur l'icône à droite de la zone <Référence> ❶, la boîte de dialogue se réduit. Cliquez sur l'onglet de feuille *Marseille*, sélectionnez la plage de données à consolider, B2:E6 dans la feuille *Marseille*, cliquez à nouveau sur l'icône à droite de la zone ❶, puis cliquez sur [Ajouter] ❷.
- Ajoutez de la même façon une référence à une deuxième plage source, D2:G6 dans la feuille *Lyon*, et ainsi de suite pour d'autres plages source de consolidation.

Vous pouvez choisir une autre fonction que la somme, dans la zone <Fonction> ❺.

Si vous avez commis une erreur de référence source, vous pouvez la supprimer : cliquez sur l'adresse de la référence ❸, puis sur [Supprimer] ❹.

- Terminez par [OK].

Les cellules numériques ayant la même position dans les plages source ont été consolidées. Il faut copier les étiquettes de ligne et de colonnes et ajouter les colonnes et lignes de totaux pour terminer le tableau de consolidation.

CONSOLIDATION

CONSOLIDER LES DONNÉES SELON LES ÉTIQUETTES

Les cellules des plages de données source ne sont pas consolidées suivant qu'elles occupent un emplacement identique dans la plage source et destination mais en fonction d'une étiquette de ligne ou de colonne correspondante. Les étiquettes doivent être dans la ligne du haut et dans la colonne de gauche des plages source et destination.

Le texte des étiquettes doit être strictement identique pour que les lignes ou les colonnes puissent être mises en correspondance. Si une étiquette de ligne ou de colonne ne correspond à aucune étiquette de la plage source, elle est ajoutée en tant que nouvelle ligne ou colonne.

- Saisissez les étiquettes que vous voulez consolider dans la plage destination, puis sélectionnez la plage destination puis, sous l'onglet **Données**>groupe **Outils de données**, cliquez sur le bouton **Consolider**.

- Dans le dialogue *Consolider*, définissez les plages sources incluant les étiquettes de ligne et de colonne.

- Au bas du dialogue, cochez les cases <☑ Ligne du haut> et/ou <☑ Colonne de gauche>.
- Cliquez sur [OK].

📌 Les paramètres des plages de consolidation et des plages destination sont enregistrés : tout classeur dans lequel une consolidation a été définie conserve ces paramètres de sorte que vous les retrouvez à l'ouverture du classeur.

CONSOLIDER AVEC LIAISON

Dans les options de la boîte de dialogue de consolidation, vous pouvez cocher <☑ *Lier aux données source*> pour créer une liaison permanente entre la plage destination et les plages source. Le tableau généré est alors structuré en mode Plan et mis à jour en permanence, grâce à des formules de référence externe.

La cellule C3 contient la référence externe =Lyon!$F$6, la cellule C4 contient la référence externe =Marseille!$D$6 et la cellule C5 contient la somme =SOMME(C3:C4).

La cellule C6 contient la référence externe =Lyon!$F$4, la cellule C7 contient la référence externe =Marseille!$D$4 et la cellule C8 contient la somme =SOMME(C6:C7).

TRIER, TRANSPOSER UNE PLAGE DE CELLULES

TRIER UNE PLAGE DE CELLULES

Vous pouvez trier les lignes (ou les colonnes) d'une plage de cellules selon l'ordre des valeurs d'une colonne (ou d'une ligne).

Trier les lignes sur une seule clé

- Cliquez dans une cellule de la colonne constituant la clé, puis sous l'onglet **Données**>groupe **Trier et filtrer**, cliquez sur le bouton **Trier de A à Z ❶** ou le bouton **Trier de Z à A ❷**.

Trier sur plusieurs clés ou trier les colonnes

- Cliquez dans une cellule de la plage à trier.
  Excel étend automatiquement la sélection jusqu'à la première colonne vide et jusqu'à la première ligne vide. Donc si votre plage de cellules contient une colonne vide, vous devez sélectionner l'intégralité de la plage avant le tri.

- Onglet **Données**>groupe **Trier et filtrer**, cliquez sur le bouton **Trier ❸**, ou Onglet **Accueil**>groupe **Édition**, cliquez sur **Trier et filtrer** puis sur *Tri personnalisé...*

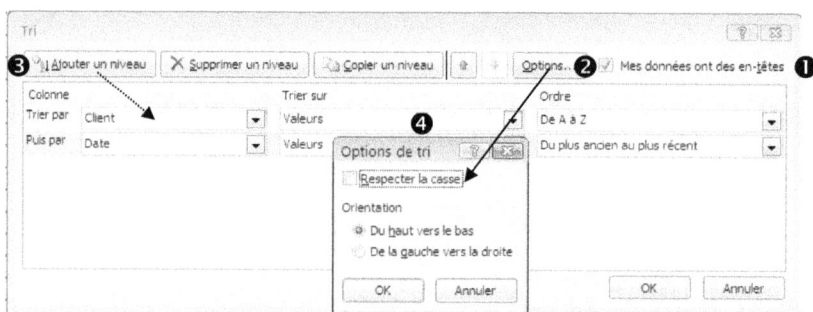

- Définissez les options et la ou les clés (ou niveaux) de tri.
  - ❶ [Options...] pour spécifier l'orientation du tri : tri des lignes ou des colonnes, et si le tri doit respecter la casse : distinction des majuscules et minuscules dans les valeurs texte.
  - ❷ Cette case est cochée pour considérer la première ligne ou colonne comme des en-têtes et donc ne pas l'inclure dans le tri, décochez cette case si ce n'est pas votre cas.
  - ❸ Définissez la première clé, sous <Colonne> : sélectionnez l'en-tête de colonne ou la colonne servant de clé, sous <Ordre> : sélectionnez l'ordre de tri. Puis ajoutez une clé en cliquant sur [Ajouter un niveau] et définissez la clé. Une nouveauté de la version 2007 est que vous pouvez avoir jusqu'à 64 clés au lieu de 3.
  - ❹ La plupart du temps vous voulez trier sur les valeurs. Une nouveauté de la version 2007 est que vous pouvez trier sur les couleurs de cellule ou les couleurs de police ou bien sur les icônes associés aux cellules.
- Terminez par [OK] pour effectuer le tri.

> Si dans la plage de cellules, des formules font référence relative à des cellules ne se trouvant pas sur la même ligne, le tri va les rendre erronées.

TRANSPOSER UNE PLAGE DE CELLULES

Transposer consiste à inverser les lignes et les colonnes. Il faut procéder par copier-coller dans un autre emplacement de la feuille ou du classeur.

- Sélectionnez la plage de cellules à transposer, puis sous l'onglet **Accueil**>groupe **Presse-papiers**, cliquez sur le bouton **Copier** 🗐 ou Ctrl+C. Cliquez sur la cellule destination, cliquez sur la flèche du bouton **Coller** , puis sur la commande *Transposer*.

Pour gérer et analyser des données, utilisez un tableau de données. Un tableau de données est une série de lignes et de colonnes qui contiennent des données connexes gérées indépendamment des autres données situées ailleurs dans la feuille de calcul.

Par défaut, chaque colonne du tableau dispose d'une fonction de filtrage dans son en-tête pour vous permettre de filtrer ou de trier rapidement les données. Vous pouvez ajouter à votre tableau une ligne des totaux. Une poignée de redimensionnement située dans le coin inférieur droit vous permet, quant à elle, de redimensionner le tableau à la taille voulue.

Un tableau Excel est traité comme une table de base de données : les lignes sont les enregistrements et les colonnes sont les champs de base de données. Les étiquettes de colonnes sont les noms des champs.

Vous pouvez gérer plusieurs tableaux de données dans la même feuille de calcul. En revanche, il n'est pas possible de créer un tableau de données dans un classeur partagé.

CRÉER UN TABLEAU DE DONNÉES

- Commencez par saisir les étiquettes de colonnes, puis les lignes de données au-dessous.
- Cliquez dans une cellule quelconque du tableau, sous l'onglet **Insertion**>groupe **Tableaux**, cliquez sur le bouton **Tableau**, le dialogue *Créer un tableau s'affiche*, cliquez sur [OK].

Le tableau est automatiquement mis en forme, l'en-tête de chaque colonne est associé à une liste déroulante, une poignée de redimensionnement apparaît en bas à droite du tableau.

AJOUTER DES DONNÉES À UN TABLEAU

- Saisissez des données dans une ligne ou une colonne vide adjacente au tableau, celui-ci est dynamiquement étendu pour intégrer cette ligne ou cette colonne. Les lignes insérées ou ajoutées reprennent les formules et les validations de la première ligne de données.

Dés que vous avez entré une donnée dans une cellule de la ligne vide au-dessous du tableau, cette ligne est intégrée dynamiquement au tableau.

INSÉRER SUPPRIMER DES LIGNES OU DES COLONNES DE TABLEAU

Il s'agit d'insérer ou de supprimer une ligne ou une colonne de tableau, sans insérer ou supprimer des cellules en dehors du tableau. La procédure est semblable pour les lignes et les colonnes.

- Cliquez droit sur une cellule de la ligne à supprimer, puis sur la commande contextuelle *Supprimer*, puis sur *Ligne de tableau* ou *Colonne de tableau*.
- Cliquez droit sur une cellule, puis sur la commande contextuelle *Insérer*, puis sur *Ligne de tableau en haut* ou *Colonne de tableau à gauche*.

CRÉER UN TABLEAU DE DONNÉES

NOM ET PLAGE DU TABLEAU

- Cliquez dans le tableau, sous l'onglet **Création**>groupe **Propriétés** :
  - La zone **<Nom du tableau>** : permet de changer le nom du tableau.
  - Le bouton **Redimensionner le tableau** : permet de spécifier la plage de cellules du tableau.

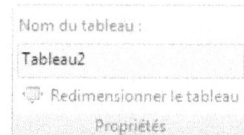

CARACTÉRISTIQUES DU TABLEAU

- Cliquez dans le tableau, sous l'onglet **Création**>groupe **Options de style de tableau** :

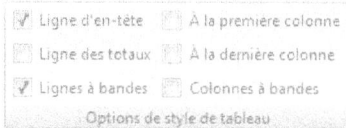

  - **<☑ Ligne d'en-tête>** : attribue une mise en forme différente à la première ligne.
  - **<☑ Ligne des totaux>** : affiche une ligne supplémentaire au bas du tableau, avec par défaut le terme `Total` dans la cellule de la colonne de gauche et une formule de total est inscrite dans la cellule de la colonne de droite. Cliquez sur une cellule de la ligne des totaux, cliquez sur la flèche apparue à droite de la cellule, choisissez un calcul, Excel insère une formule de sous-total.
  - **< ☑ Lignes à bandes>** : les lignes de données adoptent des couleurs alternées.
  - **<☑ À la première colonne>** : attribue une mise en forme différente à la première colonne.
  - **<☑ À la dernière colonne>** : attribue une mise en forme différente à la dernière colonne.
  - **< ☑ Colonnes à bandes>** : les colonnes de données adoptent des couleurs alternées.

MISE EN FORME GLOBALE DU TABLEAU

Utilisez la galerie de styles prédéfinis de tableau pour définir la présentation globale du tableau.

- Cliquez dans le tableau, sous l'onglet **Création**>groupe **styles de tableau**.
- Cliquez sur la flèche déroulante ❶, le menu affiche la galerie. Faites défiler les vignettes et cliquez sur le style voulu.

Deux commandes au bas du menu :

- *Nouveau style rapide de tableau* : créer de nouveaux styles de tableau, en spécifiant les formats des éléments du tableau.
- *Effacer* : effacer la mise en forme du tableau.

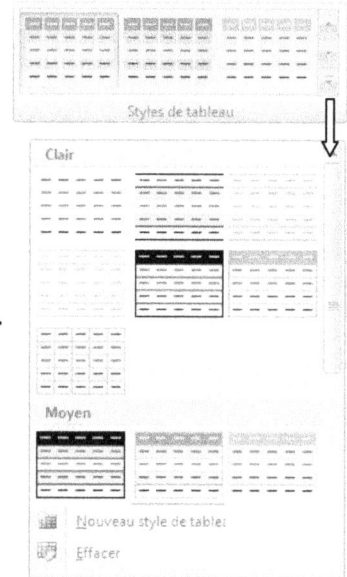

SÉLECTIONNER DES LIGNES OU DES COLONNES

- Sélectionnez une colonne, amenez le pointeur dans la première cellule de la colonne sur le haut, il se transforme en ↓, cliquez.
- Sélectionner une ligne : amenez le pointeur dans la première cellule de la ligne sur la gauche, ils se transforme en ↓, cliquez.

CONVERTIR UN TABLEAU EN PLAGE DE CELLULES

- Cliquez dans le tableau, sous l'onglet **Création**>groupe **Outils**, cliquez sur le bouton **Convertir en plage**.

FILTRER UN TABLEAU DE DONNÉES

Filtrer une plage de données consiste à ne rendre visibles que les enregistrements qui répondent à un ou plusieurs critères.

Pendant qu'un filtre est actif, les opérations telles que la copie, la suppression, le tri ou encore l'impression, ne s'appliquent qu'aux données visibles.

FILTRE AUTOMATIQUE

Sur un tableau de données la fonction filtrage est activée automatiquement. Sur une plage de données vous devez l'activer vous-même (voir Désactiver/réactiver la fonction filtrage, page 66). Des boutons flèche apparaissent à côté des étiquettes de chaque étiquette de colonne :

Date	▼	Client	▼	Ville	▼	Vendeur	▼	Montant	▼
02/09/2007		Valeor		Marseille		Martin		75.000,00 €	
02/09/2007		Marval		Paris		Durand		145.250,00 €	

- Pour filtrer par valeurs d'une colonne ❶ : cliquez sur la flèche de l'étiquette, cochez ou décochez la case à cocher d'une ou de plusieurs valeurs à filtrer. Si la colonne contient un grand nombre de valeurs, désactivez la case à cocher <☐ Sélectionner tout> et cochez les valeurs sur lesquelles le filtre doit porter.

- Pour filtrer par couleur ❷ : cliquez sur la flèche de l'étiquette, puis sur la commande *Trier par couleur*, sélectionnez la couleur de police ou de fond à filtrer. Cette commande est active seulement si vous avez formaté des cellules en couleur ou associé une icône.

- Pour utiliser un filtre plus élaboré ❸ : cliquez sur la flèche l'étiquette, puis sur la commande *Filtres textuels/ Filtres numériques/ Filtres chronologiques* selon que la colonne contient des valeurs texte, nombre ou date.

Les caractères génériques :
* (chaîne de caractères)
? (un seul caractère).

Lorsqu'un filtre est appliqué sur une colonne, le bouton flèche est remplacé par un entonnoir.

Date	▼	Client	▼	Ville	▼	Vendeur	▼	Montant	▼

FILTRER UN TABLEAU DE DONNÉES

Exemples de filtres élaborés

Filtres numériques> 10 premiers...

Afficher les n valeurs les plus élevées, ou les valeurs les plus élevées représentant n % du total général.

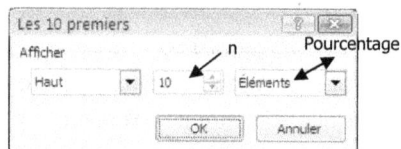

Filtres chronologiques> Entre...

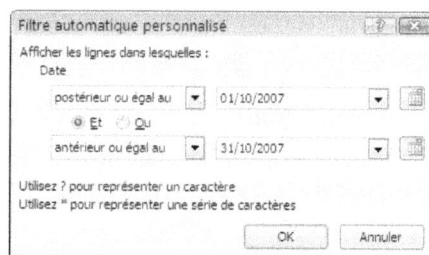

Effacer les filtres

- Pour effacer le filtre sur une colonne : cliquez sur la flèche de l'étiquette, puis sur *Effacer le filtre de* ou cochez la case <☑ Sélectionner tout>.
- Pour effacer tous les filtres : sous l'onglet **Données**>groupe **Trier et filtrer**, cliquez sur le bouton **Effacer**.

Désactiver/réactiver la fonction filtrage

- Cliquez dans une cellule du tableau de données, sous l'onglet **Données**>groupe **Trier et filtrer**, cliquez sur le bouton **Filtrer** ou, sous l'onglet **Accueil**>groupe **Édition**, cliquez sur le bouton **Trier et filtrer** puis sur la commande *Filtrer*.

FILTRES AVANCÉS

Lorsque la définition des critères dépasse les possibilités des filtres automatiques ou que l'on veut copier le résultat du filtre vers un autre emplacement, il faut créer une zone de critères dans la feuille pour y inscrire les critères.

Définir la zone de critères

- Dans la première ligne, placez des étiquettes de colonne identiques à celles du tableau de données. Sous chaque étiquette, inscrivez les critères relatifs à ce champ.

Date	Client	Ville	Vendeur	Montant
		<>Paris		>=50000
		Paris		

Filtrer le tableau de données

Le filtrage masque les lignes ne correspondant pas aux critères.

- Cliquez dans le tableau de données, puis sous l'onglet **Données**>groupe **Trier et filtrer**, cliquez sur **Avancé**. Dans <Plage> : vérifiez que la plage est celle du tableau de données, <Zone de critères> : référencez la plage de cellules de la zone de critères (*), cliquez par [OK] pour filtrer.

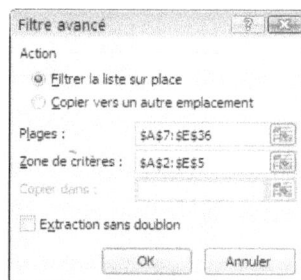

(*) Chaque ligne de la zone de critères doit contenir au moins un critère. Si une ligne reste vide, c'est l'ensemble des données qui est extrait. Si vous effacez une ligne de critères, vous devez l'exclure de la zone de critères dans le dialogue *Filtre avancé*.

Extraire des données

L'extraction copie les données correspondant aux critères dans un autre emplacement.

Vous devez, en plus de la zone des critères, prévoir une zone d'extraction. Cette zone est constituée simplement d'une ligne de cellules contenant les étiquettes des colonnes dont vous voulez extraire les données. Vous pouvez y copier-coller toutes les étiquettes puis supprimer celle que vous ne voulez pas. Les données extraites seront placées sous cette ligne d'étiquettes.

FILTRER UN TABLEAU DE DONNÉES

- Pour extraire : procédez comme pour le filtrage, mais dans le dialogue *Filtre avancé*, activez l'option <⊙ Copier vers un autre emplacement>, et dans la zone <Copier dans> : sélectionnez la plage des étiquettes de la zone d'extraction, cliquez sur [OK] pour extraire.
- Pour supprimer les doublons, cochez la case <☑ Extraction sans doublon> dans le dialogue *Filtre avancé*.

Pour effacer les données extraites, effacez la plage de cellules de données sous les étiquettes de l'emplacement destination, ou faites une extraction qui ne génère aucun résultat.

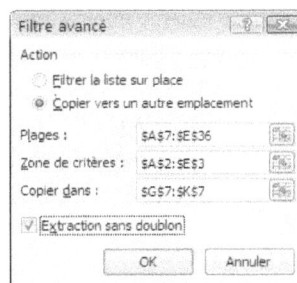

Conseils sur l'emplacement des zones de critères et d'extraction

Il ne faut pas que les ajouts et suppressions dans le tableau de données impactent la zone de critères, ni que le masquage des lignes ne masque aussi la zone de critères. Placez de préférence la zone de critères au-dessus du tableau de données, prévoyez le nombre de lignes suffisant, laissez une ligne vide entre les critères et le tableau de données.

Pour les même raisons, placez de préférence la zone d'extraction dans une autre feuille. Ou si vous la placez dans la même feuille, placez-la à droite du tableau de données mais évitez de faire des filtrages « sur place », qui masqueraient en partie les données extraites.

Vous pouvez nommer la zone de critères (par exemple `Critères`), la plage de données (par exemple `Données`), et la zone d'extraction (par exemple `Extraction`) et spécifier ces noms dans le dialogue *Filtre avancé*.

Règles de critères de la zone de critères

Pour combiner plusieurs critères avec l'opérateur `Ou`, placez les critères sur des lignes différentes. Pour les combiner par l'opérateur `Et`, place-les dans la même ligne. Par exemple, les clients hors Paris `Et` dont le montant est >= 50000 `Ou` les clients de Paris.

Date	Client	Ville	Vendeur	Montant
		<>Paris		>=50000
		Paris		

Pour les critères textuels, vous pouvez utiliser les caractères génériques * (remplace une chaîne quelconque de caractères) et ? (remplace un seul caractère). Par exemple, les clients dont le nom commence par M.

Date	Client	Ville	Vendeur	Montant
	M*			

Pour combiner plusieurs critères sur la même colonne de données, par exemple `Montant` ≥50000 et `Montant<=100000`, placez deux fois la même étiquette dans la zone de critères, et sous chacune d'elles, spécifiez un critère.

Date	Client	Ville	Vendeur	Montant	Montant
				>=50000	<=100000

Vous pouvez utiliser des critères calculés par des formules ayant pour résultat `VRAI` ou `FAUX`. Ces formules ne peuvent référencer un champ de données que par la référence relative à la première cellule de données de la colonne ou par son étiquette. Pour cela, placez dans la zone d'extraction une étiquette différente de celles du tableau de données, et sous cette étiquette saisissez la formule de critère. Dans l'exemple, `E8` est la première cellule de données du champ `Montant`.

F3	▼	*fx*	=E8>=MOYENNE(Tableau1[Montant])		
	A	B	C	D	E	F
2	Date	Client	Ville	Vendeur	Montant	Moyenne
3						FAUX
4						

FONCTIONS STATISTIQUES SUR BASE DE DONNÉES

Ces fonctions permettent d'effectuer des calculs statistiques sur les valeurs d'un champ dans les enregistrements satisfaisant des critères spécifiés dans une zone de critères (définie comme dans les filtres avancés, page 67). Leur syntaxe générale est :

`=Fonction(Données;"nom_champ";Critères)` ou `=Fonction(Données;n;Critères)`

n est le numéro du champ (colonne) dans le tableau de données.

Exemple : `=BDSOMME(A4:E10;"Bénéfice";A1:F2)` ou `=BDSOMME(A4:E10;5;A1:F2)`

FONCTIONS

BDECARTYPE	Calcule l'écart type à partir d'un échantillon de population représenté par les valeurs du champ dans les enregistrements satisfaisant les critères.
BDECARTYPEP	Calcule l'écart type à partir de la population entière représentée par les valeurs du champ dans les enregistrements satisfaisant les critères.
BDLIRE	Extrait d'une base de données l'enregistrement qui correspond aux critères spécifiés.
BDMAX	Valeur la plus élevée du champ dans les enregistrements satisfaisant les critères.
BDMIN	Valeur la moins élevée du champ dans les enregistrements satisfaisant les critères.
BDMOYENNE	Moyenne des valeurs du champ dans les enregistrements satisfaisant les critères.
BDNB	Nombre de cellules du champ contenant des valeurs numériques dans les enregistrements satisfaisant les critères.
BDNBVAL	Nombre de cellules non vides du champ dans les enregistrements satisfaisant les critères.
BDPRODUIT	Multiplie les valeurs du champ dans les enregistrements satisfaisant les critères.
BDSOMME	Additionne les valeurs numériques du champ dans les enregistrements satisfaisant les critères.
BDVAR	Calcule la variance à partir d'un échantillon de population représenté par les valeurs du champ dans les enregistrements satisfaisant les critères.
BDVARP	Calcule la variance à partir de la population entière représentée par les valeurs du champ dans les enregistrements satisfaisant les critères.

INSÉRER UNE FONCTION DE BASE DE DONNÉES

- Placez le curseur dans la cellule devant afficher le résultat, cliquez sur l'icône dans la barre de formule ou, sous l'onglet **Formule**>groupe **Bibliothèque de fonction**, cliquez sur le bouton **Insérer une fonction**

- Dans la zone <Sélectionnez une catégorie> : sélectionnez *Base de données*, puis dans la zone <Sélectionnez une fonction> : sélectionnez le nom de la fonction, validez par [OK]

- Spécifiez la plage de base de données, saisissez le nom du champ entre guillemets ou un nombre représentant la position de la colonne du champ dans la plage de base de données, spécifiez la plage de la zone de critères, validez par [OK].

SOUS-TOTAUX

Pour qu'Excel puisse insérer des sous-totaux au sein d'une plage de données, celle-ci doit être préalablement triée sur le champ qui va servir de regroupement.

Date	Client	Ville	Vendeur	Montant
02/09/2007	Valeor	Marseille	Martin	75.000,00 €
02/09/2007	Marval	Paris	Durand	145.250,00 €
05/09/2007	AMT	Paris	Durand	35.600,00 €
05/09/2007	SysLog	Reims	Morel	182.500,00 €

Les sous-totaux ne sont pas possibles dans un tableau de données. Si les données sont dans un tableau de données, convertissez le tableau de données en plage de cellules (voir page 64).

CRÉER DES SOUS-TOTAUX

- Pour obtenir des sous-totaux par client, triez les données selon le champ *Client*, puis sous l'onglet **Données**>groupe **Plan**, cliquez sur le bouton **Sous-totaux**.

  ❶ Sélectionnez le champ de regroupement, *Client* pour des sous-totaux par client.

  ❷ Sélectionnez la fonction de synthèse : *Somme, Nombre, Moyenne...*

  ❸ Cochez le ou les champs sur lesquels appliquer la fonction.

  ❹ Spécifiez les options que vous souhaitez.

    ① Cochez pour que les sous-totaux précédents soient d'abord supprimés, sinon ils sont conservés.

    ② Cochez pour séparer les groupes à l'impression, sinon ils sont imprimés sans discontinuité.

    ③ Cochez pour placer les lignes de sous-totaux au-dessous des lignes de détails, sinon elles sont placées au-dessus.

- Validez par [OK].

		G	H	I	J	K
	7	Date	Client	Ville	Vendeur	Montant
	8	05/09/2007	AMT	Paris	Durand	35.600,00 €
	9	10/09/2007	AMT	Paris	Durand	95.600,00 €
	10	14/09/2007	AMT	Paris	Durand	162.400,00 €
	11	18/09/2007	AMT	Paris	Durand	48.700,00 €
	12	20/09/2007	AMT	Paris	Durand	95.600,00 €
	13		Total AMT			437.900,00 €
	14	05/09/2007	Bolor Sarl	Rouen	Martin	48.700,00 €
	15	10/09/2007	Bolor Sarl	Rouen	Martin	28.400,00 €
	16	15/09/2007	Bolor Sarl	Rouen	Martin	68.700,00 €
	17	18/09/2007	Bolor Sarl	Rouen	Martin	17.500,00 €
	18	21/09/2007	Bolor Sarl	Rouen	Martin	28.400,00 €
	19		Total Bolor Sarl			191.700,00 €
	20	05/09/2007	Champagnes	Reims	Morel	76.000,00 €

Des niveaux de plan ont été créés automatiquement. Les lignes de synthèse par client ont été insérées sous les lignes de détails de chaque client. Une ligne de synthèse générale est ajoutée sous la plage de données.

Dans la colonne du champ *Client* qui a servi à regrouper, chaque ligne de synthèse contient **Total xxx**, où xxx est le nom de client.

Si les données sont triées comme il faut, vous pouvez utiliser à nouveau la commande **Sous-totaux**, en désactivant l'option ① pour obtenir un deuxième niveau de sous-totaux.

SUPPRIMER LES SOUS-TOTAUX

- Cliquez sur une cellule de la plage de données puis, sous l'onglet **Données**>groupe **Plan**, cliquez sur le bouton **Sous-totaux**. Dans le dialogue, cliquez sur [Supprimer tout].

TRIER AVEC DES SOUS-TOTAUX

Si vous avez affiché seulement le niveau des sous-totaux, vous pouvez trier par blocs de données selon le champ de regroupement ou le champ sur lequel a été appliquée la fonction de synthèse.

- Masquez les lignes de détails en cliquant sur le symbole de plan [2], puis triez les données. Si les conditions ne sont pas remplies, Excel demande de supprimer les sous-totaux avant de trier.

Si vous souhaitez regrouper et synthétiser les données d'un tableau de données, vous pouvez créer un plan comportant jusqu'à huit niveaux (un par groupe). Chaque niveau (représenté par un numéro) affiche les détails du niveau supérieur (représenté par un numéro moins élevé). Un plan vous permet d'afficher rapidement les lignes ou les colonnes de synthèse ou de révéler à la demande les détails de certains groupes. Vous pouvez créer un plan de lignes (comme dans l'exemple ci-après), un plan de colonnes ou un plan de lignes et de colonnes.

CRÉER UN PLAN DE LIGNES

Chaque colonne doit comporter une étiquette dans la première ligne du tableau et contenir des informations similaires. Aucune ligne ou colonne du tableau ne doit être complètement vide.

Utiliser des lignes de synthèse

Une ligne de synthèse regroupe un ensemble de lignes de détails, elle peut contenir des formules de synthèse sur les valeurs des lignes de détails.

- Il est possible de créer automatiquement des lignes de synthèse, dans ce cas les lignes du tableau doivent être triées selon les valeurs d'une colonne qui servent au regroupement. Utilisez la commande Sous-total (voir *Créer des sous-totaux* page 69) qui insère la fonction SOUS.TOTAL en dessous ou au-dessus de chaque groupe de lignes de détails et qui crée automatiquement le plan.
  Vous pouvez aussi insérer manuellement les lignes de synthèse : insérez des lignes avec des formules immédiatement au-dessous ou au-dessus de chaque groupe de lignes de détails.

- Indiquez si l'emplacement de la ligne de synthèse est en dessous ou au-dessus des lignes de détails : sous l'onglet **Données**>groupe **Plan**, cliquez sur le **Lanceur** du groupe.

L'option <☑ Lignes de synthèse sous les lignes de détails> indique que les formules de synthèse sont sous les lignes de détails.
Décochez l'option si les formules de synthèse sont au-dessus des lignes de détails.

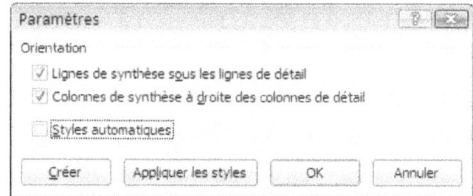

Grouper les lignes en niveaux de plan

Pour grouper automatiquement les niveaux :

Excel peut créer automatiquement un plan, si les lignes de synthèse contiennent des fonctions telles que SOMME(), MOYENNE().

- Cliquez dans la plage de données, sous l'onglet **Données**>groupe **Plan**, cliquez sur la **flèche** de **Grouper**, puis sur *Plan automatique*.

	A	B	C	D	E	F	G	H	I	J
3		Janvier	Février	Mars	Trimestre 1	Avril	Mai	Juin	Trimestre 2	Juillet
4	Europe									
5	Allemagne	1.568	1.882	2.258	5.708	2.154	2.585	3.102	7.841	3.541
6	Autriche	2.546	3.055	3.666	9.267	3.625	4.350	5.220	13.195	6.845
7	Danemark	1.587	1.904	2.285	5.777	2.157	2.588	3.106	7.851	4.574
8	Espagne	3.256	3.907	4.689	11.852	3.541	4.249	5.099	12.889	6.588
9	Finlande	4.512	5.414	6.497	16.424	4.152	4.982	5.979	15.113	6.882
10	France	6.521	7.825	9.390	23.736	5.417	6.500	7.800	19.718	8.744
11	Sous-total Europe	19.990	23.988	28.786	72.764	21.046	25.255	30.306	76.607	37.174
12	Afrique									
13	Algérie	6.497	4.982	2.258	13.738	10.745	2.258	9.910	22.913	10.745
14	Égypte	9.390	6.500	3.666	19.557	11.825	3.666	12.591	28.082	11.825
15	Gabon	10.860	7.505	2.285	20.651	11.729	2.285	14.766	28.780	11.729
16	Sous-total Afrique	26.748	18.988	8.209	53.945	34.298	8.209	37.267	79.775	34.298

Pour grouper manuellement les niveaux du plan :

- Veillez à ce que toutes les données soient affichées pour éviter de grouper incorrectement les lignes. Sélectionnez toutes les lignes subordonnées (de détails et de synthèse) à la ligne de synthèse générale puis, sous l'onglet **Données**,>groupe **Plan**, cliquez sur **Grouper**.
  Les symboles du plan s'affichent à côté du groupe à l'écran.

- Pour chaque groupe imbriqué, sélectionnez les lignes subordonnées (de détails et de synthèse) à la ligne de synthèse du groupe, puis sous l'onglet **Données**,>groupe **Plan**, cliquez sur **Grouper**. Continuez à grouper les lignes internes jusqu'à ce que vous ayez créé tous les niveaux souhaités dans le plan.

Dissocier les lignes

Dissocier est le contraire de grouper, les lignes que vous dissociez remontent d'un niveau de plan.

- Sélectionnez les lignes, puis sous l'onglet **Données**>groupe **Plan**, cliquez sur **Dissocier**. Vous pouvez également dissocier une section du plan : maintenez la touche MAJ appuyée et cliquez sur la case + ou sur la case - du groupe puis, sous l'onglet **Données**>groupe **Plan**, cliquez sur **Dissocier**.

Important : si vous dissociez des sections du plan alors que les données de détails sont masquées, les lignes de détails peuvent rester masquées. Pour afficher les données, faites glisser le pointeur sur les numéros des lignes visibles adjacentes aux lignes masquées, sous l'onglet **Accueil**>groupe **Cellules**, cliquez sur la flèche du bouton **Format**, pointez sur *Masquer et afficher*, puis cliquez sur *Afficher les lignes*.

UTILISER LES SYMBOLES DE PLAN

- Les symboles de plan [+] [-] en face des lignes de synthèse servent à masquer ou réafficher les lignes de détails. Vous obtenez le même résultat avec l'onglet **Données**>groupe **Plan**, cliquez sur le boutons **Afficher les détails** ([+]) ou **Masquer les détails** ([-]).

- Chaque symbole numéroté en haut à gauche de la fenêtre [1][2][3], correspond à un niveau de plan. Cliquez sur un symbole de niveau pour afficher les détails de ce niveau et masquer tous les niveaux inférieurs.

Masquer/réafficher les symboles du mode Plan

- Cliquez sur le **Bouton Office**, puis sur [Options Excel], puis sur *Options avancées*. Sous **Afficher les options pour cette feuille de calcul**, sélectionnez la feuille de calcul et décochez/cochez la case <□ Afficher les symboles du plan si un plan est appliqué>.

SUPPRIMER LE MODE PLAN

- Cliquez sur une cellule du tableau puis, sous l'onglet **Données**>groupe **Plan**, cliquez sur la **flèche** du bouton **Dissocier**, puis cliquez sur *Effacer le plan*.

COPIER SEULEMENT LES DONNÉES VISIBLES EN MODE PLAN

- Utilisez les symboles du plan pour masquer les données de détails à ne pas copier. Sélectionnez les lignes à copier puis, sous l'onglet **Accueil**>groupe **Édition**, cliquez sur **Rechercher et remplacer**, puis sur *Sélectionner les cellules*. Dans le dialogue, activez <⊙ Cellules visibles seulement>, validez par [OK] puis copiez les données.

Les tableaux croisés dynamiques permettent des analyses multidimensionnelles des données issues d'une plage de données ou d'une source de données externe. Ils regroupent les données selon les valeurs de certains champs et calculent des valeurs de synthèse pour ces groupes.

Par exemple, vous enregistrez les ventes journalières effectuées par les vendeurs dans un tableau. Vous voulez présenter une synthèse des ventes par vendeur par semaine. Notez que, pour générer un tableau croisé, la plage de données ne doit pas comporter de sous-totaux ni de filtre.

	Date	Client	Ville	Vendeur	Montant	Semaine
7						
8	05/09/2007	AMT	Paris	Durand	35.600,00 €	36
9	10/09/2007	AMT	Paris	Durand	95.600,00 €	37
10	14/09/2007	AMT	Paris	Durand	162.400,00 €	37
11	18/09/2007	AMT	Paris	Durand	48.700,00 €	38
12	20/09/2007	AMT	Paris	Durand	95.600,00 €	38

CRÉER UN TABLEAU CROISÉ DYNAMIQUE

■ Cliquez dans la plage de données puis, sous l'onglet **Insertion**>groupe **Tableaux**, cliquez sur le bouton **Insérer un tableau croisé dynamique**.

❶ **Emplacement des données à analyser :** soit vous spécifiez une plage ou un tableau de données, soit vous utilisez une source de données externe et vous cliquez sur [Choisir la connexion] pour chercher la source de données.

❷ **Emplacement du tableau croisé dynamique :** soit une nouvelle feuille de calcul, soit une feuille existante dont vous sélectionnez le nom et spécifiez l'emplacement sur la feuille.

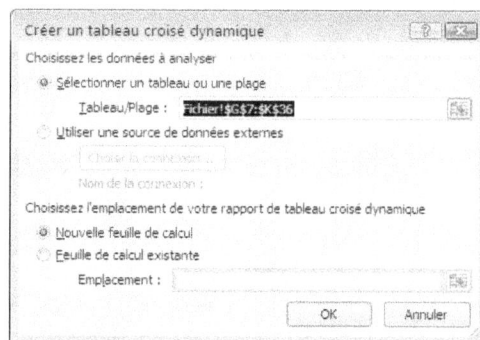

■ Validez par [OK].

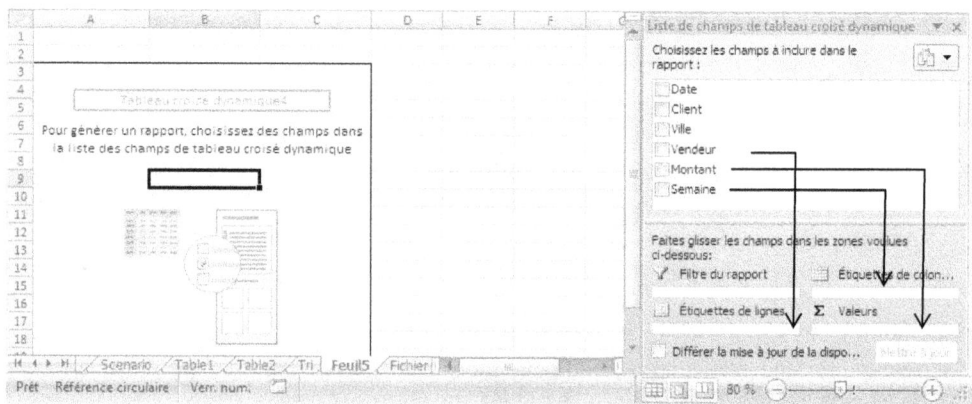

La feuille contenant l'emplacement du tableau croisé dynamique est affichée. Le volet *Liste de champs de tableau croisé dynamique* est ouvert à droite de la fenêtre. Il disparaît si vous cliquez hors du tableau croisé dynamique et se réaffiche lorsque vous cliquez dans le tableau croisé dynamique.

■ Glissez-déposez le champ *Vendeur* dans la zone <Étiquettes de lignes>, glissez-déposez le champ *Semaine* dans la zone <Étiquette de colonnes>, glissez-déposez le champ *Montant* dans la zone <Valeurs>.

Afficher/masquer le volet Liste de champs de tableau croisé dynamique

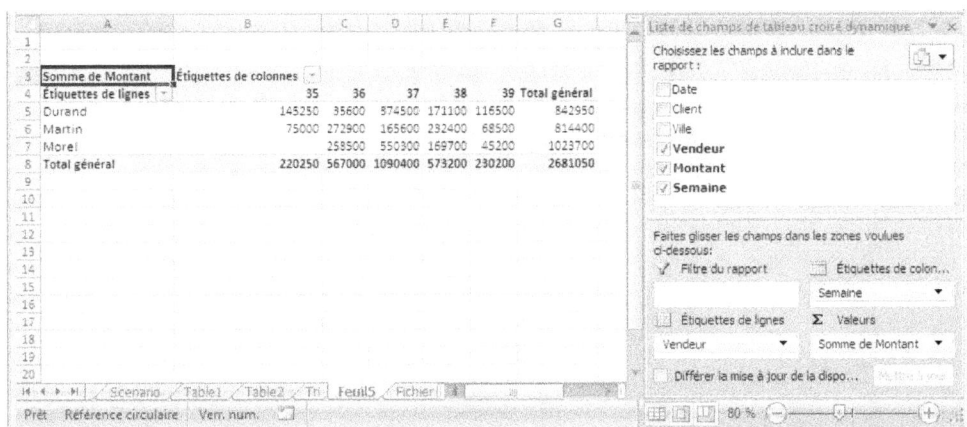

Le volet s'affiche automatiquement lorsque la cellule active est dans le tableau croisé.

- Cliquez dans le tableau puis, sous l'onglet contextuel **Options**>groupe **Afficher/ Masquer**, cliquez sur le bouton **Liste de champs**.

LES FONCTIONS DE SYNTHÈSE

Changer la fonction de synthèse

- Dans la zone <Σ Valeurs> du volet *Liste de champs de tableau croisé dynamique*, cliquez sur Somme de montant, puis sur *Paramètres de champ*, un dialogue s'affiche.

  ❶ Sélectionnez la fonction de synthèse (dans l'exemple Moyenne).

  ❷ Spécifiez un libellé qui s'affichera à la place de Moyenne de Montant.

  ❸ Cliquez sur ce bouton pour formater les valeurs de synthèse.

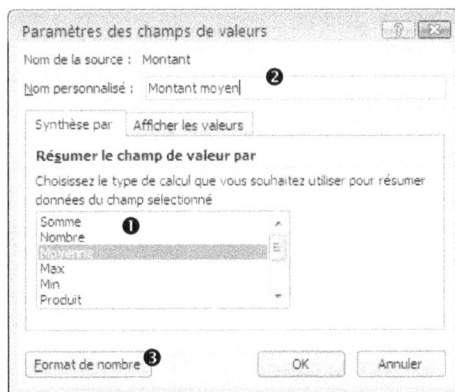

- Validez par [OK].

Plusieurs champs de synthèse

- Dans le volet *Liste de champs de tableau croisé dynamique*, glissez-déposez un deuxième champ de synthèse (ici Montant) dans la zone <Σ Valeurs>. Puis, dans cette zone, cliquez sur le nouveau bouton Somme de montant puis sur *Paramètres de champ*, un dialogue s'affiche. Sélectionnez la fonction de synthèse (ici Nombre), spécifiez le libellé (Nb factures).

Le tableau donne maintenant, par vendeur et par semaine, deux valeurs de synthèse : le nombre de factures et le montant moyen. Les valeurs de synthèse sont en colonnes, pour les avoir en ligne, faites glisser le bouton Σ Valeurs dans la zone <Étiquettes de lignes>.

- Pour modifier la position relative des colonnes ou lignes de synthèse : déplacez les boutons de champ dans la zone <Σ Valeurs>.

LES CHAMPS DE REGROUPEMENT

Vous pouvez avoir plusieurs niveaux de regroupement en ligne ou en colonne.

- Dans le volet *Liste de champs de tableau croisé dynamique*, glissez-déposez un deuxième champ de regroupement (par exemple `Client`) dans la zone <Étiquettes de lignes> ou <Étiquettes de colonnes>.

- Pour modifier les niveaux hiérarchiques de regroupement : déplacez les boutons de champ dans la zone <Étiquettes de lignes> ou dans la zone <Étiquettes de colonnes>.
- Pour afficher ou masquer le détail d'une valeur : double-cliquez sur la valeur dans le tableau croisé dynamique, ou cliquez sur les cases + ou – situées devant la valeur.
- Pour afficher ou masquer tous les détails de niveaux inférieurs : cliquez sur une valeur, puis sous l'onglet **Options**>groupe **Champ actif**, utilisez les boutons ⊞ ou ⊟.

SUPPRIMER UN CHAMP DE REGROUPEMENT OU DE SYNTHÈSE

- Dans le volet *Liste de champs de tableau croisé dynamique*, glissez-déposez le bouton du champ en dehors de la zone où il figure.

FILTRER UN TABLEAU CROISÉ DYNAMIQUE

Masquer des étiquettes du tableau croisé dynamique

- Pour masquer des lignes (`Vendeur`) : cliquez sur la flèche ❶ associée à *Étiquettes de lignes* dans le tableau croisé. Une fenêtre ❷ s'affiche avec des commandes de tri et de filtres : décochez les noms des vendeurs que vous voulez masquer, validez par [OK].

- Pour masquer des colonnes (`Semaine`) : cliquez sur la flèche ❸ associée à *Étiquettes de colonnes* dans le tableau croisé. Une fenêtre s'affiche avec des commandes de tri et de filtres : décochez les numéros des semaines que vous voulez masquer, validez par [OK].
- Pour désactiver le filtre (réafficher toute les lignes/colonnes), cochez la case devant (Sélectionner tout) dans la fenêtre.

TABLEAUX CROISÉS DYNAMIQUES

Ajouter un champ de filtre

- Dans le volet *Liste de champs de tableau croisé dynamique*, glissez-déposez un champ dans la zone <Filtre du rapport>. Une zone de filtre apparaît au-dessus du tableau croisé dynamique.

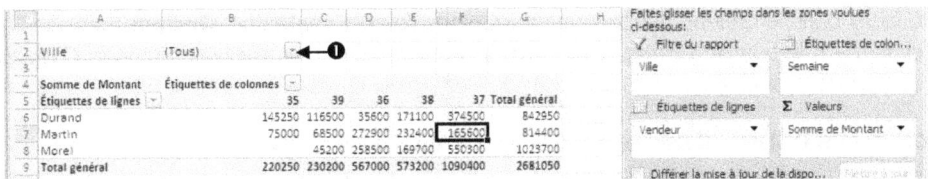

	A	B	C	D	E	F	G	H
1								
2	Ville	(Tous)						
3								
4	Somme de Montant	Étiquettes de colonnes						
5	Étiquettes de lignes		35	39	36	38	37 Total général	
6	Durand		145250	116500	35600	171100	374500	842950
7	Martin		75000	68500	272900	232400	165600	814400
8	Morel			45200	258500	169700	550300	1023700
9	Total général		220250	230200	567000	573200	1090400	2681050

Faites glisser les champs dans les zones voulues ci-dessous :

Filtre du rapport : Ville — Étiquettes de colon... : Semaine

Étiquettes de lignes : Vendeur — Σ Valeurs : Somme de Montant

Différer la mise à jour de la dispo...

- Pour filtrer les données selon les valeurs du filtre : cliquez sur la flèche ❶ et sélectionnez une valeur de ce champ (plusieurs valeurs si vous activez <☑ Sélectionner plusieurs éléments>).

Vous pouvez placer plusieurs champs dans la zone<Filtre du rapport>.

Filtre sur les valeurs de synthèse

- Cliquez droit sur une étiquette, puis sur **Filtrer**, puis sur *Filtres s'appliquant aux valeurs...*

Filtre s'appliquant aux valeurs (Vendeur)

Afficher les éléments pour lesquels

Somme de Montant [▼] est égal à [▼] [   ]

[OK] [Annuler]

- Spécifiez le filtre, validez par [OK].

Filtrer sur les étiquettes

- Cliquez droit sur une étiquette, puis sur **Filtrer**, puis sur *Filtre s'appliquant aux étiquettes...* (ou *Filtres chronologiques...* s'il s'agit de dates), spécifiez le filtre, validez par [OK].

TRIER UN TABLEAU CROISÉ DYNAMIQUE

- Cliquez dans une des valeurs du champ de regroupement en ligne (ou en colonne). Sous l'onglet contextuel **Options**>groupe **Trier**, cliquez sur le bouton **Trier** ou cliquez droit sur une valeur puis sur la commande contextuelle *Trier* et enfin sur *Options de tri supplémentaires...*

Trier (Client)

Options de tri

○ Manuel (vous pouvez faire glisser les éléments)

○ Ascendant (de A à Z) par :

[Client]

◉ Descendant (de Z à A) par :

[Somme de Montant]

Synthèse

Trier Client par Somme de Montant par ordre décroissant

- Spécifiez l'ordre de tri, <◉ Ascendant>/<◉ Descendant>, et le critère de tri. Dans l'exemple, les clients seront listés dans l'ordre descendant du montant total des ventes.
- Validez par [OK].

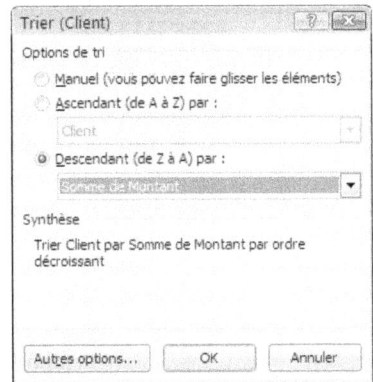

[Autres options...] [OK] [Annuler]

📌 Vous pouvez toujours modifier l'ordre manuellement en faisant glisser dans la colonne (ligne), la cellule contenant l'étiquette du tableau croisé dynamique.

ACTUALISER LES DONNÉES

Après modification des données source, il faut actualiser le tableau croisé dynamique.

- Sous l'onglet contextuel **Options**>groupe **Données** cliquez sur le bouton **Actualiser**, ou cliquez droit dans une cellule de valeur de synthèse puis sur la commande *Actualiser*.

SUPPRIMER UN TABLEAU CROISÉ DYNAMIQUE

- Cliquez dans le tableau puis, sous l'onglet **Options**>groupe **Actions**, cliquez sur le bouton **Sélectionner**, puis sur *Tableau croisé dynamique complet*. Le tableau étant sélectionné, appuyez sur [Suppr].

TABLEAUX CROISÉS DYNAMIQUES

MODIFIER L'EMPLACEMENT DES DONNÉES SOURCE D'UN TABLEAU CROISÉ DYNAMIQUE

Si vous voulez ajouter une colonne calculée à la plage source de données pour l'inclure dans le tableau croisé dynamique, il faut changer l'emplacement des données source.

- Cliquez dans le tableau dynamique croisé, sous l'onglet contextuel **Options**>groupe **Données**, cliquez sur le bouton **Changer la source de données**, puis sur la commande *Changer la source de données...*

AFFICHER LES DONNÉES DE DÉTAILS D'UNE VALEUR DE SYNTHÈSE

- Si vous double-cliquez sur la valeur du tableau croisé, la liste des lignes de détails qui sont la source de cette valeur est automatiquement créée dans une nouvelle feuille de calcul dans le même classeur.

	A	B	C	D	E	F	G
1	Date	Client	Ville	Vendeur	Montant	Semaine	Secteur
2	07/09/2007	Keops	Toulouse	Martin	98200	36	2
3	07/09/2007	JBM Consult	Rouen	Martin	126000	36	2
4	05/09/2007	Bolor Sarl	Rouen	Martin	48700	36	1
5							

OPTIONS DU TABLEAU CROISÉ DYNAMIQUE

Le dialogue *Options du tableau croisé dynamique* permet de définir plusieurs paramètres pour créer un rapport de tableau croisé dynamique.

- Cliquez droit dans une cellule du tableau croisé, puis sur *Options du tableau croisé dynamique...* Consultez l'aide en cliquant sur la case 🔲 du dialogue pour obtenir des explications sur les options.

GRAPHIQUE CROISÉ DYNAMIQUE

Un graphique croisé dynamique fournit une représentation graphique des données contenues dans un rapport de tableau croisé.

■ Cliquez sur une cellule du tableau puis, sous l'onglet **Insertion**>groupe **Tableaux**, cliquez sur la flèche du bouton **Tableau croisé dynamique**, puis sur *Graphique croisé dynamique*.

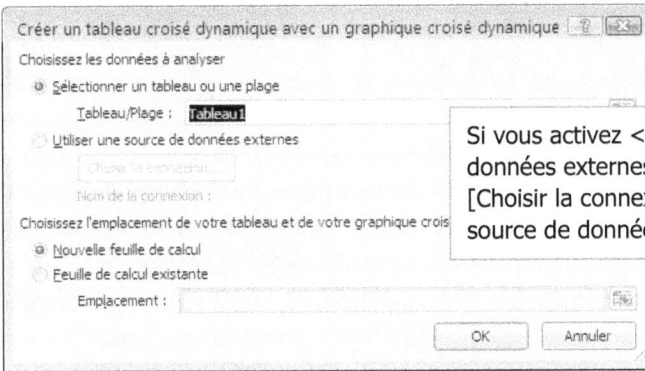

> Si vous activez <⊙ Utiliser une source de données externes>, cliquez sur le bouton [Choisir la connexion...] pour rechercher la source de données.

■ Dans le dialogue, spécifiez l'emplacement des données à analyser et l'emplacement du graphique croisé dynamique, puis validez par [OK].

Le volet *Liste de champs de tableau croisé dynamique* s'ouvre à droite de la fenêtre. Il disparaît si vous cliquez hors du graphique croisé dynamique et se réaffiche lorsque vous cliquez dans le graphique croisé dynamique.

■ Glissez-déposez le champ *Vendeur* dans la zone <Champs Axe>, glissez-déposez le champ *Semaine* dans la zone <Champs Légende>, glissez-déposez le champ *Montant* dans la zone <Σ Valeurs>. Un tableau croisé dynamique se construit ainsi que le graphique sur la même feuille de calcul.

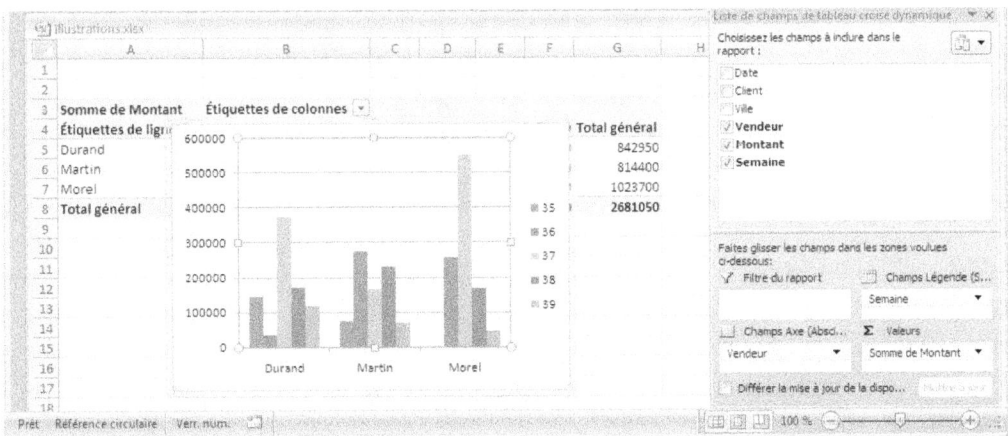

Comme pour un tableau croisé dynamique, vous pouvez masquer des données, ajouter un champ de données ou ajouter un champ de filtre.

Lorsque vous cliquez sur le graphique, les onglets contextuels **Création**, **Disposition** et **Mise en forme** des graphiques sont présents sur le Ruban.

SE CONNECTER À UNE SOURCE DE DONNÉES EXTERNE

L'avantage de se connecter à des données externes est de pouvoir les analyser régulièrement dans Excel sans avoir à les copier à chaque fois, ce qui prend du temps et est sujet à erreur. Après vous être connecté aux données externes, vous pouvez actualiser vos classeurs Excel à partir de la source de données d'origine si celle-ci a été mise à jour.

Microsoft Office fournit des pilotes pour extraire des données des sources de données suivantes : dBase, Excel, MS Access (ODBC), Microsoft SQL Server et SQL Server Analysis Services (OLAP), Oracle (OLE DB), Bases de données de fichier texte. Vous pouvez aussi utiliser des pilotes d'autres fabricants pour extraire des informations de sources de données spécifiques.

CRÉER UNE CONNEXION

- L'Assistant *Connexion de données* sert à créer une connexion à une source de données externe : sous l'onglet **Données**>groupe **Données externes**, cliquez sur **À partir d'autres sources**, puis cliquez sur *Provenance : Assistant Connexion de données*. Sélectionnez *DSN ODBC*, puis sur [Suivant], sélectionnez *MS Access Database*, puis cliquez sur [Suivant].
- Sélectionnez le dossier, puis le fichier Access, validez par [OK].
- Sélectionnez la table ou la requête, validez par [Terminer].
- Sélectionnez la méthode d'affichage et l'emplacement des données, validez par [OK].

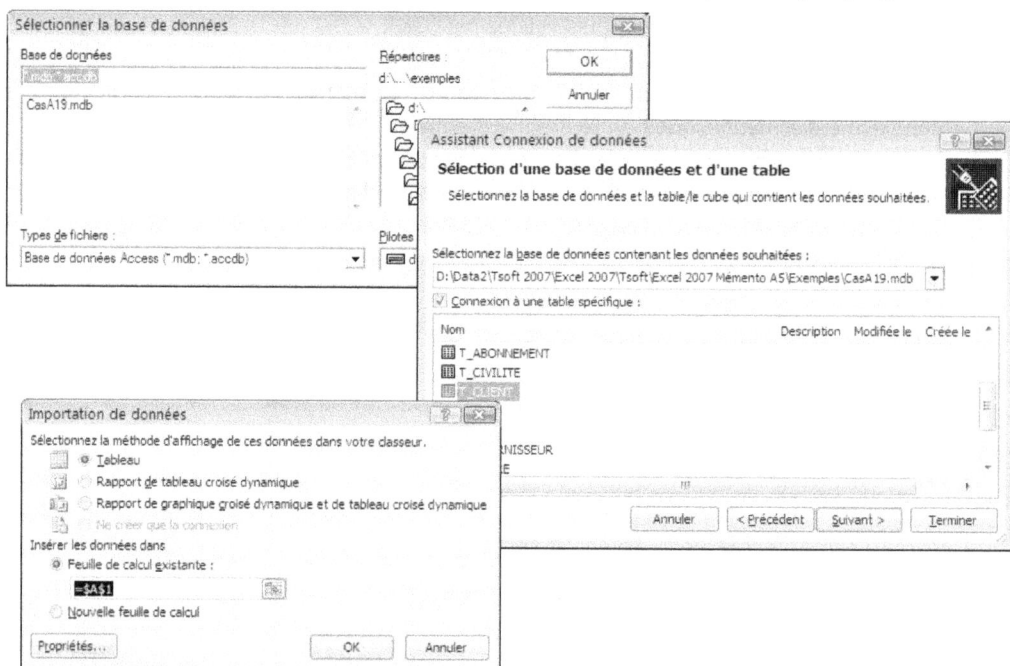

SE CONNECTER À UNE SOURCE DE DONNÉES EXTERNE

Un fichier de connexion de l'ordinateur (`.odc`) a été enregistré sur l'ordinateur dans le dossier *Toutes les sources de données*. De plus, une connexion de classeur a été créée dans le classeur.

✎ En créant la connexion, dans le dialogue *Importation de données* (cf. page précédente), vous pouvez générer la plage de données externes comme un tableau (par défaut), comme un tableau croisé dynamique ou comme un graphique croisé dynamique.

ACTUALISER LES DONNÉES DES PLAGES DE CONNEXION EXTERNE

- Cliquez dans la plage de données de connexion externe puis, sous l'onglet **Création**>groupe **Données de table externe**, cliquez sur le bouton **Actualiser**.
  Pour actualiser les données de toutes les connexions : cliquez sur la flèche du bouton **Actualiser** puis sur la commande *Actualiser tout...*
- Pour actualiser automatiquement les données à l'ouverture du classeur : sous l'onglet **Données**>groupe **Connexions**, cliquez sur la flèche en regard de **Actualiser**, puis cliquez sur *Propriétés de connexion*. Cliquez sur l'onglet **Utilisation**, cochez <☑ Actualiser à l'ouverture du fichier>.
  Dans ce cas, vous pouvez enregistrer dans le classeur la définition de requête mais pas les données externes : cochez <☑ Supprimer les données externes de la table générée par la requête> avant d'enregistrer le classeur.

SUPPRIMER LA LIAISON

- Cliquez sur une cellule de la plage de données externes puis, sous l'onglet **Outils**>groupe **Données de table externe**, cliquez sur **Supprimer la liaison**.

La plage de données est conservée avec le même nom, mais la connexion est supprimée dans le classeur. Toutefois, le fichier de connexion sur cet ordinateur (`.odc`) existe toujours.

Si vous choisissez une connexion dans les catégories **Fichiers de connexion du réseau** ou **Fichiers de connexion de cet ordinateur**, le fichier de connexion est copié dans le classeur en tant que nouvelle connexion de classeur.

UTILISER LA LISTE DES CONNEXIONS EXISTANTES

- Sous l'onglet **Données**>groupe **Données externes**, cliquez sur **Connexions existantes**.
- Sous **Connexions de ce classeur** : la liste des connexions du classeur actif.
- Sous **Fichiers de connexion du réseau** : la liste des fichiers de connexion à disposition dans une bibliothèque de documents située sur un site Microsoft Office SharePoint Services 2007, gérée par votre administrateur qui définit les connexions.
- Sous **Fichiers de connexion de cet ordinateur** : la liste des fichiers de connexion définis sur votre ordinateur dans le dossier *Toutes les sources de données*.

Si vous voulez supprimer un fichier de connexion de l'ordinateur, cliquez sur le bouton [Rechercher...]. Le contenu du dossier *Toutes les connexions* s'affiche, vous pouvez supprimer le fichier de connexion.

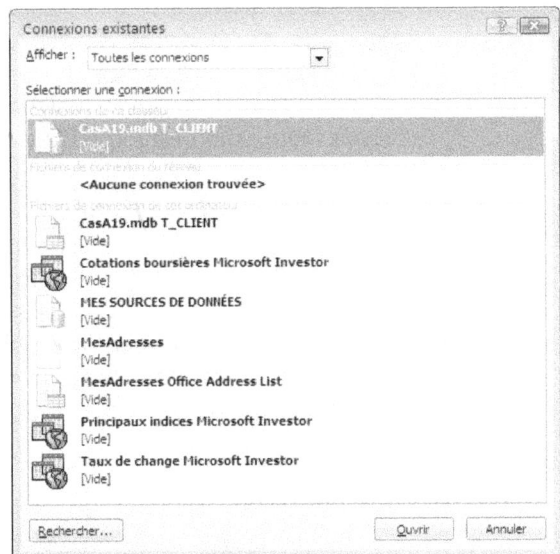

Microsoft Query vous permet de vous connecter à des sources de données, d'y sélectionner des données ou des tables, de définir des requêtes et d'importer le résultat des requêtes dans des feuilles de calcul, puis de synchroniser le contenu des feuilles de calcul avec les données des sources externes.

Vous pouvez extraire des données de diverses bases de données ODBC (Microsoft Office Access et Microsoft SQL Server, dBASE, Oracle, Paradox), et des services OLAP de Microsoft SQL Server. Vous pouvez également extraire des données de classeurs Excel et de fichiers de texte.

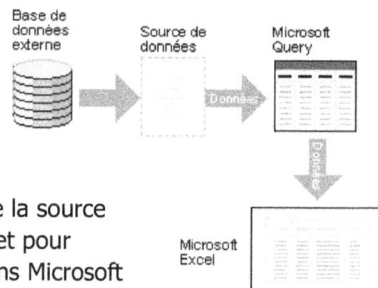

Une fois que vous avez configuré une source de données pour une base de données particulière, Microsoft Query utilise la source de données pour se connecter à la base de données externe et pour afficher les données disponibles. Vous créez votre requête dans Microsoft Query, le résultat de la requête est importé dans la feuille de calcul.

SE CONNECTER À UNE SOURCE DE DONNÉES

- Sous l'onglet **Données**>groupe **Données externes**, cliquez sur **À partir d'autres sources**, puis sur *Provenance : Microsoft Query*.
- Pour désigner une source de données pour une base de données, un fichier texte ou un classeur Excel, cliquez sur l'onglet **Bases de données**.
- Pour spécifier la source de données d'un cube OLAP, cliquez sur l'onglet **Cubes OLAP**. Cet onglet n'est disponible que si vous avez exécuté Microsoft Query à partir d'Excel.
- Cliquez sur <Nouvelle source de données>, puis sur [OK].
  La boîte de dialogue *Créer une nouvelle source de données* s'affiche.

  - Zone 1 : tapez un nom pour identifier la source de données.

  - Zone 2 : sélectionnez un pilote pour le type de source de données.

    Si la base de données externe à laquelle vous voulez accéder n'est pas prise en charge par les pilotes ODBC qui sont installés avec Microsoft Query, contactez le fabricant de la base de données pour obtenir des instructions pour installer le pilote.

    Les bases de données OLAP ne nécessitent pas de pilote ODBC. Lorsque vous installez Microsoft Query, les pilotes sont installés pour les bases de données qui ont été créées à l'aide de Microsoft SQL Server Analysis Services. Pour vous connecter à d'autres bases de données OLAP, vous devez installer un pilote de source de données et un logiciel client.

  - Zone 3 : cliquez sur [Connexion...] : fournissez les informations nécessaires pour vous connecter à la source de données.
    Si vous ne souhaitez pas taper votre nom de connexion et votre mot de passe à chaque utilisation de la source de données, cochez <☑ Enregistrer l'identité et le mot de passe de l'utilisateur> (attention, le mot de passe enregistré n'est pas chiffré).

- Après avoir entré les informations requises, cliquez sur [OK] ou sur [Terminer] pour revenir à la boîte de dialogue *Créer une nouvelle source de données*.

À la fin de cette procédure, le nom de la source de données apparaît dans la boîte de dialogue *Choisir une source de données*.

DÉFINIR UNE REQUÊTE

- Dans le dialogue *Choisir une source de données*, sélectionnez la source que vous avez créée et validez par [OK]. La fenêtre Microsoft Query s'affiche.

- Ajoutez les tables dont vous voulez extraire des données ❶, créez les jointures entre les tables ❷, faites glisser les noms des champs des tables dans la feuille résultat de la requête ❸.

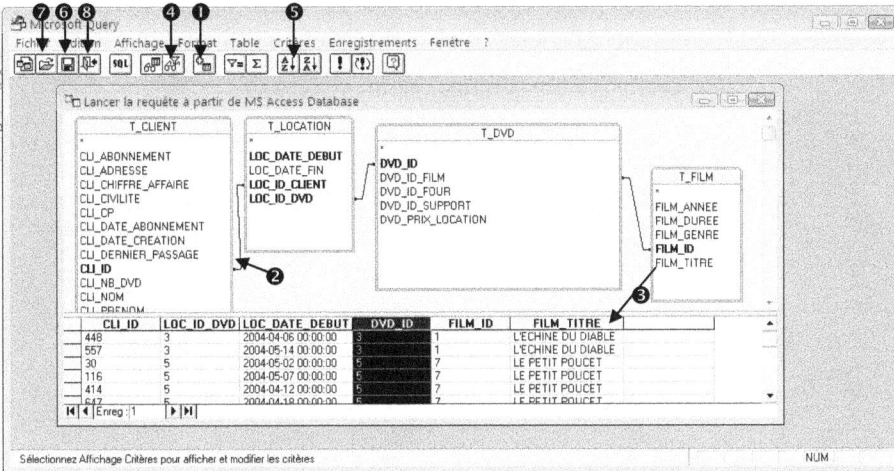

- Vous pouvez définir un filtre en cliquant sur le bouton *Afficher/masquer les critères* ❹ et trier les résultats de la requête selon la colonne sélectionnée ❺.

- Pour enregistrer la requête : cliquez sur l'icône *Enregistrer la requête* ❻.
Les requêtes sont enregistrées en tant que fichier de requête `.dqy` que vous pouvez ensuite modifier, réutiliser et partager.

- Pour ouvrir une requête : cliquez sur l'icône *Ouvrir une requête* ❼.
Excel peut aussi ouvrir directement les fichiers `.dqy`, ce qui permet de créer des plages de données externes supplémentaires à partir de la même requête.

EXPLOITER LES DONNÉES DANS EXCEL

Après avoir créé une requête dans Microsoft Query, vous pouvez exporter les données dans une feuille de calcul Excel. Les données sont alors présentées dans une plage de données externes ou dans un rapport de tableau croisé dynamique que vous pouvez mettre en forme et actualiser.

- Cliquez sur l'icône *Renvoyer les données* ❽ (vous pouvez ouvrir un fichier de requête `.dqy`).

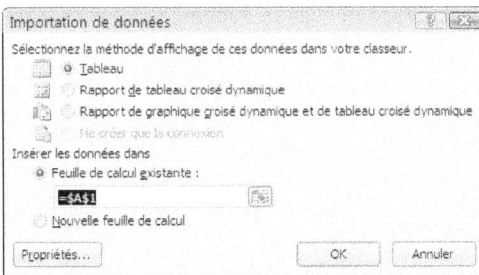

- Spécifiez la méthode d'affichage et l'emplacement des données extraites, validez par [OK].

- Pour modifier la requête, cliquez droit dans le tableau, puis sur *Table*, puis sur *Modifier la requête*...

Contrôle, échange et collaboration

5

CONTRÔLER LA VALIDITÉ DES DONNÉES À LA SAISIE

Vous pouvez limiter les valeurs acceptables dans certaines cellules, et vous pouvez prévoir des messages descriptifs d'aide à la saisie pour les utilisateurs.

La règle de validité n'est une composante du format de cellule, elle peut être copiée vers d'autres cellules par copier-coller spécial en sélectionnant <⊙ Validation>.

- Sélectionnez les cellules pour lesquelles vous désirez définir une règle de validité.
- Onglet **Données**>groupe **Outils de données**, cliquez sur le bouton **Validation de données**.
- Onglet **Options** : spécifiez le type de données autorisées et l'intervalle des valeurs possibles, ces critères restent sans effet sur les valeurs déjà présentes dans les cellules.
- Onglet **Message de saisie** : spécifiez le message descriptif d'aide à la saisie.
- Onglet **Alerte d'erreur** : spécifiez l'action, par exemple *Arrêt* pour refuser la saisie d'une valeur erroné, et un message descriptif de l'erreur.

❶ Sélectionnez *Tout* (par défaut), ou *Nombre entier, Décimal, Liste, Date, Heure, Longueur du texte, Personnalisé.*

❷ Indiquez si les cellules peuvent être vides.

❸ Spécifiez l'intervalle de valeur ou la liste des données ou la plage des données admises, ou la formule de validation dans le cas *Personnalisé.*

Spécifiez le titre et le texte du message d'aide à la saisie qui seront affichés dans une infobulle lorsque que la cellule est sélectionnée.

❶ *Arrêt* : les entrées non valides sont refusées.
Avertissement ou *Information* : un dialogue donnera le choix entre annuler la saisie ou l'accepter.

❷ Le titre et le message d'erreur qui seront affichés dans une infobulle en cas de saisie de données non valide.

- Cliquez sur [OK] pour terminer.

CONTRÔLER L'ACCÈS FICHIER PAR MOT DE PASSE

CONTRÔLER L'OUVERTURE D'UN CLASSEUR PAR MOT DE PASSE

Vous pouvez enregistrer un classeur avec un mot de passe pour la lecture et un mot de passe pour la modification. Seules les personnes connaissant le premier pourront ouvrir le fichier, seules les personnes connaissant le second pourront enregistrer le fichier.

Définir un mot de passe

- Ouvrez le document, cliquez sur le **Bouton Office**, puis sur *Enregistrer sous...* (ou raccourci clavier F12), le dialogue *Enregistrer sous* s'affiche : cliquez sur la **flèche** du bouton **Outils**, puis sur la commande *Options générales*...

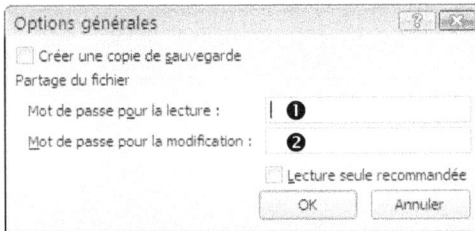

- Saisissez un mot de passe pour la lecture ❶, et éventuellement un mot de passe pour la modification ❷, cliquez sur [OK]. Word demande confirmation : retapez le mot de passe pour la lecture et validez par [OK], retapez le mot de passe pour la modification et validez par [OK].

- Cliquez sur [Enregistrer].

Si vous avez protégé le fichier classeur avec les deux protections, les deux mots de passe sont demandés à l'ouverture du document. Si vous avez entré un seul mot de passe, seul ce mot de passe est demandé et le classeur une fois ouvert pourra être modifié et enregistré.

Attention : dans un mot de passe, Word fait la différence entre les majuscules et les minuscules.

Retirer la protection de fichier par mot de passe

- Ouvrez le classeur, cliquez sur le **Bouton Office**, puis sur *Enregistrer sous...* (ou raccourci clavier F12), cliquez sur la **flèche** du bouton **Outils**, puis sur la commande *Options générales*...

- Effacez le(s) mot(s) de passe, cliquez sur [OK], puis sur [Enregistrer].

RECOMMANDER LA LECTURE SEULE

Pour éviter que les relecteurs ne modifient accidentellement un fichier, vous pouvez spécifier l'affichage d'une invite à l'ouverture du fichier qui recommande mais n'impose pas l'ouverture du fichier en lecture seule.

- Ouvrez le classeur, cliquez sur le **Bouton Office**, puis sur *Enregistrer sous...* (ou raccourci clavier F12), cliquez sur la **flèche** du bouton **Outils**, puis sur la commande *Options générales*... Cochez l'option <☑ Lecture seule recommandée>, cliquez sur [OK], puis sur [Enregistrer].

- À l'ouverture du fichier, une invite mentionne que la lecture seule est recommandée.

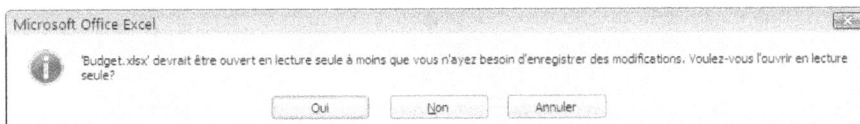

Si le relecteur choisit [Oui], il peut tout de même modifier le classeur, mais il ne peut pas l'enregistrer sauf dans un autre fichier sous un autre nom.

DÉVERROUILLER OU VERROUILLER DES CELLULES

Lorsque vous avez protégé la feuille, les cellules verrouillées ne peuvent plus être modifiées. Par défaut toutes les cellules sont verrouillées, par conséquent si vous voulez protéger la feuille en laissant modifiables certaines cellules, vous devez déverrouiller ces cellules auparavant.

- Si la feuille de calcul est protégée, supprimez la protection.
- Sélectionnez les cellules à déverrouiller, puis utilisez le raccourci Ctrl + ⇧ +F, ou
  Onglet **Accueil**>groupe **Cellules**, cliquez sur le **Format**, puis sur *Format de cellule...*, ou
  Onglet **Accueil**> groupe **Police**, cliquez sur le **Lanceur** du groupe, ou
  Cliquez droit sur la sélection, puis sur la commande *Format de cellule...*
- Dans le dialogue *Format de cellule*, sous l'onglet **Protection**, désactivez la case à cocher <☐ Verrouillé>, cliquez sur [OK].

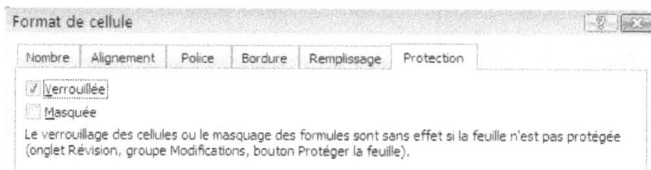

Si vous cochez l'option <☑ Masquée>, le contenu de la cellule ne s'affichera pas dans la barre de formule lorsque le classeur sera protégé. Une formule peut ainsi être masquée.

- Protégez la feuille.

PROTÉGER OU DÉPROTÉGER LA FEUILLE

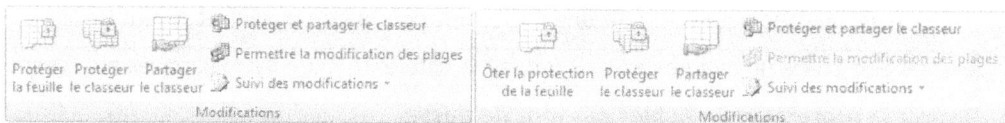

Ôter la protection de la feuille

- Onglet **Révision**>groupe **Modifications**, cliquez sur **Ôter la protection de la feuille**, ou
  Onglet **Accueil**>groupe **cellules**, cliquez sur **Format**, puis sur *Ôter la protection de la feuille...*
- À l'invite, entrez le mot de passe pour désactiver la protection de la feuille de calcul.

Protéger la feuille

- Onglet **Révision**>groupe **Modifications**, cliquez sur le bouton **Protéger la feuille**, ou
  Onglet **Accueil**>groupe **Cellules**, cliquez sur **Format**, puis sur *Protéger la feuille...*
- Dans le dialogue *Protéger la feuille*, saisissez un mot de passe, validez par [OK], saisissez à nouveau le mot de passe, validez par [OK].

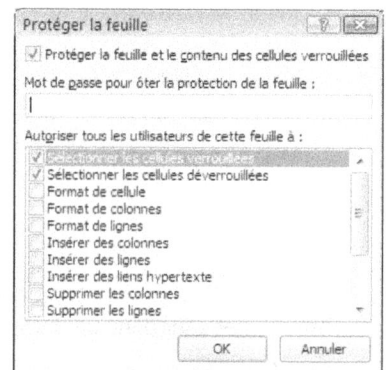

Le mot de passe est facultatif. Si vous ne fournissez aucun mot de passe, tous les utilisateurs pourront déprotéger la feuille de calcul et modifier les éléments protégés. Mais attention, si vous oubliez le mot de passe, il vous sera impossible d'accéder aux éléments protégés de la feuille.

Dans le dialogue *Protéger la feuille*, cochez toutes les actions que les utilisateurs sont autorisés à faire. Toutes les actions qui ne sont pas cochées seront interdites.

VERROUILLAGE ET PROTECTION DES CELLULES

PROTÉGER LE CLASSEUR

La protection du classeur empêche de modifier la structure du classeur (ajouter ou supprimer des feuilles ou afficher des feuilles masquées). Il est possible en plus d'empêcher de modifier la taille et la position des fenêtres classeurs à l'intérieur de la fenêtre Excel.

- Pour protéger le classeur, sous l'onglet **Révision**>groupe **Modifications**, cliquez sur **Protéger le classeur**, saisissez le mot de passe, validez par [OK], confirmez le mot de passe.

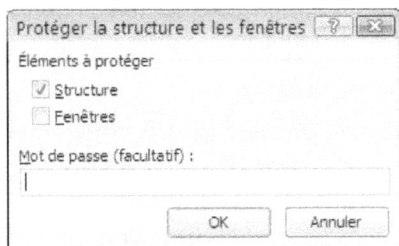

- Pour ôter la protection du classeur, sous l'onglet **Révision**>groupe **Modifications**, cliquez sur **Ôter la protection du classeur**. À l'invite de mot de passe, entrez le mot de passe.

AUTORISER LA MODIFICATION D'UNE PLAGE DE CELLULES

Vous pouvez autoriser par mot de passe les utilisateurs à modifier une plage de cellules, même si les cellules sont verrouillées et la feuille protégée. Vous pouvez gérer plusieurs plages de cellules autorisées, en les désignant chacune par un nom.

- Onglet **Révision**>groupe **Modifications**, cliquez sur le bouton **Permettre la modification de plage**, le dialogue *Permettre aux utilisateurs de modifier des plages* s'affiche.

- Cliquez sur le bouton [Nouvelle...], le dialogue *Nouvelle plage* s'affiche : dans la zone <Titre> : saisissez un nom désignant la plage de cellules, dans la zone <Fait référence à> : sélectionnez la plage de cellules, dans la zone <Mot de passe de la plage> : saisissez le mot de passe, cliquez sur [OK], confirmez le mot de passe, cliquez sur [OK].

- Cliquez sur [Protéger la feuille...], saisissez le mot de passe de protection de feuille, validez par [OK].

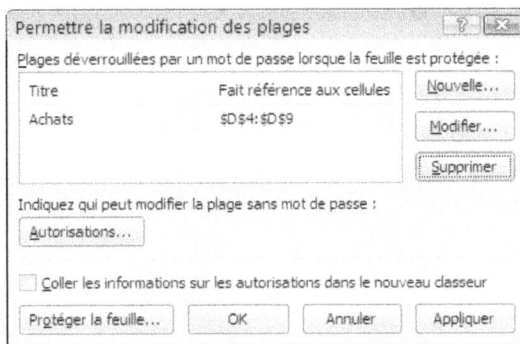

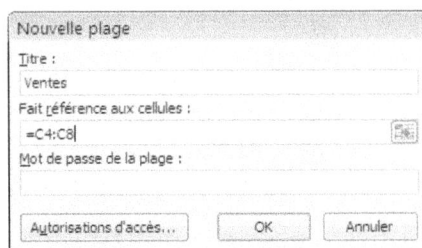

- Cliquez sur [OK].

Une fois la feuille protégée, si vous essayez de saisir une donnée dans une cellule de la plage autorisée, Excel vous invitera à entrer le mot de passe d'autorisation de modification de la plage de cellules.

Le bouton [Autorisations...] sert pour indiquer que certains utilisateurs ou groupes sont autorisés par exception à modifier la plage sans le mot de passe. Sélectionnez la plage, puis cliquez sur [Autorisations...], cliquez sur [Ajouter...] puis saisissez un nom d'utilisateur, cliquez sur [Vérifier les noms] pour vérifier si ce nom est connu, validez par [OK].

- Pour modifier ou supprimer une plage autorisée : sélectionnez la plage, puis utilisez le bouton [Modifier] ou [Supprimer].

La Gestion des droits relatifs à l'information (IRM) permet de spécifier des autorisations d'accès aux documents que vous diffusez, de façon à empêcher une personne non autorisée d'imprimer, transférer ou copier des informations confidentielles.

La gestion IRM nécessite une version Windows supportant les services RMS (*Rights Management Services*). Dans ce contexte, vous devez installer le Client Windows Right Management : lors de la première utilisation du service IRM dans Office 2007, vous êtes guidé dans cette installation.

Cette installation requiert l'accès à un serveur de licence. Microsoft offre sur Internet un service de licence sur .NET Passport que vous pouvez utiliser en vous identifiant.

CONTRÔLE DES AUTORISATIONS À L'OUVERTURE DU DOCUMENT

Chaque fois qu'une personne ouvre un fichier à autorisation limitée, Microsoft Office envoie son identification à un serveur de licence et une licence d'utilisation est téléchargée sur son système définissant ses droits IRM.

Si la personne n'est pas autorisée pour le document, un message s'affiche pour lui permettre de demander l'autorisation nécessaire à l'auteur. Si l'autorisation lui est refusée, elle reçoit un message d'avertissement.

LIMITER LES AUTORISATIONS

■ Cliquez sur le **Bouton Office**, cliquez sur *Préparer*, puis sur *Limiter les autorisations*, cliquez sur *Accès restreint* (vous cliquerez sur *Accès illimité* pour désactiver la gestion IRM).

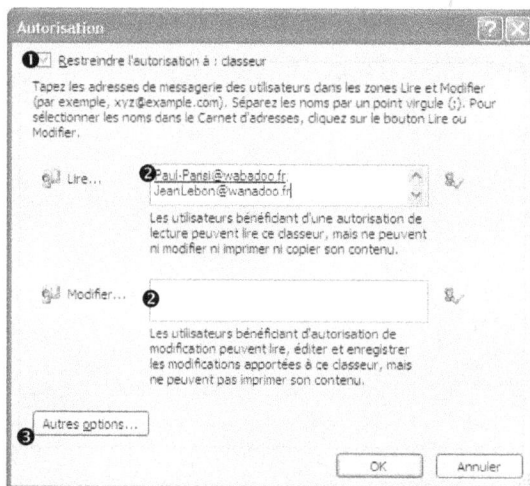

❶ Cochez l'option <☑ Restreindre l'autorisation à ce document>.

❷ Saisissez les adresses de messagerie des utilisateurs dans les zones d'autorisation de lecture ou de modification, ou utilisez les liens *Lire...* ou *Modifier...* pour sélectionner les noms dans le Carnet d'adresses.

❸ Cliquez sur [Autres options...] pour affiner les droits et définir une date d'expiration du document (si vous disposez de l'autorisation contrôle total).

■ Cliquez sur [OK] puis enregistrez le document.

Une barre de messages apparaît pour indiquer que le classeur est en accès restreint. Si vous voulez modifier les autorisations d'accès au classeur, cliquez sur [Modifier l'autorisation...].

Niveaux d'autorisation

– *Lire* : autorisation de lire le document mais interdiction de modifier/imprimer/copier.

– *Modifier* : autorisation de lire/modifier/enregistrer mais interdiction de copier/imprimer.

– *Contrôle total* : l'auteur du document a automatiquement le contrôle total, les utilisateurs qui ont aussi cette autorisation peuvent faire tout ce que l'auteur peut faire, en particulier modifier la date d'expiration ou changer les droits IRM. Pour attribuer une autorisation *Contrôle total* à un utilisateur, cliquez sur [Autres options...], cliquez en regard de l'utilisateur sur la flèche de la colonne *Niveau d'accès*, cliquez sur *Contrôle total* dans la liste des autorisations.

TRAVAILLER À PLUSIEURS SUR UN CLASSEUR

CONFIGURER LE CLASSEUR EN MODE « PARTAGÉ »

- En tant que propriétaire du classeur, vous pouvez le partager : sous l'onglet **Révision**>groupe **Modifications**, cliquez sur **Partager** (ou sur **Protéger et partager le classeur** si vous voulez partager et empêcher par mot de passe les autres utilisateurs de désactiver le mode « partagé »).

- Cochez la case de partage, modifiez éventuellement les options de votre choix sous l'onglet **Avancé**, validez par [OK].

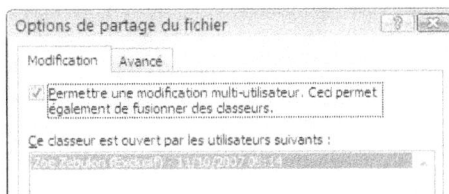

Une fois que le classeur est configuré en mode « partagé », les modifications faites par n'importe quel utilisateur sont intégrées chaque fois que celui-ci enregistre le classeur. De plus, un historique de toutes les modifications est constitué dans le classeur et mis à jour à chaque enregistrement.

Les fonctionnalités suivantes ne peuvent plus être modifiées une fois le classeur partagé : cellules fusionnées, mises en forme conditionnelles, validation de données, graphiques, images, objets (y compris les objets dessins), liens hypertextes, scénarios, plans, sous-totaux, tableaux de données, rapports de tableau croisé dynamique, protection de classeur et de feuille de calcul, macros.

L'enregistrement d'un classeur partagé Office Excel 2007 dans un format de fichier d'une version antérieure met fin au partage du classeur et supprime l'historique des modifications.

TRAVAILLER À PLUSIEURS SUR LE MÊME CLASSEUR

Pour autoriser plusieurs utilisateurs à ajouter ou à modifier des données simultanément, vous devez configurer le classeur en mode « partagé » puis le rendre accessible aux autres utilisateurs en l'enregistrant dans un dossier partagé en réseau (et non sur un serveur Web).

Les modifications faites par d'autres vous seront signalées lorsque vous enregistrerez votre classeur partagé. Vous pouvez paramétrer le partage pour qu'Excel intègre périodiquement à votre classeur les modifications faites par d'autres.

Si vos modifications entrent en conflit avec celles d'autres utilisateurs, un dialogue de résolution de conflit s'affiche pour vous permettre de choisir les modifications à conserver.

Les cellules ayant été modifiées par d'autres utilisateurs peuvent être mises en évidence, et vous pouvez revenir dessus une à une pour refuser ou accepter les modifications.

- Pour mettre en évidence les cellules ayant été modifiées par d'autres : cliquez sur **Suivi des modifications** puis sur *Afficher les modifications...*, spécifiez vos choix de sélection des modifications, validez par [OK]. Les cellules modifiées sont marquées par un petit triangle en haut à gauche d'une couleur différente pour chaque utilisateur. Si vous cliquez sur une cellule modifiée, une infobulle indique les détails de la dernière modification sur la cellule.

- Pour accepter ou refuser les modifications : cliquez sur **Suivi des modifications**, puis sur *Accepter ou refuser les modifications...*, spécifiez vos choix de sélection des modifications, validez par [OK]. La première cellule comportant des modifications faites par d'autres est sélectionnée et le dialogue *Accepter ou refuser* présente la liste des modifications pour cette cellule : acceptez ou refusez telle ou telle modification ou toutes les modifications. La cellule suivante modifiée par d'autres est sélectionnée, acceptez ou refusez les modifications, et ainsi de suite pour toutes les cellules comportant des modifications.

- Pour afficher l'historique des modifications : cliquez sur **Suivi des modification**s puis sur *Afficher les modifications...*, spécifiez vos choix de sélection des modifications, cochez <☑ Lister les modifications dans une autre feuille, validez par [OK].

Si vous cessez de partager le classeur, seules les dernières modifications sont conservées et l'historique des modifications est effacé. Pour éviter que d'autres désactivent le « partage », utilisez le bouton **Protéger et partager le classeur** pour activer le mode « partagé ».

TRAVAILLER À PLUSIEURS SUR UN CLASSEUR

DISTRIBUER DES COPIES D'UN CLASSEUR ET FUSIONNER LES MODIFICATIONS

Vous devez d'abord configurer le classeur en mode « partagé » (voir page précédente) et ensuite faire des copies du classeur que vous distribuez aux autres utilisateurs. Ces derniers y apportent leurs modifications puis vous renvoient les copies modifiées du classeur.

Il vous reste ensuite à stocker les différentes copies du classeur dans un dossier, puis à les comparer avec le classeur maître pour reconstituer l'historique des modifications apportées par les autres utilisateurs.

Il faut ajouter l'outil *Comparaison et fusion de classeurs* dans la barre d'outils *Accès rapide* : cliquez sur le **Bouton Office**, puis sur [Options Excel], puis sur *Personnaliser*. Dans la zone <Choisir les commandes dans les catégories suivantes>, sélectionnez *Toutes les commandes*, puis sélectionnez *Comparaison et fusion de classeurs*, cliquez sur [Ajouter] et enfin sur [OK].

- Ouvrez votre classeur maître qui est en mode « partagé », puis cliquez sur l'outil *Comparaison et fusion de classeurs* (ajouté dans la barre d'outils *Accès rapide*).
  Dans le dialogue *Sélectionner les fichiers à fusionner dans le classeur en cours*, sélectionnez les copies modifiées par les autres utilisateurs, puis validez par [OK].

Un historique des modifications est reconstitué par comparaison des contenus des cellules des copies modifiées avec celles du classeur maître.

- Pour mettre en évidence les cellules comportant des modifications : cliquez sur **Suivi des modification**s puis sur *Afficher les modifications...*, spécifiez vos choix de sélection des modifications, validez par [OK].

- Vous pouvez passer en revue les modifications et accepter celles que vous souhaitez conserver et utiliser dans le classeur maître : cliquez sur **Suivi des modifications**, puis sur *Accepter ou refuser les modifications...*, spécifiez vos choix de sélection des modifications, validez par [OK].

- Pour afficher l'historique des modifications : cliquez sur **Suivi des modification**s puis sur *Afficher les modifications...*, spécifiez vos choix de sélection des modifications, cochez <☑ Lister les modifications dans une autre feuille, validez par [OK].

Si vous désactivez le mode partage du classeur, l'historique des modifications est effacé. Vous pouvez en faire une copie dans un autre classeur avant de désactiver le partage.

CONSOLIDER LES DONNÉES DE PLUSIEURS COPIES

Si vous avez préparé des feuilles de calcul d'un classeur avec des présentations similaires et que vous envoyez des copies de ce classeur à d'autres utilisateurs afin qu'ils complètent les feuilles, vous pouvez rassembler par consolidation les résultats dans un classeur maître.

- Pour consolider des données, sous l'onglet **Données**>groupe **Outils de données** cliquez sur le bouton **Consolider**, puis saisissez ou sélectionnez les références aux données que vous souhaitez consolider (pour plus de détails, voir page 60).

Vous pouvez consolider les données par :

- *Position* : choisissez cette option lorsque les données, qui figurent dans l'ensemble des feuilles de calcul, sont classées dans le même ordre et positionnées au même emplacement.

- *Catégorie* : choisissez cette option lorsque les données de chaque feuille de calcul sont organisées de façon différente, mais que les lignes et les colonnes portent la même étiquette, ce qui permet d'établir la correspondance entre les données.

- *Formules 3D* : choisissez cette option lorsque les feuilles de calcul ne suivent pas le même modèle. Vous pouvez créer des formules qui font référence à des cellules dans chacune des plages de données que vous combinez. Les formules qui font référence à des cellules situées dans plusieurs feuilles de calcul différentes sont appelées des formules 3D.

TRAVAILLER À PLUSIEURS SUR UN CLASSEUR

COMPATIBILITÉ AVEC LES VERSIONS ANTÉRIEURES D'EXCEL

Lorsque vous souhaitez échanger des classeurs avec des utilisateurs qui possèdent des versions antérieures d'Excel, vous pouvez enregistrer votre classeur au format Excel 97-2003 (.xls) et travailler sur le document en mode de compatibilité. Le mode de compatibilité est activé automatiquement lorsque vous ouvrez un classeur Excel 97-2003. La mention Mode de compatibilité apparaît dans la barre de titre du programme lorsque vous travaillez dans un format de fichier d'une version antérieure.

Le mode de compatibilité force la compatibilité avec les versions 2000 à 2003, en supprimant les fonctions d'Office Excel 2007 non compatibles avec les versions antérieures.

Lorsque vous enregistrez un classeur ouvert en mode de compatibilité, Excel exécute automatiquement le Vérificateur de compatibilité afin d'identifier tout problème de compatibilité potentiel. Si vous n'utilisez pas le mode compatibilité, le Vérificateur de compatibilité peut également vous aider à enregistrer un classeur au format Office 2007 dans le format d'une version antérieure d'Excel. Le vérificateur de compatibilité vous avertit si le contenu d'un classeur n'est pas compatible avec les versions antérieures et qu'il risque donc d'être affecté par la conversion dans un autre format de fichier

DISTRIBUER DES CLASSEURS À DES UTILISATEURS QUI NE POSSÈDENT PAS EXCEL

Vous pouvez cependant installer un complément pour enregistrer le classeur au format PDF, XPS ou dans d'autres formats, puis l'envoyer aux destinataires ou enregistrer le fichier sur un partage réseau ou sur un partage Web auquel les utilisateurs peuvent accéder.

Distribuer des versions pour l'affichage et l'impression au format PDF ou XPS

Vous pouvez enregistrer votre classeur au format PDF (*Portable Document Format*) ou XPS (*XML Paper Specification*) pour l'impression, la publication et la distribution électronique, après avoir installé le complément de support PDF ou XPS. Pour cela, vous trouverez dans l'aide un lien en cherchant sur *Installer complément PDF*.

L'enregistrement d'une feuille de calcul au format PDF ou XPS permet de présenter les données sous une forme facile à distribuer, dans laquelle toutes vos mises en forme sont conservées et qui n'impose pas aux autres utilisateurs de posséder Excel pour visualiser ou imprimer vos documents.

- Cliquez sur le **Bouton Office**, amenez le pointeur sans cliquer sur *Enregistrer sous*, puis cliquez sur PDF ou XPS. Dans la zone <Nom du fichier> : saisissez un nom pour le fichier, dans la zone <Type de fichier> : sélectionnez PDF. Si vous voulez ouvrir le fichier immédiatement après l'avoir enregistré, cochez la case <☑ Ouvrir le fichier après la publication> (cette case à cocher n'est disponible que si un lecteur PDF est installé sur votre ordinateur), spécifiez la qualité d'impression, puis cliquez sur [Publier].

Distribuer des classeurs dans d'autres formats de fichiers

Vous pouvez enregistrer des classeurs Excel dans d'autres formats de fichiers pour que des utilisateurs qui ne possèdent pas Excel puissent les ouvrir dans d'autres applications.

Vous pouvez enregistrer des fichiers Excel sous forme de fichiers XML, de fichiers texte (voir page 94), de pages Web (fichiers HTML) et dans d'autres formats (pour plus de détails, dans l'Aide recherchez sur *Formats de fichier*).

Les fonctionnalités Excel, mises en forme et formules, ne sont en général pas conservées lorsque vous enregistrez vos fichiers sous d'autres formats.

- Pour enregistrer des données sous un autre format de fichier, cliquez sur le **Bouton Office**, puis sur *Enregistrer sous*. Cliquez sur la flèche de la zone <Type de fichier>, puis sélectionnez le type de fichier.

Pour importer des données à partir d'un fichier texte, soit vous ouvrez le fichier texte dans Excel, soit vous l'importez sous forme de plage de données externes. Pour exporter des données à partir d'Excel dans un fichier texte, vous utilisez la commande *Enregistrer sous*.

Deux formats de fichier texte sont couramment utilisés :

- Les fichiers texte délimités (fichiers `.txt`), dans lesquels les champs de texte sont séparés par des tabulations (caractère ASCII, code 009).
- Les fichiers texte CSV (fichiers `.csv`, valeurs séparées par un point-virgule), dans lesquels les champs de texte sont en général séparés par des virgules.

Vous pouvez modifier le séparateur utilisé dans les fichiers délimités et les fichiers texte `.csv`.

OUVRIR UN FICHIER TEXTE

- ■ Cliquez sur le **Bouton Office**, puis sur *Ouvrir*. Le dialogue *Ouvrir* s'affiche, dans la zone <Type de fichiers> : sélectionnez *Fichiers texte*, dans la liste <Rechercher dans> : sélectionnez le dossier puis double-cliquez sur le nom du fichier texte.
- – S'il s'agit d'un fichier texte `.txt`, Excel démarre l'*Assistant Importation de texte*.

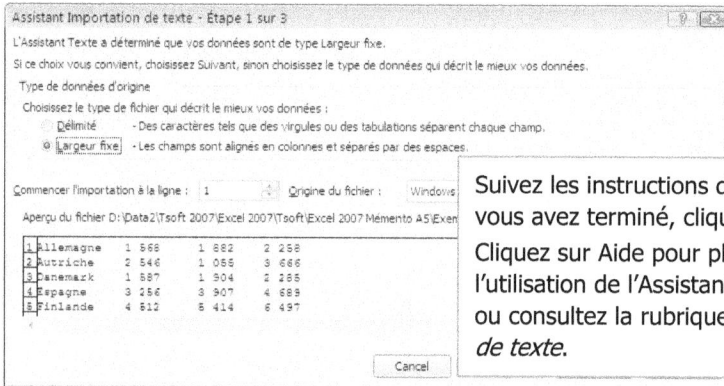

Suivez les instructions de l'Assistant. Lorsque vous avez terminé, cliquez sur [Terminer].

Cliquez sur Aide pour plus d'informations sur l'utilisation de l'Assistant Importation de texte ou consultez la rubrique *Assistant Importation de texte*.

- – S'il s'agit d'un fichier `.csv`, Excel le convertit automatiquement et l'ouvre. Dans ce cas, Excel utilise les paramètres de mise en forme des données actifs par défaut pour importer chaque colonne de données. Si vous voulez contrôler en d'autres formats, utilisez l'*Assistant Importation de texte*. Par exemple, le format d'une colonne de données d'un fichier `.csv` peut être MJA alors que le format des données par défaut d'Excel est AMJ, ou vous souhaitez convertir une colonne de nombres commençant par des zéros en texte en préservant les zéros. Pour utiliser l'*Assistant Importation de texte*, vous pouvez modifier le type du fichier en `.txt` avant de l'ouvrir ou importer un fichier texte en vous y connectant.

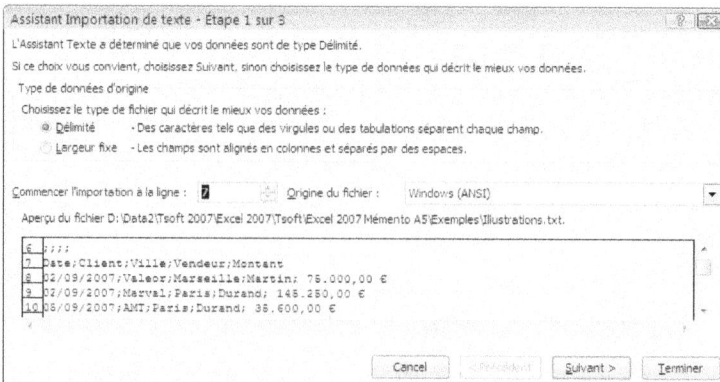

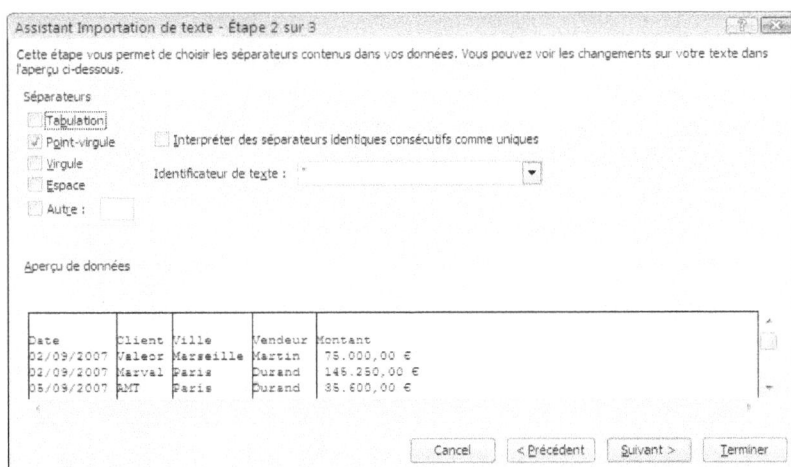

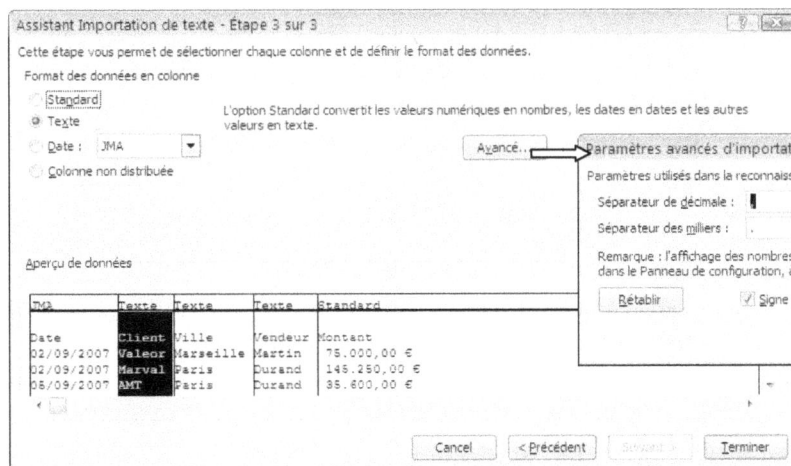

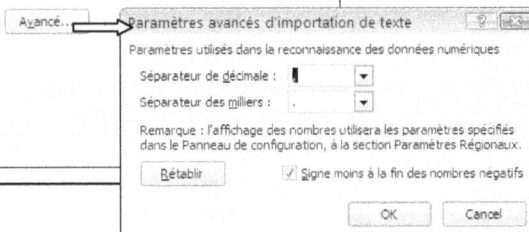

■ Suivez les instructions de l'Assistant, lorsque vous avez terminé, cliquez sur [Terminer]. Cliquez sur Aide pour plus d'informations sur l'utilisation de l'Assistant Importation de texte ou consultez la rubrique *Assistant Importation de texte*.

Si Excel ne convertit pas les données d'une colonne dans un format qui vous convient, vous pouvez convertir les données après les avoir importées.

Si des nombres ont été stockés sous forme de texte, vous pouvez les transformer en nombre par la fonction CNUM(). Les cellules contenant des nombres stockés sous forme de texte ou précédés d'une apostrophe sont signalées par un indicateur d'erreur dans le coin supérieur gauche. Vous pouvez cliquer sur la cellule, puis sur la balise d'erreur et enfin sur *Convertir en nombre*.

Si des dates ont été stockées sous forme de texte, vous pouvez les transformer en dates, en utilisant la fonction VALEURDATE(). En principe, les cellules contenant une date sous forme de texte sont signalées par un indicateur d'erreur dans le coin supérieur gauche. Vous pouvez cliquer sur la cellule puis sur la balise d'erreur et enfin sur *Convertir en date*.

SE CONNECTER À UN FICHIER TEXTE

Vous pouvez importer les données d'un fichier texte sous forme de plage de données externes.

■ Cliquez sur la cellule dans laquelle vous voulez placer les données du fichier texte, sous l'onglet **Données**>groupe **Données externes**, cliquez sur **À partir du texte**. Dans la liste <Regarder dans> : sélectionnez le dossier et double-cliquez sur le nom du fichier texte.

- Suivez les instructions de l'*Assistant Importation de texte*, et quand vous avez terminé, cliquez sur [Terminer]. Le dialogue *Importer des données* s'affiche.
- Spécifiez l'emplacement des données importées, dans la <⊙ Feuille de calcul existante> ou dans une <⊙ Nouvelle feuille de calcul> dans le coin supérieur gauche.
- Cliquez sur [Propriétés] pour définir les options d'actualisation, de mise en forme et de mise en page des données importées.
- Cliquez sur [OK].

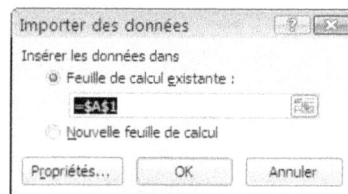

EXPORTER LES DONNÉES EN FICHIER TEXTE

- Cliquez sur le **Bouton Office**, puis cliquez sur *Enregistrer sous*. La boîte de dialogue *Enregistrer sous* s'affiche.
- Dans la zone <Type de fichier> : choisissez le format de fichier texte. Les différents formats prennent en charge différentes fonctionnalités. Pour plus d'informations sur les fonctionnalités prises en charge par les différents formats de fichier texte, voir *Mises en forme et fonctionnalités d'Excel non transférées dans les autres formats de fichiers*).
- Dans la zone <Enregistrer dans> : sélectionnez le dossier.
- Dans la zone <Nom de fichier> : saisissez le nom pour le nouveau fichier texte.
- Cliquez sur [Enregistrer].

Un dialogue vous prévient que seule la feuille de calcul active sera enregistrée comme nouveau fichier. Si vous êtes sûr que la feuille de calcul active est celle que vous voulez enregistrer comme fichier texte, cliquez sur [OK].

Un second dialogue vous prévient que votre feuille de calcul peut contenir des fonctionnalités qui ne sont pas prises en charge par les formats de fichier texte. Cliquez sur [Oui].

Si vous avez un doute et voulez en savoir plus sur les fonctionnalités d'Excel qui ne sont pas prises en charge par les formats de fichier texte, cliquez sur Aide pour plus d'informations.

CHANGER LE SÉPARATEUR DANS TOUS LES FICHIERS .CSV

- Cliquez sur le menu *Démarrer* de Windows, cliquez sur *Panneau de configuration*, puis sur *Horloge, langue et région*, puis sur *Options régionales et linguistiques*. Cliquez sur l'onglet **Formats**, cliquez sur [Personnaliser ce format...], tapez un nouveau séparateur dans la zone <Séparateur de listes>, cliquez deux fois sur [OK].

Une fois changé le caractère de séparation de listes, tous les programmes utiliseront le nouveau caractère. Vous pouvez rétablir le caractère par défaut en suivant la même procédure.

FRACTIONNER UNE COLONNE EN PLUSIEURS COLONNES

Par exemple, si une colonne contient le prénom et le nom séparés par un espace, vous pouvez la convertir en deux colonnes, la première contenant le prénom et la seconde le nom.

- Sélectionnez la colonne puis, sous l'onglet **Données**>groupe **Outils de données**, cliquez sur le bouton **Convertir**. L'Assistant Conversion démarre.
- Dans la première étape, choisissez le type de données <⊙ Délimité>.
- Dans la deuxième étape, choisissez le séparateur <☑ Espace>.
- Cliquez sur [Terminer].

Le fractionnement écrase le contenu des colonnes à droite. Si vous voulez conserver le contenu des colonnes à droite, insérez des colonnes vierges avant d'effectuer le fractionnement.

IMPORTER DES DONNÉES ACCESS DANS EXCEL

Copier/coller de Access vers dans Excel

- Dans Access, ouvrez la table, la requête ou le formulaire qui contient les enregistrements que vous souhaitez copier. Sous l'onglet **Accueil**>groupe **Affichages**, cliquez sur la **flèche** du bouton **Affichage**, puis sur *Mode Page*.
  Sélectionnez les enregistrements que vous souhaitez copier. Si vous voulez sélectionner des colonnes spécifiques, faites glisser le pointeur sur les en-têtes des colonnes adjacentes. Puis, sous l'onglet **Accueil**>groupe **Presse-papiers**, cliquez sur **Copier**.
- Dans Excel, cliquez dans la cellule supérieure gauche de la plage de feuille de calcul où vous souhaitez que le premier nom de champ apparaisse. Assurez-vous que les enregistrements copiés ne remplaceront pas des enregistrements existants : vérifiez que la feuille de calcul ne contient pas de données en dessous ou à droite de la cellule sur laquelle vous cliquez. Puis, sous l'onglet **Accueil**>groupe **Presse-papiers**, cliquez sur **Coller**.

Se connecter à une base de données Access

- Dans Excel, cliquez sur la cellule dans laquelle vous voulez placer les données à partir de la base de données Access. Sous l'onglet **Données**>groupe **Obtenir des données externes**, cliquez sur **À partir d'Access**. Dans la zone <Regarder dans> : recherchez la base de données Access à importer et double-cliquez dessus. Dans le dialogue *Sélectionner le tableau*, cliquez sur la table ou la requête à importer, puis cliquez sur [OK].

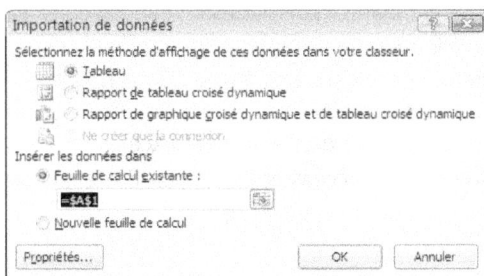

- Spécifiez la méthode d'affichage et l'emplacement des données dans le classeur.
- – [Propriétés] pour définir les options d'actualisation, de format et de mise en page des données.
- Cliquez sur [OK].

Exporter des données Access vers Excel

L'Assistant Exportation d'Access vous permet d'exporter un objet de base de données Access, tel qu'une table, une requête ou un formulaire ou encore des enregistrements sélectionnés dans une vue vers une feuille de calcul Excel.

Vous pouvez enregistrer les détails d'une exportation pour une utilisation ultérieure et même planifier l'exportation pour qu'elle s'exécute automatiquement à des intervalles spécifiés.

Pour plus d'informations, reportez vous à l'Aide d'Access.

IMPORTER DANS ACCESS DES DONNÉES EXCEL

Copier/coller de Excel dans Access

- Dans Excel, sélectionnez les lignes que vous souhaitez copier. Sous l'onglet **Accueil**>groupe **Presse-papiers**, cliquez sur **Copier**.
- Dans Access, ouvrez la table, la requête ou le formulaire dans lequel vous voulez copier les lignes. Sous l'onglet **Feuille de données**>groupe **Affichages**, cliquez sur **Affichage**, puis sur *Mode Feuille de données*. Effectuez l'une des actions suivantes :

- Pour remplacer des enregistrements, sélectionnez-les puis, sous l'onglet **Accueil**>groupe **Presse-papiers**, cliquez sur **Coller**.
- Pour ajouter les données en tant que nouveaux enregistrements, sous l'onglet **Accueil**>groupe **Presse-papiers**, cliquez sur la **flèche** du bouton **Coller** puis sur *Coller par ajout*.

Importer des données d'une feuille Excel dans une table Access

Lorsque vous importez des données Excel dans Access, elles sont stockées dans une nouvelle table ou une table existante sans modifier les données dans Excel. Vous ne pouvez importer qu'une feuille de calcul à la fois au cours d'une opération d'importation. Dans Access, « importer » signifie importer une fois sans établir de connexion.

Pour plus d'informations sur l'importation de données Excel dans Access, voir l'Aide d'Access.

Vous ne pouvez pas enregistrer un classeur Excel en tant que base de données Access, il n'y a pas de fonctionnalité permettant de créer une base de données Access à partir de données Excel.

Lier une table Access à une plage de données source Excel

Vous pouvez lier une plage Excel à une base de données Access, Access crée une table liée aux cellules sources. Vos données restent dans Excel, mais vous pouvez y accéder à partir de la base de données Access.

Vous créez ce type de liaison à partir de la base de données Access. Toutes les modifications que vous apportez aux cellules sources dans Excel sont reflétées dans la table liée. Attention, vous ne pouvez pas modifier le contenu de la table correspondante dans Access. Si vous voulez ajouter, modifier ou supprimer des données, vous devez le faire dans la plage source Excel.

Cette liaison est utile si vous voulez garder vos données dans des feuilles Excel tout en utilisant les fonctionnalités de génération de requêtes et de rapports d'Access, ou pour mettre à disposition des utilisateurs de la base de données Access les données de vos feuilles Excel.

Pour plus d'informations sur la liaison de données entre Access et Excel, voir l'Aide d'Access.

INSÉRER UN TABLEAU EXCEL DANS UN DOCUMENT WORD

Les possibilités de calcul dans un tableau Word sont limitées, il peut donc être utile d'insérer un tableau Excel dans le document Word. Pour conserver les fonctionnalités d'Excel, il faut soit incorporer un tableau Excel dans le document Word soit faire un lien vers un tableau d'un classeur Excel. Si vous copiez-collez simplement un tableau Excel, il se transforme en un tableau Word.

COPIER/COLLER UN TABLEAU EXCEL

- Ouvrez le document Word et la feuille de calcul Excel contenant le tableau.
- Basculez vers le classeur Excel contenant le tableau, sélectionnez la plage de cellules puis, sous l'onglet **Accueil**>groupe **Presse-papiers**, cliquez sur le bouton **Copier** ou [Ctrl]+C.
- Basculez vers le document Word, placez le point d'insertion à l'endroit où le tableau doit être inséré, sous l'onglet **Accueil**>groupe **Presse-papiers**, cliquez sur le bouton **Coller** ou [Ctrl]+V.

Les données du tableau Excel sont placées dans un tableau Word.

INCORPORER UN TABLEAU EXCEL

Créer un tableau Excel incorporé

- Onglet **Insertion**>groupe **Tableau**, cliquez sur le bouton **Tableau** puis sur la commande *Feuille de calcul Excel*.

Un objet Excel actif, contenant un classeur Excel est incorporé à votre document, les outils Excel remplacent les outils Word dans le Ruban. Pour voir plus ou moins de cellules de la feuille de calcul, vous pouvez redimensionner l'objet Excel en faisant glisser les poignées de redimensionnement.

- Créez et mettez en forme le tableau avec les commandes et les outils d'Excel.

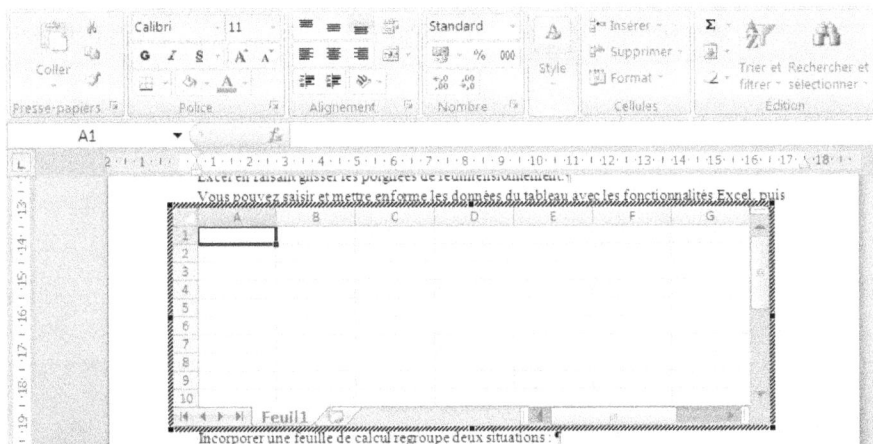

- Cliquez en dehors du tableau pour terminer.

Le tableau incorporé n'est pas lié à l'original et est enregistré avec le document sous la forme d'un champ {EMBED}. C'est tout un classeur Excel qui est intégré dans le document Word et pas seulement le tableau.

Incorporer un tableau Excel existant

- Ouvrez le classeur Excel, sélectionnez la plage de cellules puis, sous l'onglet **Accueil**>groupe **Presse-papiers**, cliquez sur le bouton **Copier** ou [Ctrl]+C.
- Basculez vers le document Word, placez le point d'insertion à l'endroit où le tableau doit être inséré puis, sous l'onglet **Accueil**>groupe **Presse-papiers**, cliquez sur la **flèche** sous le bouton **Coller** puis sur *Collage spécial* puis sélectionnez dans la zone <En tant que> : *Feuille Microsoft Office Excel Objet*. Cliquez sur [OK].

Modifier un tableau incorporé

- Double-cliquez dans le tableau, la feuille de calcul apparaît dans l'objet et les outils Excel remplacent les outils Word dans le Ruban. Modifiez le tableau, puis cliquez en dehors du tableau pour terminer, ou
- Cliquez droit sur l'objet Excel, puis sur la commande *Objet Feuille de calcul*, puis sur *Ouvrir*. Excel est lancé dans une véritable fenêtre Excel et non dans l'objet à l'intérieur du document Word, effectuez vos modifications, pour terminer, fermez le classeur Excel.

Les modifications sont prises en compte dans le document Word.

LIAISON VERS UN TABLEAU EXCEL

Lorsqu'un objet Excel est lié, les informations ne peuvent être mises à jour qu'en modifiant le fichier source. Les données liées sont stockées dans le fichier source ; le document Word ne stocke que l'emplacement du fichier source et affiche une représentation des données liées. Utilisez des objets liés pour ne pas grossir la taille du fichier Word ou si vous souhaitez inclure des tableaux mis à jour de façon indépendante. Le tableau source doit avoir été créé et enregistré.

Insérer un tableau Excel lié

- Ouvrez le classeur, sélectionnez la plage de cellules à transférer dans Word puis, sous l'onglet **Accueil**>groupe **Presse-papiers**, cliquez sur le bouton **Copier** ou Ctrl+C.
- Basculez vers le document Word, placez le point d'insertion à l'endroit où le tableau doit être inséré puis, sous l'onglet **Accueil**>groupe **Presse-papiers**, cliquez sur le bouton **Coller.**
- Cliquez ensuite sur le bouton de collage qui est apparu en bas à droite du tableau, cliquez sur l'une des deux commandes du bas du menu contextuel.

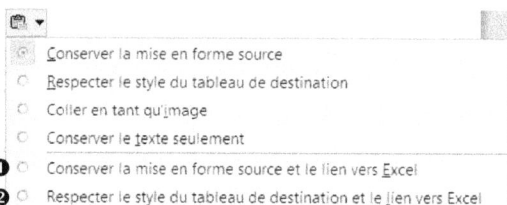

Menu	Description
Conserver la mise en forme source	❶ La liaison porte sur les données et la mise en forme source.
Respecter le style du tableau de destination	❷ La liaison porte seulement sur les données source, la mise en forme est celle de Word.
Coller en tant qu'image	
Conserver le texte seulement	
❶ Conserver la mise en forme source et le lien vers Excel	
❷ Respecter le style du tableau de destination et le lien vers Excel	

📌 Les données d'un tableau lié ne sont pas enregistrées dans le document, elles figurent sous la forme d'un champ {LINK} qui affiche une représentation des données.

Mise à jour des liaisons

Par défaut, les objets liés sont automatiquement mis à jour : Word actualise les informations liées à chaque ouverture du fichier Word ou à chaque modification apportée au fichier Excel source lorsque le fichier Word est ouvert.

Vous pouvez modifier les paramètres des objets liés individuels ou les options de Word pour empêcher leur mise à jour ou n'autoriser que les mises à jour manuelles. Dans ce cas :

- Lorsque vous ouvrez un document contenant des objets liés, vous êtes invité à mettre à jour le document avec les données provenant des fichiers liés.
- Pour mettre à jour manuellement un objet lié : cliquez sur le **Bouton Office**, cliquez sur *Préparer* puis sur *Modifier les liens d'accès aux fichiers*. Cliquez sur le lien que vous souhaitez mettre à jour manuellement puis, sous **Mettre à jour la méthode du lien sélectionné**, cliquez sur *Mise à jour manuelle* (raccourci clavier Ctrl+⇧+F7).
- Pour verrouiller un lien : cliquez sur le **Bouton Office**, puis sur *Préparer*. Cliquez sur *Modifier les liens d'accès aux fichiers*, cliquez sur le lien dont vous souhaitez empêcher la mise à jour, puis, sous **Mettre à jour la méthode du lien sélectionné**, activez la case à cocher <☑ Verrouillé> (raccourci clavier F11 et Ctrl+⇧+F11 pour déverrouiller).

ENVOYER UN CLASSEUR PAR MESSAGERIE

Vous pouvez diffuser un classeur par messagerie, si un logiciel de messagerie est installé sur votre ordinateur, tel Outlook.

ENVOYER UN CLASSEUR

- Cliquez sur le **Bouton Office**, puis sur la commande *Envoyer*, puis sur *Courrier électronique* pour envoyer un message avec le classeur actuel en pièce jointe.

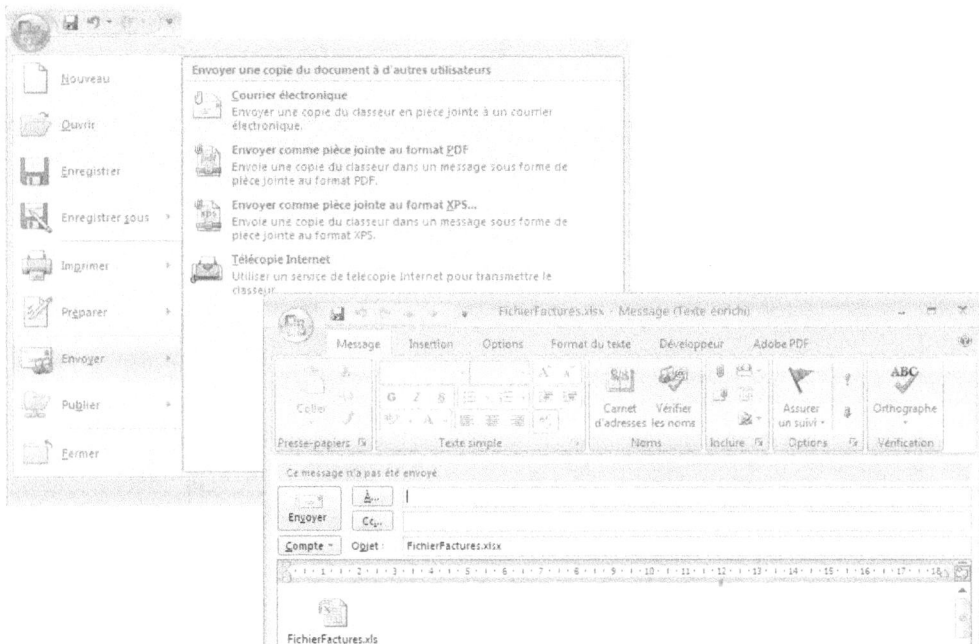

- Spécifiez les destinataires principaux et en copie. Vous pouvez insérer d'autres pièces jointes, les onglets **Message**, **Insertion**, **Options** et **Format du texte** permettent de définir les paramètres d'envoi et de suivi.
- Saisissez le texte du message, puis cliquez sur l'icône *Envoyer*.

ENVOYER LE CLASSEUR SOUS FORME DE FICHIER PDF EN PIÈCE JOINTE

Cette fonctionnalité existe si vous avez installé le complément PDF (voir page 91).

- Cliquez sur le **Bouton Office**, puis sur la commande *Envoyer*, puis sur *Envoyer comme pièce jointe au format PDF* pour envoyer un message avec le classeur au format PDF en pièce jointe. Chaque feuille de calcul constitue une page du document PDF produit.

ENVOYER LA FEUILLE ACTIVE EN TANT QUE CORPS DU MESSAGE

Pour cela, il faut ajouter l'outil *Envoyer au destinataire du message* à la barre d'outils *Accès rapide*. Ceci étant fait une fois pour toutes, envoyez le message comme suit :

- Cliquez sur le bouton *Envoyer au destinataire du message* dans la barre *Accès rapide*. Activez l'option <⊙ Envoyer la feuille active en tant que corps du message>, validez par [OK].

Une barre de messagerie est ajoutée sous le Ruban, le nom du document est inscrit dans la zone <Objet>. Une zone <Introduction> est prévue pour y saisir un texte introductif. Lorsque vous avez spécifié les destinataires, l'objet et l'introduction, cliquez sur le bouton *Envoyer cette feuille* dans la barre de messagerie.

Si vous voulez faire disparaître la barre de messagerie sans envoyer le message, cliquez à nouveau sur le bouton **Envoyer au destinataire du message**.

PUBLIER AU FORMAT HTML

Vous pouvez diffuser des données Excel sur un serveur Web afin qu'elles puissent être visualisées, via un navigateur Internet. Il vous faut enregistrer le classeur au format HTML, vous pouvez ensuite placer le fichier sur un serveur Web.

- ■ Cliquez sur le **Bouton Office**, puis sur *Enregistrer sous*. Le dialogue *Enregistrer sous* s'affiche.
- – Sélectionnez le dossier dans lequel vous voulez enregistrer le fichier.
- – Dans la zone <Type de fichier> : sélectionnez *Page Web*.
- – Dans la zone <Nom du fichier> : saisissez un nom pour le fichier, l'extension `.htm` est automatiquement ajoutée.
- – Activez l'une des options <⊙ Classeur entier> ou <⊙ Sélection : Feuille>. Si avant d'enregistrer vous avez sélectionné une plage, l'option <Sélection : plage> permet d'enregistrer la plage.

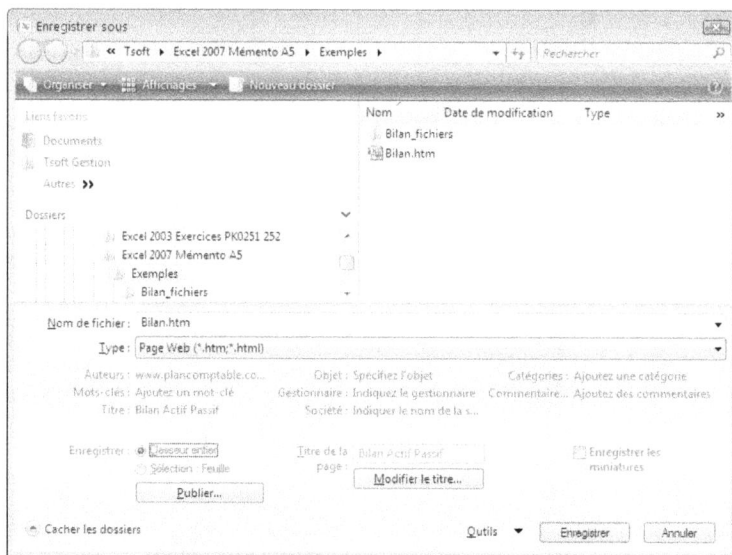

- – Le bouton [Modifier le titre...] sert à saisir un texte pour la barre de titre du navigateur.
- ■ Cliquez sur [Enregistrer].
  Vous pouvez également utiliser le bouton [Publier...]. Il ouvre un dialogue *Publier en tant que page web*, qui permet de sélectionner la plage de cellule ou la feuille à publier. Une option < ☑ Republier automatiquement à chaque enregistrement> sert à déclencher la mise à jour automatique du document HTML à chaque enregistrement du classeur.
- ■ Pour visualiser le document créé : double-cliquez sur le nom du fichier `.htm`.

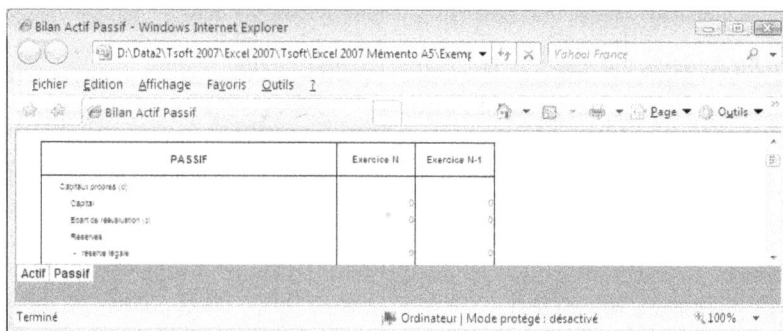

Si le classeur entier a été enregistré au format HTML, les onglets de feuille apparaissent sous forme d'onglets au bas de la page Web affichée.

Annexes

6

OÙ SONT PASSÉES LES COMMANDES D'EXCEL 2003

Menu Fichier		Onglet | Groupe | Bouton
Fichier	>	|
Nouveau	>	| Nouveau
Ouvrir...	>	| Ouvrir
Fermer	>	| Fermer
Enregistrer	>	Barre d'outils *Accès rapide* | Enregistrer
Enregistrer	>	| Enregistrer
Enregistrer sous	>	| Enregistrer sous
Enregistrer en tant que page Web	>	| Enregistrer sous | Type de fichier | Page Web
Enregistrer l'espace de travail	>	Affichage | Fenêtre | Enregistrer l'espace de travail
Recherche de fichiers	>	Bouton Démarrer de Windows | Rechercher
Autorisation | Accès illimité	>	| Préparer | Limiter les autorisations | Accès illimité
Autorisation | Accès illimité	>	Révision | Modifications | Protéger le classeur | Accès illimité
Autorisation | Ne pas distribuer	>	| Préparer | Limiter les autorisations | Accès restreint
Autorisation | Ne pas distribuer	>	Révision | Modifications | Protéger le classeur | Accès restreint
Autorisation | Limiter les autorisations	>	| Préparer | Limiter les autorisations | Gérer informations d'identification
Autorisation | Limiter les autorisations	>	Révision | Modifications | Protéger le classeur | Gérer informations d'identification
Extraire	>	| Extraire
Archiver	>	| Archiver
Historique des versions	>	| Afficher l'historique des versions
Aperçu de la page Web	>	| Excel Options | Personnaliser | Toutes les commandes | Aperçu page Web
Mise en page	>	Mise en page | Mise en page | Lanceur de boîte de dialogue
Zone d'impression | Définir	>	Mise en page | Mise en page | Zone d'impression | Définir
Zone d'impression | Annuler	>	Mise en page | Mise en page | Zone d'impression | Annuler
Aperçu avant impression	>	| Imprimer | Aperçu avant impression
Imprimer	>	| Imprimer
Imprimer	>	Aperçu avant impression | Imprimer | Imprimer
Envoyer à | Destinataire	>	| Excel Options | Personnaliser | Toutes commandes | Destinataire
Envoyer à | Expéditeur initial	>	| Excel Options | Personnaliser | Toutes commandes | Répondre modifications
Envoyer à | Destinataire du message (pour révision)	>	| Excel Options | Personnaliser | Toutes les commandes | Envoyer pour révision
Envoyer à | Destinataire du message (en tant que pièce jointe)	>	| Envoyer | Message électronique
Envoyer à | Destinataire du routage	>	Retiré du produit
Envoyer à | Dossier Exchange	>	| Excel Options | Personnaliser | Toutes les commandes | Dossier Exchange
Envoyer à | Participant en ligne	>	Retiré du produit
Envoyer à | Destinataire utilisant le service de télécopie Internet	>	| Envoyer | Télécopie Internet
Propriétés	>	| Préparer | Propriétés
Documents récents	>	| Documents récents
Quitter	>	| Quitter
Déconnexion	>	Retiré du produit

Menu Édition		Onglet | Groupe | Bouton
Annuler	>	Barre d'outils I | Annuler
Rétablir	>	Barre d'outils *Accès rapide* | Rétablir
Couper	>	Accueil | Presse-papiers | Couper
Copier	>	Accueil | Presse-papiers | Copier
Presse-papiers Office	>	Accueil | Presse-papiers | Presse-papiers Office
Coller	>	Accueil | Presse-papiers | Coller
Collage spécial	>	Accueil | Presse-papiers | Coller | Collage spécial

OÙ SONT PASSÉES LES COMMANDES D'EXCEL 2003

Menu Édition		Onglet | Groupe | Bouton
Coller comme lien hypertexte	>	Accueil | Presse-papiers | Coller | Coller comme lien hypertexte
Remplissage | En bas	>	Accueil | Édition | Remplissage | En bas
Remplissage | À droite	>	Accueil | Édition | Remplissage | À droite
Remplissage | En haut	>	Accueil | Édition | Remplissage | En haut
Remplissage | À gauche	>	Accueil | Édition | Remplissage | À gauche
Remplissage | Dans toutes les feuilles	>	Accueil | Édition | Remplissage | Dans toutes les feuilles
Remplissage | Séries	>	Accueil | Édition | Remplissage | Séries
Remplissage | Justifier	>	Accueil | Édition | Remplissage | Justifier
Effacer | Tout	>	Accueil | Édition | Effacer | Effacer tout
Effacer | Formats	>	Accueil | Édition | Effacer | Effacer les formats
Effacer | Contenu	>	Accueil | Édition | Effacer | Effacer le contenu
Effacer | Commentaires	>	Accueil | Édition | Effacer | Effacer les commentaires
Supprimer	>	Accueil | Cellules | Supprimer
Supprimer une feuille	>	Accueil | Cellules | Supprimer | Supprimer une feuille
Déplacer ou copier une feuille	>	Accueil | Cellules | Mise en forme | Déplacer ou copier une feuille
Rechercher	>	Accueil | Édition | Rechercher et sélectionner | Rechercher
Remplacer...	>	Accueil | Édition | Rechercher et sélectionner | Remplacer
Atteindre	>	Accueil | Édition | Rechercher et sélectionner | Atteindre
Liens	>	|Préparer | Modifier les liens d'accès aux boutons Office
Objet	>	Sélectionnez un objet pour afficher les outils de dessin associés
Effacer | Série	>	Retiré du produit

Menu Affichage		Onglet | Groupe | Bouton
Normales	>	Affichage | Affichages classeur | Normales
Aperçu des sauts de page	>	Affichage | Affichages classeur | Aperçu des sauts de page
Volet Office	>	Les lanceurs de certains groupes (Accueil | Presse-papiers) affichent un volet Office
Barres d'outils | Standard	>	Sous l'onglet Accueil et/ou dans le menu du bouton Office
Barres d'outils | Mise en forme	>	Ces commandes sont disponibles sous l'onglet Accueil
Barres d'outils | Bordures	>	Accueil | Police | Bordures
Barres d'outils | Graphique	>	Sous les onglets contextuels Outils de graphique
Barres d'outils | Boîte à outils Contrôles	>	Sous l'onglet Développeur
Barres d'outils | Dessin	>	Sous les onglets contextuels Outils de dessin
Barres d'outils | Données externes	>	Sous l'onglet Données
Barres d'outils | Formulaires	>	Sous l'onglet Développeur
Barres d'outils | Audit de formules	>	Formule | Audit de formules
Barres d'outils | Liste	>	Sous les onglets contextuels Outils de tableau
Barres d'outils | Image	>	Sous les onglets contextuels Outils Image
Barres d'outils | Tableau croisé dynamique	>	Sous l'onglet contextuel Outils de tableau croisé dynamique
Barres d'outils | Protection	>	Révision | Modifications
Barres d'outils | Révision	>	Sous l'onglet Révision
Barres d'outils | Volet Office	>	Les Lanceurs de certains groupes affichent un volet Office
Barres d'outils | Texte en parole	>	Retiré du produit
Barres d'outils | Visual Basic	>	Sous l'onglet Développeur
Barres d'outils | Fenêtre Espion	>	Formules | Audit de formules | Fenêtre Espion
Barres d'outils | Web	>	|Options Excel | Personnaliser | Toutes commandes
Barres d'outils | WordArt	>	Sous les onglets contextuels Outils de dessin
Barres d'outils | Personnaliser	>		Options Excel | Personnaliser
Barre de formule	>	Affichage | Afficher/Masquer | Barre de formule
Barre d'état	>	La barre d'état est toujours visible par défaut

OÙ SONT PASSÉES LES COMMANDES D'EXCEL 2003

Menu Affichage (suite)		Onglet | Groupe | Bouton
En-tête et pied de page	>	Insérer | Texte | En-tête et pied de page
Commentaires	>	Révision | Commentaires | Afficher tous les commentaires
Affichages personnalisés	>	Affichage | Affichages classeur | Affichages personnalisés
Plein écran	>	Affichage | Affichages classeur | Plein écran
Zoom	>	Affichage | Zoom | Zoom
Ajusté à la fenêtre	>	Retiré du produit
Fenêtre graphique	>	Retiré du produit

Menu Insertion		Onglet | Groupe | Bouton
Cellules	>	Accueil | Cellules | Insérer
Lignes	>	Accueil | Cellules | Insérer | Insérer des lignes dans la feuille
Colonnes	>	Accueil | Cellules | Insérer | Insérer des colonnes dans la feuille
Feuille	>	Accueil | Cellules | Insérer | Insérer une feuille
Graphique	>	Insérer | Graphiques
Symbole	>	Insertion | Texte | Symbole
Saut de page	>	Mise en page | Mise en page | Sauts de page | Insérer saut de page
Rétablir tous les sauts de page	>	Mise en page | Mise en page | Sauts de page | Rétablir sauts de page
Fonction	>	Formules | Bibliothèque fonctions | Insérer une fonction
Fonction	>	Formules | Bibliothèque fonctions | Date et heure | Insérer fonction
Fonction	>	Formules | Bibliothèque fonctions | Maths et trigonométrie | Insérer fonction
Fonction	>	Formules | Bibliothèque fonctions | Financier | Insérer une fonction
Fonction	>	Formules | Bibliothèque fonctions | Logique | Insérer une fonction
Fonction	>	Formules | Bibliothèque fonctions | Recherche et référence | Insérer fonction
Fonction	>	Formules | Bibliothèque fonctions | Utilisée(s) récemment | Insérer fonction
Fonction	>	Formules | Bibliothèque fonctions | Texte | Insérer une fonction
Fonction	>	Formules | Bibliothèque fonctions | Plus de fonctions | Cube | Insérer fonction
Fonction	>	Formules | Bibliothèque fonctions | Plus de fonctions | Ingénierie | Insérer fonction
Fonction	>	Formules | Bibliothèque fonctions | Plus de fonctions | Informations | Insérer fonction
Fonction	>	Formules | Bibliothèque fonctions | Plus de fonctions | Statistique | Insérer fonction
Nom | Définir	>	Formules | Noms définis | Gestionnaire de noms
Nom | Coller	>	Formules | Noms définis | Utiliser dans la formule | Coller des noms
Nom | Créer	>	Formules | Noms définis | Créer à partir de la sélection
Nom | Appliquer	>	Formules | Noms définis | Définir un nom | Appliquer les noms
Nom | Étiquette	>	Formules | Noms définis | Définir un nom
Commentaire	>	Révision | Commentaires | Nouveau commentaire
Annotations manuscrites	>	Révision | Entrée manuscrite | Commencer la saisie manuscrite
Image | Images clipart	>	Insérer | Illustrations | Images clipart
Image | À partir du fichier	>	Insérer | Illustrations | Image
Image | À partir du fichier	>	Outils de graphique | Disposition | Insertion | Image...
Image | À partir du fichier	>	Outils de graphique croisé dynamique | Disposition | Insertion | Image...
Image | À partir d'un scanneur ou d'un appareil photo numérique	>	Retiré du produit
Image | Dessin et écriture manuscrits	>	Révision | Entrée manuscrite | Commencer la saisie manuscrite
Image | Formes automatiques	>	Insérer | Illustrations | Formes
Image | WordArt	>	Insérer | Illustrations | WordArt
Image | Organigramme hiérarchique	>	Insertion | Illustrations | SmartArt
Schéma	>	Insérer | Illustrations | SmartArt
Objet	>	Insertion | Texte | Objet
Lien hypertexte	>	Insérer | Liens | Lien hypertexte

Menu Format	Onglet | Groupe | Bouton
Cellules	> Accueil | Cellules | Mise en forme | Format de cellule
Ligne | Hauteur	> Accueil | Cellules | Mise en forme | Hauteur de ligne
Ligne | Ajustement automatique	> Accueil | Cellules | Mise en forme | Ajuster la hauteur de ligne
Ligne | Masquer	> Accueil | Cellules | Mise en forme | Masquer & afficher | Masquer les lignes
Ligne | Afficher	> Accueil | Cellules | Mise en forme | Masquer & afficher | Afficher les lignes
Colonne | Largeur	> Accueil | Cellules | Mise en forme | Largeur de colonne
Colonne | Ajustement automatique	> Accueil | Cellules | Mise en forme | Ajuster la largeur de colonne
Colonne | Masquer	> Accueil | Cellules | Mise en forme | Masquer & afficher | Masquer colonnes
Colonne | Afficher	> Accueil | Cellules | Mise en forme | Masquer & afficher | Afficher colonnes
Colonne | Largeur standard	> Accueil | Cellules | Mise en forme | Largeur par défaut
Feuille | Renommer	> Accueil | Cellules | Mise en forme | Renommer la feuille
Feuille | Masquer	> Accueil | Cellules | Mise en forme | Masquer & afficher | Masquer la feuille
Feuille | Afficher	> Accueil | Cellules | Mise en forme | Masquer & afficher | Afficher la feuille
Feuille | Arrière-plan	> Mise en page | Mise en page | Arrière-plan
Feuille | Couleur d'onglet	> Accueil | Cellules | Mise en forme | Couleur d'onglet
Mise en forme auto.	> Accueil | Style | Mettre sous forme de tableau
Mise en forme conditionnelle	> Accueil | Mise en forme conditionnelle
Style	> Accueil | Style | Styles de cellules
*Guide phonétique | Afficher ou Masquer	> Accueil | Police | Guide phonétique | Afficher le champ phonétique
*Guide phonétique | Édition	> Accueil | Police | Guide phonétique | Modifier la phonétique
*Guide phonétique | Paramètres	> Accueil | Police | Guide phonétique | Paramètres phonétiques

Menu Outils	Onglet | Groupe | Bouton
Orthographe...	> Révision | Vérification | Orthographe
Recherche	> Révision | Vérification | Recherche
Vérification des erreurs	> Formules | Audit de formules | Vérification des erreurs
Espace de travail partagé	> ▣ | Publier | Créer un espace de travail de document
Partager le classeur	> Révision | Modifications | Partager le classeur
Suivi des modifications | Afficher les modifications	> Révision | Modifications | Suivi des modifications | Afficher les modifications
Suivi des modifications | Accepter ou refuser les modifications	> Révision | Modifications | Suivi des modifications | Accepter ou refuser les modifications
Comparaison et fusion de classeurs	> ▣ | Excel Options | Personnaliser | Toutes les commandes | Comparaison et fusion de classeurs
Protection | Protéger la feuille	> Révision | Modifications | Protéger la feuille
Protection | Protéger la feuille	> Accueil | Cellules | Mise en forme | Protéger la feuille
Protection | Permettre la modification des plages	> Révision | Modifications | Permettre la modification des plages
Protection | Protéger le classeur	> Révision | Modifications | Protéger le classeur
Protection | Protéger et partager le classeur	> Révision | Modifications | Protéger et partager le classeur
Collaboration en ligne | Conférence maintenant	> Retiré du produit
Collaboration en ligne | Organiser une conférence	> Retiré du produit
Collaboration en ligne | Discussions sur le Web	> Retiré du produit
Collaboration en ligne | Terminer la révision	> Retiré du produit
Valeur cible	> Données | Outils de données | Analyse de scénarios | Valeur cible
Scénarios	> Données | Outils de données | Analyse de scénarios | Gestionnaire scénarios
Audit de formules | Repérer les antécédents	> Formules | Audit de formules | Repérer les antécédents
Audit de formules | Repérer les dépendants	> Formules | Audit de formules | Repérer les dépendants
Audit de formules | Repérer une erreur	> Formules | Audit de formules | Vérification des erreurs | Repérer une erreur
Audit de formules | Supprimer les flèches	> Formules | Audit de formules | Supprimer les flèches
Audit de formules | Supprimer les flèches	> Formules | Audit de formules | Supprimer les flèches | Supprimer les flèches
Audit de formules | Évaluation de formule	> Formules | Audit de formules | Évaluation de formule

Menu Outils (suite)   **Onglet | Groupe | Bouton**

Audit de formules | Masquer la fenêtre Espion	> Formules | Audit de formules | Fenêtre Espion
Audit de formules | Mode Audit de formules	> Formules | Audit de formules | Afficher les formules
Audit de formules | Afficher barre Audit formules	> Formules | Audit de formules
Macro | Macros	> Développeur | Code | Macros
Macro | Macros	> Affichage | Macros | Macros
Macro | Nouvelle macro	> Développeur | Code | Enregistrer une macro
Macro | Nouvelle macro	> Affichage | Macros | Macros | Enregistrer une macro
Macro | Sécurité	> Développeur | Code | Sécurité des macros
Macro | Visual Basic Editor	> Développeur | Code | Visual Basic
Macro | Microsoft Script Editor	> Retiré du produit
Compléments	> | Excel Options | Compléments
Options de correction automatique	> | Excel Options | Vérification | Options de correction automatique
Personnaliser	> | Excel Options | Personnaliser
Afficher la signature	> | Préparer | Ajouter une signature numérique
Options	> | Excel Options

Menu Données   **Onglet | Groupe | Bouton**

Trier	> | Excel Options | Personnaliser | Toutes les commandes | Trier
Filtrer | Filtre automatique	> Données | Trier et filtrer | Filtrer
Filtrer | Filtre automatique	> Accueil | Édition | Trier et filtrer | Filtrer
Filtrer | Afficher tout	> Données | Trier et filtrer | Effacer
Filtrer | Afficher tout	> Accueil | Édition | Trier et filtrer | Effacer
Filtrer | Filtre avancé	> Données | Trier et filtrer | Options avancées
Formulaire	> | Excel Options | Personnaliser | Toutes commandes | Formulaire
Sous-totaux	> Données | Plan | Sous-total
Validation	> Données | Outils de données | Validation des données
Tableau	> Données | Outils de données | Analyse de scénarios | Table de données
Convertir	> Données | Outils de données | Convertir le texte en tableau
Consolider	> Données | Outils de données | Consolider
Grouper et créer un plan | Masquer	> Données | Plan | Masquer
Grouper et créer un plan | Afficher les détails	> Données | Plan | Afficher les détails
Grouper et créer un plan | Grouper	> Données | Plan | Grouper
Grouper et créer un plan | Grouper	> Outils de tableau croisé dynamique | Options | Groupe
Grouper et créer un plan | Dissocier	> Données | Plan | Dissocier
Grouper et créer un plan | Dissocier	> Outils de tableau croisé dynamique | Options | Dissocier
Grouper et créer un plan | Plan automatique	> Données | Plan | Grouper | Plan automatique
Grouper et créer un plan | Effacer le plan	> Données | Plan | Dissocier | Effacer le plan
Grouper et créer un plan | Paramètres	> Données | Plan | Paramètres de groupe et de plan
Rapport de tableau croisé dynamique et de graphique croisé dynamique	> Insertion | Tableaux | Tableau croisé dynamique | Tableau croisé dynamique/Graphique croisé dynamique
Données externes | Importer des données	> Données | Données externes
Données externes | Nouvelle requête Web	> Données | Données externes | À partir du site Web
Données externes | Créer une requête	> Données | Données externes | À partir d'autres sources | Provenance : MS Query
Données externes | Modifier la requête	> | Excel Options | Personnaliser | Toutes commandes | Modifier requête
Données externes | Propriétés plage données	> Données | Connexions | Propriétés
Données externes | Propriétés plage données	> Outils de tableau | Création | Données de table externe | Propriétés
Données externes | Paramètres	> | Excel Options | Personnaliser | Toutes les commandes | Paramètres

OÙ SONT PASSÉES LES COMMANDES D'EXCEL 2003

Menu Données (suite)		Onglet | Groupe | Bouton
Liste | Créer une liste	>	Insérer | Tableaux | Tableau
Liste | Redimensionner la liste	>	Outils de tableau | Création | Propriétés | Redimensionner le tableau
Liste | Ligne des totaux	>	Outils de tableau | Création | Options de style de tableau | Ligne des totaux
Liste | Convertir en plage	>	Outils de tableau | Création | Outils | Convertir en plage
Liste | Publier la liste	>	Outils de tableau | Création | Données de table externe | Exporter | Exporter le tableau vers une liste SharePoint
Liste | Liste d'affichages sur le serveur	>	Outils de tableau | Création | Données de table externe | Ouvrir navigateur
Liste | Supprimer la liaison de la liste	>	Outils de tableau | Création | Données de table externe | Supprimer le lien
Liste | Synchroniser la liste	>	🔲 | Excel Options | Personnaliser | Toutes les commandes | Synchroniser la liste
Liste | Ignorer les modifications et actualiser	>	🔲 | Excel Options | Personnaliser | Toutes les commandes | Ignorer les modifications et actualiser
Liste | Masquer la bordure des listes inactives	>	Retiré du produit
XML | Importer	>	Développeur | XML | Importer
XML | Exporter	>	Développeur | XML | Exporter
XML | Actualiser les données XML	>	Développeur | XML | Actualiser les données
XML | Source XML	>	Développeur | XML | Source
XML | Propriétés du mappage XML	>	Développeur | XML | Propriétés du mappage
XML | Modifier la requête	>	Retiré du produit
XML | Kits d'extension XML	>	Développeur | XML | Kits d'extension
Actualiser les données	>	Outils de graphique croisé dynamique | Analyse | Données | Actualiser
Actualiser les données	>	Outils de tableau croisé dynamique | Options | Données | Actualiser
Actualiser les données	>	Outils de tableau | Création | Données de table externe | Actualiser
Actualiser les données	>	Données | Connexions | Actualiser | Actualiser
Actualiser les données	>	Outils de graphique croisé dynamique | Analyse | Données | Actualiser | Actualiser
Actualiser les données	>	Outils de tableau croisé dynamique | Options | Données | Actualiser | Actualiser
Actualiser les données	>	Outils de tableau | Création | Données de table externe | Actualiser | Actualiser

Menu Graphique		Onglet | Groupe | Bouton
Type de graphique	>	Outils de graphique | Création | Type | Modifier le type de graphique...
Données source	>	Outils de graphique | Création | Données | Sélectionner des données...
Données source	>	Outils de graphique croisé dynamique | Création | Données | Sélectionner données...
Options du graphique	>	Graphique | Disposition
Emplacement	>	Outils de graphique | Création | Emplacement | Déplacer le graphique...
Emplacement	>	Outils de graphique croisé dynamique | Création | Emplacement | Déplacer graphique
Ajouter des données	>	Outils de graphique | Création | Données | Modifier la source de données
Ajouter une courbe de tendance	>	Outils de graphique | Disposition | Analyse | Courbe de tendance
Vue 3D	>	Outils de graphique | Disposition | Arrière-plan | Vue 3D

Menu fenêtre		Onglet | Groupe | Bouton
Nouvelle fenêtre	>	Affichage | Fenêtre | Nouvelle fenêtre
Organiser	>	Affichage | Fenêtre | Réorganiser tout
Comparer en côte à côte avec	>	Affichage | Fenêtre | Afficher côte à côte
Masquer	>	Affichage | Fenêtre | Masquer
Afficher	>	Affichage | Fenêtre | Afficher
Fractionner	>	Affichage | Fenêtre | Fractionner
Figer les volets	>	Affichage | Fenêtre | Figer les volets
Classeurs actuellement ouverts	>	Affichage | Fenêtre | Changement de fenêtre

OÙ SONT PASSÉES LES COMMANDES D'EXCEL 2003

Menu Aide		Onglet | Groupe | Bouton
Aide de Microsoft Excel	>	Ruban supérieur | Aide
Microsoft Office Online	>	| Excel Options | Ressources | Microsoft Office Online
Contactez-nous	>	| Excel Options | Ressources | Contactez-nous
Rechercher les mises à jour	>	| Excel Options | Ressources | Rechercher les mises à jour
Détecter et réparer	>	| Excel Options | Ressources | Diagnostiquer
Activer le produit	>	| Excel Options | Ressources | Activer
Options pour les commentaires utilisateur	>	| Options PowerPoint | Centre de gestion de la confidentialité | Protection de la confidentialité | Programme d'amélioration du produit
À propos de Microsoft Office Excel	>	| Excel Options | Ressources | À propos de
*Afficher le Compagnon Office	>	Retiré du produit

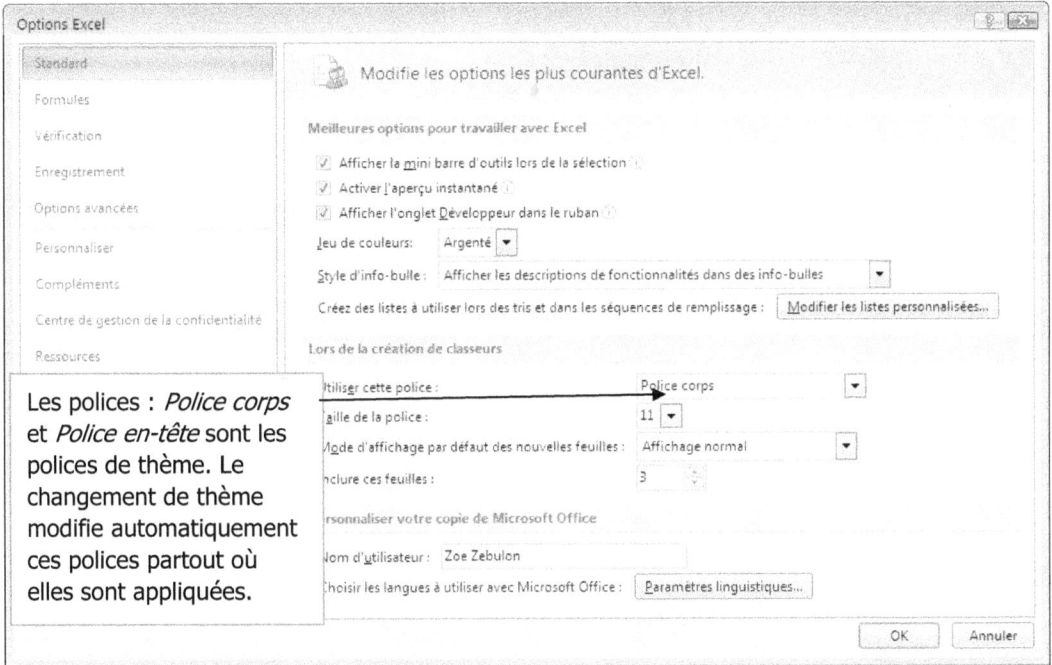

Les polices : *Police corps* et *Police en-tête* sont les polices de thème. Le changement de thème modifie automatiquement ces polices partout où elles sont appliquées.

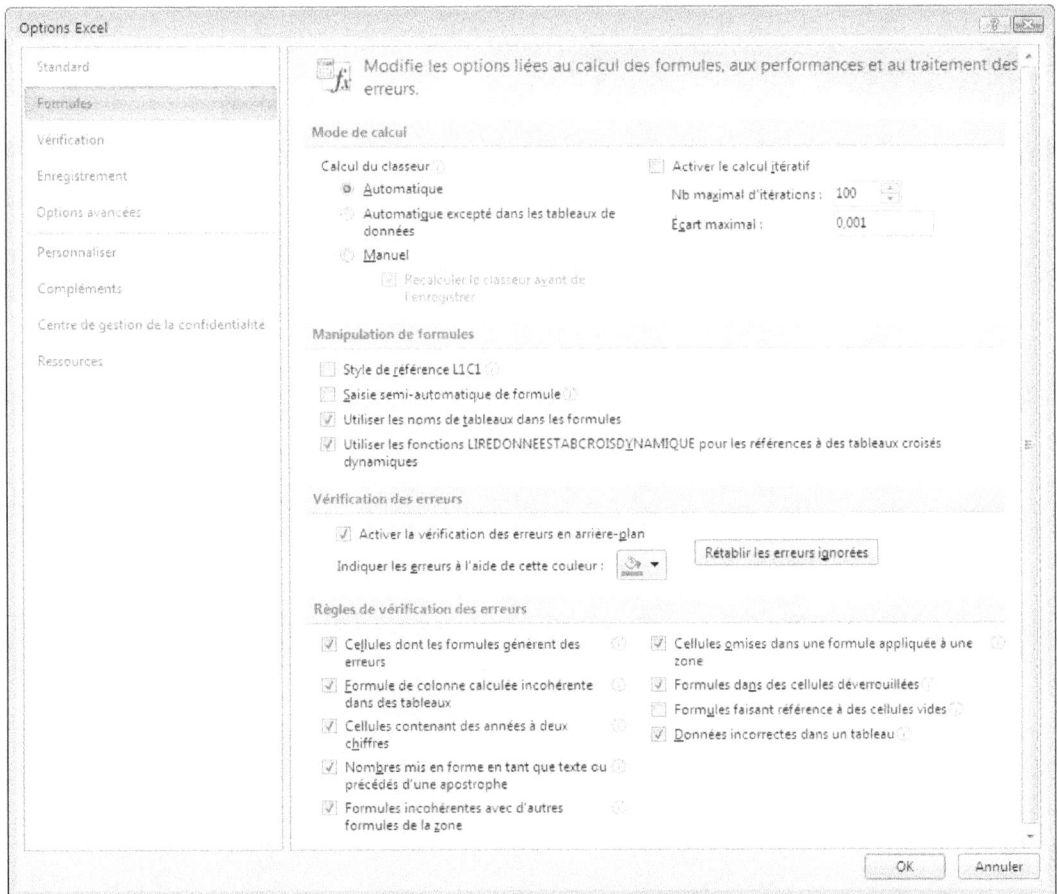

PARAMÉTRAGE DES OPTIONS EXCEL 2007

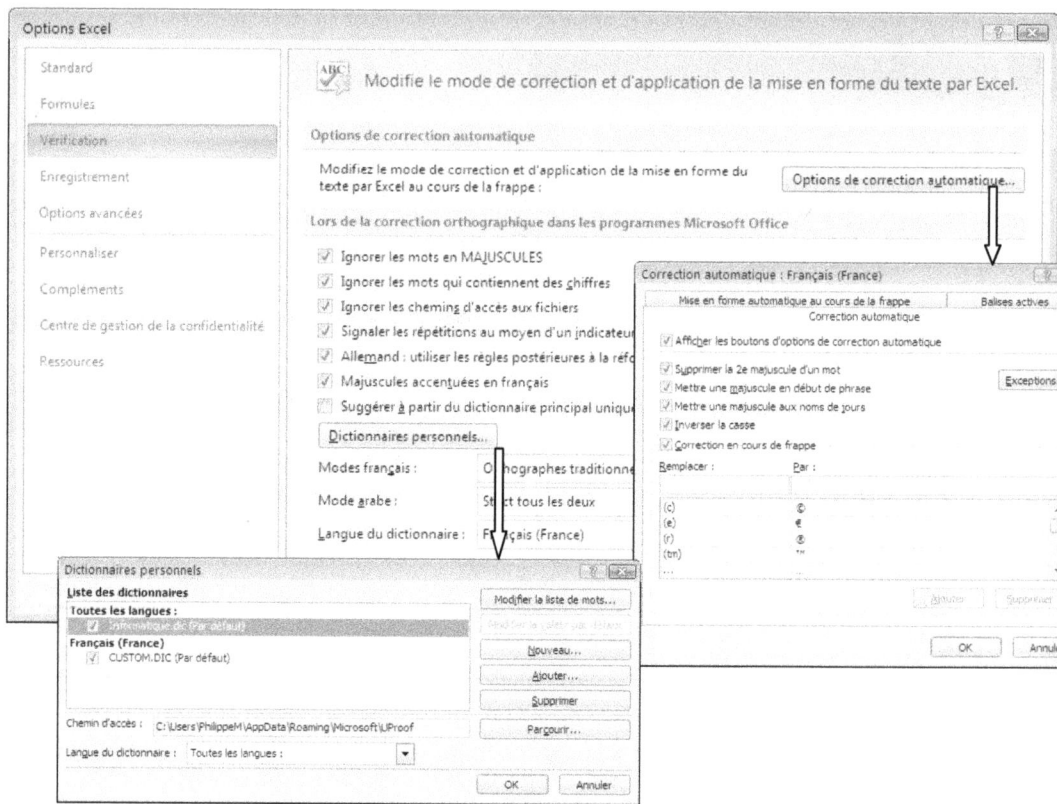

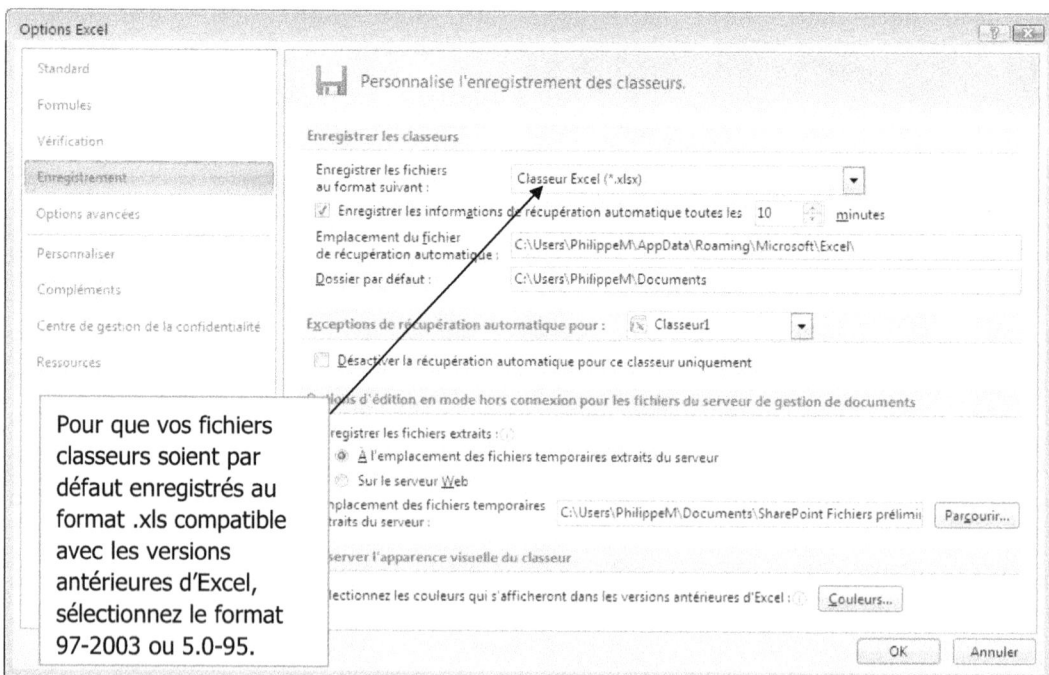

Pour que vos fichiers classeurs soient par défaut enregistrés au format .xls compatible avec les versions antérieures d'Excel, sélectionnez le format 97-2003 ou 5.0-95.

PARAMÉTRAGE DES OPTIONS EXCEL 2007

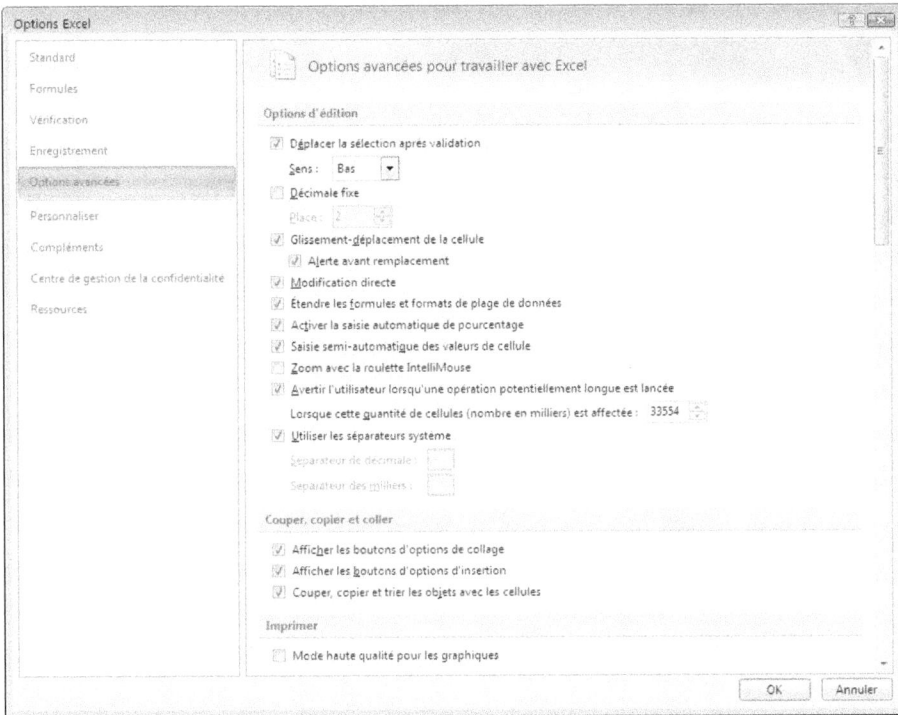

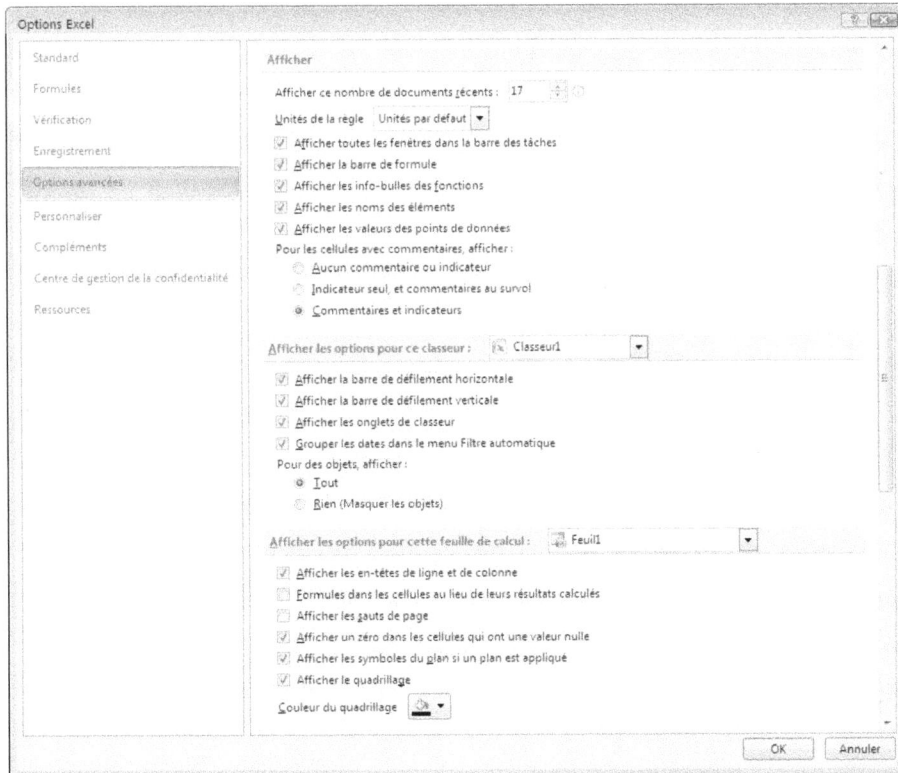

PARAMÉTRAGE DES OPTIONS EXCEL 2007

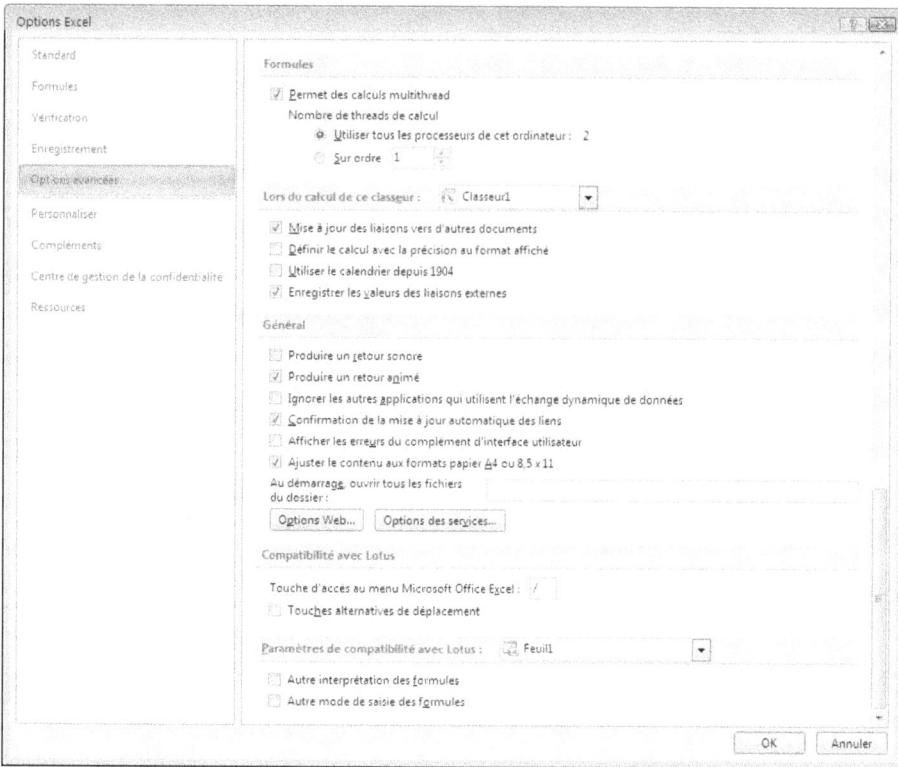

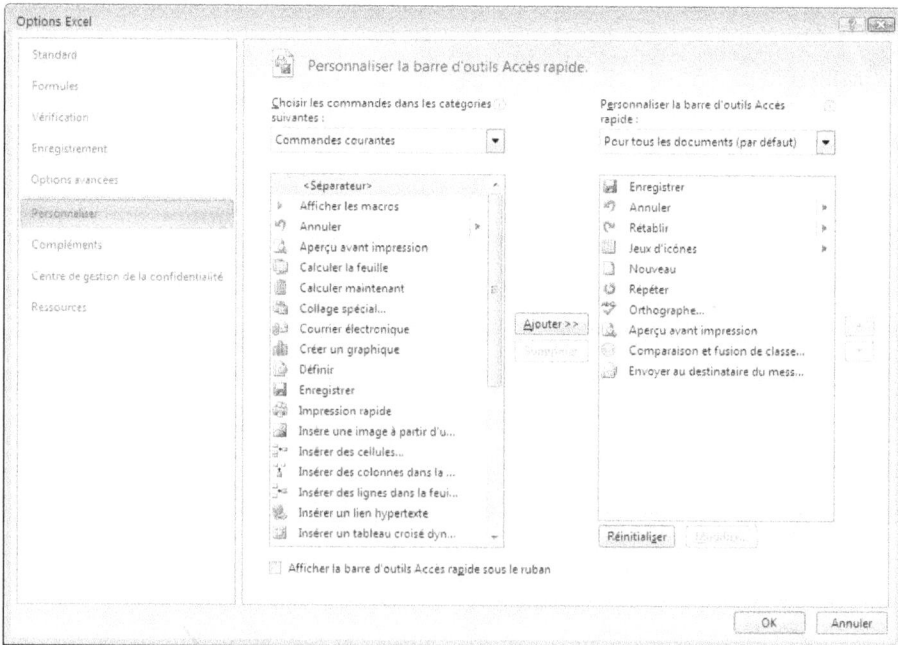

PARAMÉTRAGE DES OPTIONS EXCEL 2007

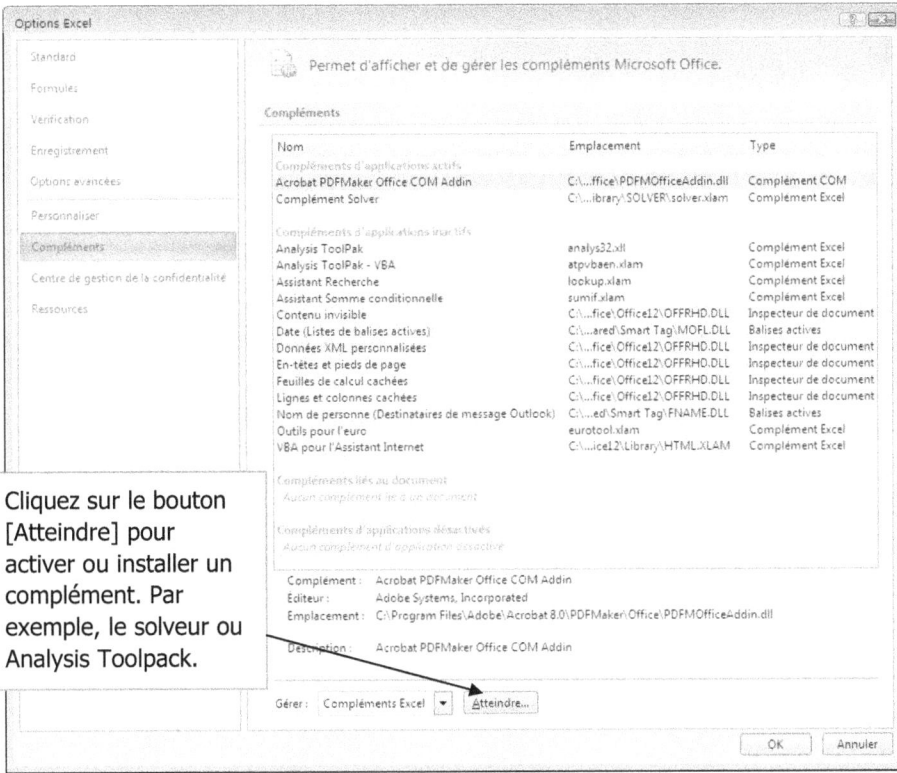

Cliquez sur le bouton [Atteindre] pour activer ou installer un complément. Par exemple, le solveur ou Analysis Toolpack.

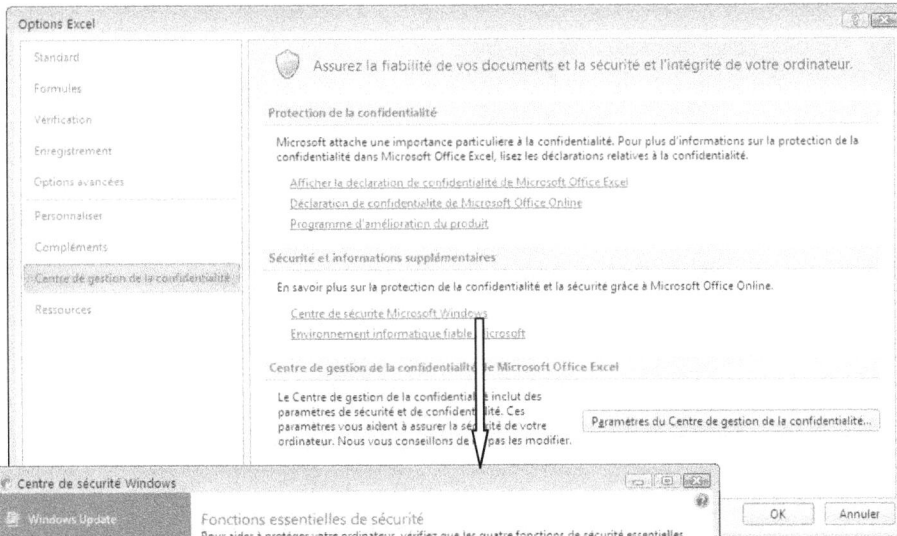

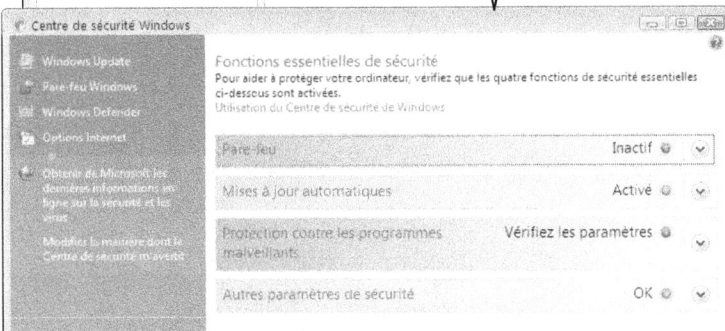

PARTIE 2
CAS PRATIQUES

CAS 1 : TECHNIQUES ÉLABORÉES DE MISE EN FORME

Créez un style de cellule et mettez en forme le tableau

Population des pays de l'OCDE en milliers d'habitants

Pays	2001	2002	2003	2004	2005	2006
Islande	285,1	287,6	289,3	292,6	295,9	304,3
Luxembourg	441,5	446,2	450,0	453,3	455,0	459,5
Irlande	3 847,0	3 917,0	3 978,9	4 043,8	4 130,7	4 234,9
Nouvelle-Zélande	3 880,5	3 939,1	4 009,2	4 061,4	4 099,0	4 140,0
Royaume-Uni	59 113,5	59 321,7	59 553,8	59 834,3	60 209,0	60 587,0
France	59 393,1	59 767,0	60 151,0	60 511,0	60 859,0	61 300,0
Turquie	68 363,0	69 304,0	70 230,0	71 150,0	72 065,0	72 974,0
Allemagne	82 277,0	82 456,0	82 502,0	82 491,0	82 466,0	82 368,0
Mexique	99 715,5	100 909,4	101 999,6	103 001,9	103 946,9	104 874,3
Japon	127 291,0	127 435,0	127 619,0	127 687,0	127 768,0	127 770,0
États-Unis	285 226,3	288 126,0	290 796,0	293 638,2	296 507,1	299 398,5
Zone euro (zone : méthodologie OCDE)	304 935,0	306 508,3	307 968,7	309 420,8	311 388,2	313 043,3
UE15 : Union européenne des quinze	378 303,3	380 128,9	381 867,5	383 650,0	386 043,1	388 145,8
G7	701 669,9	705 952,7	709 775,8	713 703,4	718 242,8	722 481,5
OCDE - Total	1 136 639,0	1 144 560,0	1 152 028,0	1 159 460,0	1 167 418,0	1 175 131,0

Grisez une ligne sur deux

	A	B	C	D	E	F	G	H
1	Population des pays de l'OCDE en milliers d'habitants							
2	Pays	2001	2002	2003	2004	2005	2006	
3	Islande	285,1	287,6	289,3	292,6	295,9	304,3	
4	Luxembourg	441,5	446,2	450,0	453,3	455,0	459,5	
5	Irlande	3 847,0	3 917,0	3 978,9	4 043,8	4 130,7	4 234,9	
6	Nouvelle-Zélande	3 880,5	3 939,1	4 009,2	4 061,4	4 099,0	4 140,0	
7	Norvège	4 514,0	4 538,0	4 564,0	4 591,9	4 623,3	4 670,0	

Définissez un en-tête et un pied de page

	A	B	C	D	E	F	G

Population   Tsoft Confidentiel   Page 1

Population des pays de l'OCDE en milliers d'habitants

Pays	2001	2002	2003	2004	2005	2006
Islande	285,1	287,6	289,3	292,6	295,9	304,3
Luxembourg	441,5	446,2	450,0	453,3	455,0	459,5
Irlande	3 847,0	3 917,0	3 978,9	4 043,8	4 130,7	4 234,9

Zoe Zebulon   CasA1-R.xlsx   23/02/2008

Utilisez la mise en forme conditionnelle

	A	B	C	D
1	Croissance comparée			
2		2006	2007	% croissance
3	Produit1	95 572	118 892	24,4%
4	Produit2	58 174	62 712	7,8%
5	Produit3	57 043	67 228	17,9%
6	Produit4	43 094	51 011	18,4%
7	Produit5	65 825	69 964	6,3%
8	Produit6	66 658	73 905	10,9%
9	Produit7	49 514	53 809	8,7%
10	Produit8	99 029	103 834	4,9%
11	Produit9	85 400	101 344	18,7%
12	Produit10	66 501	72 453	9,0%

	A	B	C	D
1	Répartition par produits			
2		2006	2007	% /total
3	Produit1	95 572	118 892	15,3%
4	Produit2	58 174	62 712	8,1%
5	Produit3	57 043	67 228	8,7%
6	Produit4	43 094	51 011	6,6%
7	Produit5	65 825	69 964	9,0%
8	Produit6	66 658	73 905	9,5%
9	Produit7	49 514	53 809	6,9%
10	Produit8	99 029	103 834	13,4%
11	Produit9	85 400	101 344	13,0%
12	Produit10	66 501	72 453	9,3%
13	Total	688816	777159	100%

CAS 1 : TECHNIQUES ÉLABORÉES DE MISE EN FORME

Fonctions utilisées

- *Créer un style de cellule*
- *Griser une ligne sur deux*
- *En-tête et pied de page personnalisés*

- *Mise en page*
- *Mis en forme conditionnelle*

10 mn

Vous allez réviser certaines techniques élaborées de mise en forme dans Excel 2007, en particulier la mise en forme conditionnelle sur différents exemples : griser une ligne sur deux dans un grand tableau pour permettre une meilleure lisibilité, comparer visuellement des résultats par des barres colorées en fond de cellule, repérer visuellement des informations qui satisfont certains critères.

Les données chiffrées se trouvent dans le classeur `CasA1.xlsx`, enregistré dans `C:\Exercices Excel 2007`. Ouvrez ce fichier classeur et enregistrez-le sous le nom `CasA1-R.xlsx`.

1-METTEZ EN FORME LE TABLEAU DES POPULATIONS

- Ajustez automatiquement la largeur de la première colonne au contenu des données : sélectionnez les cellules contenant les données puis, sous l'onglet **Accueil**>groupe **Cellules**, cliquez sur le bouton **Format** puis sur la commande *Ajuster la largeur de colonne*.

- Créez un style `EtiqLigne1` définissant pour la première ligne du tableau une bordure haute épaisse et une bordure bas fine : cliquez sur une cellule de cette ligne puis, sous l'onglet **Accueil**<groupe **Style**, cliquez sur le bouton **Styles de cellule** puis sur *Nouveau Style...*. Dans le dialogue *Style* : saisissez le nom du style ❶ et décochez toutes les options sauf <☑ Bordure>❷, cliquez ensuite sur le bouton [Format...]❸.
  Dans le dialogue *Format de cellule*, cliquez sur l'onglet **Bordure**, cliquez sur le tracé fin ❹, puis cliquez sur la présélection *Contour* ❺, cliquez ensuite sur un style de ligne épais ❻ puis cliquez dans la miniature sur la bordure du haut ❼, validez le format par [OK], validez le style par [OK].

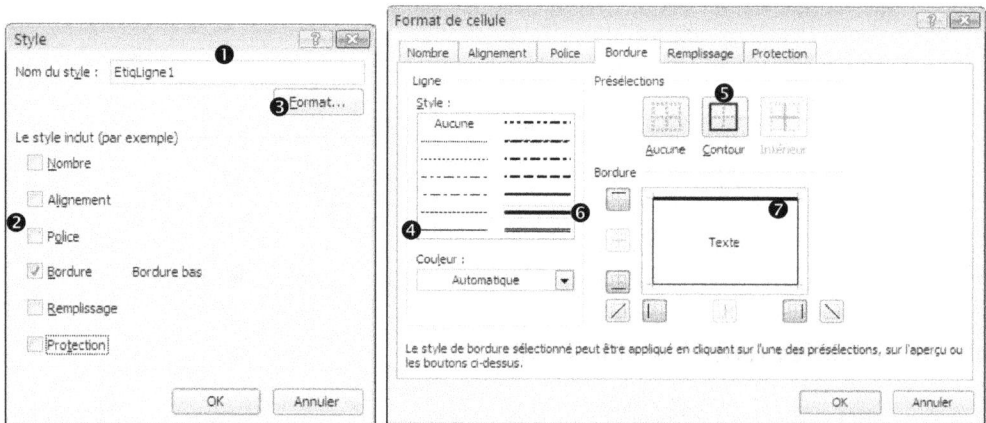

- Sélectionnez les cellules A2:G2 puis cliquez sur le bouton **Styles de cellule**. Dans la galerie des styles, sélectionnez le style `EtiqLigne1` sous la section **Personnalisé**. Sélectionnez ensuite les cellules B2:G2, puis cliquez sur les boutons **Italique** et **Centré**.

- Appliquez les bordures sur le reste du tableau en utilisant le bouton **Bordures** : Sélectionnez A3:A36 et cliquez sur la **flèche** du bouton **Bordures** puis cliquez sur **Bordures extérieures**. Ensuite, sélectionnez A3:G36 puis cliquez sur le bouton **Bordures**, qui reproduit le choix précédent. Enfin, sélectionnez A33:G36 puis cliquez sur la **flèche** du bouton **Bordures** et sélectionnez *Bordure simple en haut et épaisse en bas*.

CAS 1 : TECHNIQUES ÉLABORÉES DE MISE EN FORME

Population des pays de l'OCDE en milliers d'habitants

Pays	2001	2002	2003	2004	2005	2006
Islande	285,1	287,6	289,3	292,6	295,9	304,3
Luxembourg	441,5	446,2	450,0	453,3	455,0	459,5
Irlande	3 847,0	3 917,0	3 978,9	4 043,8	4 130,7	4 234,9
Nouvelle-Zélande	3 880,5	3 939,1	4 009,2	4 061,4	4 099,0	4 140,0
Norvège	4 514,0	4 538,0	4 564,0	4 591,9	4 623,3	4 670,0
Finlande	5 188,0	5 201,0	5 213,0	5 228,0	5 246,0	5 267,0
Turquie	68 363,0	69 304,0	70 230,0	71 150,0	72 065,0	72 974,0
Allemagne	82 277,0	82 456,0	82 502,0	82 491,0	82 466,0	82 368,0
Mexique	99 715,5	100 909,4	101 999,6	103 001,9	103 946,9	104 874,3
Japon	127 291,0	127 435,0	127 619,0	127 687,0	127 768,0	127 770,0
États-Unis	285 226,3	288 126,0	290 796,0	293 638,2	296 507,1	299 398,5
Zone euro (zone : méthodologie OCDE)	304 935,0	306 508,3	307 968,7	309 420,8	311 388,2	313 043,3
UE15: Union européenne des quinze	378 303,3	380 128,9	381 867,5	383 650,0	386 043,1	388 145,8
G7	701 669,9	705 952,7	709 775,8	713 703,4	718 242,8	722 481,5
OCDE - Total	1 136 639,0	1 144 560,0	1 152 028,0	1 159 460,0	1 167 418,0	1 175 131,0

2-GRISEZ AUTOMATIQUEMENT LES LIGNES IMPAIRES

On se servira pour cela d'une règle de mise en forme conditionnelle pour griser les cellules du tableau dont le numéro de ligne est impair.

La fonction LIGNE(référence) renvoie le numéro de ligne de la cellule référencée. La fonction EST.IMPAIR(nombre) renvoie la valeur VRAI si le nombre est impair ou FAUX s'il est pair.

- Sélectionnez la plage A2:G32 puis, sous l'onglet **Accueil**>groupe **Style**, cliquez sur le bouton **Mise en forme conditionnelle**. Ensuite, cliquez sur *Règles de mise en surbrillance des cellules*, puis sur *Autres règles...* Dans le dialogue, sélectionnez le dernier type de règle ❶.

- ❷ Saisissez la formule =EST.IMPAIR(LIGNE()), ❸ cliquez sur le bouton [Format] et choisissez la couleur de remplissage, grisé par exemple. Validez le format par [OK], puis validez la règle par [OK].

	A	B	C	D	E	F	G	H
1	Population des pays de l'OCDE en milliers d'habitants							
2	Pays	2001	2002	2003	2004	2005	2006	
3	Islande	285,1	287,6	289,3	292,6	295,9	304,3	
4	Luxembourg	441,5	446,2	450,0	453,3	455,0	459,5	
5	Irlande	3 847,0	3 917,0	3 978,9	4 043,8	4 130,7	4 234,9	
6	Nouvelle-Zélande	3 880,5	3 939,1	4 009,2	4 061,4	4 099,0	4 140,0	
7	Norvège	4 514,0	4 538,0	4 564,0	4 591,9	4 623,3	4 670,0	
8	Finlande	5 188,0	5 201,0	5 213,0	5 228,0	5 246,0	5 267,0	
9	Danemark	5 358,8	5 374,0	5 387,0	5 401,0	5 416,0	5 434,6	

La règle peut être modifiée, par exemple vous allez modifier la couleur de remplissage :

- Sous l'onglet **Accueil**>groupe **Style**, cliquez sur le bouton **Mise en forme conditionnelle** puis sur *Gérer les règles...* Dans la zone ❶ sélectionnez *Cette feuille de calcul*, toutes les règles s'appliquant à des cellules de la feuille actuelle sont listées.

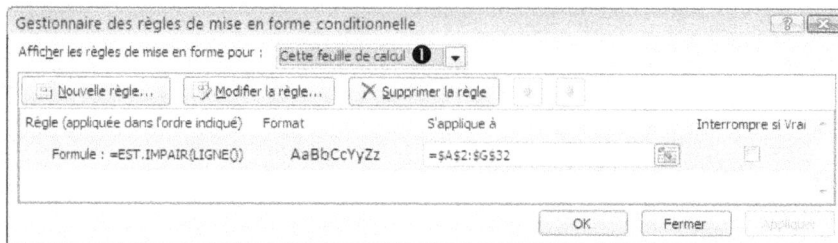

Vous pouvez supprimer une règle ou la modifier, vous pouvez aussi créer une nouvelle règle de mise en forme. Pour modifier une règle :

- Dans le dialogue *Gestionnaire des règles de mise en forme*, cliquez sur la règle puis cliquez sur le bouton [Modifier la règle...], cliquez sur [Format...] et spécifiez une autre couleur de remplissage (claire de préférence), validez par [OK] puis validez la règle par [OK].

Vous pouvez modifier la plage sur laquelle s'applique la règle, par exemple sur la plage A2:G36 :

- Procédez comme précédemment, et changez la zone <S'applique à> en $A$2:$G$36.

Vous pouvez aussi modifier la formule, par exemple pour que le format s'applique aux lignes paires :

- Procédez comme précédemment, et changez la formule en =EST.PAIR(LIGNE()).

3-Définissez des en-têtes et pieds de page

- Cliquez sur l'icône *Mise en page* située dans la partie droite de la barre d'état.

La feuille s'affiche alors dans des pages matérialisées à l'écran, en haut et en bas de chaque page se trouvent les emplacements d'en-tête et de pied de page.

Ces emplacements contiennent chacun de trois zones respectivement à gauche, au centre et à droite, que vous pouvez renseigner. L'en-tête (ou le pied de page) est le même sur chaque page, une modification sur une page quelconque vaut pour toutes les pages.

- Cliquez dans une zone d'en-tête ou de pied de page.
  Un nouvel onglet contextuel **Outils des en-têtes et pieds de page/Création** apparaît. Cliquez sur cet onglet pour afficher tous ses boutons sur le Ruban.
- Cliquez dans la zone de gauche, puis cliquez sur le bouton **Nom de fichier**.
  Cliquez dans la zone du centre, puis cliquez sur le bouton **Nom de la feuille**.
  Cliquez dans la zone de droite, puis cliquez sur le bouton **Date actuelle**.

- Pour revenir à l'affichage *Normal* qui est celui de la feuille de calcul seule : cliquez sur une cellule de la feuille de calcul, puis cliquez sur le bouton *Normal* dans la barre d'état d'Excel.

CAS 1 : TECHNIQUES ÉLABORÉES DE MISE EN FORME

Vous pouvez aussi utiliser des en-têtes ou des pieds de page prédéfinis :

- Cliquez dans l'en-tête, puis cliquez sur l'onglet contextuel **Outils des en-têtes et pieds de page**/**Création** dans le groupe **En-tête et pied de page**. Cliquez sur le bouton **En-tête** puis, par exemple, sur : *Population;Tsoft confidentiel;Page* ou *Zoe Zebulon;Page1;24/01/08*.

`Tsoft` et `Zoe Zebulon` sont respectivement le nom et la société définis dans les propriétés du fichier classeur. Ces informations sont inscrites automatiquement à la création du classeur, bien sûr elles peuvent être modifiées durant la vie du classeur en modifiant les propriétés.

À la création du classeur, les noms d'utilisateur et de société inscrits dans les propriétés proviennent du registre Windows. Ce sont le nom d'utilisateur qui peut être modifié dans les options Excel, et le nom de société par défaut qui ne peut être modifié que dans le registre Windows : avec l'éditeur `REGEDIT` sous la clé `HKEY_CURRENT_USER\Software\Microsoft\Office\Common\UserInfo` modifiez les données variables *CompanyName* et *Company*.

Population	Tsoft Confidentiel	Page 1

Population des pays de l'OCDE en milliers d'habitants

Pays	2001	2002	2003	2004	2005	2006
Islande	285,1	287,6	289,3	292,6	295,9	304,3

Lorsque vous choisissez un en-tête prédéfini, il écrase les informations de l'en-tête existant précédemment, mais vous pouvez ensuite modifier et compléter les informations de cet en-tête. Pour le pied de page, procédez de la même façon après avoir cliqué dans une zone de pied de page.

Dans notre cas : créez un pied de page avec le nom d'utilisateur à gauche, le nom du fichier au centre et la date du jour à droite : choisissez d'abord le pied de page prédéfini qui présente le nom d'utilisateur en premier, puis remplacez le contenu de la zone centrale par le nom de fichier.

Mexique	99 715,5	100 909,4	101 999,6	103 001,9	103 946,9	104 874,3
Japon	127 291,0	127 435,0	127 619,0	127 687,0	127 768,0	127 770,0
États-Unis	285 226,3	288 126,0	290 796,0	293 638,2	296 507,1	299 398,5

Zoe Zebulon	CasA1-R.xlsx	24/01/2008

4-METTEZ EN PAGE

- Cliquez dans une cellule de la feuille de calcul puis, sous l'onglet **Mise en page**>groupe **Mise en page**, cliquez sur le bouton **Marges** et sélectionnez **Étroites**.
- Affichez l'aperçu avant impression : tapez sur `Ctrl`+`F2` ou cliquez sur le bouton *Aperçu avant impression* dans la barre d'outils *Accès rapide*. Vous constatez que le tableau entier ne tient pas sur la largeur de page.

Population	Tsoft Confidentiel	Page 1

Population des pays de l'OCDE en milliers d'habitants

Pays	2001	2002	2003	2004
Islande	285,1	287,6	289,3	292,6
Luxembourg	441,5	446,2	450,0	453,3
Irlande	3 847,0	3 917,0	3 978,9	4 043,8
Nouvelle-Zélande	3 880,5	3 939,1	4 009,2	4 061,4

- Cliquez sur le bouton **Mise en page** sur le Ruban, puis sur l'onglet **Page** dans le dialogue *Mise en page*, sous la section **Orientation** cochez l'option <⊙ Paysage>, validez par [OK].

- Cliquez sur le bouton **Mise en page** sur le Ruban, puis sur l'onglet **Marges** dans le dialogue *Mise en page*. Sous la section **Centrer sur la page**, cochez la case Centrer <☑ Horizontalement>, validez par [OK].

- Cliquez sur le bouton **Page suivante** sur le Ruban. Vous constatez que les quatre dernières lignes du tableau sont en deuxième page en affichage Paysage. Cliquez sur le bouton **Page précédente** pour revenir à la première page.

- Cliquez sur le bouton **Mise en page** sur le Ruban, puis sur l'onglet **Page** dans le dialogue *Mise en page*, sous la section **Échelle**, cochez l'option <⊙ Ajuster>, validez par [OK].

- Cliquez sur le bouton **Mise en page** sur le Ruban, puis sur l'onglet **Marges** dans le dialogue *Mise en page*.

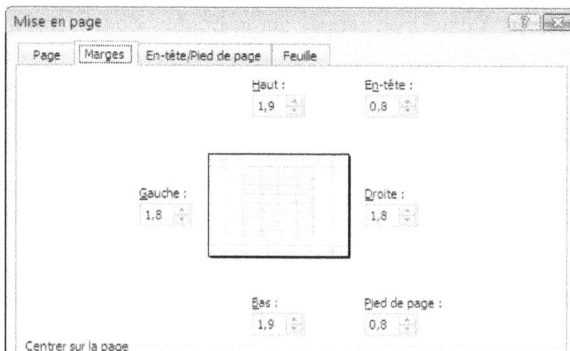

Les positions de l'en-tête et du pied de page en cm peuvent être modifiées, il est recommandé que l'en-tête reste positionné dans la marge du haut et le pied de page dans la marge du bas.

- La mise en page étant effectuée, vous pouvez imprimer le tableau directement à partir de l'aperçu avant impression.

- Pour quitter l'affichage de l'aperçu avant impression, vous pouvez cliquez sur le bouton **Fermer l'aperçu avant impression**, vous pouvez aussi simplement taper sur la touche Echap.

CAS 1 : TECHNIQUES ÉLABORÉES DE MISE EN FORME

5-METTEZ EN FORME LE TABLEAU DE CROISSANCE COMPARÉE DES PRODUITS

- Cliquez sur l'onglet de la feuille *Croissance*, insérez la formule de calcul de la croissance en % dans la cellule D3, puis recopiez cette formule sur la plage D3:D12.
- Mettez en forme le tableau, utilisez le style `Etiq1` pour les étiquettes de colonne du tableau, puis appliquez les bordures comme dans la figure ci-dessous. Formatez les cellules D2:D12 en pourcentage à une décimale.

Pour mettre en évidence les écarts de taux de croissance, utilisez une mise en forme conditionnelle :

- Sélectionnez les cellules D3:D12 puis, sous l'onglet **Accueil**>groupe **Style**, cliquez sur le bouton **Mise en forme conditionnelle.** Dans le menu, choisissez *Barre de formule* puis la couleur *Rouge*.

	A	B	C	D
1	Croissance comparée			
2		2006	2007	% croissance
3	Produit1	95572	118892	
4	Produit2	58174	62712	
5	Produit3	57043	67228	
6	Produit4	43094	51011	
7	Produit5	65825	69964	
8	Produit6	66658	73905	
9	Produit7	49514	53809	
10	Produit8	99029	103834	
11	Produit9	85400	101344	
12	Produit10	66501	72453	

	A	B	C	D
1	Croissance comparée			
2		2006	2007	% croissance
3	Produit1	95 572	118 892	24,4%
4	Produit2	58 174	62 712	7,8%
5	Produit3	57 043	67 228	17,9%
6	Produit4	43 094	51 011	18,4%
7	Produit5	65 825	69 964	6,3%
8	Produit6	66 658	73 905	10,9%
9	Produit7	49 514	53 809	8,7%
10	Produit8	99 029	103 834	4,9%
11	Produit9	85 400	101 344	18,7%
12	Produit10	66 501	72 453	9,0%

6-METTEZ EN FORME LE TABLEAU DE RÉPARTITION PAR PRODUIT

- Cliquez sur l'onglet de la feuille *Répartition*, insérez la formule du total dans la cellule B13 et recopiez-la dans la cellule C13. Insérez la formule de calcul de la répartition en % dans la cellule D3, puis recopiez cette formule sur la plage D3:D12.
- Mettez en forme le tableau : copiez la mise en forme du tableau de la feuille *Croissance* sur le tableau de la feuille *Répartition*. Complétez la mise en forme de la ligne des totaux.

Vous aurez noté qu'en copiant la mise en forme du tableau vous avez copié la règle de mise en forme conditionnelle. Or, dans la feuille *Répartition*, nous ne voulons plus de cette mise en forme conditionnelle. Il suffit de supprimer la règle de mise en forme conditionnelle.

- Sous l'onglet **Accueil**>groupe **Style**, cliquez sur le bouton **Mise en forme conditionnelle**. Dans le menu, choisissez *Gérer les règles...* Le dialogue *Gestionnaire des règles de mise en forme conditionnelle* s'affiche, dans la zone ❶ sélectionnez *Cette feuille de calcul*.

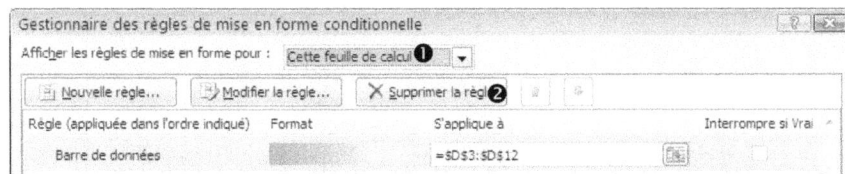

- Cliquez sur la règle, puis sur le bouton [Supprimer la règle] ❷. Validez par [OK]. La règle est supprimée dans la feuille actuelle mais pas dans l'autre feuille *Croissance*.

Vous allez surligner les trois produits les plus importants en chiffres de vente

- Sélectionnez les cellules D3:D12 puis, sous l'onglet **Accueil**>groupe **Style**, cliquez sur le bouton **Mise en forme conditionnelle**. Dans le menu, choisissez *Règle des valeurs plus/moins élevée* puis *10 valeurs les plus élevées.* spécifiez 3, validez par [OK].

10 valeurs les plus élevées

Mettre en forme les N valeurs les plus élevées :

3 ⬍ avec Remplissage rouge clair avec texte rouge foncé ▾

OK   Annuler

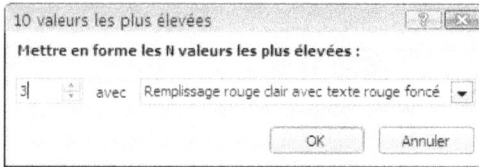

	A	B	C	D
1	Répartition par produits			
2		2006	2007	% /total
3	Produit1	95572	118892	
4	Produit2	58174	62712	
5	Produit3	57043	67228	
6	Produit4	43094	51011	
7	Produit5	65825	69964	
8	Produit6	66658	73905	
9	Produit7	49514	53809	
10	Produit8	99029	103834	
11	Produit9	85400	101344	
12	Produit10	66501	72453	
13	Total			

	A	B	C	D
1	Répartition par produits			
2		2006	2007	% /total
3	Produit1	95 572	118 892	15,3%
4	Produit2	58 174	62 712	8,1%
5	Produit3	57 043	67 228	8,7%
6	Produit4	43 094	51 011	6,6%
7	Produit5	65 825	69 964	9,0%
8	Produit6	66 658	73 905	9,5%
9	Produit7	49 514	53 809	6,9%
10	Produit8	99 029	103 834	13,4%
11	Produit9	85 400	101 344	13,0%
12	Produit10	66 501	72 453	9,3%
13	Total	688816	777159	100%

- Ajoutez une règle de mise en forme conditionnelle en fonction d'une formule, pour que toutes les cellules de la ligne du tableau aient une couleur de remplissage si la valeur de la dernière colonne est classée parmi les trois premières de la colonne.

On utilisera la fonction RANG(nombre;liste;ordre) qui calcule le rang d'un nombre dans une liste classée en ordre décroissant (ordre=0) ou croissant (ordre =1).

- Sélectionnez les cellules A3:C12 puis, sous l'onglet **Accueil**>groupe **Style**, cliquez sur le bouton **Mise en forme conditionnelle**. Dans le menu, cliquez sur *Gérer les règles...* puis sur le bouton [Nouvelle règle...]. Cliquez sur ❶ *Utiliser une formule pour déterminer pour quelles cellules le format sera appliqué*, ❷ saisissez la formule de critère, ❸ cliquez sur le bouton [Format], puis spécifiez la couleur de remplissage (rouge pâle). Validez par [OK]. Validez la règle par [OK].

La formule de critère contient une référence relative en ligne pour la cellule $D3, c'est indispensable ici afin qu'elle soit ajustée lorsqu'elle s'applique aux autres lignes du tableau.

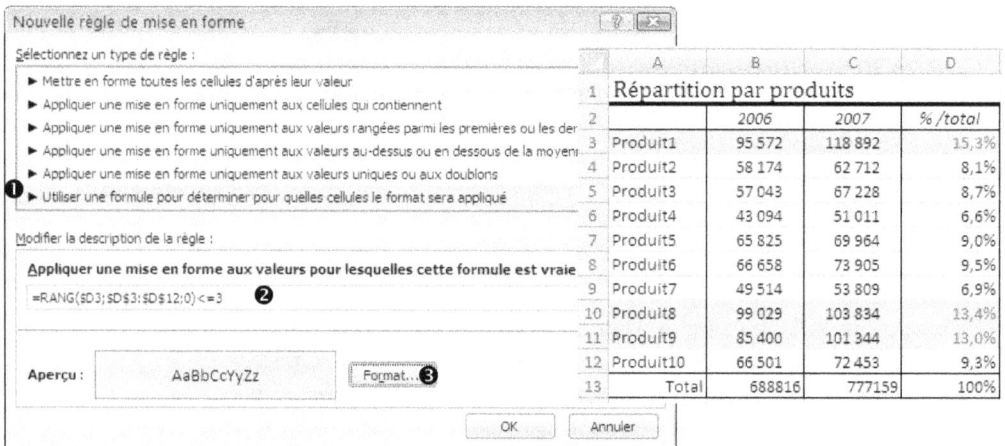

Nouvelle règle de mise en forme

Sélectionnez un type de règle :

- ▶ Mettre en forme toutes les cellules d'après leur valeur
- ▶ Appliquer une mise en forme uniquement aux cellules qui contiennent
- ▶ Appliquer une mise en forme uniquement aux valeurs rangées parmi les premières ou les der
- ▶ Appliquer une mise en forme uniquement aux valeurs au-dessus ou en dessous de la moyenn
- ▶ Appliquer une mise en forme uniquement aux valeurs uniques ou aux doublons
- ❶ ▶ Utiliser une formule pour déterminer pour quelles cellules le format sera appliqué

Modifier la description de la règle :

Appliquer une mise en forme aux valeurs pour lesquelles cette formule est vraie

=RANG($D3;$D$3:$D$12;0)<=3 ❷

Aperçu :   AaBbCcYyZz   [Format...❸]

OK   Annuler

	A	B	C	D
1	Répartition par produits			
2		2006	2007	% /total
3	Produit1	95 572	118 892	15,3%
4	Produit2	58 174	62 712	8,1%
5	Produit3	57 043	67 228	8,7%
6	Produit4	43 094	51 011	6,6%
7	Produit5	65 825	69 964	9,0%
8	Produit6	66 658	73 905	9,5%
9	Produit7	49 514	53 809	6,9%
10	Produit8	99 029	103 834	13,4%
11	Produit9	85 400	101 344	13,0%
12	Produit10	66 501	72 453	9,3%
13	Total	688816	777159	100%

- Enregistrez et fermez le classeur.

CAS 2 : RELANCE DE FACTURES IMPAYÉES

Les fonctions AUJOURDHUI() et FIN.MOIS()

Insérer une fonction

Recherchez une fonction :

Tapez une brève description de ce que vous voulez faire, puis cliquez sur OK

OK

Ou sélectionnez une catégorie : Date & Heure

Sélectionnez une fonction :

ANNEE
AUJOURDHUI
DATE
DATEVAL
FIN.MOIS
FRACTION.ANNEE
HEURE

AUJOURDHUI()
Renvoie la date du jour au format de date.

Aide sur cette fonction   OK   Annuler

Arguments de la fonction

FIN.MOIS

Date_départ   A6   = 39174

Mois   1   = 1

= 39233

Donne le numéro de série du dernier jour du mois situé dans un intervalle exprimé en nombre de mois dans le futur ou dans le passé.

Mois est le nombre de mois avant ou après la date de départ.

Résultat = 39233

Aide sur cette fonction   OK   Annuler

Les calculs

	A	B	C	D	E
1	**Liste des factu**				
2					
3	Relevé au :	39790			
4					
5	Date de facture	Client	Montant TTC	Échéance (30 jours fin de mois)	Retard
6	39540	Totem Sarl	5475,32	=FIN.MOIS(A6;1)	=$B$3-D6
7	39576	P. Martin	24862,78	=FIN.MOIS(A7;1)	=$B$3-D7
8	39611	Sovéco	1658,89	=FIN.MOIS(A8;1)	=$B$3-D8
9	39616	Totem Sarl	13356,54	=FIN.MOIS(A9;1)	=$B$3-D9
10	39650	J.Durand	8596,74	=FIN.MOIS(A10;1)	=$B$3-D10
11	39683	Iveco	3695,48	=FIN.MOIS(A11;1)	=$B$3-D11
12	39662	Marval conseil	18754,11	=FIN.MOIS(A12;1)	=$B$3-D12
13					
14					
15	Client à relancer				
16	39540	Totem Sarl	5475.32	=FIN.MOIS(A16;1)	=$B$3-D16

Le résultat

	A	B	C	D	E	F	G	H
1	**Liste des factures impayées**							
2								
3	Relevé au :	08/12/2008						
4							A l'attention de : Totem Sarl	
5	Date de facture	Client	Montant TTC	Échéance (30 jours fin de	Retard			
6	02/04/2008	Totem Sarl	5 475,32 €	31/05/2008	191 jours		Madame, Monsieur	
7	08/05/2008	P. Martin	24 862,78 €	30/06/2008	161 jours			
8	12/06/2008	Sovéco	1 658,89 €	31/07/2008	130 jours		Nous n'avons pas reçu votre règlement de notre facture du 02/04/08, échue le 31/05/08.	
9	17/06/2008	Totem Sarl	13 356,54 €	31/07/2008	130 jours		Son échéance est dépassée de 191 jours.	
10	21/07/2008	J.Durand	8 596,74 €	31/08/2008	99 jours		Nous sommes en attente de votre règlement de 5 475.32 € ,montant TTC de cette facture.	
11	23/08/2008	Iveco	3 695,48 €	30/09/2008	69 jours			
12	02/08/2008	Marval cons	18 754,11 €	30/09/2008	69 jours			
13								
14								
15	Client à relancer							
16	02/04/2008	Totem Sarl	5 475,32 €	31/05/2008	191 jours			

CAS 2 : RELANCE DE FACTURES IMPAYÉES

Fonctions utilisées

– *Fonction AUJOURDHUI()*
– *Format personnalisé*
– *Alignement vertical dans les cellules*

– *Calculs sur dates*
– *Hauteur des lignes*
– *Fonction TEXTE()*

15 mn

Ce cas pratique consiste à suivre les factures impayées d'une entreprise. On souhaite calculer, pour chaque facture, son échéance et le nombre de jours du retard de règlement.

Les données de ce cas pratique sont fournies dans le classeur `CasA2.xlsx`, enregistré dans le dossier `C:\Exercices Excel 2007`. Ouvrez le fichier et enregistrez-le sous le nom `CasA2-R.xlsx`.

1-INSÉREZ LA FONCTION AUJOURDHUI() AVEC L'ASSISTANT FONCTION

Le rôle de cette fonction est de fournir automatiquement la date du jour (date système de votre ordinateur). Ensuite, par une formule faisant la différence entre la date du jour et la date d'échéance, vous obtenez automatiquement le nombre de jours de retard de paiement.

Vous allez utiliser l'assistant fonction pour insérer cette fonction.

■ Cliquez sur la cellule B3, cliquez sur *fx* dans la barre de formule. Le dialogue *Insérer une fonction* s'affiche, dans la zone ❶ <Catégorie> : sélectionnez *Date&heure*, dans la liste des fonctions ❷ double-cliquez sur la fonction AUJOURHUI, validez par [OK]. Ou,
Sous l'onglet **Formules**> groupe **Bibliothèque de formules**, cliquez sur le bouton **Date & Heure** puis cliquez dans le menu déroulant sur AUJOURHUI. Validez par [OK].

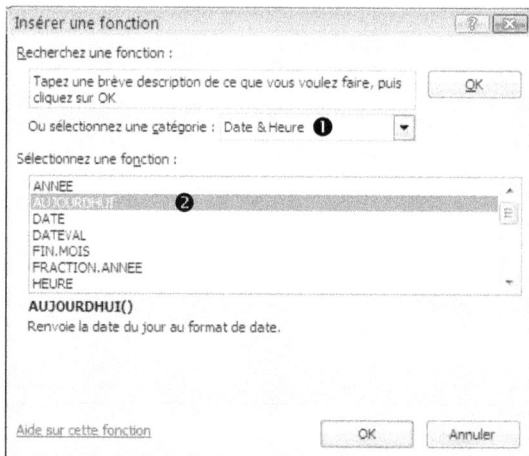

Les données représentées dans les illustrations de ce cas pratique, supposent que la date du jour est le 08/12/2008, donc pour réaliser ce cas pratique vous pouvez remplacer la date automatique par celle fixe de 08/12/2008.

On rappelle qu'une date est un nombre, le nombre de jours écoulés depuis le 1/1/1900. Pour afficher le nombre date correspondant à la date du jour actuel, formatez la cellule B4 au format *Standard*, puis réappliquez le format *Date*.

La date du jour calculée par la fonction AUJOURDHUI() s'actualise à chaque recalcul de la feuille. Si vous voulez entrer la date du jour actuel comme une valeur et non comme une fonction, il existe un raccourci clavier Ctrl+;. Essayez dans la cellule C4, puis effacez cette valeur.

CAS 2 : RELANCE DE FACTURES IMPAYÉES

2-CALCULEZ LA DATE D'ÉCHÉANCE AVEC L'ASSISTANT FONCTION

On veut comme date d'échéance le dernier jour du deuxième mois qui suit la date de facture. Excel fournit la fonction FIN.MOIS(date_initiale;n) qui donne le nombre date du dernier jour du nième mois qui suit la date initiale.

- Cliquez sur la cellule D6, cliquez sur *fx* dans la barre de formule. Le dialogue *Insérer une fonction* s'affiche, dans la zone ❶ <Catégorie> : sélectionnez *Date&heure*, dans la liste des fonctions ❷ double-cliquez sur la fonction FIN.MOIS.

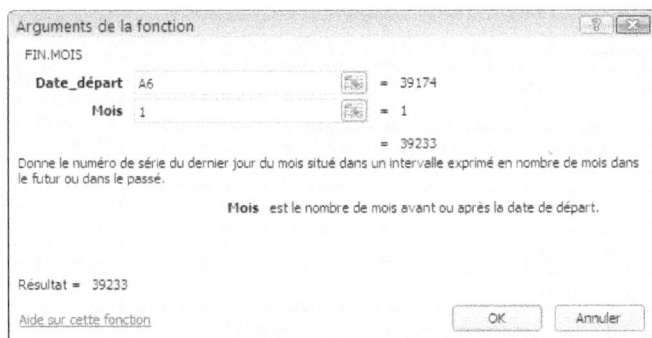

```
Arguments de la fonction                                    [?] [X]

FIN.MOIS

    Date_départ  A6                    [圖] =  39174
           Mois  1                     [圖] =  1

                                             =  39233
Donne le numéro de série du dernier jour du mois situé dans un intervalle exprimé en nombre de mois dans
le futur ou dans le passé.

                    Mois  est le nombre de mois avant ou après la date de départ.


Résultat =  39233

Aide sur cette fonction                          OK        Annuler
```

- Dans le dialogue *Arguments de la fonction*, cliquez dans la zone <Date_départ> puis cliquez sur la cellule A6, cliquez dans la zone <Mois> et saisissez 1, validez par [OK].
- Formatez la cellule au format date jj/mm/aa, puis recopiez-la : cliquez sur D6, faites glisser la poignée de recopie sur D6:D12.

3-CALCULEZ LES RETARDS DE PAIEMENT

Il s'agit de la différence entre la date du jour en cellule B3 date du jour et la date d'échéance.

- Placez le curseur en E6, tapez = pour commencer une formule, cliquez sur la cellule B3, appuyez sur Maj+F4 pour transformer cette référence relative B4 en référence absolue $B$4, ce qui signifie que si cette formule est recopiée ailleurs, cette référence ne s'ajustera pas et restera toujours $B$4, ensuite tapez –, cliquez en D6 et appuyez sur ↵ pour valider la formule.
- Recopiez cette formule : cliquez sur E7, faites glisser la poignée de recopie sur E7:E13.

	A	B	C	D	E
1	Liste des factures impayées				
2					
3	Etat au :	08/12/2008			
4					
5	Date	Client	Montant TTC	Échéance	Retard
6	02/04/2008	Totem Sarl	5475.32	31/05/2008	191
7	08/05/2008	P. Martin	24862.78	30/06/2008	161
8	12/06/2008	Sovéco	1658.89	31/07/2008	130
9	17/06/2008	Totem Sarl	13356.54	31/07/2008	130
10	21/07/2008	J.Durand	8596.74	31/08/2008	99
11	23/08/2008	Iveco	3695.48	30/09/2008	69
12	02/08/2008	Marval conseil	18754.11	30/09/2008	69
13					

4-METTEZ EN FORME LES NOMBRES DU TABLEAU

- Sélectionnez la plage C7:C12, sous l'onglet **Accueil**>groupe **Nombre**, cliquez sur le bouton **Monétaire**.
- Sélectionnez les cellules E6:E12 puis, sous l'onglet **Accueil**>groupe **Nombre**, cliquez sur le **Lanceur** du groupe, dans la zone <Catégorie> : sélectionnez *Personnalisée*, dans la zone <Type> : saisissez le code de format 0" jours". Validez par [OK].

CAS 2 : RELANCE DE FACTURES IMPAYÉES

- Centrez les colonnes de date : sélectionnez les plages A6:B13, D6:D13 (maintenez appuyée la touche Ctrl pour sélectionner des plages disjointes), cliquez sur le bouton ≣ .

5-CENTREZ LES LIBELLÉS VERTICALEMENT ET HORIZONTALEMENT

- Sélectionnez les cellules A5:E5 contenant les étiquettes de colonne, puis cliquez sur le bouton **Renvoyer à la ligne automatiquement** (sous l'onglet **Accueil**>groupe **Alignement**), cliquez sur le bouton **Centrer**.
- Double-cliquez dans la cellule D5, le contenu de la cellule peut être modifié dans la cellule : placez le point d'insertion juste avant la parenthèse ouvrante, puis tapez sur Alt+Entrée pour insérer un retour à la ligne dans le texte de la cellule.
- Élargissez la colonne D à 20,00 pour que le contenu de la cellule D9 tienne sur deux lignes. Puis élargissez la colonne B à 18,00.
- Double-cliquez sur la cellule A5, insérez un retour à la ligne avant le mot de.
- Augmentez la hauteur à l'aide de la souris, en faisant glisser vers le bas le bord inférieur de l'entête de ligne (numéro de ligne) jusqu'à 36,00. Puis sélectionnez la plage A5:E5, cliquez sur le bouton **Aligner au centre** .Cliquez sur le bouton **Style de cellules** et dans la galerie des styles sous la section **Titres et entêtes**, cliquez sur la vignette *Accent 5*. Puis mettez en gras.
- Fixez la largeur de la colonne A à 12,00.
- Mettez le titre en caractère gras, appliquez-lui la police du thème pour les en-têtes (Cambria dans le thème Office).

Les lignes du tableau paraissent un peu trop tassées, vous allez augmenter leur hauteur et centrer verticalement leur contenu.

- Sélectionnez les lignes 6 à 12, puis faites glisser la séparation sous un numéro de ligne sélectionné jusqu'à la hauteur 18,00.
- Sélectionnez les cellules A6:E12 et cliquez sur le bouton **Aligner au centre**.
- Appliquez une bordure inférieure et supérieure à chaque ligne du tableau.

CAS 2 : RELANCE DE FACTURES IMPAYÉES

6-CRÉEZ UN TEXTE DE RELANCE

Nous voulons créer un texte pour relancer un client. Ce texte reprend des informations de la ligne de suivi de facture, date de facture, date échéance, retard de paiement et montant.

Date de facture	Client	Montant TTC	Échéance (30 jours fin de mois)	Retard

Liste des factures impayées

Relevé au : 08/12/2008

6	02/04/2008	Totem Sarl	5 475,32 €	31/05/2008	191 jours
7	08/05/2008	P. Martin	24 862,78 €	30/06/2008	161 jours
8	12/06/2008	Sovéco	1 658,89 €	31/07/2008	130 jours
9	17/06/2008	Totem Sarl	13 356,54 €	31/07/2008	130 jours
10	21/07/2008	J.Durand	8 596,74 €	31/08/2008	99 jours
11	23/08/2008	Iveco	3 695,48 €	30/09/2008	69 jours
12	02/08/2008	Marval conseil	18 754,11 €	30/09/2008	69 jours

Client à relancer

| 16 | 02/04/2008 | Totem Sarl | 5 475,32 € | 31/05/2008 | 191 jours |

A l'attention de : Totem Sarl

Madame, Monsieur

Nous n'avons pas reçu votre règlement de notre facture du 02/04/08, échue le 31/05/08.
Son échéance est dépassée de 191 jours.
Nous vous remercions de nous faire parvenir ce règlement.

Ce texte est construit par des formules disposées dans les cellules G4, G6, G8:G10, dans notre exemple. Cette zone peut être imprimée, ou bien copiée-collée dans un document texte ou dans un message électronique.

Ces formules font référence aux cellules de la plage A16:E16, dans laquelle vous aurez copié les cellules du relevé de la facture impayée pour laquelle vous voulez faire une relance.

- Sélectionnez ces cellules, par exemple A6:E6, puis maintenez appuyée la touche Ctrl et faites glisser la sélection jusque sur la cellule A16.

Pour les formules texte vous pouvez vous inspirer des suivantes :

	F	G
4		="A l'attention de : "&B6
5		Madame, Monsieur
7		="Nous n'avons pas reçu votre règlement de notre facture du "&TEXTE($A$16;"jj/mm/aa")&", échue le "& TEXTE($D$16;"jj/mm/aa")&"."
8		="Son échéance est dépassée de "&$E$16&" jours."
9		Nous vous remercions de nous faire parvenir ce règlement.

Pour en savoir plus sur la fonction `Texte(cellule;"format")`, consultez l'Aide.

- Nommez `Texte_Relance` la plage G4:G10 qui contient les formules texte.
- Modifiez la formule de la cellule G9, pour obtenir le texte.

	F	G	H	I
4		A l'attention de : Totem Sarl		
5		Madame, Monsieur		
7		Nous n'avons pas reçu votre règlement de notre facture du 02/04/08, échue le 31/05/08.		
8		Son échéance est dépassée de 191 jours.		
9		Nous sommes en attente de votre règlement de 5 475,32 € ,montant TTC de cette facture.		

- Copiez une autre ligne de cellules du relevé des factures impayées, dans la cellule A16, vous constaterez que le texte s'actualise avec les informations de cette autre facture.

Comparatif de prix

Prix TTC constaté dans 30 points de vente pour deux produits

Référence du point de vente	Prod1	Prod2
Paris PV1	444,39 €	154,74 €
Paris PV2	446,37 €	146,35 €
Paris PV3	446,68 €	147,88 €
Paris PV4	448,20 €	139,49 €
Paris PV5	449,72 €	160,07 €
Paris PV6	454,30 €	164,64 €
Paris PV7	457,19 €	167,54 €
Paris PV8	440,58 €	150,92 €
Paris PV9	442,10 €	152,45 €
Paris PV10	443,63 €	153,97 €
Paris PV11	445,15 €	146,35 €
Paris PV12	446,68 €	147,88 €
Paris PV13	441,95 €	139,49 €
Paris PV14	449,72 €	144,83 €
Paris PV15	451,25 €	158,55 €
Paris PV16	452,77 €	160,07 €
Paris PV17	444,39 €	139,49 €
Paris PV18	446,37 €	141,47 €
Paris PV19	446,68 €	141,78 €
Paris PV20	448,20 €	157,02 €
Paris PV21	434,48 €	158,55 €
Paris PV22	448,35 €	160,07 €
Paris PV23	450,33 €	164,64 €
Paris PV24	452,32 €	167,54 €
Paris PV25	454,30 €	150,92 €
Paris PV26	438,29 €	158,55 €
Paris PV27	444,39 €	160,07 €
Paris PV28	446,37 €	141,47 €
Paris PV29	446,68 €	141,78 €
Paris PV30	448,20 €	143,30 €

Calculs statistiques :	Prod1	Prod2
Prix maximal constaté	457,19 €	167,54 €
Prix minimal constaté	434,48 €	139,49 €
Prix moyen	447,00 €	152,06 €
Ecart type du prix	4,85	9,01

CAS 3 : STATISTIQUES COMPARATIVES DE PRIX

Fonctions utilisées

– *Nommer les cellules*
– *Fonctions statistiques*
– *Formater les nombres*

– *Couleur de remplissage*
– *Mise en forme conditionnelle*
– *Gérer les règles de mise en forme*

15 mn

Il s'agit, à partir d'une liste de prix constatés pour deux produits dans une trentaine de points de ventes différents, de faire des statistiques en utilisant certaines fonctions d'Excel 2007.

Les données de ce cas pratique sont dans le classeur `CasA3.xlsx`, enregistré dans le dossier `C:\Exercices Excel 2007`. Ouvrez le fichier et enregistrez-le sous le nom `CasA3-R.xlsx`.

1-NOMMEZ LES CELLULES

Nommez automatiquement les colonnes du tableau en utilisant ses étiquettes.

■ Sélectionnez la plage A6:C36 puis, sous l'onglet **Formules**>groupe **Noms définis**, cliquez sur le bouton **Créer à partir de la sélection**, cochez les cases <☑ Ligne du haut> et <☑ Colonne de gauche>, cliquez sur [OK].

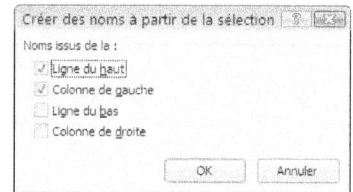

La deuxième colonne est nommée *Prod1* et la troisième *Prod2*.

2-CALCULEZ LE PRIX MAXIMAL POUR LE PRODUIT 1

Vous allez utiliser l'assistant fonction pour insérer la fonction.

■ Cliquez sur la cellule B40, cliquez sur f_x dans la barre de formule ou, sous l'onglet **Formule**>groupe **Bibliothèque de fonctions**, cliquez sur le bouton **Insérer une formule**.

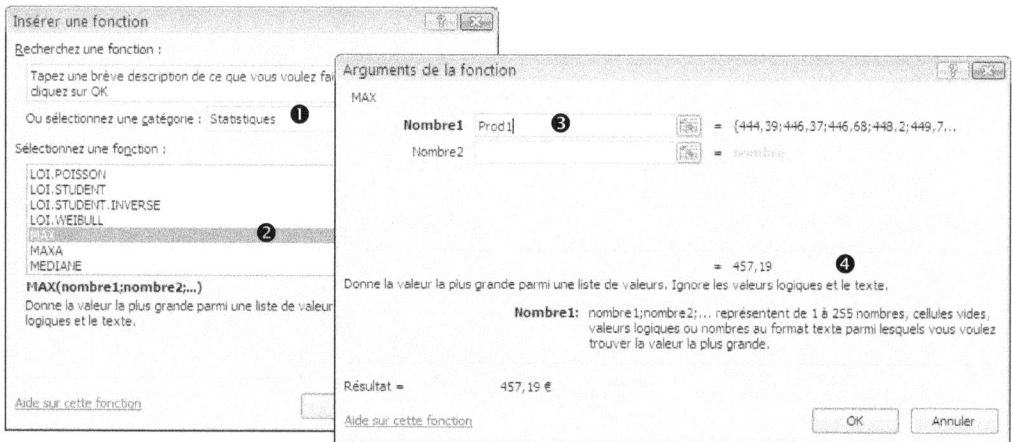

■ Dans <Sélectionnez une catégorie> : sélectionnez *Statistiques* ❶, dans <sélectionnez une fonction> : double-cliquez sur la fonction MAX ❷. Le dialogue *Arguments de la fonction* s'affiche, dans <Nombre1> ❸ : cliquez dans la zone puis tapez du F3, double-cliquez sur le nom *Prod1*, validez les arguments par [OK]. La formule construite est `=MAX(Prod1)`.

On constate que le prix maximal pour le produit 1 est de 457,19 €. Ce résultat était affiché dans le dialogue ❹ *Arguments de la fonction* avant de valider.

CAS 3 : STATISTIQUES COMPARATIVES DE PRIX

3-CALCULEZ LES PRIX MINIMAL, PRIX MOYEN ET ÉCART TYPE DES PRIX POUR LE PRODUIT 1

- Cliquez sur la cellule B41, cliquez sur *fx* dans la barre de formule ou, sous l'onglet **Formule**>groupe **Bibliothèque de fonctions**, cliquez sur le bouton **Insérer une formule**.
- Dans <Sélectionnez une catégorie> : *Statistiques est déjà sélectionné (choix précédent)*, dans <sélectionnez une fonction> : double-cliquez sur la fonction MIN. Le dialogue *Arguments de la fonction* s'affiche, dans <Nombre1> ❸ : cliquez dans la zone puis tapez du F3, double-cliquez sur le nom *Prod1*, validez les arguments par [OK]. La formule construite est =MIN(Prod1). On constate que le prix minimal pour le produit 1 est de 434,48 €.
- Cliquez sur la cellule B42, créez la formule =MOYENNE(Prod1). On constate que le prix moyen pour le produit 1 est de 447,001 €.
- Cliquez sur la cellule B43, créez la formule =ECARTYPE(Prod1). On constate que l'écart-type pour le produit 1 est de 4,850387365.

4-CALCULEZ LES MÊMES STATISTIQUES POUR LE PRODUIT 2

- Entrez, à l'aide de l'assistant fonction, les formules suivantes :
  - Dans la cellule C40 : =MAX(Prod2);
  - Dans la cellule C41 : =MIN(Prod2);
  - Dans la cellule C42 : =MOYENNE(Prod2 ;
  - Dans la cellule C43 : =ECARTYPE(Prod2).

Notez que si vous copiez une de ces formules de la colonne B dans la colonne C, l'argument *Prod1* n'est pas ajusté en argument *Prod2*, un nom est équivalent à une référence absolue pour désigner une cellule dans une formule.

5-METTEZ EN FORME LES RÉSULTATS STATISTIQUES

Appliquez le format monétaire à certains résultats :

- Sélectionnez la plage B40:C42 puis, sous l'onglet **Accueil**>groupe **Nombre**, cliquez sur le bouton **Format Nombre Comptabilité**.
- Sélectionnez B43:C43, cliquez sur le bouton **Réduire les décimales** autant de fois que nécessaire pour réduire le nombre de décimales à 2.

6-METTEZ EN FORME LA PLAGE DES RÉSULTATS STATISTIQUES

- Encadrez : sélectionnez la plage A39:B43 puis, sous l'onglet **Accueil**>groupe **Police**, cliquez sur la **flèche** du bouton **Bordures**, puis cliquez sur *Toutes les bordures*.
- Appliquez un fond grisé : sélectionnez la plage A39:B43 puis, sous l'onglet **Accueil**>groupe **Police**, cliquez sur la **flèche** du bouton **Couleur de remplissage**, puis cliquez sur *Blanc, Arrière-plan, plus sombre 5%*.

	A	B	C
35	Paris PV29	446,68 €	141,78 €
36	Paris PV30	448,20 €	143,30 €
37			
38			
39	Calculs statistiques :	Prod1	Prod2
40	Prix maximal constaté	457,19 €	167,54 €
41	Prix minimal constaté	434,48 €	139,49 €
42	Prix moyen	447,00 €	152,06 €
43	Ecart type du prix	4,85	9,01

7-REPÉREZ VISUELLEMENT LES POINTS DE VENTE AVEC LE PRIX LE PLUS BAS

Si vous voulez repérer immédiatement dans le tableau quels sont les points de vente offrant le prix le plus bas, vous pouvez utiliser une mise en forme conditionnelle.

- Sélectionnez les cellules nommées *Prod1* :
  cliquez dans la barre de formule sur la flèche de
  défilement à droite de la zone <Nom>, puis sélectionnez dans la liste le nom *Prod1*.

Les cellules nommées *Prod1* sont sélectionnées. Vous avez utilisé la façon la plus simple de sélectionner un ensemble de cellules nommées.

- Sous l'onglet **Accueil**>groupe **Styles**, cliquez sur le bouton **Mise en forme conditionnelle**. Cliquez sur *Règles des valeurs plus/moins élevées*, puis sur *10 valeurs les moins élevées*... Dans le dialogue, remplacez 10 par 1 dans la zone ❶ et choisissez la couleur rouge clair dans la zone ❷, puis validez par [OK].

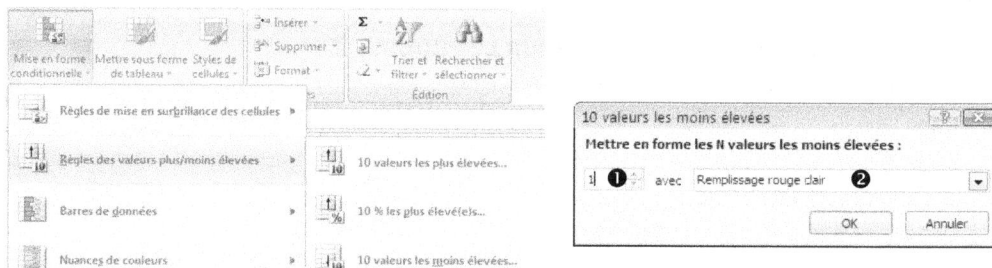

- Procédez de la même façon pour les cellules nommées *Prod2*.
  Vous constatez que si le prix le plus bas se trouve dans plusieurs cellules, toutes ces cellules sont mise en forme.

8-MODIFIEZ LES RÈGLES POUR PASSER EN COULEUR DE REMPLISSAGE VERT CLAIR.

- Sous l'onglet **Accueil**>groupe **Styles**, cliquez sur le bouton **Mise en forme conditionnelle**. Cliquez sur *Gérer les règles*, dans la zone ❶ sélectionnez cette feuille de calcul.

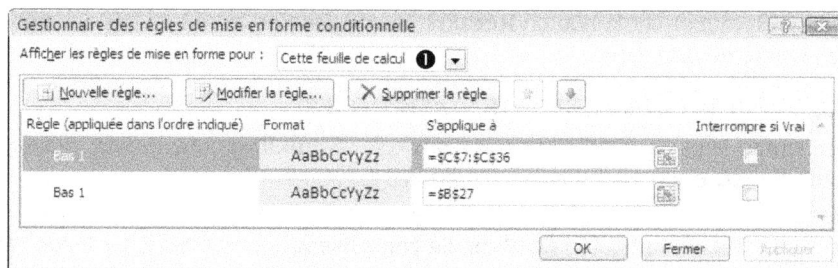

- Cliquez sur la première règle, cliquez sur le bouton [Modifier la règle...], cliquez sur le bouton [Format]. Le dialogue *Format de cellule* s'affiche : cliquez sur l'onglet **Remplissage**, puis sur le bouton [Autres couleurs...]. Le dialogue *Couleur* s'affiche, cliquez sur l'onglet **Standard** puis cliquez sur un vert clair, validez les dialogues successifs.
- Procédez de même pour la deuxième règle de cette feuille de calcul, en choisissant la même couleur vert clair.
- Sélectionnez les cellules A41:C41, appliquez le même vert clair comme couleur de remplissage : cliquez sur la **flèche** du bouton **Couleur de remplissage**, puis cliquez sur la couleur verte (venant d'être utilisée) sous la section **Couleurs utilisées récemment**.
- Recommencez la même procédure pour repérer visuellement les deux points de vente avec le prix le plus haut, avec une couleur de fond rouge clair, puis enregistrez.

CAS 4 : UTILISER DES FONCTIONS FINANCIÈRES

Les formules

	A	B	C	D	E	F
1	Placement			Emprunt		
2						
3	Versement initial	10000		Montant de l'emprunt	110000	
4	Versement mensuel	1000		Taux d'intérêt annuel	0,055	
5	Taux d'intérêt annuel	0,035		Durée	8	
6	Durée (en année)	6				
7						
8	Total versements	=B3+B4*B6*12		Total mensualités	=E10*E5*12	
9	Total intérêts	=B10-B8		Total intérêts	=E8-E3	
10	Capital futur	=VC(B5/12;B6*12;-B4;-B3)		Mensualité de remboursement	=-VPM(E4/12;E5*12;E3)	
11						
12						
13	Taux de rentabilité (cash-flows constants)			Taux de rentabilité (cash-flows variables)		
14						
15	Prix d'achat	110000		Placement intial	-110000	-110000
16	Prix de vente	123700		Prélevement 1	5200	4800
17	Durée en années	6		Prélevement 2	6000	4800
18	Loyer annuel	4800		Prélevement 3	4800	4800
19				Prélevement 4	4800	4800
20	Taux de rentabilité	=TAUX(B17;B18;-B15;B16)		Prélevement 5	5500	4800
21				Liquidation placement	115870	=4800+123700
22						
23				Taux de rentabilité interne	=TRI(E15:E21;7%)	=TRI(F15:F21;7%)

Le résultat

	A	B	C	D	E	F
1	Placement			Emprunt		
2						
3	Versement initial	10 000 €		Montant de l'emprunt	110 000 €	
4	Versement mensuel	1 000 €		Taux d'intérêt annuel	5,50%	
5	Taux d'intérêt annuel	3,50%		Durée	8	
6	Durée (en année)	6				
7						
8	Total versements	82 000 €		Total mensualités	136 216,84 €	
9	Total intérêts	10 322 €		Total intérêts	26 216,84 €	
10	Capital futur	92 322 €		Mensualité de remboursement	1 418,93 €	
11						
12						
13	Taux de rentabilité (cash-flows constants)			Taux de rentabilité (cash-flows variables)		
14						
15	Prix d'achat	110 000 €		Placement intial	-110 000 €	-110 000 €
16	Prix de vente	123 700 €		Prélevement 1	5 200 €	4 800 €
17	Durée en années	6		Prélevement 2	6 000 €	4 800 €
18	Loyer annuel	4 800 €		Prélevement 3	4 800 €	4 800 €
19				Prélevement 4	4 800 €	4 800 €
20	Taux de rentabilité	6,14%		Prélevement 5	5 500 €	4 800 €
21				Liquidation placement	115 870 €	128 500 €
22						
23				Taux de rentabilité interne	4,87%	6,14%

CAS 4 : UTILISER DES FONCTIONS FINANCIÈRES

Fonctions utilisées

– *Fonctions financières* : *VC, VPM, TAUX, TRI*

– *Assistant fonction*

– *Formatage automatique selon la saisie ou la formule*

15 mn

Vous allez utiliser les fonctions financières d'Excel pour réaliser trois types de calculs financiers : placement, emprunt et rentabilité d'un investissement.

Les données sont dans le classeur `CasA4.xlsx`, enregistré dans le dossier `C:\Exercices Excel 2007`. Ouvrez le fichier et enregistrez-le sous le nom `CasA4-R.xlsx`.

1-VALEUR DU CAPITAL FINAL DE VERSEMENTS RÉGULIERS À TAUX D'INTÉRÊT CONSTANT

Vous placez 10 000 € initialement en début d'un mois, puis 1 000 € chaque début de mois suivant. Le taux d'intérêt annuel est de 3,5 %. De combien disposerez-vous dans six ans ? Excel fournit une fonction pour ce calcul : `VC(Taux;Npm;Vpm;Va;Type)`.

`Taux` est le taux de la période de paiement, `Npm` le nombre de paiements, `Vpm` la valeur de chaque paiement, `Va` la valeur actuelle (initiale) et `Type` (1 si le paiement se fait en début de période, 0 ou omis si le paiement se fait en fin de période).

Comme les versements sont mensuels, il faut calculer le taux d'intérêt mensuel. On prendra ici le taux annuel divisé par 12 mois. Le nombre de périodes est le nombre d'années multiplié par 12 mois.

- Saisissez les données dans les cellules B3 : `10000€`, B4 : `1000€`, B5 : `3,5%`, B6 : `6`. Notez que les cellules sont formatées automatiquement selon la donnée saisie.

- Cliquez sur la cellule B10, cliquez sur f_x dans la barre de formule ou, sous l'onglet **Formule**>groupe **Bibliothèque de fonctions**, cliquez sur le bouton **Insérer une formule**.

- Dans <Sélectionnez une catégorie> : sélectionnez *Finances*, dans <Sélectionnez une fonction> : double-cliquez sur la fonction VC. Le dialogue *Arguments de la fonction* s'affiche.

Saisissez un signe – dans les arguments Vpm et Va, car les versements sont des sorties d'argent, pour obtenir au final un capital positif.

Le résultat de la formule s'affiche dans le dialogue une fois les arguments spécifiés.

- Spécifiez les arguments en cliquant dans chaque zone, puis cliquez sur [OK].
  - <Taux> : cliquez sur la cellule B5, tapez `/12` ;
  - <Npm> : cliquez sur la cellule B6, tapez `*12` ;
  - <Vpm> : saisissez -, puis cliquez sur la cellule B4 ;
  - <Va> : saisissez -, cliquez sur la cellule B3 ;
  - <Type> : laissez cette zone vide (car versement en fin de période).

CAS 4 : UTILISER DES FONCTIONS FINANCIÈRES

Puis, créez les formules :
- en B8 (= versement multiplié par le nombre de versements + versement initial)
- en B9 (= différence entre capital futur et le total des versements).

	A	B	C	D	E
1	Placement			Emprunt	
2					
3	Versement initial	10 000 €		Montant de l'emprunt	
4	Versement mensuel	1 000 €		Taux d'intérêt annuel	
5	Taux d'intérêt annuel	3,50%		Durée	
6	Durée (en année)	6			
7					
8	Total versements	82 000 €		Total mensualités	
9	Total intérêts	10 322 €		Total intérêts	
10	Capital futur	92 322 €		Mensualité de remboursement	

Notez que les cellules contenant les formules B8:B10 ont été aussi automatiquement formatée selon la formule, Excel applique automatiquement le format monétaire au résultat de la formule VC().

2-MENSUALITÉS DE REMBOURSEMENT D'UN EMPRUNT AMORTISSABLE À TAUX FIXE

Vous empruntez 110 000 € au taux de 5,5 %, prêt remboursable mensuellement et sur 8 ans. Quel va être le montant de vos remboursements mensuels ? Excel fournit une fonction pour ce calcul : VPM(Taux;Npm;Va;Vc;Type).

Taux : taux d'intérêt de la période, Npm : nombre de périodes de paiement, Va la valeur empruntée, Vc le montant capital restant à rembourser en fin contrat (0 si omis) et Type (1 si le remboursement se fait en début de période, 0 ou omis si le remboursement se fait en fin de période).

Les remboursements étant mensuels, il faut calculer le taux d'intérêt mensuel. On prendra ici le taux annuel divisé par 12. Le nombre de mensualités est égal au nombre d'années multiplié par 12.

- Saisissez les données dans les cellules E3 : 110000€, E4 : 5,5%, E5 : 8.
  Notez que les cellules sont formatées automatiquement selon la donnée saisie.

- Cliquez sur la cellule E10, cliquez sur f_x dans la barre de formule ou, sous l'onglet **Formule**>groupe **Bibliothèque de fonctions**, cliquez sur le bouton **Insérer une formule**.

- Dans <Sélectionnez une catégorie> : sélectionnez *Finances*, dans <Sélectionnez une fonction> : double-cliquez sur la fonction VPM. Le dialogue *Arguments de la fonction* s'affiche.

- Spécifiez les arguments en cliquant dans chaque zone :
  - <Taux> : cliquez sur la cellule E4, tapez /12.
  - <Npm> : cliquez sur la cellule E5, tapez *12.
  - <Va> : cliquez sur la cellule E3.
- Cliquez sur [OK].
- Notez que le résultat de la formule VPM() est négatif car une mensualité est une sortie d'argent. Insérez un signe – dans la formule de la cellule E10 : =-VPM(E4/12;E5*12;E3).

■ Créez les formules :
  - En E8, le remboursement mensuel multiplié par le nombre de mois.
  - en E9, la différence entre le total des mensualités de remboursement et le montant emprunté.

	A	B	C	D	E
1	Placement			Emprunt	
2					
3	Versement initial	10 000 €		Montant de l'emprunt	110 000 €
4	Versement mensuel	1 000 €		Taux d'intérêt annuel	5,50%
5	Taux d'intérêt annuel	3,50%		Durée	8
6	Durée (en année)	6			
7					
8	Total versements	82 000 €		Total mensualités	136 216,84 €
9	Total intérêts	10 322 €		Total intérêts	26 216,84 €
10	Capital futur	92 322 €		Mensualité de remboursement	1 418,93 €

Notez que les cellules contenant les formules E8:E10 ont été aussi automatiquement formatée selon la formule, Excel applique automatiquement le format monétaire au résultat de la formule VPM().

3-TAUX DE RENTABILITÉ D'UN INVESTISSEMENT À CASH-FLOWS CONSTANTS

La fonction TAUX() est utilisée pour calculer le taux d'un emprunt, lorsque l'on connaît le montant de l'emprunt, le montant de remboursement périodique et le nombre de périodes de remboursement :
TAUX(Npm;Vpm;Va;Vc;Type).

Npm : nombre de paiement, Vpm montant du paiement, Va la valeur actuelle (initiale), Vc la valeur capitalisée restant après le dernier paiement du capital récupéré et Type (0 si le paiement est versé en fin de période, par exemple le premier remboursement est à la fin de la première période).

Pour un emprunt à rembourser : Va est positif (l'emprunt initial est une rentrée d'argent), Vpm est négatif (remboursement = sortie d'argent), Npm est le nombre de remboursement constant, Vc = 0 si après le dernier paiement l'emprunt est remboursé (si Vc est négatif c'est qu'après le dernier paiement constant il reste encore Vc à rembourser).

Si Vpm = 0, il n'y a pas de remboursement périodique : c'est un emprunt in fine avec intérêts in fine, il faut alors inclure Vc dans la formule qui est le remboursement capitalisé in fine (valeur négative).

Nous allons ici utiliser la fonction TAUX() pour un calcul de rentabilité d'un investissement qui est l'inverse d'un emprunt. Vous avez acheté un logement 110 000 €, vous l'avez revendu 123 700 € au bout de six ans, et pendant cette période, vous l'avez loué pour 4 800 € net par an. Quelle est le taux annuel de rentabilité de cet investissement ?

Va est le placement initial -110 000 € (négatif car c'est une sortie d'argent), Vpm est le loyer du placement soit 4 800 €, Vc est la valeur finale de revente soit +123 700 € (positif car c'est une rentrée d'argent), la plus value de revente génère une rentabilité en sus des loyers.

■ Saisissez les données dans les cellules B15 : 110000€, B16 : 123700€, B17 : 6, B18 : 4800€.
  Notez que les cellules sont formatées automatiquement selon la donnée saisie.

	A	B	C	D	E
12					
13	Rentabilité d'un investissement				
14					
15	Prix d'achat	110 000 €			
16	Prix de vente	123 700 €			
17	Durée en années	6			
18	Loyer annuel	4 800 €			
19					
20	Taux de rentabilité				

■ Cliquez sur la cellule B20, cliquez sur _fx_ dans la barre de formule ou, sous l'onglet **Formule**>groupe **Bibliothèque de fonctions**, cliquez sur le bouton **Insérer une formule**.

CAS 4 : UTILISER DES FONCTIONS FINANCIÈRES

- Dans <Sélectionnez une catégorie> : sélectionnez *Finances*, dans <Sélectionnez une fonction> : double-cliquez sur la fonction TAUX. Le dialogue *Arguments de la fonction* s'affiche.

Saisissez un signe – dans l'argument Va, car l'achat initial est une sortie d'argent.

Le résultat de la formule s'affiche dans le dialogue une fois les arguments spécifiés.

Cette fonction procède par calcul itératif, elle renvoie la valeur #NOMBRE ! si le résultat ne converge pas à 0,0000001 près.

- Spécifiez les arguments en cliquant dans chaque zone :
  - <Npm> : cliquez sur la cellule B17.
  - <Vpm> : cliquez sur la cellule B18.
  - <Va> : saisissez le signe –, puis cliquez sur la cellule B15.
  - <Va> : cliquez sur la cellule B15.
  - <Vc> : cliquez sur la cellule B16.
- Cliquez sur [OK].

Constatez que la cellule dans laquelle vous avez entré la formule TAUX(), a été formatée automatiquement en pourcentage avec 0 décimale.

- Formatez la cellule B20 avec deux décimales en cliquant sur le bouton **Ajouter une décimale**, le taux de rentabilité qui s'affiche est de 6,14%.

	A	B	C	D	E	F
1	**Placement**			**Emprunt**		
2						
3	Versement initial	10 000 €		Montant de l'emprunt	110 000 €	
4	Versement mensuel	1 000 €		Taux d'intérêt annuel	5,50%	
5	Taux d'intérêt annuel	3,50%		Durée	8	
6	Durée (en année)	6				
7						
8	Total versements	82 000 €		Total mensualités	136 216,84 €	
9	Total intérêts	10 322 €		Total intérêts	26 216,84 €	
10	Capital futur	92 322 €		Mensualité de remboursement	1 418,93 €	
11						
12						
13	**Taux de rentabilité (cash-flows constants)**			**Taux de rentabilité (cash-flows variables)**		
14						
15	Prix d'achat	110 000 €		Placement intial		
16	Prix de vente	123 700 €		Prélevement 1		
17	Durée en années	6		Prélevement 2		
18	Loyer annuel	4 800 €		Prélevement 3		
19				Prélevement 4		
20	Taux de rentabilité	6,14%		Prélevement 5		
21				Liquidation placement		

4-TAUX DE RENTABILITÉ D'UN INVESTISSEMENT À CASH-FLOWS VARIABLES

Lorsque les cash-flows sont variables, vous ne pouvez pas utiliser la fonction TAUX(). C'est la fonction TRI() qui calcule le taux de rentabilité interne d'un investissement lorsque les mouvements de trésorerie périodiques sont variables.

CAS 4 : UTILISER DES FONCTIONS FINANCIÈRES

Vous avez fait un placement en assurance vie. En fin de chaque année pendant 5 ans, vous avez prélevé des sommes. En fin de dernière année, vous avez clôturé ce placement pour récupérer le capital résiduel. Quelle a été le taux de rentabilité ?

- Saisissez les valeurs dans les cellules E15:E21.

	A	B	C	D	E	F
13	Taux de rentabilité (cash-flows constants)			Taux de rentabilité (cash-flows variables)		
14						
15	Prix d'achat	110 000 €		Placement intial	110 000 €	
16	Prix de vente	123 700 €		Prélevement 1	5 200 €	
17	Durée en années	6		Prélevement 2	6 000 €	
18	Loyer annuel	4 800 €		Prélevement 3	4 800 €	
19				Prélevement 4	4 800 €	
20	Taux de rentabilité	6,14%		Prélevement 5	5 500 €	
21				Liquidation placement	115 870 €	
22						
23				Taux de rentabilité interne	4,87%	

- Dans la cellule E23, insérez la formule `=TRI(E15:E21;8%)`.
- Formatez la cellule E23 avec 2 décimales.
  Le taux de rentabilité est de 4,87%.

Vous pouvez aussi calculer avec TRI() le taux de rentabilité d'un placement à cash-flow constant. Par exemple, reprenons l'exemple de l'achat locatif avec revente au bout de 6 ans.

- Saisissez les valeurs dans les cellules F15:F21.
  Le dernier cash-flow est le total du dernier loyer et de la vente de l'appartement (`=4800+123700`).
- Dans la cellule F23 copiez la formule de la cellule E23.

	A	B	C	D	E	F
13	Taux de rentabilité (cash-flows constants)			Taux de rentabilité (cash-flows variables)		
14						
15	Prix d'achat	110 000 €		Placement intial	110 000 €	110 000 €
16	Prix de vente	123 700 €		Prélevement 1	5 200 €	4 800 €
17	Durée en années	6		Prélevement 2	6 000 €	4 800 €
18	Loyer annuel	4 800 €		Prélevement 3	4 800 €	4 800 €
19				Prélevement 4	4 800 €	4 800 €
20	Taux de rentabilité	6,14%		Prélevement 5	5 500 €	4 800 €
21				Liquidation placement	115 870 €	128 500 €
22						
23				Taux de rentabilité interne	4,87%	6,14%

On trouve bien le même résultat avec TRI() qu'avec TAUX().

- Enregistrez et fermez le classeur.

CAS 5 : UTILISER DES FORMULES CONDITIONNELLES

Les données

	A	B	C	D	E	F	G
1			Calcul des commissions				
2							
3	Période :	Septembre					
4	Secteur :	Paris Nord					
5	Objectif :	235 200 €					
6							
7	Vendeurs	Objectif	Réalisé	Com	Bonus	Total	
8	Pierre	21300	23000				
9	Paul	32000	31200				
10	Lucie	28200	31000				
11	Jean	42600	38000				
12	Patrick	24300	22500				
13	Maryline	39600	37500				
14	Berthe	47200	49000				
15	Total						
16							
17	Remarque :						

Les formules

	A	B	C	D	E	F
1			Calcul des commissions			
2						
3	Période :	Septembre				
4	Secteur :	Paris Nord				
5	Objectif :	=SOMME(B8:B14)				
6						
7	Vendeurs	Objectif	Réalisé	Com	Bonus	Total
8	Pierre	21300	23000	=5%*Réalisé	=SI(Réalisé>Objectif;10%*(Réalisé-Objectif);0)	=Com+Bonus
9	Paul	32000	31200	=5%*Réalisé	=SI(Réalisé>Objectif;10%*(Réalisé-Objectif);0)	=Com+Bonus
10	Lucie	28200	31000	=5%*Réalisé	=SI(Réalisé>Objectif;10%*(Réalisé-Objectif);0)	=Com+Bonus
11	Jean	42600	38000	=5%*Réalisé	=SI(Réalisé>Objectif;10%*(Réalisé-Objectif);0)	=Com+Bonus
12	Patrick	24300	22500	=5%*Réalisé	=SI(Réalisé>Objectif;10%*(Réalisé-Objectif);0)	=Com+Bonus
13	Maryline	39600	37500	=5%*Réalisé	=SI(Réalisé>Objectif;10%*(Réalisé-Objectif);0)	=Com+Bonus
14	Berthe	47200	49000	=5%*Réalisé	=SI(Réalisé>Objectif;10%*(Réalisé-Objectif);0)	=Com+Bonus
15	Total	=SOMME(B8:B14)	=SOMME(C8:C14)	=SOMME(D8:D14)	=SOMME(E8:E14)	=SOMME(F8:F14)
16						
17	Remarque :	=SI(C15>B15;"L'objectif global a été dépassé";"L'objectif global n'a pas été atteint")				

Le résultat

	A	B	C	D	E	F	G	H
1			Calcul des commissions					
2								
3	Période :	Septembre						
4	Secteur :	Paris Nord						
5	Objectif :	235 200 €						
6								
7	Vendeurs	Objectif	Réalisé	Com	Bonus	Total		
8	Pierre	21 300 €	23 000 €	1 150 €	170 €	1 320 €		
9	Paul	32 000 €	31 200 €	1 560 €	- €	1 560 €		
10	Lucie	28 200 €	31 000 €	1 550 €	280 €	1 830 €		
11	Jean	42 600 €	38 000 €	1 900 €	- €	1 900 €		
12	Patrick	24 300 €	22 500 €	1 125 €	- €	1 125 €		
13	Maryline	39 600 €	37 500 €	1 875 €	- €	1 875 €		
14	Berthe	47 200 €	49 000 €	2 450 €	180 €	2 630 €		
15	Total	235 200 €	232 200 €	11 610 €	630 €	12 240 €		
16								
17	Remarque :	L'objectif global n'a pas été atteint						

CAS 5 : UTILISER DES FORMULES CONDITIONNELLES

Fonctions utilisées

– *Fonction conditionnelle SI()*   – *Utilisation des noms*

– *Format des nombres*

8 mn

Il s'agira de calculer les commissions d'une équipe de commerciaux. Dans notre cas, chaque commercial perçoit une commission de base (Com) égale à 5 % de son chiffre d'affaires (Réalisé), plus une commission supplémentaire (Bonus) s'il a dépassé son objectif. Cette dernière est égale à 10 % de la partie de son chiffre qui dépasse les objectifs.

Les données sont dans le classeur `CasA5.xlsx`, enregistré dans le dossier `C:\Exercices Excel 2007`. Ouvrez le fichier et enregistrez-le sous le nom `CasA5-R.xlsx`.

1-CALCULEZ LES COMMISSIONS DE BASE

La commission est égale à 5 % du chiffre d'affaires réalisé (colonne *Réalisé*).

■ Nommez les cellules à partir des étiquettes de colonne du tableau : sélectionnez les cellules B7:B15 puis, sous l'onglet **Formules**>groupe **Noms**, cliquez sur le bouton **Créer à partir de la sélection**. Dans le dialogue, cochez l'option <☑ Ligne du haut>. Validez par [OK].

■ Cliquez sur la cellule D8, tapez =5%*, tapez sur F3, double-cliquez sur le nom *Réalisé*. Validez la formule par [↵].

■ Recopiez cette formule vers le bas : cliquez sur la cellule D8, faites glisser la poignée de recopie afin d'étendre la sélection à la plage D8:D14.

Vous constatez qu'il n'est pas nécessaire d'avoir nommé chaque cellule de la colonne, lorsque vous utilisez le nom *Réalisé* dans une formule, cela revient à référencer la cellule de la colonne sur la même ligne que la formule.

2-CALCULEZ LE BONUS

Il est égal à 10 % de la partie du chiffre qui dépasse l'objectif. Vous utiliserez la fonction conditionnelle SI() pour calculer le bonus seulement si le chiffre d'affaires est supérieur à l'objectif.

■ Cliquez sur la cellule B20, cliquez sur *fx* dans la barre de formule ou, sous l'onglet **Formule**>groupe **Bibliothèque de fonctions**, cliquez sur le bouton **Insérer une formule**.

■ Dans <Sélectionnez une catégorie> : sélectionnez *Logique*, dans <Sélectionnez une fonction> : double-cliquez sur la fonction SI. Le dialogue *Arguments de la fonction* s'affiche.

CAS 5 : UTILISER DES FORMULES CONDITIONNELLES

- Spécifiez les arguments en cliquant dans chaque zone :
    - <Test_logique> : saisissez `Réalisé>Objectif`.
    - <Valeur_si_vrai>> : saisissez `10%*(Réalisé-Objectif)`.
    - <Valeur_si_faux> : saisissez `0`.
- Cliquez sur [OK].
- Recopiez cette formule vers le bas : cliquez sur la cellule E8, faites glisser la poignée de recopie pour étendre la sélection à E8:E14.

	A	B	C	D	E	F	G
1		Calcul des commissions					
2							
3	Période :	Septembre					
4	Secteur :	Paris Nord					
5	Objectif :	235 200 €					
6							
7	Vendeurs	Objectif	Réalisé	Com	Bonus	Total	
8	Pierre	21300	23000	1150	170		
9	Paul	32000	31200	1560	0		
10	Lucie	28200	31000	1550	280		
11	Jean	42600	38000	1900	0		
12	Patrick	24300	22500	1125	0		
13	Maryline	39600	37500	1875	0		
14	Berthe	47200	49000	2450	180		
15	Total						
16							
17	Remarque :						

3-CALCULEZ LES TOTAUX

- Calculez le total en ligne : cliquez sur la cellule F8, tapez `=Com+Bonus`. Validez par ⏎.
- Recopiez la formule : cliquez sur la cellule F8, faites glisser la poignée de recopie afin d'étendre la sélection à la plage F8:F14.
- Placez le curseur en B15, cliquez sur l'icône $\sum$ situé sur le Ruban, la zone délimitée B8:B14 à copier étant conforme. Validez par ⏎.
- Recopiez cette formule ; cliquez sur la cellule B15, faites glisser la poignée de recopie afin d'étendre la sélection à la plage B15:F15. Cliquez sur la balise qui s'est affiché à droite de la sélection puis, dans le menu de balise, cliquez sur *Recopier les valeurs sans la mise en forme*.

	A	B	C	D	E	F	G
1		Calcul des commissions					
2							
3	Période :	Septembre					
4	Secteur :	Paris Nord					
5	Objectif :	235 200 €					
6							
7	Vendeurs	Objectif	Réalisé	Com	Bonus	Total	
8	Pierre	21300	23000	1150	170	1320	
9	Paul	32000	31200	1560	0	1560	
10	Lucie	28200	31000	1550	280	1830	
11	Jean	42600	38000	1900	0	1900	
12	Patrick	24300	22500	1125	0	1125	
13	Maryline	39600	37500	1875	0	1875	
14	Berthe	47200	49000	2450	180	2630	
15	Total	235200	235200	235200	235200	235200	
16							
17	Remarque :						

4-AFFICHEZ UN TEXTE VARIABLE SELON UNE CONDITION

Nous voulons un texte de remarque sous le tableau différent selon que l'objectif global a ou non été atteint, tous vendeurs confondus.

- Cliquez sur la cellule B17, cliquez sur fx dans la barre de formule ou, sous l'onglet **Formule**>groupe **Bibliothèque de fonctions**, cliquez sur le bouton **Insérer une formule**.
- Dans <Sélectionnez une catégorie> : sélectionnez *Logique*, dans <Sélectionnez une fonction> : double-cliquez sur la fonction SI. Le dialogue *Arguments de la fonction* s'affiche.

- Spécifiez les arguments en cliquant dans chaque zone :
  - <Test_logique> : saisissez C15>B15. Vous pouvez cliquer sur la cellule C15, puis taper >, puis cliquer sur la cellule B15.
  - <Valeur_si_vrai>> : saisissez L'objectif global a été dépassé.
  - <Valeur_si_faux> : saisissez L'objectif global n'a pas été atteint.
- Cliquez sur [OK].
- Sélectionnez la plage B8:F15, cliquez sur le bouton **Format Nombre Comptabilité** puis deux fois sur le bouton **Réduire les décimales**.

- Cliquez sur le bouton 🖫 pour enregistrer le classeur, puis fermez le classeur.

CAS 6 : UTILISER DES FORMULES MATRICIELLES

Plage matricielle produit d'une matrice colonne par un taux

	F4	▼		fx	{=$E4:$E19*F3}		
	A	B	C	D	E	F	G	H
1	DECOMPTE AGESSA 2°TRIMESTRE						
2	Nom	N°SS	Base	Veuvage	Base	CSG	CRDS	TSOFT
3				0,85%	97,00%	7,70%	0,50%	1,00%
4	Balanger		476,82	4,05	462,52	35,61	2,31	4,63
5	Boutin		389,27	3,31	377,59	29,07	1,89	3,78
6	Binot		566,24	4,81	549,25	42,29	2,75	5,49
7	Courrege		387,90	3,30	376,26	28,97	1,88	3,76
8	Crepeau		576,14	4,90	558,86	43,03	2,79	5,59
9	Dunand		781,52	6,64	758,07	58,37	3,79	7,58
10	Gurtler		461,24	3,92	447,40	34,45	2,24	4,47
11	Lamy		578,32	4,92	560,97	43,19	2,80	5,61
12	Monclart		900,58	7,65	873,56	67,26	4,37	8,74
13	Murilio		1 109,81	9,43	1 076,52	82,89	5,38	10,77
14	Pacot		985,77	8,38	956,20	73,63	4,78	9,56
15	Pechard		671,25	5,71	651,11	50,14	3,26	6,51
16	Roulet		917,54	7,80	890,01	68,53	4,45	8,90
17	Rustagnac		434,82	3,70	421,78	32,48	2,11	4,22
18	Vermont		397,48	3,38	385,56	29,69	1,93	3,86
19			0,00	0,00	0,00	0,00	0,00	0,00
20	Total		9 157,88	77,84	8 883,14	684,00	44,42	88,83

Plage matricielle produit de deux matrices colonne

	F2	▼	fx	{=B2:B36*E2:E36}				
	A	B	C	D	E	F	G	H
1	Réf	Prix_unit	Titre	Auteur	Quant	Base	Droits_A	Droits_DC
2	TS0024	41	Notes 4.6 Administration domaine unique	JDE	47	1 927,00 €	144,53 €	38,54 €
3	TS0028	40	Lotus Notes 5 Utilisateur de base	JFRO	54	2 160,00 €	162,00 €	43,20 €
4	TS0030	26	Excel VBA : Visual Basic Excel 95 et 97	AMDY	43	1 118,00 €	83,85 €	22,36 €
5	TS0034	43	Windows98 Exploitation & Mise en oeuvre	JCS	84	3 612,00 €	270,90 €	72,24 €
6	TS0035	43	Configuration et dépannage des PC (A+)	SLA	36	1 548,00 €	116,10 €	30,96 €
7	TS0038	48	Linux Administration V3	GGOU	37	1 776,00 €	133,20 €	35,52 €

La cellule contient une formule matricielle somme du produit de deux matrices

	H4	▼		fx	{=SOMME(C4:G4*C$3:G$3)/SOMME(C$3:G$3)}			
	A	B	C	D	E	F	G	H	I
1	Lycée Carnot Classe Terminale							
2	Nom	Prénom	Philosophie	Histoire Géographie	Mathématiques	Physique Chimie	Anglais	Moyenne pondérée
3			2	4	8	6	5	
4	LESIEUR	André	10,4	13,8	17,9	15,6	17,3	16,0
5	PERRUCIO	Thérèse	11,2	15,6	11,5	12,4	13,3	12,7
6	ROMERO	François	8,4	14,4	11,8	13,3	14,2	12,8
7	TRIBOULET	Marie	8,5	9,8	17,2	15,3	10,5	13,5
8	VILLON	Arnaud	13	13,5	11,5	9,4	14,0	11,9
9	SCHNEIDER	Bernard	7,5	11,3	14,3	13,5	11,7	12,6
10	PERROT	Alix	6,4	9,6	14,9	18,1	17,2	14,6
11	MICHALON	Camille	12,5	11,5	16	13	15,5	14,2
12	MARTIN	Paul	11	8	6	8	12,0	8,4
13	LOISEL	Bastien	14	13,5	11,2	12,5	11,5	12,2
14	JACQUINOT	Laurent	9,5	7,5	9,5	11,5	8,5	9,5
15	DUPUIS	Pierre	7,5	16,5	18	15	12,0	15,0
16	FRANCESCI	Anne	12,5	11	13,4	11,5	15,0	12,8
17	HIDALGO	Guillaume	6,5	12	13,5	11	12,0	11,8
18	BLAYAU	Vincent	13	12,5	14	15,5	14,5	14,1
19	KLEIN	Damien	10,5	9,5	12	11	12,0	11,2

CAS 6 : UTILISER DES FORMULES MATRICIELLES

Fonctions utilisées

– *Fonction de recherche dans une table*

– *Format des nombres*

– *Formule matricielle*

– *Utilisation des noms*

– *Tri de lignes*

10 mn

Une formule matricielle est entrée comme une formule unique dans une matrice de cellules et traite autant de calcul à la fois qu'il y a de cellules dans la matrice. On gagne du temps à la saisie, de plus la taille de la feuille de calcul est réduite. Autre particularité qui peut être vue comme un avantage, il n'est pas possible d'insérer ou de supprimer des cellules individuelles dans une plage matricielle sans enlever d'abord la formule matricielle, ce qui évite les erreurs de manipulation. Excel fournit des fonctions matricielles : produit, somme, multiplication, etc.

1-UTILISEZ UNE FORMULE MATRICIELLE POUR MULTIPLIER UNE COLONNE PAR UNE VALEUR

Ouvrez le fichier `CasA6-1.xlsx` présent dans le dossier `C:\Exercices Excel 2007` et enregistrez-le sous le nom `CasA6-1R.xlsx`. Il s'agit de faire un tableau des déclarations sociales des droits d'auteurs. Il consiste à appliquer un pourcentage à toutes les valeurs d'une colonne de chiffres. Plutôt que de créer une formule de multiplication simple puis de la recopier dans les autres cellules de la colonne, vous allez créer une formule matricielle sur toute la colonne.

- Sélectionnez la plage de cellule D4:D19, puis tapez = pour commencer une formule, sélectionnez la plage C4:C19, tapez l'opérateur *, cliquez sur la cellule D3. Validez par sur ⌈Ctrl⌉+⌈⇧⌉+⌈↵⌋.
- Cliquez sur différentes cellules de la plage de formule matricielle D4:D19, vous constatez dans la barre de formule que la même formule qui est entrée dans toutes les cellules : `={C4:C19*D3}`.
- Essayez de modifier une cellule, un message vous indique qu'il est impossible de modifier une partie seulement d'une matrice.

2-COPIEZ DES FORMULES MATRICIELLES

Il est possible de copier une plage matricielle, c'est-à-dire une plage de cellules qui contient une formule matricielle. Les références, absolues et relatives, y sont traitées comme dans la copie de formules classiques.

On veut ici copier la formule matricielle des cellules D4:D19 dans les cellules E4:E19, en conservant les références à la colonne C. Celles-ci doivent alors être changées en références absolues.

- Sélectionnez la plage de cellules D4:D19 puis, dans la barre de formule, sélectionnez la référence C4:C19, tapez ensuite trois fois sur la touche F4 pour changer la référence en $C4:$C19. Validez par sur ⌈Ctrl⌉+⌈⇧⌉+⌈↵⌋.
- Copiez la formule matricielle : sélectionnez la plage matricielle D4:D19, faites glisser la poignée de recopie d'une colonne E à droite. La formule obtenue par copie est `={$C4:$C19*E3}`.
- Dans la plage F4:F19, entrez la formule matricielle `={$E4:$E19*F3}`. Copiez cette formule matricielle dans les deux colonnes à droite G:H.

3-SUPPRIMEZ UNE FORMULE MATRICIELLE

- Sélectionnez la plage matricielle : cliquez sans une cellule de la plage puis tapez sur ⌈Ctrl⌉+/ ("/"division du pavé numérique) pour sélectionner la plage matricielle en entier, ensuite pressez sur ⌈Suppr⌉ ou, sous l'onglet **Accueil**>groupe **Modification**, cliquez sur la **flèche** du bouton **Effacer** (gomme) puis sur *Effacer le contenu*.
- Cette suppression ayant été faite à titre d'exercice, entrez à nouveau la formule matricielle ou bien annulez l'action précédente de suppression.

CAS 6 : UTILISER DES FORMULES MATRICIELLES

	A	B	C	D	E	F	G	H
1	**DECOMPTE AGESSA 2°TRIMESTRE**							
2	Nom	N°SS	Base	Veuvage	Base	CSG	CRDS	TSOFT
3				0,85%	97,00%	7,70%	0,50%	1,00%
4	Balanger		476,82	4,05	462,52	35,61	2,31	4,63
5	Boutin		389,27	3,31	377,59	29,07	1,89	3,78
6	Binot		566,24	4,81	549,25	42,29	2,75	5,49
7	Courrege		387,90	3,30	376,26	28,97	1,88	3,76
8	Crepeau		576,14	4,90	558,86	43,03	2,79	5,59
9	Dunand		781,52	6,64	758,07	58,37	3,79	7,58
10	Gurtler		461,24	3,92	447,40	34,45	2,24	4,47
11	Lamy		578,32	4,92	560,97	43,19	2,80	5,61
12	Monclart		900,58	7,65	873,56	67,26	4,37	8,74
13	Murillo		1 109,81	9,43	1 076,52	82,89	5,38	10,77
14	Pacot		985,77	8,38	956,20	73,63	4,78	9,56
15	Pechard		671,25	5,71	651,11	50,14	3,26	6,51
16	Roulet		917,54	7,80	890,01	68,53	4,45	8,90
17	Rustagnac		434,82	3,70	421,78	32,48	2,11	4,22
18	Vermont		397,48	3,38	385,56	29,69	1,93	3,86
19			0,00	0,00	0,00	0,00	0,00	0,00
20	Total		9 157,88	77,84	8 883,14	684,00	44,42	88,83

4-MODIFIEZ UNE FORMULE MATRICIELLE

Supposons que nous ayons fait une erreur : la cotisation éditeur (sous TSOFT) n'est pas assise sur 97 % de la base E4:E19 mais sur la base entière C4:C19.

- Sélectionnez la formule matricielle dans G4:G19, pour cela, cliquez sur une cellule de la matrice G4:G19 puis tapez sur ⎡Ctrl⎤+/ ("/"division du pavé numérique).
- Tapez sur ⎡F2⎤ ou cliquez dans la barre de formule, puis modifiez la formule en remplaçant le E par le C. Validez par ⎡Ctrl⎤+⎡⇧⎤+⎡↵⎤.
- Fermez le classeur en enregistrant les modifications.

5-UTILISEZ UNE FORMULE MATRICIELLE POUR MULTIPLIER UNE COLONNE PAR UNE AUTRE

- Ouvrez le fichier CasA6-2.xlsx présent dans le dossier C:\Exercices Excel 2007 et enregistrez-le sous le nom CasA6-2R.xlsx. Il s'agit de calculer les droits à payer aux auteurs et au directeur de collection en fonction des quantités vendues. Les droits d'auteur sont de 7,5 % du prix sur chaque exemplaire vendu et pour le directeur de collection de 2 %.
- Calculez la base des droits en € (quantités * prix unitaire) par une formule matricielle : sélectionnez la plage F2:F36 puis tapez =, sélectionnez la plage des prix B2:B36 puis tapez * (opérateur multiplication), sélectionnez la plage des quantités E2:E26. Validez par ⎡Ctrl⎤+⎡⇧⎤+⎡↵⎤.
- Calculez les droits d'auteurs par une formule matricielle : sélectionnez la plage H2:H36 puis tapez =, sélectionnez la plage des ventes G2:G36 puis tapez * (opérateur multiplication), tapez 7,5%. Validez par ⎡Ctrl⎤+⎡⇧⎤+⎡↵⎤.
- Calculez les droits du directeur de collection par une formule matricielle : sélectionnez la plage H2:H36 puis tapez =, sélectionnez la plage des ventes F2:F36 puis tapez * (opérateur multiplication), tapez 2%. Validez par ⎡Ctrl⎤+⎡⇧⎤+⎡↵⎤.

	A	B	C	D	E	F	G	H
1	Réf	Prix_unit	Titre	Auteur	Quant	Base	Droits_A	Droits_DC
2	TS0024	41	Notes 4.6 Administration domaine unique	JDE	47	1927	144,525	38,54
3	TS0028	40	Lotus Notes 5 Utilisateur de base	JFRO	54	2160	162	43,2
4	TS0030	26	Excel VBA : Visual Basic Excel 95 et 97	AMDY	43	1118	83,85	22,36
5	TS0034	43	Windows98 Exploitation & Mise en oeuvre	JCS	84	3612	270,9	72,24
6	TS0035	43	Configuration et dépannage des PC (A+)	SLA	36	1548	116,1	30,96
7	TS0038	48	Linux Administration V3	GGOU	37	1776	133,2	35,52
8	TS0039	40	Lotus Notes Domino 5.0 : Bases de l'administration	JFRO	67	2680	201	53,6
9	TS0040	44	Windows 2000 : Support Professionnel. Serveur et réseau	XPI	37	1628	122,1	32,56
10	TS0041	32	Windows 2000 : Administration & Installation	JLV	81	2592	194,4	51,84

CAS 6 : UTILISER DES FORMULES MATRICIELLES

Vous avez vu qu'il n'est pas possible de modifier ou de supprimer une cellule individuelle dans une plage matricielle, vous pouvez constater aussi qu'il n'est pas possible non plus d'insérer des cellules dans une plage matricielle.

- Essayez ! Sélectionnez une ligne, puis exécutez la commande *Insérer*, vous constatez qu'un message vous prévient que l'insertion est impossible dans une partie de matrice.
- Formatez les colonnes F:H en monétaire avec deux décimales.

	A	B	C	D	E	F	G	H
1	Réf	Prix_unit	Titre	Auteur	Quant	Base	Droits_A	Droits_DC
2	TS0024	41	Notes 4.6 Administration domaine unique	JDE	47	1 927,00 €	144,53 €	38,54 €
3	TS0028	40	Lotus Notes 5 Utilisateur de base	JFRO	54	2 160,00 €	162,00 €	43,20 €
4	TS0030	26	Excel VBA : Visual Basic Excel 95 et 97	AMDY	43	1 118,00 €	83,85 €	22,36 €
5	TS0034	43	Windows98 Exploitation & Mise en oeuvre	JCS	84	3 612,00 €	270,90 €	72,24 €
6	TS0035	43	Configuration et dépannage des PC (A+)	SLA	36	1 548,00 €	116,10 €	30,96 €
7	TS0038	48	Linux Administration V3	GGOU	37	1 776,00 €	133,20 €	35,52 €
8	TS0039	40	Lotus Notes Domino 5.0 : Bases de l'administration	JFRO	67	2 680,00 €	201,00 €	53,60 €
9	TS0040	44	Windows 2000 : Support Professionnel, Serveur et réseau	XPI	37	1 628,00 €	122,10 €	32,56 €
10	TS0041	32	Windows 2000 : Administration & Installation	JLV	81	2 592,00 €	194,40 €	51,84 €

- Enregistrez et fermez le classeur.

6- UTILISEZ UNE FORMULE MATRICIELLE POUR CALCULER DES MOYENNES PONDÉRÉES

Ouvrez le fichier `CasA6-3.xlsx` présent dans le dossier `C:\Exercices Excel 2007` et enregistrez-le sous le nom `CasA6-3R.xlsx`. Il s'agit de calculer les moyennes des élèves à un examen dont les différentes matières ont des coefficients différents, c'est le principe général pour les examens et concours.

Vous allez entrer la formule `{=somme(C4:G4*C$3:G$3)/somme(C$3:G$3)}`.

Pourquoi la référence absolue à la ligne 3, G$3 ? Pour pouvoir recopier la formule dans les autres lignes de la colonne sans que cette référence soit ajustée, afin d'obtenir la formule de moyenne pondérée sur toutes les lignes.

- Cliquez dans la cellule H4 puis tapez `=somme(`, sélectionnez la plage C4:G4 puis tapez l'opérateur `*` (multiplication), sélectionnez la plage C3:G3 puis tapez deux fois sur F4 pour mettre la référence absolue à la ligne 3, fermez la parenthèse `)`. Tapez le signe `/` (division), tapez `somme(` puis sélectionnez la plage C3:G3, tapez deux fois sur F4 pour mettre la référence absolue à la ligne 3 puis fermez la parenthèse `)`. Validez par Ctrl+⇧+↵.
- Copiez la formule matricielle de cellule H4 *sur les* cellules de la colonne H4:H25 sans le format : cliquez sur la cellule H4, faites glisser la poignée de recopie sur les cellules H4:H25, cliquez sur la balise apparue en bas à droite de la sélection. Dans le menu, cliquez sur *Recopier les valeurs sans la mise en forme*.
- La plage H4:H25 étant sélectionnée, cliquez deux fois sur le bouton **Réduire les décimales**.

	A	B	C	D	E	F	G	H
1	Lycée Carnot Classe Terminale							
2	Nom	Prénom	Philosophie	Histoire Géographie	Mathémati ques	Physique Chimie	Anglais	Moyenne pondérée
3			2	4	8	6	5	
4	LESIEUR	André	10,4	13,8	17,9	15,6	17,3	16,0
5	PERRUCIO	Thérèse	11,2	15,6	11,5	12,4	13,3	12,7
6	ROMERO	François	8,4	14,4	11,8	13,3	14,2	12,8
7	TRIBOULET	Marie	8,5	9,8	17,2	15,3	10,5	13,5
8	VILLON	Arnaud	13	13,5	11,5	9,4	14,0	11,9
9	SCHNEIDER	Bernard	7,5	11,3	14,3	13,5	11,7	12,6
10	PERROT	Alix	6,4	9,6	14,9	18,1	17,2	14,6
11	MICHALON	Camille	12,5	11,5	16	13	15,5	14,2
12	LOISEL	Bastien	14	13,5	11,2	12,5	11,5	12,2
13	JACQUINOT	Laurent	9,5	7,5	9,5	11,5	8,5	9,5

CAS 6 : UTILISER DES FORMULES MATRICIELLES

Dans ce tableau, les cellules de la plage H4:H25 contiennent chacune une formule matricielle, ce n'est pas une plage matricielle avec une seule formule dans la plage. Vous pouvez donc insérer des lignes pour ajouter des élèves et leurs notes dans le tableau.

- Ajoutez l'élève MARTIN sous MICHALON : sélectionnez la ligne sous MICHALON puis cliquez sur le bouton **Insérer**.
- Copiez la formule de la cellule H11 dans la cellule H12 (cellule insérée).
- Saisissez les notes de l'élève MARTIN.

	A	B	C	D	E	F	G	H
1	Lycée Carnot Classe Terminale							
2	Nom	Prénom	Philosophie	Histoire Géographie	Mathémati ques	Physique Chimie	Anglais	Moyenne pondérée
3			2	4	8	6	5	
11	MICHALON	Camille	12,5	11,5	16	13	15,5	14,2
12	**MARTIN**	**Paul**	**11**	**8**	**6**	**8**	**12,0**	**8,4**
13	LOISEL	Bastien	14	13,5	11,2	12,5	11,5	12,2
14	JACQUINOT	Laurent	9,5	7,5	9,5	11,5	8,5	9,5

Pour conserver en permanence les trois premières lignes lorsque vous faites défiler les lignes de la feuille vers le bas, vous pouvez figer les volets :

- Cliquez sur la cellule A4 puis, sous l'onglet **Affichage**>groupe **Fenêtre**, cliquez sur le bouton **Figer les volets** puis sur la commande *Figer les volets*.
- Enregistrez le classeur et fermez-le.

7-UTILISEZ LES FONCTIONS DETERMAT(), PRODUITMAT(),INVERSEMAT()

- Ouvrez le fichier `CasA6-4.xlsx` présent dans le dossier `C:\Exercices Excel 2007` et enregistrez-le sous le nom `CasA6-4R.xlsx`.

DETERMAT(matrice) : calcule le déterminant de la matrice carrée (nombre de lignes = nombre de colonnes). La matrice peut être inversée seulement si le déterminant n'est pas nul.

PRODUITMAT(matr1;matr2) : renvoie la matrice produit de deux matrices. Le nombre de colonnes de la matrice 1 doit être égal au nombre de lignes de la matrice 2.

INVERSEMAT(matrice) : renvoie la matrice inverse de la matrice.

Dans notre cas, une entreprise fabrique trois produits. Nous disposons de la matrice des coefficients des ressources à engager en € (matières premières, salaires et frais généraux) pour 1 € de chaque produit.

- Faites le produit matriciel de la matrice des coefficients B3:D5 et de la matrice des produits G3:G5, pour obtenir les ressources en € à engager pour obtenir cette production.

	J3		fx	{=PRODUITMAT(B3:D5;G3:G5)}					
	A	B	C	D	E	F	G	H	I	J
1	Matrice des coefficients de ressources pour 1€ de produit					Matrice des produits			Matrice des ressources	
2		Produit1	Produit2	Produit3						
3	Matières Premières	0,40	0,25	0,15		Produit1	100 000 €		Matières Premières	110 500 €
4	Salaires	0,35	0,30	0,18		Produit2	150 000 €		Salaires	119 600 €
5	Frais Généraux	0,15	0,30	0,20		Produit3	220 000 €		Frais Généraux	104 000 €
6	Déterminant :	0,000650								

- Inversement pour obtenir la valeur des produits en fixant les montants des ressources à mobiliser, faites le produit matriciel de la matrice inverse des coefficients par la matrice des différentes ressources.
  - Calculez le déterminant de la matrice dans la cellule B6, `=DETERMAT(B3:D5)`. Comme il n'est pas nul, vous pouvez inverser la matrice.
  - Inversez la matrice dans la plage matricielle B11:D13 : sélectionnez les cellules B11:D13, entrez la formule `=INVERSEMAT(B3:D5)`, validez par ⌘Ctrl+⇧+⏎.

| B11 | ▼ | f_x | {=INVERSEMAT(B3:D5)} | | | | | | |

	A	B	C	D	E	F	G	H	I	J
1	**Matrice des coefficients de ressources pour 1€ de produit**					**Matrice des produits**			**Matrice des ressources**	
2		Produit1	Produit2	Produit3						
3	Matières Premières	0,40	0,25	0,15		Produit1	100 000 €		Matières Premières	110 500 €
4	Salaires	0,35	0,30	0,18		Produit2	150 000 €		Salaires	119 600 €
5	Frais Généraux	0,15	0,30	0,20		Produit3	220 000 €		Frais Généraux	104 000 €
6	Déterminant :	0,000650								
7										
8										
9	**Matrice inverse**					**Matrice des ressources**			**Matrice des produits**	
10										
11		9,230769231	-7,692307692	4,44089E-15		Matières Premières	120 000 €		Produit1	
12		-66,15384615	88,46153846	-30		Salaires	130 000 €		Produit2	
13		92,30769231	-126,9230769	50		Frais Généraux	110 000 €		Produit3	

- Faites le produit matriciel de la matrice inverse coefficients B11:D13 et de la matrice des ressources G11:G13, pour obtenir les ressources en € à mobiliser pour ces productions.

| J11 | ▼ | f_x | {=PRODUITMAT(B11:D13;G11:G13)} | | | | | | |

	A	B	C	D	E	F	G	H	I	J
1	**Matrice des coefficients de ressources pour 1€ de produit**					**Matrice des produits**			**Matrice des ressources**	
2		Produit1	Produit2	Produit3						
3	Matières Premières	0,40	0,25	0,15		Produit1	100 000 €		Matières Premières	110 500 €
4	Salaires	0,35	0,30	0,18		Produit2	150 000 €		Salaires	119 600 €
5	Frais Généraux	0,15	0,30	0,20		Produit3	220 000 €		Frais Généraux	104 000 €
6	Déterminant :	0,000650								
7										
8										
9	**Matrice inverse**					**Matrice des ressources**			**Matrice des produits**	
10										
11		9,230769231	-7,692307692	4,44089E-15		Matières Premières	120 000 €		Produit1	107 692 €
12		-66,15384615	88,46153846	-30		Salaires	130 000 €		Produit2	261 538 €
13		92,30769231	-126,9230769	50		Frais Généraux	110 000 €		Produit3	76 923 €

CAS 7 : RECHERCHE DANS UNE TABLE

Les données

	A	B	C	D	E	F
1			Table de conversion de devises – 01/02/08			
2						
3	Montant dans la devise :					
4	Code de la devise :					
5	Valeur de la devise en euros :					
6	Montant en euros :					
7						

Conversion / Exemple / Feuille3

	A	B	C	D	E	F	G
1			28/01/2008	29/01/2008	30/01/2008	31/01/2008	01/02/2008
2	Dollar australien	AUD	1,6703	1,6641	1,6654	1,6682	1,651
3	Lev bulgare	BGN	1,9558	1,9558	1,9558	1,9558	1,9558
4	Real Brésilien	BRL	2,6429	2,6226	2,631	2,6241	2,6026
5	Dollar canadien	CAD	1,4843	1,4759	1,4724	1,4846	1,4847
6	Franc suisse	CHF	1,6093	1,6154	1,6135	1,6051	1,6065
7	Yuan renminbi chinois	CNY	10,6192	10,6284	10,6508	10,6793	10,7037
8	Livre chypriote	CYP	ND	ND	ND	ND	ND
9	Couronne tchèque	CZK	25,89	25,903	26,006	26,07	25,858
10	Couronne danoise	DKK	7,4526	7,4524	7,4525	7,4528	7,4534
11	Couronne estonienne	EEK	15,6466	15,6466	15,6466	15,6466	15,6466
12	Livre sterling	GBP	0,743	0,74295	0,7434	0,7477	0,74955
13	Dollar de Hong Kong	HKD	11,5179	11,5299	11,5551	11,5951	11,6086

Conversion / Exemple / Feuille3

Le résultat

D5   fx =RECHERCHE(D4;Table_Cours)

	A	B	C	D	E
1			Table de conversion de devises – 01/02/08		
2					
3	Montant dans la devise :			60	
4	Code de la devise :			CHF	
5	Valeur de la devise en euros :			1,61 €	
6	Montant en euros :			96,39 €	
7					
8					

Conversion / Exemple / Feuille3

D5   fx =RECHERCHE(D4;Exemple!B2:B38;Exemple!A2:A38)

	A	B	C	D	E	F
1			Table de conversion de devises – 01/02/08			
2						
3	Montant dans la devise :			60		
4	Code de la devise :			CHF		
5	Nom du pays			Franc suisse		
6	Valeur de la devise en euros :			1,61 €		
7	Montant en euros :			96,39 €		
8						

Conversion / Exemple / Feuille3

CAS 7 : RECHERCHE DANS UNE TABLE

Fonctions utilisées

– *Copier des données depuis un site Web*   – *Utiliser des noms*

– *Fonction RECHERCHE*   – *Trier les lignes*   **10 mn**

Il s'agit d'utiliser les fonctions de recherche dans une table pour construire une table de conversion qui convertit un montant en devises dans sa valeur en euros.

Le principe consiste à aller chercher dans une table de référence un taux de change. Dans ce cas pratique, on saisira un montant et le code d'une devise. Il faut alors aller chercher son taux de conversion dans la table de référence, puis afficher le montant converti en euros.

Les données sont dans le classeur `CasA7.xlsx`, enregistré dans le dossier `C:\Exercices Excel 2007`. Ouvrez le fichier et enregistrez-le sous le nom `CasA7-R.xlsx`.

1-RÉCUPÉREZ UNE TABLE DE CONVERSION DE DEVISES SUR INTERNET

Vous pouvez trouver une table de conversion des devises sur le site de la banque de France http://www.banque-france.fr/fr/poli_mone/taux/change.htm, cliquez sur le lien Principaux cours quotidien de l'euro, les cours quotidiens de l'euro par rapport aux autres devises s'affichent.

- Cliquez dans la première cellule du tableau, faites glisser le pointeur jusqu'en bas à droite pour sélectionner tous les valeurs puis utilisez la commande *Edition> Copier*.
- Cliquez ensuite dans la première cellule de la *Feuille3* du classeur puis cliquez sur le bouton **Coller** situé sur le Ruban (onglet **Accueil**>groupe **Presse-papiers**). Cliquez ensuite sur la balise qui est apparue en bas à droite de la sélection, puis cliquez sur *Respecter la mise en forme de destination*.

Dans les illustrations qui suivent, nous utiliserons la table de conversion qui est déjà présente dans la feuille *Exemple*, qui fournit les cours à la date du 01/02/2008 à titre d'exemple.

2-TRANSFORMEZ LES VALEURS TEXTE EN NOMBRE

Les cours obtenus ont été interprétés comme des textes et non comme des nombres car le séparateur décimal dans les chiffres de la banque de France est le point (.), alors que dans Excel c'est par défaut la virgule (,). Pour changer ces textes en nombre, il faut remplacer dans toutes les cellules du tableau le point décimal par une virgule décimale.

- Sélectionnez les cellules puis, sous l'onglet **Accueil**>groupe **Edition**, cliquez sur le bouton **Rechercher et sélectionner** puis sur *Remplacer*. Le dialogue *Rechercher et remplacer* s'affiche.
- Dans la zone <Rechercher> saisissez le point (.), dans la zone <Remplacer par> : saisissez la virgule (,), puis cliquez sur le bouton [Remplacer tout]. Excel effectue le remplacement et affiche un message d'information avec le nombre de remplacements effectués. Validez par [OK].

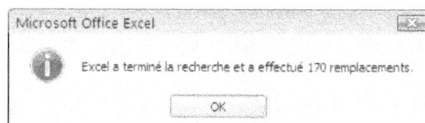

	A	B	C	D	E	F	G	H
1			28/01/2008	29/01/2008	30/01/2008	31/01/2008	01/02/2008	
2	Dollar des Etats-Unis	USD	1,4755	1,4773	1,481	1,487	1,4889	
3	Yen japonais	JPY	157,67	158.02	158.39	157.93	158.51	
4	Couronne danoise	DKK	7,4526	7,4524	7,4525	7,4528	7,4534	
5	Livre sterling	GBP	0,743	0,74295	0,7434	0,7477	0,74955	
6	Couronne suédoise	SEK	9,483	9,4487	9,4399	9,4725	9,451	

CAS 7 : RECHERCHE DANS UNE TABLE

3-TRIEZ LA TABLE DE CONVERSION

■ Cliquez sur l'onglet de la feuille *Exemple*, la deuxième colonne de la table contient les codes des devises et la troisième le montant en devise équivalent d'un euro. Pour utiliser la fonction RECHERCHE sur le code, il faut trier par ordre alphabétique sur le code.

■ Sélectionnez la plage A1:G38 puis, sous l'onglet **Accueil**>groupe **Édition**, cliquez sur le bouton **Trier et filtrer** puis sur la commande *Tri personnalisé*. Le dialogue *Tri* s'affiche, dans la zone <Trier par>, sélectionnez *Colonne B*, cochez l'option <☑ Mes données ont des en-têtes>. Validez par [OK].

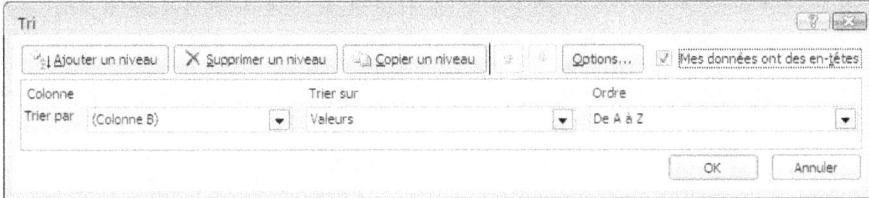

4-NOMMEZ LA TABLE DE CONVERSION

■ Sélectionnez la plage B2:G38.
Il est important pour la fonction RECHERCHE que nous allons utiliser dans un premier temps, de ne pas inclure les libellés dans la sélection et d'avoir dans la première colonne le code qui sera cherché, ici le code devise.

■ Sous l'onglet **Formule**>groupe **Noms définis**, cliquez sur le bouton **Définir un nom** puis saisissez le nom `Table_Cours`, validez par [OK].

5-CRÉEZ LA FORMULE DE RECHERCHE

La fonction `RECHERCHE(Valeur_cherchée;Matrice)` avec deux arguments seulement cherche le code dans la première colonne de la table (codes des devises) et renvoie la valeur de même rang de la dernière colonne de la matrice (cellules des cours les plus récents).

■ Cliquez sur l'onglet de la feuille *Conversion*, puis cliquez sur la cellule D3, tapez 60 puis ⏎, le curseur passe sur la cellule D4 tapez CHF puis ⏎.

■ Cliquez sur la cellule D5, cliquez sur *fx* dans la barre de formule ou, sous l'onglet **Formule**> groupe **Bibliothèque de fonctions**, cliquez sur le bouton **Insérer une formule**. Le dialogue *Insérer une fonction* s'affiche.

■ Dans <Sélectionnez une catégorie> : sélectionnez *Recherche*, dans <Sélectionnez une fonction> : double-cliquez sur la fonction RECHERCHE. Puis, dans le dialogue *Sélectionner des arguments*, double-cliquez sur *valeur_cherchée;matrice* :

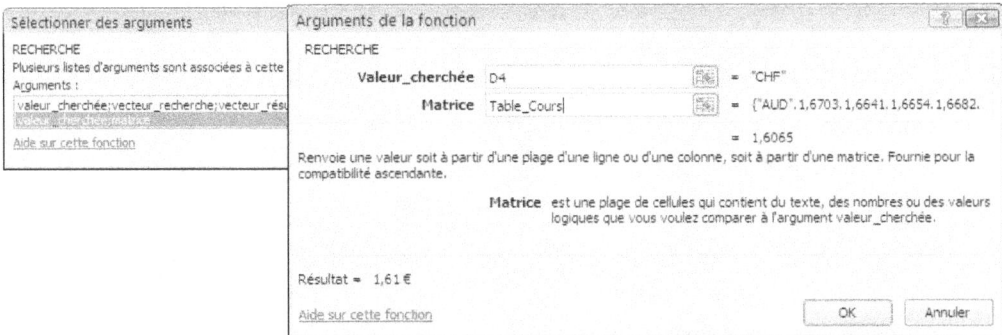

■ Dans la zone <Valeur_cherchée> : cliquez sur D4, dans la zone <Matrice> : tapez sur F3 et sélectionnez le nom de la table `Table_Cours`. Validez par [OK].

CAS 7 : RECHERCHE DANS UNE TABLE

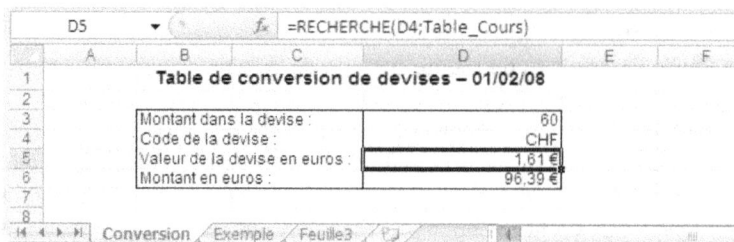

D5		f_x	=RECHERCHE(D4;Table_Cours)		

	A	B	C	D	E	F
1			Table de conversion de devises – 01/02/08			
2						
3		Montant dans la devise :		60		
4		Code de la devise :		CHF		
5		Valeur de la devise en euros :		1,61 €		
6		Montant en euros :		96,39 €		
7						
8						

Conversion / Exemple / Feuille3 /

6-CALCULEZ LE MONTANT EN EUROS

- Cliquez sur la cellule D6, tapez = pour commencer une formule, cliquez sur la cellule D3, tapez / (le signe de la division), cliquez sur la cellule D5, validez par ⏎.

7-CRÉEZ UNE FORMULE DE RECHERCHE DU NOM DU PAYS DE LA DEVISE

La fonction RECHERCHE peut être utilisée avec une autre syntaxe :

RECHERCHE(Valeur_cherchée;Vecteur_Recherche;Vecteur_Résultat).

- Sélectionnez les cellules C5:D5, puis cliquez sur le bouton **Insérer** pour insérer deux cellules dans la table de conversion pour afficher le nom du pays.
- Cliquez sur la nouvelle cellule D5, et créez comme précédemment la formule RECHERCHE, cette fois-ci avec les trois arguments. Pour spécifier la zone <Vecteur_résultat> : cliquez dans la zone, puis cliquez sur l'onglet de feuille *Exemple*, puis sélectionnez la plage de cellules A2:A38.

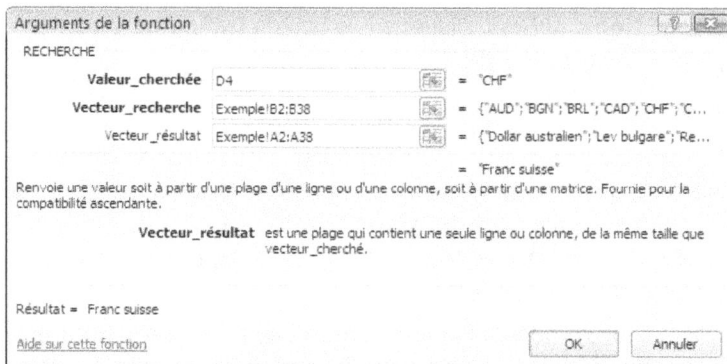

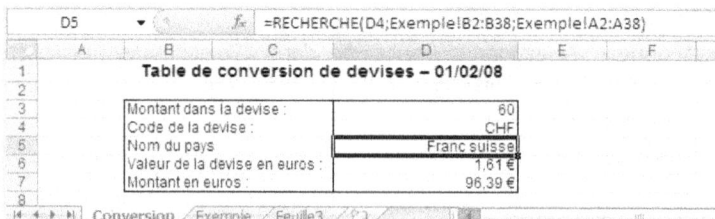

Arguments de la fonction

RECHERCHE

Valeur_cherchée	D4	= "CHF"
Vecteur_recherche	Exemple!B2:B38	= {"AUD";"BGN";"BRL";"CAD";"CHF";"C...
Vecteur_résultat	Exemple!A2:A38	= {"Dollar australien";"Lev bulgare";"Re...

= "Franc suisse"

Renvoie une valeur soit à partir d'une plage d'une ligne ou d'une colonne, soit à partir d'une matrice. Fournie pour la compatibilité ascendante.

Vecteur_résultat est une plage qui contient une seule ligne ou colonne, de la même taille que vecteur_cherché.

Résultat = Franc suisse

Aide sur cette fonction

OK | Annuler

D5		f_x	=RECHERCHE(D4;Exemple!B2:B38;Exemple!A2:A38)		

	A	B	C	D	E	F
1			Table de conversion de devises – 01/02/08			
2						
3		Montant dans la devise :		60		
4		Code de la devise :		CHF		
5		Nom du pays		Franc suisse		
6		Valeur de la devise en euros :		1,61 €		
7		Montant en euros :		96,39 €		
8						

Conversion / Exemple / Feuille3 /

- Modifiez le code de la devise pour obtenir les valeurs converties de : USD, DKK, PLN, etc.

Table de conversion de devises – 01/02/08	
Montant dans la devise :	60
Code de la devise :	USD
Nom du pays	Dollar des Etats-Unis
Valeur de la devise en euros :	1,49 €
Montant en euros :	89,33 €

Table de conversion de devises – 01/02/08	
Montant dans la devise :	60
Code de la devise :	DKK
Nom du pays	Couronne danoise
Valeur de la devise en euros :	7,45 €
Montant en euros :	447,20 €

- Enregistrez le classeur et fermez-le.

CAS 8 : UTILISER LE MODE PLAN

Le tableau en mode Plan

	Janvier	Février	Mars	Trimestre 1	Avril	Mai	Juin	Trimestre 2	Juillet	Août	Septembre	Trimestre 3
Europe												
Allemagne	1 568	1 882	2 258	5 708	2 154	2 585	3 102	7 841	3 541	4 249	5 099	12 889
Autriche	2 546	3 055	3 686	9 287	3 625	4 350	5 220	13 195	6 845	8 214	3 857	24 916
Danemark	1 587	1 904	2 295	5 777	2 157	2 589	3 106	7 851	4 574	5 489	6 587	16 649
Espagne	3 256	3 907	4 689	11 852	3 541	4 249	5 099	12 889	6 588	7 906	9 487	23 980
Finlande	4 512	5 414	6 437	16 424	4 152	4 982	5 973	15 113	6 882	8 258	9 910	25 050
France	6 521	7 825	9 390	23 736	5 417	6 500	7 800	19 718	8 744	10 493	12 581	31 828
Grande Bretagne	7 542	9 050	10 860	27 463	6 254	7 505	9 006	22 765	10 254	12 305	14 766	37 325
Grèce	1 235	1 492	1 778	4 495	2 564	3 077	3 692	9 333	4 784	5 741	6 889	17 414
Italie	8 542	10 250	12 300	31 093	7 412	8 894	10 672	26 980	11 254	13 505	16 206	40 965
Luxembourg	6 552	7 862	9 435	23 849	5 874	7 049	8 459	21 381	9 854	11 825	14 190	35 869
Pays Bas	7 412	8 894	10 673	26 980	8 451	10 141	12 189	30 762	13 549	16 258	19 509	49 315
Suède	5 562	6 674	8 009	20 246	6 647	7 856	9 428	23 931	7 541	9 049	10 859	27 449
Suisse	3 241	3 889	4 667	11 797	4 522	5 426	6 512	16 460	5 124	6 143	7 379	18 651
Sous-total Europe	60 076	72 091	86 509	218 677	62 670	75 204	90 245	228 119	99 533	119 440	143 328	362 300
Afrique												
Algérie	6 497	4 982	2 258	13 738	10 745	2 258	3 910	22 913	10 745	2 585	2 258	15 588
Egypte	9 390	6 500	3 666	19 557	11 625	3 666	12 591	28 082	11 825	4 350	3 666	19 841
Gabon	10 860	7 505	2 295	20 651	11 729	2 285	14 766	28 780	11 729	2 588	2 285	16 602
Kenya	1 778	3 077	4 689	9 544	6 889	4 689	6 889	20 841	9 084	4 249	4 689	18 001
Maroc	12 300	8 894	6 497	27 692	16 058	6 497	16 206	37 761	15 058	4 982	6 497	26 537

Synthèses de Plan

	Trimestre 1	Trimestre 2	Trimestre 3	Trimestre 4	Année
Europe					
Sous-total Europe	218 677	228 119	362 300	477 543	1 286 638
Afrique					
Sous-total Afrique	188 768	282 917	215 349	220 496	907 529
Asie					
Sous-total Asie	179 399	115 400	205 528	183 322	683 650
Amérique					
Sous-total Amérique	161 804	94 745	98 548	166 648	521 746
Monde	748 648	721 181	881 726	1 048 009	3 399 563

	Année
Europe	
Sous-total Europe	1 286 638
Afrique	
Sous-total Afrique	907 529
Asie	
Sous-total Asie	683 650
Amérique	
Sous-total Amérique	521 746
Monde	3 399 563

Fonctions utilisées

– *Plan automatique*

– *Créer un plan manuellement*

15 mn

Le mode Plan permet de structurer une feuille en attribuant à des lignes ou des colonnes des niveaux hiérarchiques. Il devient alors possible de ne visualiser que les lignes/colonnes de niveau supérieur ou égal à un niveau donné.

Nous disposons d'un grand tableau récapitulatif des ventes d'une entreprise à travers le monde avec le détail de chaque mois, sur toute l'année. La taille de ce tableau en rend la lecture difficile et empêche toute vision d'ensemble. Le mode Plan permet de n'afficher que les informations de synthèse qui nous intéressent.

Ces données sont dans le classeur `CasA8.xlsx`, enregistré dans le dossier `C:\Exercices Excel 2007`. Ouvrez le fichier et enregistrez-le sous le nom `CasA8-R.xlsx`.

1-Créez automatiquement le plan

Si le tableau contient des lignes et des colonnes avec des formules de totalisation avec des fonctions SOMME(), Excel peut créer automatiquement un plan en se fondant sur les lignes ou colonnes qui contiennent ces formules de totalisation (somme, moyenne, etc.).

- Cliquez dans la plage de données puis, sous l'onglet **Données**>groupe **Plan**, cliquez sur la **flèche** de **Grouper** puis sur *Plan automatique*.

L'affichage passe alors en mode Plan. Dans un bandeau vertical à gauche des en-têtes de lignes et horizontal au-dessus des en-têtes de colonnes, des symboles de plan indiquent comment les données ont été regroupées : par continent en ligne et par trimestre en colonne. Chacun de ces groupes peut être dorénavant masqué ou affiché.

Chiffre d'affaires

	Janvier	Février	Mars	Trimestre 1	Avril	Mai	Juin	Trimestre 2	Juillet	Août	Septembre	Trimestre 3	Octobre	Novembre	Décembre	Trimestre 4	Année
Europe																	
Allemagne	1569	1892	2258	5709	2154	2585	3102	7841	3541	4249	5089	12869	6965	8382	10056	25425	51863
Autriche	2546	3055	3686	9287	5220	4350	13195	6845	8214	9857	24916	10895	13074	15669	39658	87036	
Danemark	1587	1904	2285	5777	2157	2589	3106	7851	4574	5489	6587	16649	7451	9941	10729	27122	57399
Espagne	3256	3907	4689	11852	3541	4249	5089	12889	6588	7906	9497	23980	8451	10141	12189	30762	79483
Finlande	4512	5414	6497	16424	4152	4982	5979	15113	6982	8258	9910	25050	8954	10745	12894	32593	89180
France	6521	7825	9390	23736	5417	6500	7800	19719	8744	10493	12591	31828	9864	11825	14190	35869	111151
Grande Bretagne	7542	9050	10860	27452	6254	7505	9006	22765	10254	12305	14766	37325	9774	11729	14075	35577	123119
Grèce	1235	1482	1778	4495	2564	3077	3692	9333	4784	5741	6889	17414	7553	9064	10876	27493	58735
Italie	8542	10250	12300	31093	7412	8894	10673	26980	11254	13505	16206	40965	12546	15058	18069	45675	144712
Luxembourg	6552	7862	9435	23849	7049	8459	21381	9854	11825	14190	35869	11875	14259	17100	43225	124324	
Pays Bas	7412	8894	10673	26990	9451	10141	12109	20762	12548	16258	19509	49315	17549	21059	25269	63875	170931
Suède	5562	6674	8009	20246	6547	7856	9428	23831	7541	9049	10859	27449	9451	11341	13609	34402	105928
Suisse	3241	3889	4667	11797	4522	5426	6512	16460	5124	6149	7379	18651	9854	11825	14190	35869	82777
Sous-total Europe	60076	72091	86509	218677	62670	75204	90245	228119	99533	119440	143328	362300	131193	157432	188918	477543	1296638
Afrique																	
Algérie	6497	4982	2258	13738	10745	2259	9910	22913	10745	2585	2258	15588	3541	2585	9910	16036	68274
Egypte	9390	6500	3686	19557	3666	14766	28082	11825	4350	3686	19841	6845	4350	12591	23786	81267	
Gabon	10860	7505	2285	20651	11729	2285	14766	28790	11729	2589	2285	16602	4574	2589	14766	21928	97961
Kenya	1778	3077	4689	9544	9084	4689	6889	20641	9084	4249	4689	18001	6588	4249	6889	17726	65913
Maroc	12300	8894	6497	27692	15058	6497	16206	37761	15058	4982	6497	26537	6882	4982	16206	28070	120060
Mauritanie	9435	7049	9390	25874	14250	9390	14190	37630	14250	6500	9390	30141	8744	6500	14190	29434	123279
Somalie	10673	10141	10860	31675	21058	10860	19509	51427	21058	7505	10860	39423	10254	7505	19509	37268	159793
Tchad	8009	7856	1778	17644	11341	1778	10859	23979	11341	3077	1778	16196	4784	3077	10859	18720	76539
Tunisie	4667	5426	12300	22394	11825	12300	7379	31504	11825	8894	12300	33020	11254	8894	7379	27527	114444
Sous-total Afrique	73611	61432	53725	188768	116893	53725	112298	282917	116893	44731	53725	215349	63466	44731	112298	220496	907529

2-Affichez ou masquez des niveaux de ligne ou de colonnes

Les cases en haut du bandeau vertical ou à gauche du bandeau horizontal servent à masquer ou afficher les lignes ou colonnes d'un niveau inférieur au numéro figurant sur la case.

- Cliquez sur les cases de niveau de colonne pour afficher successivement :
  1 seulement le premier niveau (totaux de l'année), 2 les deux premiers niveaux (totaux du trimestre et de l'année), 3 les trois niveaux (totaux des mois, trimestre et année).
- Procédez de même avec les niveaux de ligne.

CAS 8 : UTILISER LE MODE PLAN

3-AFFICHEZ OU MASQUEZ UN GROUPE SEUL

- Réaffichez tous les niveaux : cliquez sur les cases de niveau 3 en ligne et en colonne.
- Masquez les détails du groupe *Afrique* : dans le bandeau vertical, cliquez sur la case – ❶ en regard de la ligne de synthèse Afrique.

- Affichez les détails du groupe *Afrique* en cliquant sur la case + ❷ en regard de la ligne de synthèse Afrique.
- Masquez les détails de tous les groupes en ligne comme en colonne : cliquez sur les cases de niveau 2. Puis, affichez les détails par pays pour l'Asie seulement, affichez les détails des mois pour le deuxième trimestre seulement.

4-EFFACEZ LE PLAN

- Cliquez dans une cellule du tableau puis, sous l'onglet **Données**>groupe **Plan**, cliquez sur la **flèche** du bouton **Dissocier** puis sur la commande *Effacer le plan*.

5-CRÉER MANUELLEMENT DES NIVEAUX DE PLAN

Si votre tableau ne contient pas de formule qui permettent de faire un plan automatique, vous pouvez définir manuellement les niveaux de plan en regroupant les lignes ou les colonnes.

- Cliquez sur l'onglet de feuille *Feuil2*, il contient les mêmes informations que celui de la feuille *Feuil1*, sauf les formules de totalisation. Il n'est pas possible de créer un plan automatique.
- Groupez les lignes 4 à 45 : sélectionnez les cellules A4:45 puis, sous l'onglet **Données**>groupe **Plan**, cliquez sur la **flèche** du bouton **Grouper**. Activez l'option<⊙ Ligne> pour regrouper par ligne, puis validez par [OK]. Ces lignes sont maintenant de niveau 2.
- Groupez ensuite, les lignes 5 à 17, 20 à 28, 31 à 37, 40 à 44. Ces lignes sont maintenant également de niveau 2.
- Groupez les lignes 5 à 17 : sélectionnez les cellules A5:A17 puis, sous l'onglet **Données**>groupe **Plan**, cliquez sur la **flèche** du bouton **Grouper**. Activez l'option<⊙ Ligne> pour regrouper par ligne, puis validez par [OK]. Ces lignes sont maintenant de niveau 2.

- Masquez les lignes de détails de niveau inférieur à 2, affichez seulement les lignes de détails de niveau 3 pour l'Asie.
- Insérez une colonne pour le trimestre 1 et saisissez l'étiquette `Trimestre 1`, procédez de même pour les trimestres suivants. Insérez une colonne à droite du tableau et saisissez une l'étiquette `Année`.
- Regroupez les colonnes des mois puis regroupez l'ensemble des colonnes des mois et des trimestres. Au final, les colonnes des mois auront le niveau 3, les colonnes des trimestres le niveau 2 et la colonne de l'année le niveau 1.

	Janvier	Février	Mars	Trimestre 1	Avril	Mai	Juin	Trimestre 2	Juillet	Août	Septembre	Trimestre 3
Chiffre d'affaires												
Europe												
Allemagne	1 568	1 882	2 258		2 154	2 585	3 102		3 541	4 249	5 099	
Autriche	2 546	3 055	3 666		3 625	4 350	5 220		6 845	8 214	9 857	

6-Utilisez la fonction SOUS.TOTAL() pour les totaux trimestriels et annuels

Saisissez pour l'Europe dans les colonnes des trimestres les formules de totalisation en utilisant la fonction SOUS-TOTAL(). L'avantage ici de la fonction SOUS.TOTAL() est que les sous-totaux intermédiaires dans une plage de cellule, ne sont pas comptés dans le sous-total général de la plage.

- Saisissez dans la cellule E5, la formule `=SOUS.TOTAL(9;B5:D5)`. Recopiez cette formule dans les cellules E6:E17. (le n°9 de sous-total correspond à la fonction SOMME).
- Sélectionnez les cellules E5:E17, copiez les dans le Presse-papiers puis collez-les successivement dans les cellules I5, M5 et Q5.
- Dans la cellule R5 (sous Année), saisissez la formule `=SOUS.TOTAL(9;B5:Q5)`. Recopiez cette formule dans les cellules R6:R17.

	Trimestre 1	Trimestre 2	Trimestre 3	Trimestre 4	Année
Chiffre d'affaires					
Europe					
Allemagne	5 708	7 841	12 889	25 425	51 863
Autriche	9 267	13 195	24 916	39 658	87 036
Danemark	5 777	7 851	16 649	27 122	57 399
Espagne	11 852	12 889	23 980	30 762	79 483

- Pour terminer le tableau vous pouvez saisir les formules de totalisation pour l'Afrique, l'Asie et l'Amérique. Vous pouvez de la même façon insérer des lignes avec la totalisation par continent.
- Enregistrez le classeur et fermez-le

CAS 9 : TABLE D'HYPOTHÈSES

Les données et les formules

C8			f_x	=VPM(C5/12;C6*12;C7)				
	A	B	C	D	E	F	G	H
1	Simulation de mensualité de remboursement d'un emprunt							
2	Etude de la variation du taux et de la durée sur le montant du remboursement mensuel							
3								
4								
5		Taux d'intérêt :	5%					
6		Durée en années :	10					
7		Montant de l'emprunt :	100000					
8	Remboursement mensuel :		-1 060,66 €					
9								
10	Table d'hypothèses :							
11								
12			7	8	9	10	11	12	13
13		4,0%						
14		4,5%						
15		5,0%						
16		5,5%						
17		6,0%						
18		6,5%						
19		7,0%						

Le résultat

A12			f_x	=-C8				
	A	B	C	D	E	F	G	H
1	Simulation de mensualité de remboursement d'un emprunt							
2	Etude de la variation du taux et de la durée sur le montant du remboursement mensuel							
3								
4								
5		Taux d'intérêt :	5%					
6		Durée en années :	10					
7		Montant de l'emprunt :	100 000,00 €					
8	Remboursement mensuel : -		1 060,66 €					
9								
10	Table d'hypothèses :							
11								
12			7	8	9	10	11	12	13
13		4,00%	1 367 €	1 219 €	1 104 €	1 012 €	938 €	876 €	823 €
14		4,50%	1 390 €	1 242 €	1 128 €	1 036 €	962 €	900 €	848 €
15		5,00%	1 413 €	1 266 €	1 152 €	1 061 €	986 €	925 €	873 €
16		5,50%	1 437 €	1 290 €	1 176 €	1 085 €	1 011 €	950 €	899 €
17		6,00%	1 461 €	1 314 €	1 201 €	1 110 €	1 037 €	976 €	925 €
18		6,50%	1 485 €	1 339 €	1 225 €	1 135 €	1 062 €	1 002 €	951 €
19		7,00%	1 509 €	1 363 €	1 251 €	1 161 €	1 088 €	1 028 €	978 €

CAS 9 : TABLE D'HYPOTHÈSES

Fonctions utilisées

– *Table d'hypothèses à double entrée*   – *Hauteur de ligne*

– *Fonctions financières*   – *Mise en forme automatique*   **8 mn**

Une table d'hypothèses sert à calculer une formule pour diverses valeurs d'hypothèses d'une ou deux variables. Dans notre cas, nous voulons étudier l'effet de différentes hypothèses de taux et de durée sur la mensualité de remboursement d'un prêt.

La structure du tableau est fournie dans le classeur `CasA9.xlsx`, enregistré dans le dossier `C:\Exercices Excel 2007`. Ouvrez le fichier et enregistrez-le sous le nom `CasA9-R.xlsx`.

1-SAISISSEZ LES DONNÉES ET LA FORMULE

Vous allez utiliser la fonction financière VPM() dont la syntaxe est :

`VPM(taux;npm;va;vc;type)`.

`Taux` représente le taux d'intérêt sur une période de l'emprunt.

`npm` représente le nombre de période de remboursements pour l'emprunt.

`Va` représente le principal de l'emprunt.

`Vc` représente la valeur capitalisée, restant à rembourser après le dernier paiement. Si vc est omis, la valeur par défaut est 0 (zéro), équivaut au cas où l'emprunt est complètement remboursé.

■ Saisissez les données dans les cellules C5 à C7 : `5%, 10, 100000`.

	A	B	C	D	E	F	G	H	I	J
1	Simulation de mensualité de remboursement d'un emprunt									
2	Etude de la variation du taux et de la durée sur le montant du remboursement mensuel									
3										
4										
5		Taux d'intérêt :	5%							
6		Durée en années :	10							
7		Montant de l'emprunt :	100000							
8	Remboursement mensuel :									

■ Entrez la formule de calcul de la mensualité de remboursement dans la cellule C8 : cliquez sur *fx* dans la barre de formule ou, sous l'onglet **Formule**>groupe **Bibliothèque de fonctions**, cliquez sur le bouton **Insérer une formule**. Le dialogue *Insérer une fonction* s'affiche.

– Dans <Sélectionnez une catégorie> : sélectionnez *Finance*, dans <Sélectionnez une fonction> : double-cliquez sur la fonction RECHERCHE. Puis spécifiez les arguments :

Arguments de la fonction			?
VPM			
Taux	C5/12		= 0,004166667
Npm	C6*12		= 120
Va	C7		= 100000
Vc			= nombre
Type			= nombre
			= -1060,655152

Calcule le montant total de chaque remboursement périodique d'un investissement à remboursements et taux d'intérêt constants.

Va est la valeur actuelle, c'est-à-dire la valeur présente du total des remboursements futurs.

Résultat = -1060,655152

Aide sur cette fonction   OK   Annuler

CAS 9 : TABLE D'HYPOTHÈSES

Remarquez que, déjà dans la boîte de dialogue, le résultat est -1 060,655162. Le signe négatif signifie qu'il s'agit d'une sortie d'argent. Remarquez aussi que le format automatique de la cellule dans laquelle a été entrée la formule VPM() affiche en couleur rouge les valeurs négatives.

2-FORMATEZ LES CELLULES

- Fusionnez les cellules A5:B5, pour cela sélectionnez les cellules A5:B5, puis cliquez sur le **Lanceur** du groupe **Alignement**, puis sous l'onglet cochez la case <☑ Fusionner les cellules> et dans la zone <Alignement:Horizontal> : sélectionnez *Droite(Retrait)*. Validez par [OK].
- Fusionnez les cellules A6:B6, pour cela sélectionnez les cellules A6:B6 et cliquez sur l'outil *Répéter* situé dans la barre d'outils *Accès rapide*. Fusionnez de même les cellules A7:B7 et A8:B8.

3-PRÉPAREZ LA TABLE D'HYPOTHÈSES

La formule à utiliser dans la table d'hypothèses est celle de la cellule C8 : =VPM(C5/12;C6*12;C7), il faut soit entrer la formule dans la première cellule de la table d'hypothèses, soit entrer =C8 de façon à référencer la cellule qui contient la formule.

La formule utilise les deux variables référencées par les cellules C5 (taux) et C6 (durée).

Il faut préparer la table d'hypothèses en disposant les valeurs d'hypothèses ont été saisies pour une variable (ici la durée en années) dans la première ligne du tableau (ici B12:F12), et pour l'autre variable (le taux d'intérêt annuel) dans la première colonne (ici A13:A19).

4-EFFECTUEZ LES CALCULS MULTIPLES DANS LA TABLE D'HYPOTHÈSES

Nous allons effectuer en une seule action le calcul de la formule autant de fois qu'il y a de combinaisons possibles de valeurs d'hypothèses des variables. Les résultats pour chaque combinaison de valeurs de d'hypothèses sont placés dans la cellule à l'intersection de la ligne et la colonne dans la table.

- Sélectionnez la plage de cellules contenant les valeurs d'hypothèses, soit la plage A12:F17.
- Sous l'onglet **Accueil**>groupe **Outils de données**, cliquez sur la **flèche** du bouton **Analyse de scénarios** puis sur la commande *Table de données*. Le dialogue *Table de données* s'affiche.

  Dans <Cellule d'entrée en ligne> : référencez la cellule variable dont les valeurs d'hypothèses sont disposées dans la première ligne, et dans <Cellule d'entrée en colonne> : référencez la cellule variable dont les valeurs d'hypothèses sont disposées dans la première colonne. Validez par [OK].

-1 060,66 €	7	8	9	10	11	12	13	14	15
4,00%	-1366,88063	-1218,92753	-1104,09689	-1012,45138	-937,667186	-875,528369	-823,116156	-778,345661	-739,687926
4,50%	-1390,01613	-1242,32344	-1127,75926	-1036,38409	-961,872691	-900,008161	-847,871019	-803,375852	-764,993289
5,00%	-1413,39091	-1265,992	-1151,72732	-1060,65515	-986,448825	-924,890414	-873,059702	-828,870711	-790,793627
5,50%	-1437,00427	-1289,93222	-1175,99971	-1085,26278	-1011,39326	-950,172169	-898,678512	-854,825707	-817,083455
6,00%	-1460,85545	-1314,14302	-1200,57496	-1110,20502	-1036,70346	-975,850214	-924,723444	-881,235925	-843,856828
6,50%	-1484,94365	-1338,62326	-1225,45151	-1135,47977	-1062,37671	-1001,92109	-951,190188	-908,096081	-871,107365
7,00%	-1509,268	-1363,37171	-1250,62766	-1161,08479	-1088,41009	-1028,3811	-978,074141	-935,400542	-898,828271

Notez que lorsque vous changez les valeurs d'hypothèses (le taux d'intérêt, la durée ou le montant), la table d'hypothèses est automatiquement recalculée.

5-FORMATEZ LES NOMBRES ET METTEZ DES BORDURES

- Sélectionnez les plages C7:C8 et B13:J19 (maintenez appuyée la touche Ctrl pour sélectionner des plages disjointes), puis cliquez sur le bouton **Format Nombre Comptabilité**, cliquez ensuite deux fois sur le bouton **Réduire les décimales**.

- Pour les bordures : sélectionnez les cellules A12:J19, cliquez sur la **flèche** du bouton **Bordures** puis sur *Bordure épaisse en encadré*. Sélectionnez ensuite A12:J12, cliquez sur la **flèche** du bouton **Bordures** puis sur *Bordure inférieure*. Enfin, cliquez sur la **flèche** du bouton **Bordures** puis sur *Bordure droite*.

Table d'hypothèses :

-1 060,66 €	7	8	9	10	11	12	13	14	15
4,00%	- 1 367 € -	1 219 € -	1 104 € -	1 012 € -	938 € -	876 € -	823 € -	778 € -	740 €
4,50%	- 1 390 € -	1 242 € -	1 128 € -	1 036 € -	962 € -	900 € -	848 € -	803 € -	765 €
5,00%	- 1 413 € -	1 266 € -	1 152 € -	1 061 € -	986 € -	925 € -	873 € -	829 € -	791 €
5,50%	- 1 437 € -	1 290 € -	1 176 € -	1 085 € -	1 011 € -	950 € -	899 € -	855 € -	817 €
6,00%	- 1 461 € -	1 314 € -	1 201 € -	1 110 € -	1 037 € -	976 € -	925 € -	881 € -	844 €
6,50%	- 1 485 € -	1 339 € -	1 225 € -	1 135 € -	1 062 € -	1 002 € -	951 € -	908 € -	871 €
7,00%	- 1 509 € -	1 363 € -	1 251 € -	1 161 € -	1 088 € -	1 028 € -	978 € -	935 € -	899 €

- Les mensualités sont négatives car le résultat de la formule VPM() représente une sortie d'argent. Ce signe négatif n'est pas utile dans le tableau négatif. Pour le neutraliser, modifiez la formule du tableau d'hypothèses dans la cellule A12 en =-C8.

- Vous pouvez rendre invisible l'affichage de la cellule A12 : appliquez une couleur de police identique à celle de la couleur de remplissage, ici le blanc : cliquez sur la **flèche** du bouton **Couleur de police** puis cliquez sur la pastille de couleur blanche.

A12   fx =-C8

	A	B	C	D	E	F	G	H	I	J
1	Simulation de mensualité de remboursement d'un emprunt									
2	Etude de la variation du taux et de la durée sur le montant du remboursement mensuel									
3										
4										
5	Taux d'intérêt :		5%							
6	Durée en années :		10							
7	Montant de l'emprunt :		100 000,00 €							
8	Remboursement mensuel :	- 1 060,66 €								
9										
10	Table d'hypothèses :									
11										
12			7	8	9	10	11	12	13	14	15
13	4,00%	1 367 €	1 219 €	1 104 €	1 012 €	938 €	876 €	823 €	778 €	740 €
14	4,50%	1 390 €	1 242 €	1 128 €	1 036 €	962 €	900 €	848 €	803 €	765 €
15	5,00%	1 413 €	1 266 €	1 152 €	1 061 €	986 €	925 €	873 €	829 €	791 €
16	5,50%	1 437 €	1 290 €	1 176 €	1 085 €	1 011 €	950 €	899 €	855 €	817 €
17	6,00%	1 461 €	1 314 €	1 201 €	1 110 €	1 037 €	976 €	925 €	881 €	844 €
18	6,50%	1 485 €	1 339 €	1 225 €	1 135 €	1 062 €	1 002 €	951 €	908 €	871 €
19	7,00%	1 509 €	1 363 €	1 251 €	1 161 €	1 088 €	1 028 €	978 €	935 €	899 €

- Enregistrez le classeur et fermez-le

CAS 10 : VALEUR CIBLE

Quel salaire brut permet d'atteindre 1 000 € de salaire net ?

	A	B	C	D	E	F
2		Calcul du net et du coût total pour l'entreprise, à partir du brut				
3						
4						
5	Salaire brut (inférieur au plafond) :		1100			
6						
7	Cotisations	Base		Part salarié		Part patronale
8	CSG et RDS	=95%*Brut	0,08	=Base*PS		=Base*PP
9	Maladie Veuvage	=Brut	0,0085	=Base*PS	0,128	=Base*PP
10	Vieillesse plafonnée	=Brut	0,0655	=Base*PS	0,082	=Base*PP
11	Assurance vieillesse	=Brut		=Base*PS	0,016	=Base*PP
12	FNAL Tranche A	=Brut		=Base*PS	0,001	=Base*PP
13	Accident du travail	=Brut		=Base*PS	0,013	=Base*PP
14	Allocations familiales	=Brut		=Base*PS	0,054	=Base*PP
15	Chômage Tranche A	=Brut	0,0221	=Base*PS	0,0397	=Base*PP
16	Assedic AGS	=Brut		=Base*PS	0,002	=Base*PP
17	ASF Tranche A	=Brut	0,008	=Base*PS	0,0116	=Base*PP
18	Retraite Tranche A	=Brut	0,03	=Base*PS	0,045	=Base*PP
19	Prévoyance Tranche A	=Brut		=Base*PS	0,013	=Base*PP
20	Taxe d'apprentissage	=Brut		=Base*PS	0,006	=Base*PP
21	Formation continue	=Brut		=Base*PS	0,0015	=Base*PP
22	Total cotisations			=SOMME(D8:D21)		=SOMME(F8:F21)
23						
24	Salaire net		=Brut-D22			
25	Coût total pour l'entreprise		=Brut+F22			

	A	B	C	D	E	F	G	H	I	J
1			SALAIRE							
2		Calcul du net et du coût total pour l'entreprise, à partir du brut								
3										
4										
5	Salaire brut (inférieur au plafond)		1 265,98 €							
6										
7	Cotisations	Base		Part salarié		Part patronale				
8	CSG et RDS	1 203	8,00%	96,21471			0			

Valeur cible

Cellule à définir : $C$24
Valeur à atteindre : 1000
Cellule à modifier : $C$5

OK Annuler

	A	B	C	D	E	F
20	Taxe d'apprentissage	1 266		0	0,60%	7,5959
21	Formation continue	1 266		0	0,15%	1,89897
22	Total cotisations			265,983		522,598
23						
24	Salaire net		1 000,00 €			
25	Coût total pour l'entreprise		1 788,58 €			

Calcul de point mort

	A	B	C	D	E	F
1	**Calcul du point mort**					
2						
3	Cout fixe	110 000				
4						
5	Couts variables					
6	Mat.Premières	1,5				
7	Travail	4,5				
8		6				
9						
10	Prix	9,00				
11	Quantité	36 667				
12						
13	Résultat	0				

État de la recherche

Recherche sur la cellule B13
a trouvé une solution.

Pas à pas

Pause

Valeur cible : 0
Valeur actuelle : 0

OK Annuler

CAS 10 : VALEUR CIBLE

Fonctions utilisées

– *Valeur cible*
– *Utilisation des noms*

12 mn

La fonction valeur cible permet de trouver quelle valeur permet d'atteindre un résultat pour une formule. Par exemple, on sait calculer dans un tableau Excel le salaire net d'un salarié à partir du salaire brut en calculant les retenues de charges sociales. La fonction valeur cible permet de faire le raisonnement à l'envers, il répond à la question quelle valeur du salaire brut correspond à un salaire net annoncé au salarié.

Les données pour établir le tableau de bulletin de salaire sont dans le fichier `CasA10.xlsx`, enregistré dans le dossier `C:\Exercices Excel 2007`. Ouvrez le fichier et enregistrez-le sous le nom `CasA10-R.xlsx`.

1-NOMMEZ LES PLAGES DU TABLEAU

Excel peut nommer les plages de cellules en utilisant les étiquettes de cellules. Mais lorsque les étiquettes comportent beaucoup de texte, il est préférable d'utiliser des noms plus courts. Dans notre cas, nous allons employer le nom *PS* pour *Part Salariale* et *PP* pour *Part Patronale*.

- Nommez les colonnes du tableau pour utiliser ces noms dans les formules : cliquez sur le bouton **Gestionnaire de noms** ou utilisez le raccourci [Ctrl]+[F3], le dialogue *Gestionnaire de noms* s'affiche.
  - Cliquez sur [Nouveau], saisissez `Brut`, sélectionnez tout le contenu de la zone <Fait référence à> puis cliquez dans la feuille sur la cellule C5. Validez par [OK].
  - Cliquez sur [Nouveau], saisissez `PS`, sélectionnez tout le contenu de la zone <Fait référence à> puis sélectionnez dans la feuille les cellules C8:C21. Validez par [OK].
  - Cliquez sur [Nouveau], saisissez `PP`, sélectionnez tout le contenu de la zone <Fait référence à> puis sélectionnez dans la feuille les cellules E8:E21. Validez par [OK].
- Fermez le dialogue *Gestionnaire de noms* en cliquant sur [Fermer].
- Sélectionnez les cellules B7:B21, puis cliquez sur le bouton **Créer à partir de la sélection**, cochez la case <☑ Ligne du haut>. Validez par [OK].

2-CRÉEZ LES FORMULES

- Entrez 1100€ dans la cellule B5.
- Calculez le montant servant de base au calcul des prélèvements (c'est le salaire brut, sauf pour la CSG et le RDS qui sont calculés sur 95 % du brut) :
  - Cliquez sur la cellule B8, tapez `=95%*Brut`, validez par [↵].
  - Le curseur est passé sur la cellule B9, tapez `=Brut`, validez par [↵].
  - Recopiez la formule : sélectionnez la cellule B9, faites glisser la poignée de recopie pour étendre la sélection à la plage B9:B21.

3-CALCULEZ LES CHARGES SALARIALES ET PATRONALES

- Calculez les retenues du salarié (la part salariale des charges) :
  - Cliquez sur la cellule D8, tapez `=Base*PS`, validez par [↵]. Sélectionnez la cellule D8, faites glisser la poignée de recopie pour étendre la sélection à la plage D8:D21.
  - Cliquez sur la cellule F8, tapez `=Base*PP`, validez par [↵]. Sélectionnez la cellule F8, faites glisser la poignée de recopie pour étendre la sélection à la plage F8:F21

CAS 10 : VALEUR CIBLE

- Calculez les totaux : cliquez sur la cellule D22 puis cliquez sur le bouton Σ · **Somme** sur le Ruban. La plage à sommer étant correcte, validez par ⏎. Recopiez la formule dans la cellule F22.
- Sous le tableau, calculez les résultats finaux :
  - Cliquez sur la cellule B24, tapez =Brut-D22, validez par ⏎.
  - Le curseur est passé sur la cellule B25, tapez =Brut+F22, validez par ⏎.
- Enregistrez le classeur.

	A	B	C	D	E	F	G
1			SALAIRE				
2		Calcul du net et du coût total pour l'entreprise, à partir du brut					
3							
4							
5	Salaire brut (inférieur au plafond)		1100				
6							
7	Cotisations	Base		Part salarié		Part patronale	
8	CSG et RDS	1045	8,00%	83,6			0
9	Maladie Veuvage	1100	0,85%	9,35	12,80%	140,8	
10	Vieillesse plafonnée	1100	6,55%	72,05	8,20%	90,2	
11	Assurance vieillesse	1100		0	1,60%	17,6	
12	FNAL Tranche A	1100		0	0,10%	1,1	
13	Accident du travail	1100		0	1,30%	14,3	
14	Allocations familiales	1100		0	5,40%	59,4	
15	Chômage Tranche A	1100	2,21%	24,31	3,97%	43,67	
16	Assedic AGS	1100		0	0,20%	2,2	
17	ASF Tranche A	1100	0,80%	8,8	1,16%	12,76	
18	Retraite Tranche A	1100	3,00%	33	4,50%	49,5	
19	Prévoyance Tranche A	1100		0	1,30%	14,3	
20	Taxe d'apprentissage	1100		0	0,60%	6,6	
21	Formation continue	1100		0	0,15%	1,65	
22	Total cotisations			231,11		454,08	
23							
24	Salaire net		868,89				
25	Coût total pour l'entreprise		1554,08				

4-CHERCHEZ UNE VALEUR SOURCE À PARTIR D'UNE VALEUR CIBLE

Quel doit être le salaire brut de l'employé pour que son salaire net soit de 1 000 € ?

- Sélectionnez la cellule contenant la formule (ici C24) puis, sous l'onglet **Données**>groupe **Outils de données**, cliquez sur la **flèche** du bouton **Analyse de scénario** puis sur *Valeur cible...*
- Dans la zone <Cellule à définir>, la référence C24 de la cellule qui contient la formule est affichée. Dans la zone <Valeur à atteindre>, saisissez la valeur cible 1000. Dans la zone <Cellule à modifier>, cliquez sur la cellule C5 de la feuille. Validez en cliquant sur [OK].

	A	B	C	D	E	F
5	Salaire brut (inférieur au plafond)		1265,983			
6						
7	Cotisations	Base		Part salarié		Part patronale
8	CSG et RDS	1202,6839	8,00%	96,214711		0
9	Maladie Veuvage	1265,983	0,85%	10,760856	12,80%	162,04583
10	Vieillesse plafonnée	1265,983	6,55%	82,921889	8,20%	103,81061
11	Assurance vieillesse	1265,983		0	1,60%	20,255729
12	FNAL Tranche A	1265,983		0	0,10%	1,265983
13	Accident du travail	1265,983		0	1,30%	16,457779
14	Allocations familiales	1265,983		0	5,40%	68,363084
15	Chômage Tranche A	1265,983	2,21%	27,978225	3,97%	50,259527
16	Assedic AGS	1265,983		0	0,20%	2,5319661
17	ASF Tranche A	1265,983	0,80%	10,127864	1,16%	14,685403
18	Retraite Tranche A	1265,983	3,00%	37,979491	4,50%	56,969237
19	Prévoyance Tranche A	1265,983		0	1,30%	16,457779
20	Taxe d'apprentissage	1265,983		0	0,60%	7,5958982
21	Formation continue	1265,983		0	0,15%	1,8989746
22	Total cotisations			265,98304		522,5978
23						
24	Salaire net		1000			
25	Coût total pour l'entreprise		1788,5808			

État de la recherche

Recherche sur la cellule C24 a trouvé une solution.

Valeur cible : 1000
Valeur actuelle : 1000

Le résultat s'affiche dans la cellule à modifier et une fenêtre message vous propose de confirmer :

- Cliquez sur [OK] pour valider le changement des valeurs dans la feuille. Le salaire brut permettant d'obtenir un salaire net de 1 000 € est 1 265,98 €.

CAS 10 : VALEUR CIBLE

Quel est le salaire brut de l'employé pour que le coût total pour l'entreprise ne dépasse pas 1 700 € ?

- Procédez comme précédemment, en partant de la formule de la cellule C25.

  - Dans la zone <Cellule à définir>, la référence C25 de la cellule qui contient la formule est affichée. Dans la zone <Valeur à atteindre>, saisissez la valeur cible 1700. Dans la zone <Cellule à modifier>, cliquez sur la cellule C5 de la feuille. Validez en cliquant sur [OK].

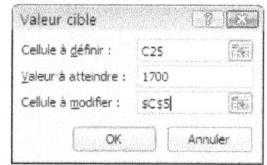

Le résultat s'affiche dans la cellule à modifier et une fenêtre message vous propose de confirmer :

- Cliquez sur [OK] pour valider le changement des valeurs dans la feuille. Le salaire brut permettant correspondant au cout total salarial de 1 700 € est 1 203,29 €.

5-RECHERCHEZ LE POINT MORT D'UNE CHAÎNE DE FABRICATION

La fabrication d'un article suppose un investissement initial (coût fixe) dans un équipement, puis l'emploi de ressources matières premières et travail (couts variables). L'équipement coûte 110 000 €, la production de 10 articles coûte 15 € de matière première et 1,5 H de travail coutant 30 € par heure. Vous prévoyez de fixer le prix de vente à 9 €.

À partir de quelle quantité produite la fabrication commence-t-elle à générer un résultat, à partir de quelle quantité le résultat dépassera-t-il 10 000 € pour rentabiliser l'investissement initial.

- Saisissez les données de ce problème dans la feuille *Feuil2* : en supposant initialement une production de 1 000 articles, calculez le résultat.

- Utilisez la fonction valeur cible pour inverser le raisonnement : quel est la production permettant d'atteindre un résultat positif.

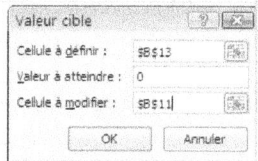

La <Valeur à atteindre> pour le point mort est 0, la <Cellule à définir> est celle de la formule, la <Cellule à modifier> correspond à celle de la quantité à produire.

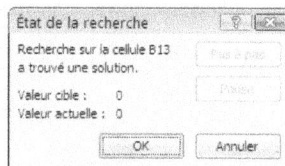

Le point mort correspond à une production de 36 667 articles.

- Puis quelle est la production permettant d'atteindre un résultat de 10 000 €.

CAS 11: SCÉNARIOS

Le tableau sans les données d'entrée

	A	B
1	Résultat en fonction du CA et du taux de marge	
2		
3	PRODUITS	
4	Chiffre d'affaires	0 €
5	Taux de marge	0,00%
6	Marge brute	0 €
7		
8	CHARGES	
9	Location bureaux	150 000 €
10	Parc automobile	130 000 €
11	Consommables	60 000 €
12	Marketing	150 000 €
13	Pots de vin	200 000 €
14	Investissements	300 000 €
15		
16	Frais bancaires	55 000 €
17		
18	Frais de personnel	1 600 000 €
19		
20	RÉSULTAT	-2 645 000 €

Les scénarios

	A	B	B du taux de marge	B du taux de marge
1	Résultat en fonction du CA et du taux de marge			
2				
3	PRODUITS			
4	Chiffre d'affaires	6000000	9000000	12000000
5	Taux de marge	35,00%	30,00%	25,00%
6	Marge brute	2100000	2700000	3000000
7				
8	CHARGES			
9	Location bureaux	150 000 €	150 000 €	150 000 €
10	Parc automobile	130 000 €	130 000 €	130 000 €
11	Consommables	60 000 €	60 000 €	60 000 €
12	Marketing	150 000 €	150 000 €	150 000 €
13	Pots de vin	200 000 €	200 000 €	200 000 €
14	Investissements	300 000 €	300 000 €	300 000 €
15				
16	Frais bancaires	55 000 €	55 000 €	55 000 €
17				
18	Frais de personnel	1 600 000 €	1 600 000 €	1 600 000 €
19				
20	RÉSULTAT	-545 000 €	55 000 €	355 000 €

	A	B	C	D	E	F	G
1							
2		Synthèse de scénarios					
3				Valeurs actuelles	Hypothèse moyenne	Hypothèse haute	Hypothèse basse
5		Cellules variables :					
6			Chiffre_d_affaires	12 000 000 €	9 000 000 €	12 000 000 €	6 000 000 €
7			Taux_de_marge	25,00%	30,00%	25,00%	35,00%
8		Cellules résultantes :					
9			Résultat	355 000 €	55 000 €	355 000 €	-545 000 €
10			Marge_brute	3 000 000 €	2 700 000 €	3 000 000 €	2 100 000 €
11		La colonne Valeurs actuelles affiche les valeurs des cellules variables					
12		au moment de la création du rapport de synthèse. Les cellules variables					
13		de chaque scénario se situent dans les colonnes grisées.					

CAS 11: SCÉNARIOS

Fonctions utilisées

– *Scénarios*

– *Rapport de synthèse*

8 mn

Ce cas est un compte d'exploitation simplifié, les chiffres sont calculés par des formules à partir des valeurs d'entrée suivantes : le chiffre d'affaires et le taux de marge. Nous voulons essayer plusieurs scénarios de valeurs d'entrée et conserver une trace de chacun.

Un scénario est un ensemble de valeurs d'entrée que l'on peut réappliquer en une seule action dans toutes les cellules d'entrée, plutôt que d'avoir à modifier les valeurs à différents endroits dans la feuille avec les risques d'erreurs que cela comporte.

Les données du compte d'exploitation sont fournies dans le classeur `CasA11.xlsx`, présent dans le dossier `C:\Exercices Excel 2007`. Ouvrez le fichier et enregistrez-le sous le nom `CasA11-R.xlsx`.

	A	B
1	Résultat en fonction du CA et du taux de marge	
2		
3	PRODUITS	
4	Chiffre d'affaires	0 €
5	Taux de marge	0,00%
6	Marge brute	0 €
7		
8	CHARGES	
9	Location bureaux	150 000 €
10	Parc automobile	130 000 €
11	Consommables	60 000 €
12	Marketing	150 000 €
13	Pots de vin	200 000 €
14	Investissements	300 000 €
15		
16	Frais bancaires	55 000 €
17		
18	Frais de personnel	1 600 000 €
19		
20	RÉSULTAT	-2 645 000 €

Nous voulons tester trois hypothèses afin de voir quel résultat il en découle :

1) Hypothèse basse : un chiffre d'affaires de 6 M€ et un taux de marge de 35 %.

2) Hypothèse moyenne : un chiffre d'affaires de 9 M€ et un taux de marge de 30 %.

3) Hypothèse haute : un chiffre d'affaires de 12 M€ et un taux de marge de 25 %.

1-Créez les scénarios

- Commencez toujours par sélectionner les cellules d'entrée, ici la plage B4:B5 (si elles n'étaient pas contiguës vous les sélectionneriez simultanément par Ctrl +clic sur les cellules).

- Sous l'onglet **Données**>groupe **Outils de données**, cliquez sur la flèche du bouton **Analyse de scénario** puis sur la commande *Gestionnaire de scénarios*...

- Dans le dialogue *Gestionnaire de scénarios* : cliquez sur [Ajouter], saisissez le nom du scénario `Hypothèse basse`, spécifiez les références des cellules variables. Cliquez sur [OK].

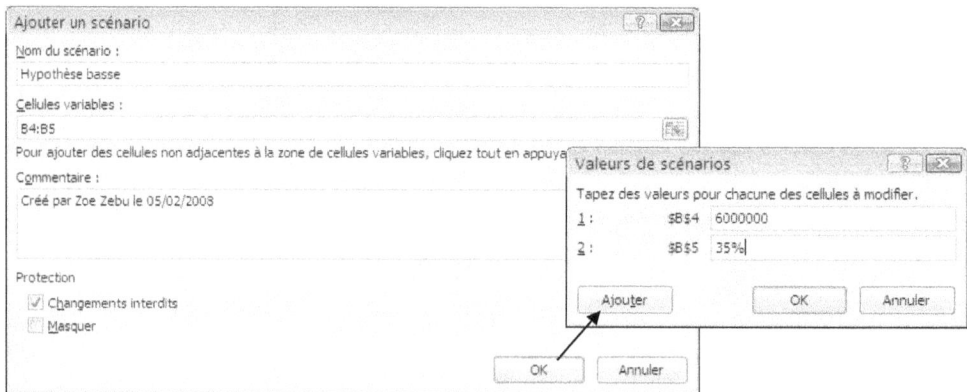

Le dialogue *Valeurs de scénarios* s'affiche.

CAS 11: SCÉNARIOS

- Dans le dialogue *Valeurs de scénarios* : saisissez les valeurs du scénario (6000000,35%), puis

- Cliquez sur [Ajouter] pour créer le scénario et en ajouter un autre (deuxième) : dans le dialogue *Ajouter un scénario*, saisissez le nom du deuxième scénario, Hypothèse moyenne, cliquez sur [OK], puis saisissez les valeurs du scénario (9000000,30%).

- Cliquez [Ajouter] pour créer le scénario et en ajouter un autre (troisième) : dans le dialogue *Ajouter un scénario*, saisissez le nom du troisième scénario, Hypothèse haute, cliquez sur [OK], puis saisissez les valeurs du scénario (12000000,25%).

- Cliquez sur [OK] pour créer le scénario et revenir au dialogue *Gestionnaire de scénarios*.

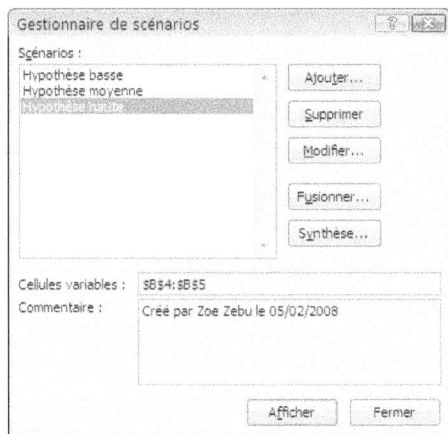

- Cliquez sur [Fermer] pour terminer.

2-AFFICHEZ LES VALEURS D'UN SCÉNARIO

- Sous l'onglet **Données**>groupe **Outils de données**, cliquez sur la **flèche** du bouton **Analyse de scénario** puis sur la commande *Gestionnaire de scénarios...* Sélectionnez le scénario Hypothèse moyenne puis cliquez sur [Afficher].

Les valeurs du scénario remplacent alors les valeurs existantes dans les cellules variables. Constatez que le résultat obtenu est 55 000 €.

Pour pouvoir restaurer les valeurs d'origine des cellules variables, il faut avoir créé un scénario d'origine qui utilise les valeurs d'origine des cellules avant d'afficher les scénarios qui les modifient.

- Affichez le résultat pour le scénario Hypothèse haute, puis Hypothèse basse. Quel est le résultat pour chacune de ces hypothèses ?

	A	B	B	B
1	Résultat en fonction du CA et du taux de marge		du taux de marge	du taux de marge
2				
3	PRODUITS			
4	Chiffre d'affaires	6000000	9000000	12000000
5	Taux de marge	35,00%	30,00%	25,00%
6	Marge brute	2100000	2700000	3000000
7				
8	CHARGES			
9	Location bureaux	150 000 €	150 000 €	150 000 €
10	Parc automobile	130 000 €	130 000 €	130 000 €
11	Consommables	60 000 €	60 000 €	60 000 €
12	Marketing	150 000 €	150 000 €	150 000 €
13	Pots de vin	200 000 €	200 000 €	200 000 €
14	Investissements	300 000 €	300 000 €	300 000 €
15				
16	Frais bancaires	55 000 €	55 000 €	55 000 €
17				
18	Frais de personnel	1 600 000 €	1 600 000 €	1 600 000 €
19				
20	RÉSULTAT	-646 000 €	55 000 €	355 000 €

3-AJOUTEZ OU MODIFIEZ DES SCÉNARIOS

- Ajoutez comme précédemment un scénario `Hypothèse critique` correspondant aux valeurs (`5000000, 40%`). Affichez ensuite le résultat pour les valeurs de ce scénario.

- Modifiez le scénario `Hypothèse basse` par les valeurs (`6500000, 33%`) : dans le dialogue *Gestionnaire de scénarios*, sélectionnez le scénario puis cliquez sur [Modifier]. Continuez comme pour la création. Affichez ensuite le résultat pour ce scénario.

- Supprimez le scénario `Hypothèse critique` : dans le dialogue *Gestionnaire de scénarios*, sélectionnez le scénario puis cliquez sur [Supprimer].

4-FAITES UN RAPPORT DE SYNTHÈSE DES SCÉNARIOS

- Nommez les cellules contenant les variables ainsi que les cellules contenant le résultat (pas d'espace dans les noms, si vous créez les noms à partir des étiquettes les espaces sont automatiquement remplacés par des _).

- Sous l'onglet **Données**>groupe **Outils de données**, cliquez sur la flèche du bouton **Analyse de scénario** puis cliquez sur la commande *Gestionnaire de scénarios...*, enfin cliquez sur le bouton [Synthèse].

- ❶ Choisissez <⊙ Synthèse de scénarios>, ❷ spécifiez les cellules résultantes que vous voulez visualiser dans la synthèse. Cliquez sur [OK].

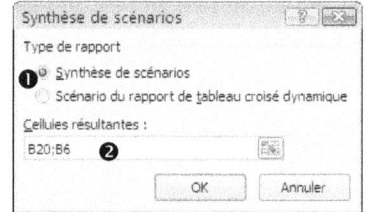

Synthèse de scénarios				
	Valeurs actuelles :	Hypothèse moyenne	Hypothèse haute	Hypothèse basse
Cellules variables :				
Chiffre_d_affaires	12 000 000 €	9 000 000 €	12 000 000 €	6 000 000 €
Taux_de_marge	25,00%	30,00%	25,00%	35,00%
Cellules résultantes :				
Résultat	355 000 €	55 000 €	355 000 €	-545 000 €
Marge_brute	3 000 000 €	2 700 000 €	3 000 000 €	2 100 000 €

La colonne Valeurs actuelles affiche les valeurs des cellules variables au moment de la création du rapport de synthèse. Les cellules variables de chaque scénario se situent dans les colonnes grisées.

- Cliquez sur le bouton 🔲 pour enregistrer le classeur puis fermez le classeur.

CAS 12: LIAISONS ENTRE FEUILLES

Les trois tableaux dans trois feuilles distinctes

	A	B	C	D	E	F	G	H	I
1	**Récapitulatif des ventes**								
2									
3	Zone :	Région 1							
4	Année :	2008							
5									
6		*Trim1*	*Trim2*	*Trim3*	*Trim4*	*Année*			
7	Ordinateurs	1 860	2 540	7 690	4 270	16 360			
8	Logiciels	1 250	2 890	4 580	3 250	11 970			
9	Services	850	1 780	2 650	4 520	9 800			
10	Total	3 960	7 210	14 920	12 040	38 130			
11									

Région 1 / Région 2 / Région 3 / Monde

	A	B	C	D	E	F	G	H	I
1	**Récapitulatif des ventes**								
2									
3	Zone :	Région 2							
4	Année :	2008							
5									
6		*Trim1*	*Trim2*	*Trim3*	*Trim4*	*Année*			
7	Ordinateurs	32 580	1 860	2 540	4 780	41 760			
8	Logiciels	2 450	1 250	2 890	1 890	8 480			
9	Services	1 540	850	1 780	2 450	6 620			
10	Total	36 570	3 960	7 210	9 120	56 860			
11									

Région 1 / Région 2 / Région 3 / Monde

	A	B	C	D	E	F	G	H	I
1	**Récapitulatif des ventes**								
2									
3	Zone :	Région 3							
4	Année :	2008							
5									
6		*Trim1*	*Trim2*	*Trim3*	*Trim4*	*Année*			
7	Ordinateurs	2 540	4 780	3 890	4 560	15 770			
8	Logiciels	2 890	1 890	2 350	3 120	10 250			
9	Services	1 780	2 450	3 560	1 870	9 660			
10	Total	7 210	9 120	9 800	9 550	35 680			
11									

Région 1 / Région 2 / Région 3 / Monde

Le tableau de synthèse dans une autre feuille

	A	B	C	D	E	F	G	H	I
1	**Récapitulatif des ventes**								
2									
3	Zone :	Monde							
4	Année :	2008							
5									
6		*Trim1*	*Trim2*	*Trim3*	*Trim4*	*Année*			
7	Région 1	3 960	7 210	14 920	12 040	38 130			
8	Région 2	36 570	3 960	7 210	9 120	56 860			
9	Région 3	7 210	9 120	9 800	9 550	35 680			
10	Total	47 740	20 290	31 930	30 710	130 670			
11									

Région 1 / Région 2 / Région 3 / Monde

CAS 12 : LIAISONS ENTRE FEUILLES

Fonctions utilisées

– *Mise en forme simultanée de feuilles*   – *Création de formules de liaison*

– *Insertion d'une feuille de calcul*   – *Affichage des formules*   **10 mn**

Vous allez créer un tableau de synthèse de trois tableaux présents dans des feuilles de calcul distinctes d'un même classeur. Vous utiliserez une formule de liaison, faisant référence à des cellules d'une autre feuille pour récupérer des résultats calculés dans d'autres feuilles de calcul.

Les données de ce cas pratique sont fournies dans le fichier `CasA12.xlsx`, enregistré dans le dossier `C:\Exercices Excel 2007`. Ouvrez le fichier et enregistrez-le sous le nom `CasA12-R.xlsx`.

1-METTEZ EN FORME DANS LES TROIS FEUILLES

Les données sont disposées à l'identique dans les trois feuilles, vous pouvez donc les mettre en forme simultanément dans les trois feuilles.

- Sélectionnez les trois feuilles à la fois : cliquez sur la feuille *Région 1* puis appuyez sur la touche Ctrl et en même temps cliquez sur les feuilles suivantes : *Région 2* puis *Région 3*.
- Mettez en forme les données.
  - Le titre : police du thème, taille 14 en gras. Les cellules B3:B4 : en gras, alignement gauche.
  - Les bordures : telles qu'elles apparaissent sur l'illustration ci-dessous.
  - Les étiquettes A6:F6 : remplissage bleu foncé, police en gras et italique, couleur de police blanc, alignement centré.
  - Les étiquettes A7:A9 : remplissage bleu foncé, police en gras, couleur blanc.
  - Les cellules de la ligne des totaux : remplissage bleu plus clair, la cellule A10 en gras.

- Pour mettre fin à la sélection des trois feuilles à la fois, cliquez sur l'onglet d'une des feuilles sélectionnées sauf celle qui est en premier plan.

2-CRÉEZ LE TABLEAU DE SYNTHÈSE DANS UNE NOUVELLE FEUILLE

Vous allez créer une nouvelle feuille pour synthétiser des résultats de trois tableaux présents dans les autres feuilles *Région 1, Région 2* et *Région 3*.

- Cliquez sur l'onglet à droite des autres onglets, il sert à créer une nouvelle feuille dans le classeur. Cette nouvelle feuille s'affiche et porte le nom *Feuil1*.
- Double-cliquez sur l'onglet de cette feuille et saisissez `Monde`, validez en cliquant dans la feuille.

CAS 12 : LIAISONS ENTRE FEUILLES

3-CRÉEZ LE TABLEAU DE SYNTHÈSE

Nous voulons récupérer dans cette nouvelle feuille de calcul les totaux des tableaux *Région 1*, *Région 2* et *Région 3* afin d'en calculer le total général. Puisque ces tableaux ont les mêmes étiquettes de lignes et de colonnes, plutôt que de recréer un tableau de synthèse de toutes pièces, vous allez recopier celui de *Région 1* et le modifier.

- Cliquez sur l'onglet de la feuille *Région 1*, sélectionnez la plage A1:F10, cliquez sur le bouton **Copier** sur le Ruban ou appuyez sur ⌷Ctrl⌷+C.
- Cliquez sur l'onglet de la feuille *Monde*, cliquez sur la cellule A1, cliquez sur le bouton **Coller** ou appuyez sur ⌷Ctrl⌷+V.
- Effacez les valeurs précédentes : sélectionnez B7:F9, pressez ⌷Suppr⌷, les données sont supprimées mais le format des cellules est conservé.
- Dans la cellule B3, saisissez `Monde`. Dans les cellules A7, A8 et A9, remplacez les trois libellés par `Région 1`, `Région 2` et `Région 3`.

- Enregistrez le classeur: cliquez sur l'outil 🖫 dans la barre d'outils *Accès rapide*.

4-CRÉEZ LES FORMULES DE LIAISON

Créez les formules de liaison pour les cellules de totaux de la Région 1.

- Cliquez sur l'onglet *Région 1*, sélectionnez la plage de cellules B10:F10, cliquez sur le bouton **Copier** sur le Ruban ou appuyez sur ⌷Ctrl⌷+C
- Cliquez sur l'onglet *Monde*, cliquez sur la cellule B7, cliquez sur la flèche du bouton **Coller** sur le Ruban puis sur *Collage spécial...* ou cliquez droit sur la cellule B7, puis sur *Collage spécial...*
- Dans le dialogue *Collage spécial*, cliquez sur [Coller avec liaison].

Procédez de la même façon pour créer les formules de totaux de la Région 2 et de la Région 3.

- Copiez les cellules de totaux de la feuille *Région 2*, collez-les avec liaison dans la cellule B8.
- Copiez les cellules de totaux de la feuille *Région 3*, collez-les avec liaison dans la cellule B9.

Le « Coller avec liaison » a introduit dans les cellules des formules qui font référence à des cellules des autres feuilles. Dans ces formules, le nom de la feuille est mis entre quotes (´) et suivi de ! puis de l'adresse absolue de la cellule : `=$'Région 1'!$B$10`. Les quotes sont nécessaires parce que le nom de feuille contient un espace.

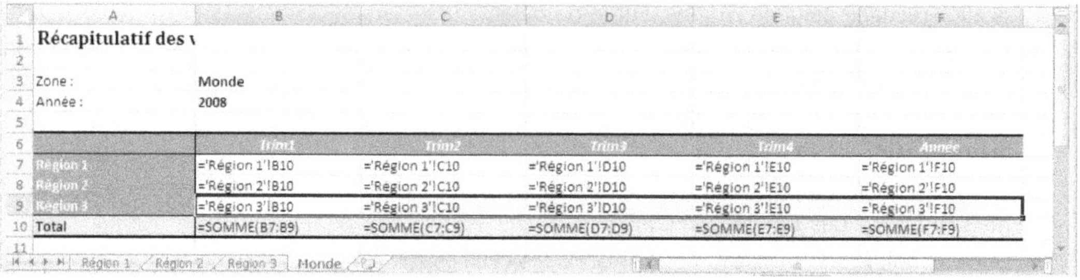

	A	B	C	D	E	F
1	Récapitulatif des v					
2						
3	Zone :	Monde				
4	Année :	2008				
5						
6		Trim1	Trim2	Trim3	Trim4	Année
7	Région 1	='Région 1'!B10	='Région 1'!C10	='Région 1'!D10	='Région 1'!E10	='Région 1'!F10
8	Région 2	='Région 2'!B10	='Région 2'!C10	='Région 2'!D10	='Région 2'!E10	='Région 2'!F10
9	Région 3	='Région 3'!B10	='Région 3'!C10	='Région 3'!D10	='Région 3'!E10	='Région 3'!F10
10	Total	=SOMME(B7:B9)	=SOMME(C7:C9)	=SOMME(D7:D9)	=SOMME(E7:E9)	=SOMME(F7:F9)
11						

La feuille *Monde* est automatiquement actualisée des modifications de données apportées dans les feuilles source *Région 1, Région 2, Région 3*.

5-AFFICHEZ LES FORMULES AU LIEU DES VALEURS

Dans la figure ci-dessus, l'affichage des formules a remplacé l'affichage des valeurs calculées. Cet affichage peut être obtenu dans les options Excel. Cliquez sur le **bouton Office**, puis sur [Options Excel], sélectionnez **Options avancées** puis sous la rubrique **Afficher les options pour cette feuille de calcul**, cochez la case <☑ Formules dans les cellules au lieu de leurs résultats calculés>, validez par [OK].

Si vous avez affiché les formules au lieu des valeurs, annulez cette option en décochant la case dans les options avancées d'Excel.

- Cliquez sur l'outil 🖫 dans la barre d'outils *Accès rapide* puis fermez le classeur.

Les trois tableaux à consolider

	A	B	C	D	E	F	G	H
1	Ventes par type d'articles							
2								
3	Zone :	Lille						
4	Année :	1T 2008						
5								
6		janvier	février	mars	Trim1			
7	Parfums	2 540	4 780	3 890	11 210			
8	Bijoux	2 890	1 890	2 350	7 130			
9	Accessoires	1 780	2 450	3 560	7 790			
10	Total	7 210	9 120	9 800	26 130			
11								

Lille

	A	B	C	D	E	F	G	H
1	Ventes par type d'articles							
2								
3	Zone :	Lyon						
4	Année :	1T 2008						
5								
6		janvier	février	mars	Trim1			
7	Parfums	1 860	2 540	2 940	7 340			
8	Bijoux	1 250	2 890	3 260	7 400			
9	Accessoires	850	1 780	2 170	4 800			
10	Total	3 960	7 210	8 370	19 540			
11								

Lyon

	A	B	C	D	E	F	G	H
1	Ventes par type d'articles							
2								
3	Zone :	Nantes						
4	Année :	1T 2008						
5								
6		janvier	février	mars	Trim1			
7	Parfums	1 980	2 050	3 380	7 410			
8	Bijoux	1 420	1 750	2 260	5 430			
9	Accessoires	1 240	1 420	1 990	4 650			
10	Total	4 640	5 220	7 630	17 490			
11								

Nantes

Le tableau de consolidation

	A	B	C	D	E	F	G	H
1	Ventes par type d'articles							
2								
3	France consolidée							
4		janvier	février	mars	Trim1			
5	Stylos	840	1 130	930	2 900			
6	Accessoires	2 240	2 540	3 200	7 980			
7	Jeux	1 320	1 730	1 540	4 590			
8	Bijoux	1 420	1 750	2 260	5 430			
9	DVD	870	990	1 210	3 070			
10	Livres	2 200	2 560	2 580	7 340			
11	Décoration	1 830	2 020	2 350	6 200			
12	Parfums	3 510	3 910	6 120	13 540			
13	Meubles	6730	5990	8130	20 850			
14	Papéterie	1 270	1 410	1 520	4 200			
15								
16								

Sources   Consolidation

CAS 13 : CONSOLIDATION

La consolidation combine les données de plusieurs plages sources de cellules dans une nouvelle plage en utilisant une fonction que vous spécifiez, en général une somme. La commande de consolidation sert à consolider les données de plusieurs tableaux ayant une structure identique.

Dans ce cas pratique, les tableaux sources de suivi des ventes de trois magasins doivent être consolidés dans un tableau de suivi des ventes réunissant les trois magasins ensemble.

Les trois tableaux sources sont dans trois fichiers différents, puisqu'ils ont été saisis dans trois magasins éloignés. Il faut créer un nouveau classeur pour consolider les ventes des trois magasins. Les données des magasins sont fournies dans les classeurs `CasA13-1.xlsx`, `CasA13-2.xlsx` et `CasA13-3.xlsx` enregistrés dans le dossier `C:\Exercices Excel 2007`. Ouvrez les fichiers ensemble en les sélectionnant ensemble dans le dialogue *Ouvrir*, puis enregistrez-les un à un sous les noms `CasA13-1R.xlsx`, `CasA13-2R.xlsx`, `CasA13-3R.xlsx`.

1-RASSEMBLEZ LES FEUILLES DES TROIS MAGASINS DANS UN MÊME CLASSEUR

Vous allez créer un nouveau classeur et y copier chacune des feuilles contenant les chiffres d'un magasin.

- Créez le classeur en enregistrez-le sous le nom `France.xlsx.`
- Basculez vers le classeur `Ca13-1R.xlsx`, cliquez droit sur l'onglet *Lille*, puis sur *Déplacer ou copier...* Le dialogue *Déplacer ou copier* s'affiche. Dans la zone <Dans le classeur>, sélectionnez le classeur `France.xlsx`. Dans <Avant la feuille>, sélectionnez *Feuil1*, cochez la case <☑ Créer une copie>. Cliquez sur [OK].
- De la même façon, copiez la feuille *Lyon* du classeur `CasA12-2R.xlsx` dans le classeur `France` avant la feuille *Feuil1*, puis la feuille *Nantes* du classeur `CasA12-3R.xlsx` avant *Feuil1*.
- Supprimez ensuite du classeur `France.xlsx` les feuilles *Feuil1*, *Feuil2*, *Feuil3* : sélectionnez les trois feuilles ensemble (cliquez sur leur onglet en appuyant sur la touche [Ctrl]), puis cliquez droit sur les onglets sélectionnés puis sur la commande contextuelle *Supprimer*.
- Enregistrez le classeur `France.xlsx`.
- Fermez les classeurs `CasA12-1R.xlsx`, `CasA12-2R.xlsx` et `CasA12-3R.xlsx`.

2-PRÉPAREZ LE TABLEAU DE CONSOLIDATION

- Insérez une nouvelle feuille après la feuille *Nantes*. Pour cela, cliquez sur le dernier onglet ou [Maj]+[F11].
- Nommez cette nouvelle feuille `Consolidation`.

Nous voulons consolider les données des tableaux des feuilles *Lille*, *Lyon* et *Nantes*. Puisque le tableau de consolidation a les mêmes étiquettes de lignes et de colonnes, plutôt que de recréer un tableau de toutes pièces, vous allez recopier celui de *Lille* et le modifier.

- Cliquez sur l'onglet de la feuille *Lille*, sélectionnez la plage A1:E10, puis cliquez sur le bouton **Copier** sur le Ruban ou appuyez sur [Ctrl]+C. Cliquez sur l'onglet de la feuille *Consolidation*, cliquez sur la cellule A1 puis cliquez sur le bouton **Coller** sur le Ruban ou appuyez sur [Ctrl]+V.

CAS 13 : CONSOLIDATION

- Effacez les valeurs précédentes : sélectionnez B7:D9, pressez la touche [Suppr].
- Dans la cellule **B3**, saisissez `France consolidée`.
- Cliquez en **A1**, saisissez `Consolidation des ventes par type d'articles` [↵].

On obtient :

	A	B	C	D	E
1	Consolidation des ventes par type d'articles				
2					
3	**Zone** :	France consolidée			
4	**Année** :	1T 2008			
5					
6		*janvier*	*février*	*mars*	*Trim1*
7	Parfums				0
8	Bijoux				0
9	Accessoires				0
10	**Total**	0	0	0	0
11					

Lille / Lyon / Nantes / Consolidation / Feuil2

3-EFFECTUEZ LA CONSOLIDATION SANS LIAISON

- Cliquez sur la première cellule de la zone destination de la consolidation, cellule **B7** de la feuille *Consolidation* puis, sous l'onglet **Données**>groupe **Outils de données**, cliquez sur le bouton **Consolider**. Le dialogue *Consolider* s'affiche.

- Cliquez dans la zone <Référence> et sélectionnez dans la feuille *Lille* les cellules B7:E9. La référence source `Lille!$B$7/$E$9` s'inscrit dans la zone <Référence>, cliquez sur le bouton [Ajouter] du dialogue *Consolider*, la référence source s'inscrit dans <Toutes les références>.

- Sélectionnez le contenu de la zone <Référence> puis sélectionnez, dans la feuille *Lyon*, les cellules B7:E9. La référence source `Lyon!$B$7/$E$9` s'inscrit dans la zone <Référence>, cliquez sur le bouton [Ajouter] du dialogue *Consolider*, la référence source s'inscrit dans la zone <Toutes les références>.

- Procédez de même pour ajouter la référence source `Nantes!$B$7:$E$9`.

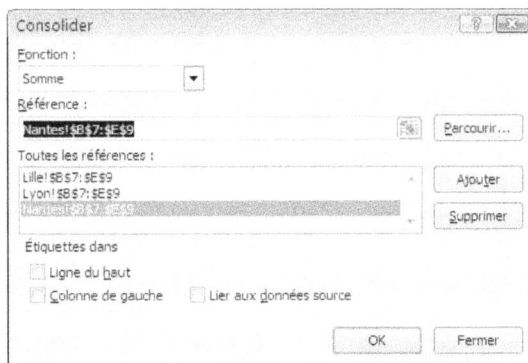

	A	B	C	D	E
1	Consolidation des ventes par type d'articles				
2					
3	**Zone** :	France consolidée			
4	**Année** :	1T 2008			
5					
6		*janvier*	*février*	*mars*	*Trim1*
7	Parfums	6 380	9 370	10 210	25 960
8	Bijoux	5 560	6 530	7 870	19 960
9	Accessoires	3 870	5 650	7 720	17 240
10	**Total**	15 810	21 550	25 800	63 160
11					

Lille / Lyon / Nantes / Consolidation / Feuil2

Les chiffres de ventes des magasins ont été consolidés en une seule action. Si vous changez les chiffres dans les tableaux des magasins, le tableau consolidé n'est pas actualisé.

CAS 13 : CONSOLIDATION

4-CONSOLIDEZ AVEC LIAISON

- Cliquez à nouveau sur la cellule B7 puis sur le bouton **Consolider**.
  Le dialogue *Consolider* reprend la même liste de références aux plages de données source, tant que vous ne les modifiez pas.

- Dans le dialogue *Consolider*, cochez la case <☑ *Lier aux données source*> pour que par la suite toute modification apportée à l'un des tableaux détails soit répercutée dynamiquement dans le tableau consolidé. Cliquez sur [OK] pour lancer la consolidation.

Les résultats apparents sont les mêmes, sauf que des liaisons vers les données source ont été insérées dans la feuille de consolidation. Vous ne les voyez pas car ces lignes ont été mises à un niveau inférieur et masquées (niveau 2) dans une structure en mode Plan. Ce sont les lignes 7:9, 11:13 et 15:17.

		A	B	C	D	E	F
	1	Consolidation des ventes par type d'articles					
	2						
	3	**Zone :**	France consolidée				
	4	**Année :**	1T 2008				
	5						
	6		*janvier*	*février*	*mars*	*Trim1*	
+	10	Parfums	6 380	9 370	10 210	25 960	
+	14	Bijoux	5 560	6 530	7 870	19 960	
+	18	Accessoires	3 870	5 650	7 720	17 240	
	19	**Total**	25 240	33 730	41 390	100 360	
	20						

Lille / Lyon / Nantes Consolidation / Feuil12

- Cliquez sur le niveau 2 pour afficher les formules de liaison avec les données détails, puis cliquez sur la cellule B11. Constatez la présence de la formule de liaison =$Lille.$B$8.

B11 | fx | =Lille!$B$8

		A	B	C	D	E	F
	1	Consolidation des ventes par type d'articles					
	2						
	3	**Zone :**	France consolidée				
	4	**Année :**	1T 2008				
	5						
	6		*janvier*	*février*	*mars*	*Trim1*	
·	7		2 540	4 780	3 890	11 210	
·	8		1 860	2 540	2 940	7 340	
·	9		1 980	2 050	3 380	7 410	
−	10	Parfums	6 380	9 370	10 210	25 960	
·	11		2 890	1 890	2 350	7 130	
·	12		1 250	2 890	3 260	7 400	
·	13		1 420	1 750	2 260	5 430	
−	14	Bijoux	5 560	6 530	7 870	19 960	
·	15		1 780	2 450	3 560	7 790	
·	16		850	1 780	2 170	4 800	
·	17		1 240	1 420	1 990	4 650	
−	18	Accessoires	3 870	5 650	7 720	17 240	
	19	**Total**	25 240	33 730	41 390	100 360	

C'est grâce à ces formules de liaison que la consolidation est cette fois-ci dynamique, en ce sens que si vous modifiez les données source, le tableau de consolitation s'actualise par recalcul.

- Cliquez sur le bouton 🖫 pour enregistrer le classeur puis fermez le classeur

5-CONSOLIDATION PAR POSITION OU PAR ÉTIQUETTES DE LIGNE/COLONNE

Vous venez d'effectuez une consolidation par position, c'est-à-dire que vous avez consolidé les cellules qui se trouvent à la même position dans toutes les plages de données source.

CAS 13 : CONSOLIDATION

Dans d'autres cas de figure, les cellules à consolider ne sont pas définies par leur position dans les plages sources mais par les étiquettes de ligne et de colonne dans les plages sources.

Si vous cochez <☑ Étiquettes dans : Colonne de gauche> et non <☐ Étiquettes dans : Ligne du haut>, la consolidation se fait selon les étiquettes en ligne et selon les positions en colonne, si vous cochez les deux options, la consolidation se fait selon les étiquettes autant pour les lignes que pour les colonnes.

6-EFFECTUEZ UNE CONSOLIDATION PAR ÉTIQUETTES

- Ouvrez le classeur `CasA13-4.xlsx`.

Vous voyez que, dans les tableaux sources de la consolidation, les types d'articles ne sont pas tous les mêmes ni dans le même ordre d'une ville à l'autre. Il n'est donc pas possible de faire une consolidation par position, mais on peut faire la consolidation selon les étiquettes en ligne et en colonne.

- Cliquez sur l'onglet de feuille *Consolidation*, puis cliquez sur la cellule A4 destination de la consolidation.

- Cliquez sur le bouton **Consolider** sur le Ruban. Dans le dialogue *Consolider* : ajoutez les plages de données source *Sources!$A$4:$E$10, Sources!$A$14:$E$20, Sources!$A$6:$E$28* dans la zone <Toutes les références>. Cochez les cases <☑ Étiquettes : Colonne de gauche> et <☑ Étiquettes : du haut>.

- Cliquez sur [OK].

	A	B	C	D	E
1	Ventes par type d'articles				
2					
3	Bordeaux				
4		*janvier*	*février*	*mars*	*Trim1*
5	Accessoires	1 240	1 420	1 990	4 650
6	Jeux	1 320	1 730	1 540	4 590
7	Bijoux	1 420	1 750	2 260	5 430
8	Décoration	980	1 040	1 230	3 250
9	Parfums	1 980	2 050	3 380	7 410
10	Meubles	3200	2890	4160	10 250
11	Total	10 140	10 880	14 560	35 580
12					
13	Marseille				
14		*janvier*	*février*	*mars*	*Trim1*
15	Parfums	1 530	1 860	2 740	6 130
16	Meubles	3530	3100	3970	10 600
17	Livres	990	1 240	1 350	3 580
18	Décoration	850	980	1 120	2 950
19	Stylos	840	1 130	930	2 900
20	Accessoires	1 000	1 120	1 210	3 330
21	Total	8 740	9 430	11 320	29 490
22					
23					
24	Toulouse				
25		*janvier*	*février*	*mars*	*Trim1*
26	DVD	870	990	1 210	3 070
27	Livres	1 210	1 320	1 230	3 760
28	Papéterie	1 270	1 410	1 520	4 200
29	Total	3 350	3 720	3 960	11 030
30					

Sources / Consolidation

	A	B	C	D	E
1	Ventes par type d'articles				
2					
3	France consolidée				
4		janvier	février	mars	Trim1
5	Stylos	840	1 130	930	2 900
6	Accessoires	2 240	2 540	3 200	7 980
7	Jeux	1 320	1 730	1 540	4 590
8	Bijoux	1 420	1 750	2 260	5 430
9	DVD	870	990	1 210	3 070
10	Livres	2 200	2 560	2 580	7 340
11	Décoration	1 830	2 020	2 350	6 200
12	Parfums	3 510	3 910	6 120	13 540
13	Meubles	6730	5990	8130	20 850
14	Papéterie	1 270	1 410	1 520	4 200
15					
16					
17					
18					
19					
20					
21					
22					
23					
24					
25					
26					
27					
28					
29					
30					

Sources / Consolidation

- Cliquez sur le bouton 🖫 pour enregistrer le classeur puis fermez le classeur.

7-CONSOLIDEZ DES DONNÉES SOURCES D'AUTRES CLASSEURS

Il est possible de consolider les données source même lorsqu'elles sont contenues dans des classeurs différents du classeur de consolidation. Vous allez créer un classeur pour consolider les ventes des magasins contenues dans les classeurs `CasA13-1.xlsx`, `CasA13-2.xlsx` et `CasA13-3.xlsx`.

- Créez le nouveau classeur et enregistrez-le sous le nom `VentesFrance.xlsx`.

CAS 13 : CONSOLIDATION

- Copiez les cellules A1:E10 du classeur `CasA13-1.xlsx` dans la feuille *Feuil1* du classeur `VentesFrance.xlsx`.

- Effacez les nombres du tableau, plage B7:E9 et saisissez `France` dans la cellule B3.

	A	B	C	D	E	F
1	Ventes par type d'articles					
2						
3	Zone :	France				
4	Année :	1T 2008				
5						
6		*janvier*	*février*	*mars*	*Trim1*	
7	Parfums					
8	Bijoux					
9	Accessoires					
10	Total	0	0	0	0	
11						
12						

H ◀ ▶ H Feuil1 / Feuil2 / Feuil3 / ʕ /

- Cliquez dans la cellule B7, destination de la consolidation puis, sous l'onglet **Données**, cliquez sur le bouton **Consolider**. Ajoutez à la liste de la zone <Toutes les références> les références aux données des magasins dans les classeurs `CasA13-1.xlsx`, `CasA13-2.xlsx` et `CasA13-3.xlsx`.

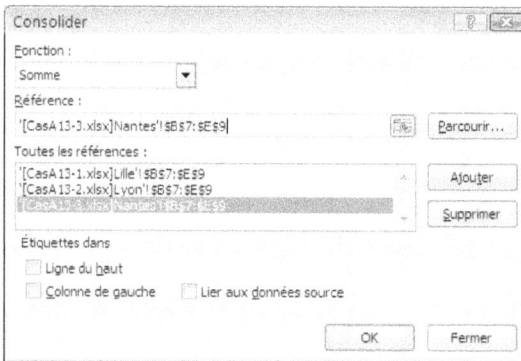

Consolider

Fonction :
Somme

Référence :
'[CasA13-3.xlsx]Nantes'!$B$7:$E$9

Toutes les références :
'[CasA13-1.xlsx]Lille'!$B$7:$E$9
'[CasA13-2.xlsx]Lyon'!$B$7:$E$9
'[CasA13-3.xlsx]Nantes'!$B$7:$E$9

Étiquettes dans
☐ Ligne du haut
☐ Colonne de gauche   ☐ Lier aux données source

Parcourir...
Ajouter
Supprimer

OK   Fermer

- Cliquez sur [OK] pour effectuer la consolidation.

	A	B	C	D	E
1	Ventes par type d'articles				
2					
3	Zone :	France			
4	Année :	1T 2008			
5					
6		*janvier*	*février*	*mars*	*Trim1*
7	Parfums	6 380	9 370	10 210	25 960
8	Bijoux	5 560	6 530	7 870	19 960
9	Accessoires	3 870	5 650	7 720	17 240
10	Total	15 810	21 550	25 800	63 160
11					
12					

H ◀ ▶ H Feuil1 / Feuil2 / Feuil3 / ʕ /

- Cliquez sur l'outil 🖫 dans la barre d'outils *Accès rapide* puis fermez le classeur.

Transformez une plage en tableau de données

Triez par ordre des noms de client

Ajoutez des colonnes calculées

Répétez les étiquettes sur chaque page imprimée

CAS 14 : GÉRER UN TABLEAU DE DONNÉES

Fonctions utilisées

– *Définir un tableau de données* – *Ajouter des enregistrements*

– *Trier les lignes d'un tableau* – *Ajouter une colonne calculée*

– *Supprimer des lignes d'un tableau* – *Utiliser des références structurées*

15 mn

Pour gérer et analyser des données, utilisez un tableau de données. Un tableau de données est traité comme une table de base de données : les lignes sont les enregistrements et les colonnes sont les champs de base de données. Les étiquettes de colonnes sont les noms des champs. Dans ce cas pratique, vous allez faire quelques mises à jour sur une table de données, puis vous effectuerez différents tris, enfin vous ajouterez des colonnes calculées.

Les données de ce cas pratique sont dans le fichier `CasA14.xlsx`, enregistré dans le dossier `C:\Exercices Excel 2007`. Ouvrez le fichier et enregistrez-le sous le nom `CasA14-R.xlsx`.

- La première ligne d'un tableau de données contient les noms des champs (les colonnes) et les lignes suivantes contiennent les enregistrements (les lignes de données).

1-TRANSFORMEZ UNE PLAGE DE DONNÉES EN TABLEAU DE DONNÉES

Transformez la plage de données en tableau de données afin de pouvoir la traiter comme une table de données avec les fonctions de filtrage et de mise en forme spécifique des tableaux.

- Cliquez dans les données, appuyez sur Ctrl+A pour sélectionner la zone active.
- Cliquez dans une cellule quelconque de la plage puis, sous l'onglet **Insertion**>groupe **Tableaux**, cliquez sur le bouton **Tableau**. Le dialogue *Créer un tableau s'affiche*, cliquez sur [OK].

Le tableau est automatiquement mis en forme, à droite de l'en-tête de chaque colonne apparaît une flèche de menu déroulant. Une poignée de redimensionnement apparaît en bas à droite du tableau.

CAS 14 : GÉRER UN TABLEAU DE DONNÉES

2- DÉCOUVREZ L'ONGLET OUTILS DE TABLEAU

- Cliquez dans le tableau de données, un onglet contextuel **Outils de tableau/Création** apparaît sur le Ruban.

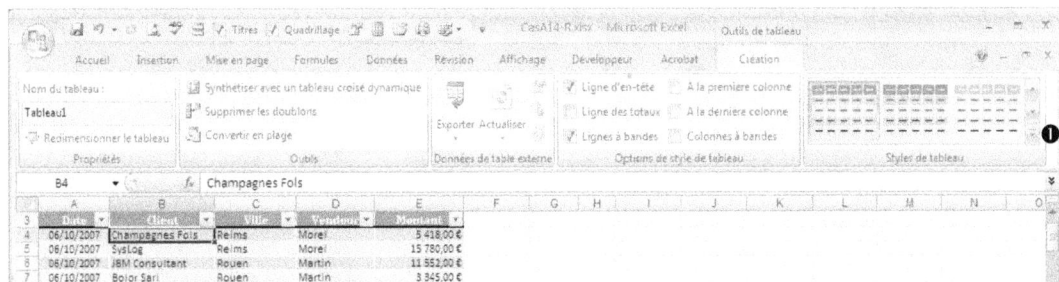

- Cliquez sur la flèche déroulante ❶ dans le groupe **Styles de tableau**, la galerie des styles de tableau s'affiche et présente les vignettes des styles. Amenez le pointeur sur une vignette sans cliquer, le style s'applique temporairement au tableau. Appliquez un style de votre choix en cliquant sur la vignette.
- Dans le groupe **Options de style de tableau**, cochez la case <☑ Ligne des totaux>. Vous constatez qu'une ligne s'ajoute au bas du tableau et totalise la dernière colonne numérique.
- Dans le groupe **Outils**, cliquez sur le bouton **Convertir en plage** puis confirmez. Les données ne sont plus traitées comme un tableau de données, elles sont converties en simple plage de données mais les cellules ont conservé leur mise en forme.

Une astuce pour mettre forme rapidement une plage de données peut donc être de la transformer en tableau, d'appliquer un style puis de la transformer en simple plage de données. Voici un exemple.

- Cliquez sur l'onglet *Feuil2*, sélectionnez la plage A6:C36 et transformez cette plage en tableau de données, puis appliquez en style avec des lignes à bandes. Enfin convertissez le tableau en simple plage de données.

3-TRIEZ LE TABLEAU DE DONNÉES

- Dans la feuille *Fichier*, triez le tableau par client : cliquez sur la flèche à côté de l'étiquette de la colonne *Client*, puis cliquez sur la commande *Trier de A à Z*, pour trier par ordre alphabétique croissant.

- Triez par ordre de *Montant* : cliquez sur la flèche à côté de l'étiquette de la colonne *Montant*, puis cliquez sur la commande *Du plus petit au plus grand*.
- Triez par *Vendeur*, puis triez par *Date*. Remarquez que lorsqu'un tri est actif, une petite flèche indique la colonne triée et le sens du tri.

4-MODIFIEZ DES ENREGISTREMENTS

Modifiez le montant de la vente faite à la société *Marval* le *03/11/2007* :

- Pressez Ctrl+<haut> pour aller au début de la liste, triez par client.
- Faites défiler les lignes de données, jusqu'à voir le nom de client *Marval.*
- Repérez la date *03/11/2007*, modifiez le montant en *25700*, validez par ↵.
- Remplacez le nom du vendeur par *Durand* pour la vente faite à la société *JBM* le 03/11/2007.

5-Ajoutez ou insérez des lignes de tableau

- Saisissez les données suivantes au bas du tableau : le 24/11/2007, client AMT, à Paris, vendeur Durand, pour un montant de 32 000 €.
- Pour inclure cet enregistrement dans le tableau de données, faites glisser vers le bas d'une ligne la poignée de sélection en bas à droite du tableau de données.

	Date	Client	Ville	Vendeur	Montant	F
112	22/12/2007	Marval	Paris	Durand	9 923,00 €	
113	22/12/2007	SysLog	Lyon	Morel	2 387,00 €	
114	22/12/2007	Valeor	Marseille	Martin	4 169,00 €	
115	24/11/2007	AMT	Paris	Durand	32 000,00 €	
116						

- Triez par date le tableau de données.
- Vous pouvez insérer une ligne de tableau : cliquez sur une cellule de l'enregistrement avant lequel vous voulez insérer et cliquez sur la **flèche** du bouton **Insérer** puis cliquez sur la commande *Insérer des lignes de tableau au-dessus*. L'intérêt de cette commande est d'insérer une ligne dans le tableau sans insérer une ligne entière dans la feuille.

6-Supprimez des lignes de tableau

Supprimez la vente de 1 442 € € faite à la société Bolor Sarl le 15/12/2007 :

- Triez par *Nom*, faites défiler les lignes de données jusqu'à voir le nom de client Bolor Sarl, repérez la date *15/12/2007*, cliquez droit sur la cellule qui contient 1 442 €, puis sur la commande contextuelle *Supprimer* et enfin sur la commande *Lignes de tableau*. L'intérêt de cette commande est de supprimer un enregistrement sans supprimer la ligne entière dans la feuille.

7-Ajoutez une colonne calculée Commission

- Saisissez l'étiquette de colonne Commission dans la cellule F3 à droite des autres étiquettes, ce nouveau champ est automatiquement intégré dans le tableau de données.
- Dans la cellule F4, saisissez la formule =E4*2%, validez par ⏎. La formule est automatiquement propagée dans toutes les cellules de la colonne.

F5			fx	=Tableau4[[#Cette ligne];[Montant]]*2%		
	A	B	C	D	E	F	G
1		Liste des ventes – 4ème trimestre 2007					
2							
3	Date	Client	Ville	Vendeur	Montant	Commissi	
4	06/10/2007	AMT	Paris	Durand	3 366,00 €	67,32	
5	13/10/2007	AMT	Paris	Durand	6 894,00 €	137,88	
6	13/10/2007	AMT	Paris	Durand	13 009,00 €	260,18	
7	20/10/2007	AMT	Paris	Durand	3 358,00 €	67,16	
8	20/10/2007	AMT	Paris	Durand	6 967,00 €	139,34	

La formule saisie a été transformée en =Tableau4[[#Cette ligne];[Montant]]*2%.
Excel utilise des spécificateurs : [Tableau4] pour le nom du tableau, [Montant] pour le nom du champ, [#Cette ligne] la cellule du champ Montant sur la ligne en cours.

8-Ajoutez une colonne calculée Mois

G5			fx	=MOIS(Tableau4[[#Cette ligne];[Date]])		
	A	B	C	D	E	F	G	H
1		Liste des ventes – 4ème trimestre 2007						
2								
3	Date	Client	Ville	Vendeur	Montant	Commissi	Moi	
4	06/10/2007	AMT	Paris	Durand	3 366,00 €	67,32	10	
5	13/10/2007	AMT	Paris	Durand	6 894,00 €	137,88	10	
6	13/10/2007	AMT	Paris	Durand	13 009,00 €	260,18	10	
7	20/10/2007	AMT	Paris	Durand	3 358,00 €	67,16	10	
8	20/10/2007	AMT	Paris	Durand	6 967,00 €	139,34	10	

- Ajoutez l'étiquette de colonne *Mois* dans la cellule G3 à droite des autres étiquettes
- Dans la cellule G4, saisissez `=MOIS(`, cliquez sur la cellule A4, tapez `)`.La formule qui se constitue dans la barre de formule est `=MOIS(Tableau4[[#Cette ligne];[Date]])`, validez par ⏎. La formule est automatiquement propagée dans toutes les cellules de la colonne *Mois* de la table.

9-COMPRENEZ LES RÉFÉRENCES STRUCTURÉES

Une référence structurée à un élément d'un tableau est une chaîne de caractères complète comprenant le nom du tableau suivi d'un spécificateur, exemple `Tableau4[[#Cette ligne];[Montant]]`.

- Le nom d'un tableau est un nom attribué au tableau, par défaut `TableauN` à la création du tableau, il est modifiable. Ce nom fait référence aux données du tableau à l'exclusion de la ligne de l'en-tête et celle des totaux, si elles existent.
- Un spécificateur de colonne, en-tête de colonne entre crochets, fait référence aux données de la colonne à l'exclusion de l'en-tête de colonne et du total, s'ils existent, exemple `[Montant]`.
- Un spécificateur d'élément spécial constitue un moyen de faire référence à certaines parties du tableau : `[#Totaux]`, `[#Données]`, `[#Cette ligne]`, `[#Tout]`, `[#En-têtes]`.
- Le spécificateur du tableau est l'ensemble de ce qui figure entre crochets à la suite du nom du tableau, par exemple : `[[#Cette ligne];[Montant]]`. Un spécificateur de tableau peut comprendre par exemple un spécificateur d'élément spécial et un spécificateur de colonne.

Il existe trois opérateurs de référence :

:	de plage, `[Ville]:[Commission]`.
,	union, `[Commission],[Montant]`.
Espace	intersection, `Tableau4[[Ville]:[Commission]] Tableau4[[Vendeur]:[Mois]]`.

Vous pouvez utiliser des références structurées dans des formules de la feuille comme dans des formules du tableau. Lors de la saisie d'une formule, si vous cliquez dans une cellule du tableau, c'est la référence structurée qui s'inscrit dans la cellule.

10-DÉFINISSEZ LE TABLEAU COMME ZONE D'IMPRESSION

Pour définir le tableau de données comme zone d'impression :

- Sélectionnez la plage occupée par le tableau : cliquez sur une cellule de la ligne des étiquettes du tableau, pressez Ctrl +A puis, sous l'onglet **Mise en page**>groupe **Mise en page**, cliquez sur le bouton **Zone d'impression** puis sur la commande *Définir*.
- Visualisez l'aperçu avant impression.

11-DÉFINISSEZ LES TITRES À RÉPÉTER SUR CHAQUE PAGE

Le tableau couvrant plusieurs pages, il faudrait que les étiquettes de colonne du tableau soient imprimées en haut de chaque page avant les données.

- Sous l'onglet **Mise en page**>groupe **Mise en page**, cliquez sur le bouton **Zone d'impression** puis sur la commande *Imprimer les titres*.

- Cliquez dans la zone <Lignes à répéter en haut> puis cliquez dans la feuille sur une cellule de la ligne 3 qui contient les étiquettes des champs du tableau. Validez par [OK]
De la même façon si un tableau tient sur plusieurs pages en largeur, vous pouvez répéter certaines colonnes sur la gauche de chaque page imprimée.
- Visualisez l'aperçu avant impression puis fermez l'aperçu avant impression.

12-MODIFIEZ LES EN-TÊTES ET PIEDS DE PAGE

- Modifiez la position de l'en-tête : cliquez sur le **Lanceur** du groupe **Mise en page** puis, sous l'onglet **Marges** du dialogue, dans la zone <En-tête> : spécifiez 1,5 la distance en cm de l'en-tête par rapport au bord haut de la page, dans la zone <Pied de page> : spécifiez la distance du pied de page au bord du bas de la page.

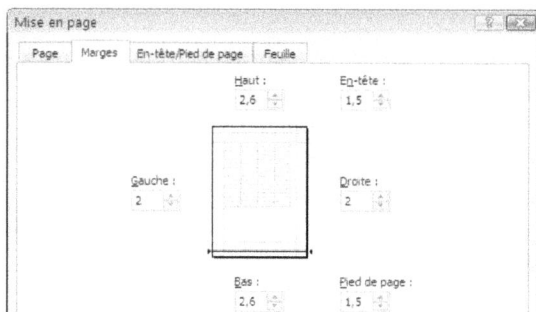

- Cliquez sur l'icône *Mise en page* située sur la barre d'état d'Excel.
L'en-tête de page s'affiche au-dessus de la feuille, cliquez sur une zone de l'en-tête.
- Cliquez sur l'onglet contextuel **Outils des en-têtes et pieds de page/Création** puis cliquez sur le bouton **En-tête** et choisissez l'en-tête prédéfini *Nom_Utilisateur,Page 1,Date*.

L'en-tête se constitue avec le nom d'utilisateur tel qu'il est défini dans les propriétés du classeur, la page et la date qui sont des champs automatiques : [Page] et [Date].

- Pour revenir à l'affichage Normal, cliquez sur une cellule puis sur l'icône *Normal* dans la barre d'état.

Pour modifier un en-tête et insérer des champs automatiques, vous pouvez utiliser le dialogue *Mise en page*.

- Cliquez sur le **Lanceur** du groupe **Mise en page** puis sur l'onglet *En-tête/Pied de page* du dialogue, enfin sur le bouton [En-tête personnalisés...]

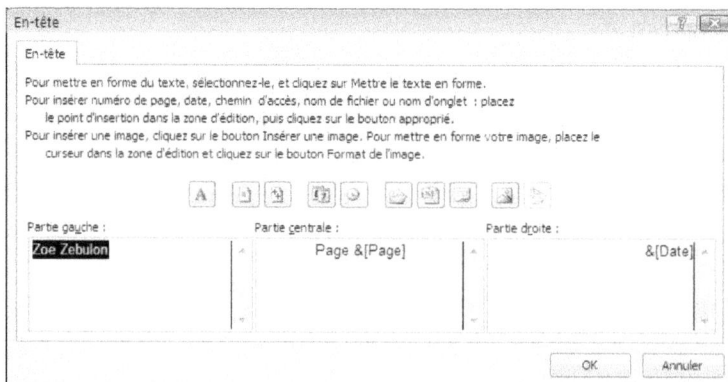

- Validez par [OK].
- Visualisez l'aperçu avant impression, tapez sur Echap pour revenir à l'affichage précédent.
- Cliquez sur l'outil 🖫 dans la barre d'outils *Accès rapide* puis fermez le classeur.

Filtrer sur une ville

	A	B	C	D	E	F	G
1		Liste des ventes – 4ème trimestre 2007					
2							
3	Date	Client	Ville	Vendeur	Montant		
5	06/10/2007	AMT	Paris	Durand	3 366,00 €		
9	06/10/2007	Marval	Paris	Durand	10 718,00 €		
13	13/10/2007	Marval	Paris	Durand	2 358,00 €		
17	13/10/2007	AMT	Paris	Durand	6 894,00 €		

Date | Client | Ville

- Trier de A à Z
- Trier de Z à A
- Trier par couleur
- Effacer le filtre de « Ville »
- Filtrer par couleur
- Filtres textuels

√ ■ (Sélectionner tout)
☐ Lyon
☐ Marseille
☑ Paris
☐ Reims

OK   Annuler

Filtrer sur les 10 plus hauts montants

	A	B	C	D	E
1		Liste des ventes – 4ème trimestre 2007			
2					
3	Date	Client	Ville	Vendeur	Montant
11	06/10/2007	SysLog	Reims	Morel	15 780,00 €
22	13/10/2007	SysLog	Reims	Morel	25 513,00 €
59	10/11/2007	SysLog	Reims	Morel	22 794,00 €	455,88	11
66	17/11/2007	Valeor	Toulouse	Martin	18 368,00 €	367,36	11
76	24/11/2007	SysLog	Reims	Morel	14 952,00 €	299,04	11
115					

Les 10 premiers

Afficher

Haut ▾   10 ▴▾   Éléments ▾

OK   Annuler

Filtrer sur une date

	A	B	C	D
1		Liste des ventes – 4ème trimestre 2007		
2				
3	Date	Client	Ville	Vendeur
60	17/11/2007	Marval	Paris	Durand
61	17/11/2007	Bolor Sarl	Rouen	Martin
62	17/11/2007	AMT	Paris	Durand
63	17/11/2007	SysLog	Reims	Morel
64	17/11/2007	AMT	Paris	Durand
65	17/11/2007	Valeor	Toulouse	Martin
66	17/11/2007	Valeor	Toulouse	Martin
67	24/11/2007	Bolor Sarl	Rouen	Martin

Filtre automatique personnalisé

Afficher les lignes dans lesquelles :
Date

postérieur ou égal au ▾   15/11/07 ▾

◉ Et   ○ Ou

antérieur ou égal au ▾   30/11/07 ▾

Utilisez ? pour représenter un caractère
Utilisez * pour représenter une série de caractères

OK   Annuler

Filtrez sur des critères dans une zone de critères

	A	B	C	D	E	F	
1		Liste des ventes – 4ème trimestre 2007					
2							
3	Date	Date	Client	Ville	Vendeur	Montant	Com
4	>=1/10/07	<=30/10/07		Toulouse		>=3500	
5	>=1/12/07	<=31/12/07		Marseille		>=5500	
6							
7	Date	Client	Ville	Vendeur	Montant	Commission	M
12	06/10/2007	Keops	Toulouse	Martin	9 506,00 €	10	
35	20/10/2007	Valeor	Toulouse	Martin	14 639,00 €	10	
84	01/12/2007	Valeor	Marseille	Martin	5 604,00 €	12	
91	08/12/2007	Valeor	Marseille	Martin	5 825,00 €	12	
107	15/12/2007	Valeor	Marseille	Martin	5 846,00 €	12	
119							

Filtre avancé

Action

○ Filtrer la liste sur place
◉ Copier vers un autre emplacement

Plages :   Tableau2[#Tout]

Zone de critères :   Fichier!$A$3:$G$5

Copier dans :   Feuille3!$A$2

☐ Extraction sans doublon

OK   Annuler

CAS 15 : FILTRER DES DONNÉES

Fonctions utilisées

– *Filtrer sur une valeur*
– *Filtrer sur plusieurs valeurs d'une colonne*
– *Filtrer sur des valeurs différentes d'une colonne*
– *Filtres chronologiques*
– *Filtres numériques*
– *Zone de critères*

13 mn

Les filtres servent à afficher certains enregistrements d'un tableau de données qui satisfont un ou plusieurs critères de sélection. La ligne des totaux du tableau de données sert y pour placer des statistiques (somme, moyenne, nombre, etc.) sur les enregistrements filtrés.

Les données de ce cas pratique sont dans le fichier `CasA15.xlsx`, enregistré dans le dossier `C:\Exercices Excel 2007`. Ouvrez le fichier et enregistrez-le sous le nom `CasA15-R.xlsx`.

1-TRANSFORMEZ LA PLAGE DE DONNÉES EN TABLEAU DE DONNÉES

À titre de révision des tableaux de données, effectuez cette première étape qui est une revue de ce que vous avez réalisé dans le cas pratique N°14.

■ Transformez la plage des données en tableau de données.
   Dans la ligne affichant les noms des étiquettes, des flèches permettent de trier et de filtrer les lignes selon les valeurs de la colonne.

Date	Client	Ville	Vendeur	Montant	Commissio	Mois

■ Introduisez les formules en collectant les références aux cellules :
   – Sous l'étiquette *Commission* : `=Tableau1[[#Cette ligne];[Montant]]*2%`.
   – Sous l'étiquette *Mois* : `=Tableau1[[#Cette ligne];[Mois]]`.

2-FILTREZ SUR LA VALEUR D'UNE CELLULE SÉLECTIONNÉE

Affichez l'ensemble des ventes faites à Paris.

■ Cliquez droit dans la colonne *Ville* sur une cellule contenant la valeur cherchée, puis sur *Filtrer...* et enfin sur *Filtrer par la valeur de la cellule sélectionnée*.

	A	B	C	D	E	F	G	H
1		Liste des ventes – 4ème trimestre 2007						
2								
3	Date	Client	Ville	Vendeur	Montant	Commission	Mois	
5	06/10/2007	AMT	Paris	Durand	3 366,00 €	67,32	10	
9	06/10/2007	Marval	Paris	Durand	10 718,00 €	214,36	10	
13	13/10/2007	Marval	Paris	Durand	2 358,00 €	47,16	10	
17	13/10/2007	AMT	Paris	Durand	6 894,00 €	137,88	10	

3-FILTREZ SUR PLUSIEURS VALEURS D'UNE MÊME COLONNE

■ Pour rechercher l'ensemble des ventes faites à Paris et à Rouen :
   Cliquez sur la flèche à droite de l'étiquette *Ville*. Le menu présente une zone liste déroulante ❶. Seules les valeurs cochées resteront affichées dans le tableau, les autres lignes seront masquées. Actuellement seul <☑ Paris> est coché, c'est le fait du filtre effectué à l'étape précédente.
   Faites défiler les valeurs, cochez la case devant la valeur <☑ Rouen>. Validez par [OK].

■ Pour réafficher toutes les valeurs, sauf *Marseille* et *Toulouse* :
   cliquez <☑ (Sélectionner tout)>, puis décochez <☑ Marseille> et <☑ Toulouse>. Validez par [OK].

	A	B	C	D	E	F	G	H
1			Liste des ventes – 4ème trimestre 2007					
2								
3	Date	Client	Ville	Vendeur	Montant	Commission	Mois	
4	06/10/2007	Bolor Sarl	Rouen	Martin	3 345,00 €	10	10	
5	06/10/2007	AMT	Paris	Durand	3 366,00 €	10	10	
9	06/10/2007	Marval	Paris	Durand	10 718,00 €	10	10	
10	06/10/2007	JBM Consultant	Rouen	Henri	11 552,00 €	10	10	
12	13/10/2007	Bolor Sarl	Rouen	Martin	1 667,00 €	10	10	
13	13/10/2007	Marval	Paris	Durand	2 358,00 €	10	10	

Lorsqu'un filtre est en cours sur la ville, l'icône flèche à droite de l'étiquette *Ville* est transformée en une icône de filtre.

■ Réaffichez la totalité des lignes du tableau : cliquez sur l'icône filtre située à droite de l'étiquette *Ville*, puis la commande *Effacer le filtre de « Ville »*. Vous pouvez aussi cochez <☑ (Sélectionner tout)> dans la zone déroulante des valeurs.

4-FILTREZ SUR DES VALEURS DE DIFFÉRENTES COLONNES

Affichez les ventes faites par Martin à Rouen.

■ Cliquez sur la flèche à droite de l'étiquette *Ville*, décochez sur la case <□ (sélectionner tout)>, cochez la case <☑ Rouen>.

■ Dans la colonne *Vendeur*, cliquez droit sur une cellule contenant `Martin`, puis sur *Filtrer...* et enfin sur *Filtrer par la valeur de la cellule sélectionnée*.

	A	B	C	D	E	F	G	H
1			Liste des ventes – 4ème trimestre 2007					
2								
3	Date	Client	Ville	Vendeur	Montant	Commission	Mois	
4	06/10/2007	Bolor Sarl	Rouen	Martin	3 345,00 €	66,9	10	
12	13/10/2007	Bolor Sarl	Rouen	Martin	1 667,00 €	33,34	10	
16	13/10/2007	Bolor Sarl	Rouen	Martin	6 078,00 €	121,56	10	
23	20/10/2007	Bolor Sarl	Rouen	Martin	1 344,00 €	26,88	10	
24	20/10/2007	Bolor Sarl	Rouen	Martin	2 365,00 €	47,3	10	
33	27/10/2007	Bolor Sarl	Rouen	Martin	1 462,00 €	29,24	10	
34	27/10/2007	Bolor Sarl	Rouen	Martin	2 293,00 €	45,86	10	

■ Réaffichez la totalité des lignes du tableau : sous l'onglet **Données**>groupe **Trier et filtrer**, cliquez sur le bouton **Effacer** pour effacer le filtre sur toutes les colonnes à la fois.

5-AFFICHEZ SEULEMENT LES 5 PLUS GROS MONTANTS

Vous allez afficher seulement les 5 ventes dont le montant est le plus élevé.

■ Cliquez sur la flèche à droite de l'étiquette *Montant*, puis sur *Filtres numériques* et enfin sur *10 premiers...*
Le dialogue *Les 10 premiers* s'affiche.

■ Changez le nombre `10` en `5`. Si vous sélectionnez *Bas* au lieu de *Haut* vous obtiendrez les 5 montants les plus bas, validez par [OK].

	A	B	C	D	E	F	G	H
1			Liste des ventes – 4ème trimestre 2007					
2								
3	Date	Client	Ville	Vendeur	Montant	Commission	Mois	
11	06/10/2007	SysLog	Reims	Morel	15 780,00 €	315,6	10	
22	13/10/2007	SysLog	Reims	Morel	25 513,00 €	510,26	10	
59	10/11/2007	SysLog	Reims	Morel	22 794,00 €	455,88	11	
66	17/11/2007	Valeor	Toulouse	Martin	18 368,00 €	367,36	11	
76	24/11/2007	SysLog	Reims	Morel	14 952,00 €	299,04	11	
115								

■ Réaffichez la totalité des lignes de la table : cliquez sur l'icône Filtre à droite de l'étiquette *Montant*, puis sur la commande *Effacer le filtre de « Montant »*.

6-AFFICHEZ SEULEMENT LES MONTANTS SUPÉRIEURS À UNE VALEUR

Filtrez sur les montants supérieurs à 10 000 €.

- Cliquez sur la flèche située à droite de l'étiquette *Montant*, puis sur *Filtres numériques* et enfin sur cliquez *Supérieur à...* Le dialogue *Filtre automatique personnalisé* s'affiche.
  Sous **Montant** : dans la zone de gauche, conservez *est supérieur à* puis, dans la zone de droite, saisissez 10000. Validez par [OK].

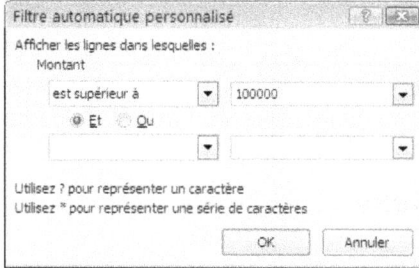

Seules les lignes dont le montant est supérieur à 10 000 € restent affichées.

- Réaffichez la totalité des lignes du tableau.

7-FILTREZ SUR UNE DATE

Recherchez les ventes effectuées entre le 15/11/2007 et le 30/11/2007.

- Cliquez sur la flèche située à droite de l'étiquette *Date*, puis sur *Filtres chronologiques*.

- Tous les filtres chronologiques sont proposés, cliquez sur *Entre...* Le dialogue *Filtre automatique personnalisé* s'affiche : spécifiez les deux conditions, elles sont reliées ici par <☑ Et>. Validez par [OK].

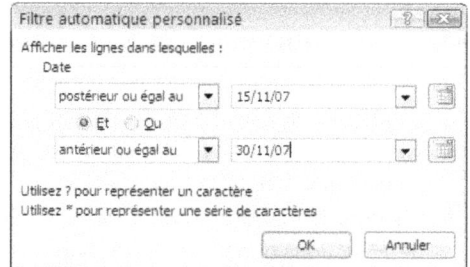

L'affichage se limite alors aux ventes de la période choisie.

- Affichez seulement les dates d'un trimestre ou d'un mois, par exemple Décembre : cliquez dans le menu des filtres chronologiques sur *Toutes les dates de cette période*, puis sur *Décembre*.

CAS 15 : FILTRER DES DONNÉES

8-FILTREZ SUR LE PREMIER OU LE DERNIER DÉCILE D'UNE VALEUR NUMÉRIQUE

- Cliquez sur la flèche située à droite de l'étiquette *Montant*,
  puis sur *Filtres numériques* et enfin sur cliquez *10 premiers...*
  le dialogue *Les 10 premiers* s'affiche.
  Dans la zone de gauche, sélectionnez *Haut*, puis dans la
  zone de droite sélectionnez *Pourcentage*. Validez par [OK].

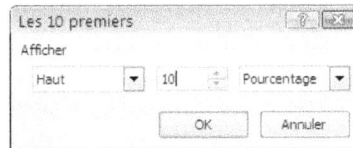

Les lignes qui s'affichent constituent les 10 % des ventes dont le montant est le plus élevé.

	A	B	C	D	E	F	G	H
1		Liste des ventes – 4ème trimestre 2007						
2								
3	Date	Client	Ville	Vendeur	Montant	Commissio	Mois	
11	06/10/2007	SysLog	Reims	Morel	15 780,00 €	315,6	10	
21	13/10/2007	AMT	Paris	Durand	13 009,00 €	260,18	10	
22	13/10/2007	SysLog	Reims	Morel	25 513,00 €	510,26	10	
32	20/10/2007	Valeor	Toulouse	Martin	14 639,00 €	292,78	10	
59	10/11/2007	SysLog	Reims	Morel	22 794,00 €	455,88	11	
66	17/11/2007	Valeor	Toulouse	Martin	18 368,00 €	367,36	11	
75	24/11/2007	Marval	Paris	Durand	13 425,00 €	268,5	11	
76	24/11/2007	SysLog	Reims	Morel	14 952,00 €	299,04	11	
92	08/12/2007	AMT	Paris	Durand	13 305,00 €	266,1	12	
93	08/12/2007	SysLog	Reims	Morel	14 414,00 €	288,28	12	
107	15/12/2007	Valeor	Toulouse	Martin	14 329,00 €	286,58	12	

- Affichez les lignes qui constituent les 5 % des ventes dont le montant est le plus élevé.
- Affichez les lignes qui constituent les 10 % des ventes dont le montant est le moins élevé.
- Réaffichez la totalité des lignes du tableau.

9-FILTREZ AVEC UNE ZONE DE CRITÈRES

Les filtres numériques et chronologiques que nous avons vus sont très simples à utiliser mais ils sont limités à deux conditions sur une valeur. Si vous avez plus de deux conditions ou si les conditions s'expriment par des fonctions plus élaborées, ou si vous voulez copier des lignes du tableau dans un autre emplacement, il faut utiliser une zone de critères.

Vous pouvez placer une zone de critères dans la même feuille ou dans une autre feuille que celle du tableau. Ici, vous allez la placer au-dessus du tableau de données.

- Insérez quatre lignes avant le tableau : sélectionnez les lignes 3:6 sur la cellule puis, sous l'onglet **Accueil**>groupe **Cellules**, cliquez sur le bouton **Insérer**.
- Copiez les étiquettes du tableau A7:G7 dans la plage A3:G3. Supprimez l'étiquette *Mois* dans la zone de critères.
- Dupliquez l'étiquette de critère *Date* : cliquez sur la cellule A3, puis tapez [Ctrl]+C puis, sous l'onglet **Accueil**>groupe **Cellules**, cliquez sur la **flèche** du bouton **Insérer** puis sur *Insérer les cellules copiées...* Le dialogue *Insérer et coller* s'affiche. Validez par [OK].

	A	B	C	D	E	F	G
1		Liste des ventes – 4ème trimestre 2007					
2							
3	Date	Date	Client	Ville	Vendeur	Montant	Commission
4							
5							
6							
7	Date	Client	Ville	Vendeur	Montant	Commissio	Mois
8	06/10/2007	Bolor Sarl	Rouen	Martin	3 345,00 €	10	10

- Saisissez les critères.
  Des critères sur une même ligne sont considérés comme reliés par la condition ET, deux critères sur des lignes différentes sont considérés comme reliés par OU.

	A	B	C	D	E	F	G
1		Liste des ventes – 4ème trimestre 2007					
2							
3	Date	Date	Client	Ville	Vendeur	Montant	Commission
4	>=1/10/07	<=30/10/07		Toulouse		>=3500	
5	>=1/12/07	<=31/12/07		Marseille		>=5500	
6							
7	Date	Client	Ville	Vendeur	Montant	Commission	Mois

Ces critères filtrent les lignes dont « la date est en octobre 2007 ET la ville est Toulouse ET le montant est ≥3500 » OU « la date est en décembre 2007 ET la ville est Marseille ET le montant est ≥5500 ».

- Effectuez le filtre : cliquez dans le tableau puis, sous l'onglet **Données**>groupe **Trier et filtrer**, cliquez sur le bouton **Avancé**. Le dialogue *Filtre avancé* s'affiche. Cliquez dans <Zone de critères> puis sélectionnez dans la feuille la plage A3:G5. Validez par [OK].

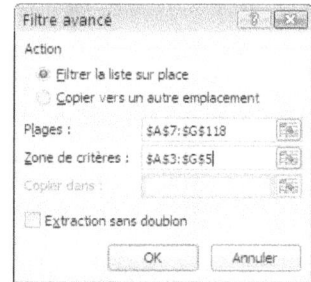

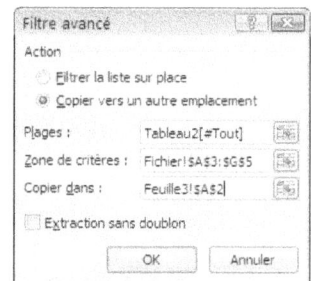

10-COPIEZ LES LIGNES SÉLECTIONNÉES DANS UN AUTRE EMPLACEMENT

Au lieu que les lignes filtrées s'affichent dans le tableau des données, les autres lignes du tableau étant masquées, le résultat du filtrage peut être copié dans un autre emplacement du classeur.

- Cliquez dans le tableau de données puis, sous l'onglet **Données**>groupe **Trier et filtrer**, cliquez sur le bouton **Avancé**. Le dialogue *Filtre avancé* s'affiche. Activez l'option <⊙ Copier vers un autre emplacement> puis cliquez dans <Copier dans> et cliquez sur la cellule de l'emplacement destination, par exemple I7. Validez par [OK].

Notez que l'emplacement ne peut être situé que dans la feuille active. Si vous voulez copier les données filtrées dans la feuille *Feuil1*, autre que celle du tableau, la feuille active doit être *Feuil1*.

- Cliquez sur une cellule de la feuille *Feuil1*, par exemple A2 puis, sous l'onglet **Données**>groupe **Trier et filtrer**, cliquez sur **Avancé**. Le dialogue *Filtre avancé* s'affiche.

Activez l'option <⊙ Copier vers un autre emplacement>. Cliquez dans <Plages> puis cliquez sur l'onglet de feuille *Fichier* et ensuite sur une cellule étiquette du tableau de données, tapez sur Ctrl+A pour sélectionnez le tableau en entier. Cliquez dans <Zone de critères> puis sélectionnez dans la feuille *Fichier* la zone A3:G5. Cliquez dans <Copier dans> puis cliquez sur la cellule destination, A2.

- Validez par [OK].

11-UTILISEZ LA LIGNE DES TOTAUX DU TABLEAU DE DONNÉES

- Cliquez sur une cellule du tableau de données puis, sous l'onglet **Outils de tableau/Création**>groupe **Options de style de tableau**, cochez <☑Ligne des totaux>. Cliquez ensuite sur une cellule de la ligne des totaux puis cliquez sur la flèche de liste déroulante apparue à sa droite. Cliquez enfin sur la fonction statistique : la fonction statistique SOUS.TOTAL() s'insère, elle renvoie la statistique sur les enregistrements filtrés.

- Cliquez sur l'outil 🖫 dans la barre d'outils *Accès rapide* puis fermez le classeur.

CAS 16 : SOUS-TOTAUX

Sous-totaux par vendeur

1 2 3		A	B	C	D	E	F	G	H
	1			Liste des ventes – 4ème trimestre 2007					
	2								
	3	Date	Client	Ville	Vendeur	Montant	Commission	Mois	
	4				Total général	756 148,00 €	15 122,96 €		
	5				Total Morel	56 401,00 €	1 128,02 €		
	6	13/10/2007	Champagnes Fc	Lyon	Morel	9 837,00 €	196,74 €	10	
	7	13/10/2007	SysLog	Lyon	Morel	3 222,00 €	64,44 €	10	
	8	20/10/2007	SysLog	Lyon	Morel	4 358,00 €	87,16 €	10	
	9	27/10/2007	SysLog	Lyon	Morel	3 689,00 €	73,78 €	10	
	10	10/11/2007	SysLog	Lyon	Morel	3 078,00 €	61,56 €	11	
	11	10/11/2007	Champagnes Fc	Lyon	Morel	7 300,00 €	146,00 €	11	
	12	24/11/2007	SysLog	Lyon	Morel	3 731,00 €	74,62 €	11	
	13	08/12/2007	Champagnes Fc	Lyon	Morel	11 187,00 €	223,74 €	12	
	14	08/12/2007	SysLog	Lyon	Morel	3 905,00 €	78,10 €	12	
	15	15/12/2007	SysLog	Lyon	Morel	3 707,00 €	74,14 €	12	
	16	22/12/2007	SysLog	Lyon	Morel	2 387,00 €	47,74 €	12	
	17				Total Martin	58 496,00 €	1 169,92 €		
	18	06/10/2007	Valeor	Marseille	Martin	6 395,00 €	127,90 €	10	
	19	13/10/2007	Valeor	Marseille	Martin	4 211,00 €	84,22 €	10	
	20	20/10/2007	Valeor	Marseille	Martin	5 879,00 €	117,58 €	10	

1 2 3		A	B	C	D	E	F	G	H
	1			Liste des ventes – 4ème trimestre 2007					
	2								
	3	Date	Client	Ville	Vendeur	Montant	Commission	Mois	
	4				Total général	756 148,00 €	15 122,96 €		
	5				Total Morel	56 401,00 €	1 128,02 €		
	17				Total Martin	58 496,00 €	1 169,92 €		
	30				Total Durand	248 430,00 €	4 968,60 €		
	66				Total Morel	219 778,00 €	4 395,56 €		
	90				Total Martin	173 043,00 €	3 460,86 €		
	121								

Sous-totaux par mois

1 2 3		A	B	C	D	E	F	G	H
	1			Liste des ventes – 4ème trimestre 2007					
	2								
	3	Date	Client	Ville	Vendeur	Montant	Commission	Mois	
	4					756 148,00 €	15 122,96 €	Total général	
	5					259 796,00 €	5 195,92 €	Total 10	
	44					257 985,00 €	5 159,70 €	Total 11	
	80					238 367,00 €	4 767,34 €	Total 12	
	119								

Sous-totaux par clients

1 2 3		A	B	C	D	E	F	G	H
	1			Liste des ventes – 4ème trimestre 2007					
	2								
	3	Date	Client	Ville	Vendeur	Montant	Commission	Mois	
	4		Total général			756 148,00 €	15 122,96 €		
	5		Total AMT			136 133,00 €	2 722,66 €		
	26		Total Boior Sarl			55 634,00 €	1 112,68 €		
	47		Total Champagnes Fols			110 004,00 €	2 200,08 €		
	62		Total JBM Consultant			32 676,00 €	653,52 €		
	66		Total Keops			26 333,00 €	526,66 €		
	70		Total Marval			112 297,00 €	2 245,94 €		
	86		Total SysLog			166 175,00 €	3 323,50 €		
	107		Total Valeor			116 896,00 €	2 337,92 €		
	124								

CAS 16 : SOUS-TOTAUX

Fonctions utilisées

– *Affichez des sous-totaux*

– *Supprimez les sous-totaux*

– *Trier par bloc selon les sous-totaux*

10 mn

Des sous-totaux peuvent être insérés automatiquement dans les colonnes numériques d'un tableau de données, après groupement des lignes selon des valeurs d'une colonne.

Les données de ce cas pratique sont dans le fichier `CasA16.xlsx`, enregistré dans le dossier `C:\Exercices Excel 2007`. Ouvrez le fichier et enregistrez-le sous le nom `CasA16-R.xlsx`.

1-AFFICHEZ DES SOUS-TOTAUX PAR VILLE

Pour qu'Excel puisse insérer des sous-totaux au sein d'une plage de données, celle-ci doit être préalablement triée sur le champ qui va servir de regroupement.

Les sous-totaux ne sont pas possibles dans un tableau de données. Si les données sont dans un tableau de données, convertissez le « tableau de données » en « plage de cellules ».

Nous voulons avoir des sous-totaux ville par ville pour les montants des ventes.

- Triez la plage de données selon les villes : cliquez sur une cellule de la colonne *Ville* puis, sous l'onglet **Accueil**>groupe **Édition**, cliquez sur le bouton **Trier et filtrer** puis sur la commande *Trier de A à Z*.

- Sous l'onglet **Données**>groupe **Plan**, cliquez sur le bouton **Sous-totaux**.

  ❶ Sélectionnez le champ de regroupement : *Ville*.

  ❷ Sélectionnez la fonction de synthèse : *Somme*.

  ❸ Cochez la ou les colonnes pour lesquelles vous voulez un sous-total : *Montant* et *Commission*.

  ❹ Spécifiez les options pour que les sous-totaux précédents soient remplacés et pour que les lignes de sous-totaux soient placées au-dessus des lignes de données.

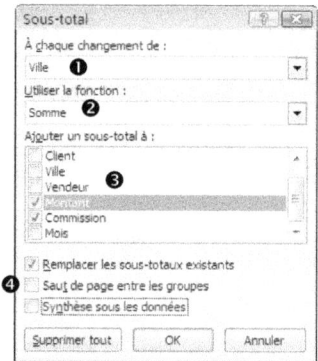

- Validez par [OK].

Le mode Plan est appliqué par Excel. Le total général est de niveau 1, les lignes de sous-totaux sont de niveau 2, les lignes de données sont de niveau 3.

CAS 16 : SOUS-TOTAUX

2-SUPPRIMEZ LES SOUS-TOTAUX

- Sous l'onglet **Données**>groupe **Plan**, cliquez sur le bouton **Sous-totaux**. Cliquez sur le bouton [Supprimer tout].

3-AFFICHEZ LES SOUS-TOTAUX PAR VENDEUR

Affichez des sous-totaux par vendeur :

- Triez les données par date, puis triez à nouveau par vendeur. Vous obtenez ainsi les lignes de données par vendeur et pour chaque vendeur par date.
    - Sous l'onglet **Données**>groupe **Plan**, cliquez sur le bouton **Sous-totaux**. Sélectionnez le champ de regroupement, *Vendeur*, sélectionnez la fonction de synthèse : *Somme*, cochez les colonnes *Montant* et *Commission*. Validez par [OK].

- Affichez le niveau 2 seulement.

4-AFFICHEZ LES SOUS-TOTAUX PAR MOIS

5-Affichez les sous-totaux par client

- Supprimez les sous-totaux puis triez par Client : cliquez sur une cellule de la colonne *Client* puis cliquez sur la commande contextuelle *Trier...* Cliquez enfin sur *Trier de A à Z*.
- Procédez ensuite comme précédemment pour afficher les données avec des sous-totaux par client.

	Date	Client	Ville	Vendeur	Montant	Commission	Mois
1		Liste des ventes – 4ème trimestre 2007					
4		Total général			756 148,00 €	15 122,96 €	
5		Total AMT			136 133,00 €	2 722,66 €	
6	06/10/2007	AMT	Paris	Durand	3 366,00 €	67,32 €	10
7	13/10/2007	AMT	Paris	Durand	13 009,00 €	260,18 €	10
8	13/10/2007	AMT	Paris	Durand	6 894,00 €	137,88 €	10
9	20/10/2007	AMT	Paris	Durand	6 967,00 €	139,34 €	10
10	20/10/2007	AMT	Paris	Durand	3 358,00 €	67,16 €	10
11	27/10/2007	AMT	Paris	Durand	4 538,00 €	90,76 €	10
12	27/10/2007	AMT	Paris	Durand	7 156,00 €	143,12 €	10
13	03/11/2007	AMT	Paris	Durand	9 095,00 €	181,90 €	11
14	03/11/2007	AMT	Paris	Durand	2 477,00 €	49,54 €	11
15	10/11/2007	AMT	Paris	Durand	11 099,00 €	221,98 €	11
16	17/11/2007	AMT	Paris	Durand	3 918,00 €	78,36 €	11
17	17/11/2007	AMT	Paris	Durand	6 497,00 €	129,94 €	11
18	01/12/2007	AMT	Paris	Durand	3 161,00 €	63,22 €	12
19	08/12/2007	AMT	Paris	Durand	8 697,00 €	173,94 €	12
20	08/12/2007	AMT	Paris	Durand	13 305,00 €	266,10 €	12
21	15/12/2007	AMT	Paris	Durand	9 171,00 €	183,42 €	12
22	15/12/2007	AMT	Paris	Durand	4 126,00 €	82,52 €	12
23	15/12/2007	AMT	Paris	Durand	4 364,00 €	87,28 €	12
24	22/12/2007	AMT	Paris	Durand	9 160,00 €	183,20 €	12
25	22/12/2007	AMT	Paris	Durand	5 775,00 €	115,50 €	12
26		Total Bolor Sarl			55 634,00 €	1 112,68 €	
27	06/10/2007	Bolor Sarl	Rouen	Martin	3 345,00 €	66,90 €	10
28	13/10/2007	Bolor Sarl	Rouen	Martin	6 078,00 €	121,56 €	10

	Date	Client	Ville	Vendeur	Montant	Commission	Mois
1		Liste des ventes – 4ème trimestre 2007					
4		Total général			756 148,00 €	15 122,96 €	
5		Total AMT			136 133,00 €	2 722,66 €	
26		Total Bolor Sarl			55 634,00 €	1 112,68 €	
47		Total Champagnes Fois			110 004,00 €	2 200,08 €	
62		Total JBM Consultant			32 676,00 €	653,52 €	
66		Total Keops			26 333,00 €	526,66 €	
70		Total Marval			112 297,00 €	2 245,94 €	
86		Total SysLog			166 175,00 €	3 323,50 €	
107		Total Valeor			116 896,00 €	2 337,92 €	

6-Trier avec des sous-totaux

Si vous avez affiché seulement le niveau des sous-totaux, vous pouvez trier par blocs de données selon le champ de regroupement ou le champ sur lequel a été appliquée la fonction de synthèse.

- Masquez les lignes de détails en cliquant sur le symbole de plan 2 puis triez les données sur la colonne *Montant*.
- Cliquez sur l'outil ▣ dans la barre d'outils *Accès rapide* puis fermez le classeur.

CAS 17: TABLEAU CROISÉ DYNAMIQUE

Ventes par client et par mois

Somme de Montant	Étiquet ▾			
Étiquettes de lignes ▾	oct	nov	déc	Total général
AMT	45288	33086	57759	136133
Bolor Sarl	18554	19122	17958	55634
Champagnes Fols	41042	38295	30667	110004
JBM Consultant	11552	12175	8949	32676
Keops	9506	7892	8935	26333
Marval	37488	40494	34315	112297
SysLog	61795	60369	44011	166175
Valeor	34571	46552	35773	116896
Total général	**259796**	**257985**	**238367**	**756148**

Grouper

Automatique

☑ Début : 06/10/2007
☑ Fin : 23/12/2007

Par
Secondes
Minutes
Heures
Jours
Mois
Trimestres
Années

Nombre de jours : 1

OK   Annuler

Ventes par ville

Date	(Tous) ▾
Étiquettes de li ▾	Somme de Montant
Lyon	56401
Marseille	58496
Paris	248430
Reims	219778
Rouen	88310
Toulouse	84733
Total général	756148

Date	(Tous) ▾
Étiquettes de ▾	Somme de Montant
Lyon	7,46%
Marseille	7,74%
Paris	32,85%
Reims	29,07%
Rouen	11,68%
Toulouse	11,21%
Total général	100,00%

Nombre de factures par mois et par vendeur

Somme de Montant	Étique ▾												
	▬Durand			Total Durand	▬Martin			Total Martin	▬Morel			Total Morel	Total général
Étiquettes de lignes ▾	oct	nov	déc		oct	nov	déc		oct	nov	déc		
Lyon									21 106	14 109	21 186	56 401	56 401
Marseille					19 932	17 120	21 444	58 496					58 496
Paris	82 776	73 580	92 074	248 430									248 430
Reims									81 731	84 555	53 492	219 778	219 778
Rouen					30 106	31 297	26 907	88 310					88 310
Toulouse					24 145	37 324	23 264	84 733					84 733
Total général	82 776	73 580	92 074	248 430	74 183	85 741	71 615	231 539	102 837	98 664	74 678	276 179	756 148

Commissions par vendeur

Commissions par vendeur				
	Durand	Martin	Morel	Total général
Lyon			1 128	1 128
Marseille		1 170		1 170
Paris	4 969			4 969
Reims			4 396	4 396
Rouen		1 766		1 766
Toulouse		1 695		1 695
Total général	4 969	4 631	5 524	15 123

CAS 17 : TABLEAU CROISÉ DYNAMIQUE

Fonctions utilisées

– *Créer un tableau croisé dynamique*

– *Modifier les options de ce type de tableau*

15 mn

Les tableaux croisés dynamiques sont des tableaux de synthèse sur le contenu d'un tableau de données. Ils sont dynamiques au sens où ils sont actualisés à chaque modification apportée dans le tableau de données.

Les données de ce cas pratique sont dans le fichier `CasA17.xlsx`, enregistré dans le dossier `C:\Exercices Excel 2007`. Ouvrez le fichier et enregistrez-le sous le nom `CasA17-R.xlsx`.

1-CRÉEZ LE TABLEAU CROISÉ DYNAMIQUE DES VENTES PAR CLIENT PAR MOIS

- Cliquez dans une cellule de la plage des données A3:F114 et transformez cette plage de données en tableau de données (procédez comme au cas pratique N°14). Le tableau est nommé `Tableau1`, son nom apparaît sur le Ruban sous l'onglet contextuel **Outils de tableau/Création**>onglet **Propriétés**.

- Sous l'onglet contextuel **Outils de tableau/Création**>onglet **Propriétés**, cliquez sur le bouton **Synthétiser avec un tableau croisé dynamique**. Cliquez sur [OK].

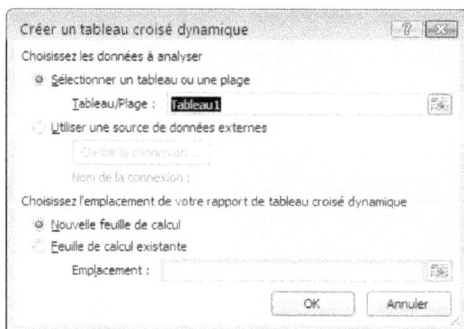

Le dialogue *Créer un tableau croisé dynamique* sert à spécifier la source de données, ici le tableau *Tableau1*, et l'emplacement du tableau croisé dynamique, ici une nouvelle feuille de calcul.

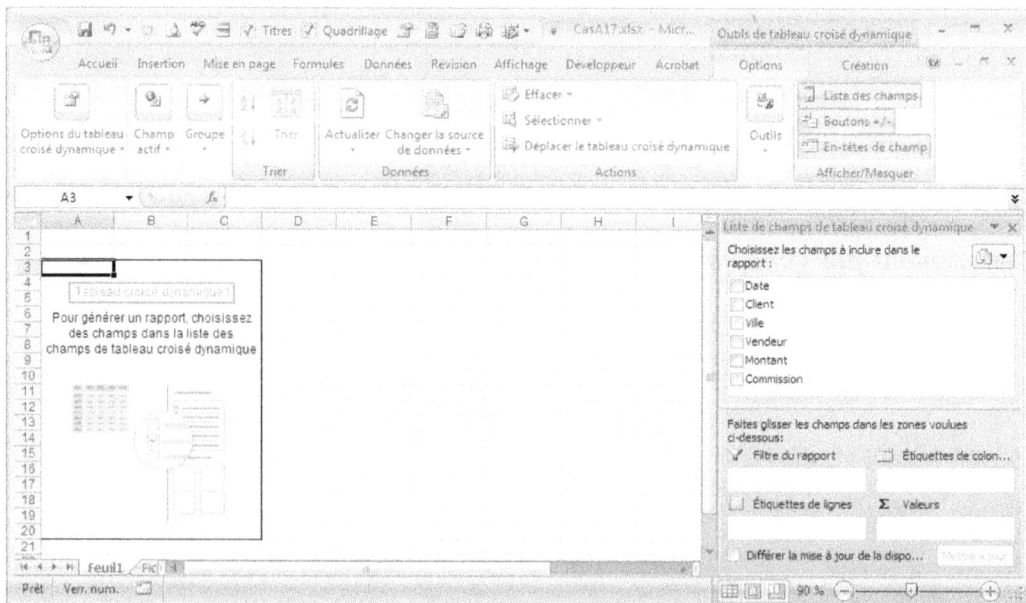

CAS 17 : TABLEAU CROISÉ DYNAMIQUE

La nouvelle feuille est créée, l'onglet **Outils de tableau croisé dynamique/Options** s'affiche sur le Ruban. Une zone encadrée représente le tableau croisé et, lorsque vous cliquez sur une cellule de cette zone, un volet *Liste des champs de tableau croisé dynamique* apparaît à droite de la fenêtre.

- Glissez-déposez le champ *Client* dans la zone <Étiquettes de lignes>, glissez-déposez le champ *Date* dans la zone <Étiquettes de colonnes>, glissez-déposez le champ *Montant* dans la zone <Valeurs>.

Le tableau se constitue au fur et à mesure dans la feuille. Les étiquettes de colonnes sont les jours, mais nous voudrions avoir un regroupement par mois.

- Cliquez droit sur une des cellules contenant une date puis sur la commande contextuelle *Grouper* puis dans le dialogue sélectionnez *Mois*. Validez par [OK].

- Copiez les valeurs du tableau croisé dynamique dans une nouvelle feuille : sélectionnez la plage A4:E13, cliquez sur le bouton **Copier** puis créez une nouvelle feuille et collez les valeurs.

2-CRÉEZ UN TABLEAU DES VENTES PAR VILLE

- Cliquez dans le tableau de données de la feuille *Fichier* puis, sous l'onglet contextuel **Outils de tableau/Création**>onglet **Propriétés**, cliquez sur le bouton **Synthétiser avec un tableau croisé dynamique**.

- Choisissez l'emplacement <⊙ Feuille de calcul existante> puis cliquez dans la zone <Emplacement> et cliquez sur la cellule H3. Validez par [OK]. La zone matérialisant le tableau croisé est située à partir de la cellule H3.

- Dans le volet *Liste des champs de tableau croisé dynamique*, glissez-déposez le champ *Ville* dans la zone <Étiquettes de lignes>, glissez-déposez le champ *Montant* dans la zone <Valeur>.

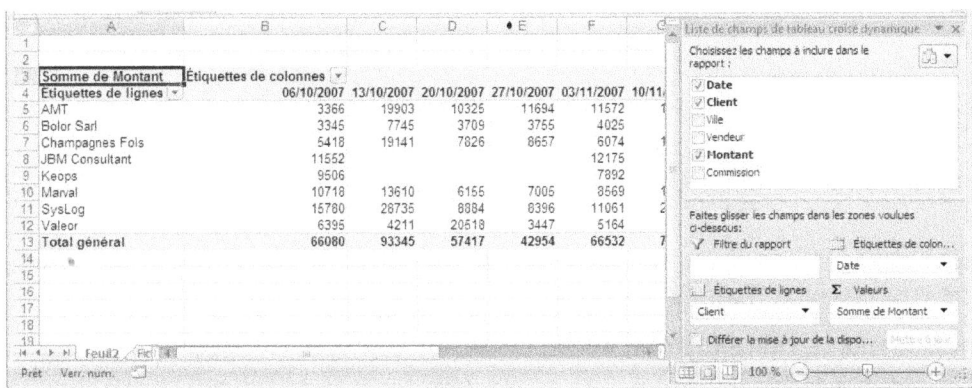

3-FILTREZ LES RÉSULTATS

- Dans le volet *Liste des champs de tableau croisé dynamique*, glissez-déposez le champ *Date* dans la zone <Filtre>. Dans la feuille, au-dessus du tableau croisé, apparaît une zone de filtre nommée Date. Cliquez sur la flèche déroulante à droite de la cellule de filtre I1 et sélectionnez le mois d'octobre.

Date	(Tous)
Étiquettes de li	Somme de Montant
Lyon	56401
Marseille	58496
Paris	248430
Reims	219778
Rouen	88310
Toulouse	84733
Total général	756148

Date	(Tous)
E	sept
Ly	
M	nov
Pi	déc
R	>23/12/2007
R	
T	Sélectionner plusieurs éléments
T	

OK   Annuler

Date	oct
Étiquettes d	Somme de Montant
Lyon	21106
Marseille	19932
Paris	82776
Reims	81731
Rouen	30106
Toulouse	24145
Total général	259796

- Pour réafficher le total toutes dates confondues, cliquez sur la flèche déroulante de la cellule de filtre et sélectionnez (Tous).

4-TRANSFORMEZ LE TABLEAU POUR AVOIR LES POURCENTAGES EN COLONNE

- Cliquez dans le tableau croisé puis dans le volet *Liste des champs de tableau croisé dynamique*. Dans la zone <Valeurs>, cliquez sur la flèche de *Somme de montant* puis cliquez sur la commande *Paramètres des champs de valeur...* Le dialogue *Paramètres des champs de valeurs* s'affiche.

- Cliquez sur l'onglet **Afficher les valeurs** puis sélectionnez *% par colonne*. Validez par [OK].

Paramètres des champs de valeurs

Nom de la source : Montant

Nom personnalisé : Somme de Montant

Synthèse par | Afficher les valeurs

Afficher les valeurs

% par colonne
Différence par rapport
% de
Différence en % par rapport
Résultat cumulé par
% par ligne
% par colonne
Commission

Format de nombre   OK   Annuler

Date	(Tous)
Étiquettes de	Somme de Montant
Lyon	7,46%
Marseille	7,74%
Paris	32,85%
Reims	29,07%
Rouen	11,68%
Toulouse	11,21%
Total général	100,00%

5-CRÉEZ UN TABLEAU DES VENTES PAR VILLE, PAR MOIS ET PAR VENDEUR

- Cliquez dans une cellule du tableau de données de la feuille *Fichier*. Puis, sous l'onglet contextuel **Outils de tableau/Création**>onglet **Propriétés**, cliquez sur le bouton **Synthétiser avec un tableau croisé dynamique**.

- Dans le volet *Liste des champs de tableau croisé dynamique*,
  - Glissez-déposez le champ *Ville* dans la zone <Étiquettes de lignes>.
  - Glissez-déposez le champ *Vendeur* dans la zone <Étiquettes de colonnes>, glissez-déposez le champ *Date* dans la même zone <Étiquettes de colonnes>.
  - Glissez-déposez le champ *Montant* dans la zone<Valeurs>.

Liste de champs de tableau croisé dynamique

Choisissez les champs à inclure dans le rapport :

☑ Date
☐ Client
☑ Ville
☑ Vendeur
☑ Montant
☐ Commission

Faites glisser les champs dans les zones voulues ci-dessous:

Filtre du rapport | Étiquettes de colon...
| | Vendeur
| | Date

Étiquettes de lignes | Σ Valeurs
Ville | Somme de Montant

Somme de Montant	Étique...												
	Durand			Total Durand	Martin			Total Martin	Morel			Total Morel	Total général
Étiquettes de lignes	oct	nov	déc		oct	nov	déc		oct	nov	déc		
Lyon									21106	14109	21186	56401	56401
Marseille					19932	17120	21444	58496					58496
Paris	82776	73580	92074	248430									248430
Reims									81731	84555	53492	219778	219778
Rouen					30106	31297	26907	88310					88310
Toulouse					24145	37324	23264	84733					84733
Total général	82776	73580	92074	248430	74183	85741	71615	231539	102837	98664	74678	276179	756148

6-MODIFIEZ LE FORMAT DES VALEURS

- Cliquez droit sur une cellule contenant un montant, par exemple B8, puis sur la commande contextuelle *Paramètres des champs de valeurs*... Dans le dialogue, cliquez sur le bouton [Format]. Spécifiez le format Nombre avec 0 décimales et séparateur décimal. Validez par [OK].

Somme de Montant	Étique...												
	Durand			Total Durand	Martin			Total Martin	Morel			Total Morel	Total général
Étiquettes de lignes	oct	nov	déc		oct	nov	déc		oct	nov	déc		
Lyon									21 106	14 109	21 186	56 401	56 401
Marseille					19 932	17 120	21 444	58 496					58 496
Paris	82 776	73 580	92 074	248 430									248 430
Reims									81 731	84 555	53 492	219 778	219 778
Rouen					30 106	31 297	26 907	88 310					88 310
Toulouse					24 145	37 324	23 264	84 733					84 733
Total général	82 776	73 580	92 074	248 430	74 183	85 741	71 615	231 539	102 837	98 664	74 678	276 179	756 148

7-CHANGEZ LA FONCTION DE TOTALISATION

Les valeurs produites par le tableau croisé dynamique sont par défaut des sommes, mais vous pouvez changer cette fonction et choisir la moyenne, le nombre, le max, le min...

Transformez le tableau croisé dynamique précédent pour qu'il représente le nombre de factures.

- Cliquez droit sur une cellule contenant une totalisation puis sur la commande contextuelle *Paramètres des champs de valeurs*... Dans le dialogue, sélectionnez *Nombre*, validez par [OK].

Nombre de Montant	Étique...												
	Durand			Total Durand	Martin			Total Martin	Morel			Total Morel	Total général
Étiquettes de lignes	oct	nov	déc		oct	nov	déc		oct	nov	déc		
Lyon									4	3	4	11	11
Marseille					4	4	4	12					12
Paris	12	10	13	35									35
Reims									8	8	7	23	23
Rouen					8	7	8	23					23
Toulouse					2	3	2	7					7
Total général	12	10	13	35	14	14	14	42	12	11	11	34	111

8-MASQUEZ LES BOUTONS ET LES FLÈCHES DÉROULANTES DU TABLEAU

En masquant les boutons des étiquettes et les en-têtes de champ avec leur flèche déroulante, le tableau croisé dynamique ne se distingue plus visuellement d'une plage de cellule.

Sous l'onglet contextuel **Outils de tableau croisé dynamique/Options**>groupe **Afficher/Masquer**, cliquez sur les boutons **Bouton+/-** et **En-têtes de champ**.

Nombre de Montant													
	Durand			Total Durand	Martin			Total Martin	Morel			Total Morel	Total général
	oct	nov	déc		oct	nov	déc		oct	nov	déc		
Lyon									4	3	4	11	11
Marseille					4	4	4	12					12
Paris	12	10	13	35									35
Reims									8	8	7	23	23
Rouen					8	7	8	23					23
Toulouse					2	3	2	7					7
Total général	12	10	13	35	14	14	14	42	12	11	11	34	111

9-MASQUEZ LES DÉTAILS DU CHAMP DATE POUR UN VENDEUR

- Cliquez droit sur une cellule contenant un nom de vendeur puis sur la commande *Développer|réduire* et enfin sur la commande *Réduire le champ entier*.

	A	B	C	D	E	F	G	H	I	J
2										
3	Nombre de Montant									
4		Durand	Martin	Morel	Total général					
5										
6	Lyon			11	11					
7	Marseille		12		12					
8	Paris	35			35					
9	Reims			23	23					
10	Rouen		23		23					
11	Toulouse		7		7					
12	Total général	35	42	34	111					

10-AFFICHEZ LES COMMISSIONS À LA PLACE DES NOMBRES DE FACTURES

- Cliquez dans le tableau croisé dynamique puis, dans le volet *Liste des champs de tableau croisé dynamique*, glissez-déposez le champ *Commission* dans la zone <Valeur>. Puis enlevez *Somme de Montant* de la zone <Valeur> en cliquant sur la flèche à droite de *Somme de Montant* puis sur *Supprimer le champ*.
- Formatez les valeurs en nombres avec 0 décimales et séparateur des milliers.
- Modifiez le nom du champ des valeurs totalisées : cliquez sur la flèche à droite de *Somme de Commission* puis sur *Paramètres des champs de valeurs*. Dans la zone <Nom personnalisé>, saisissez `Commissions par vendeurs`. Validez par [OK].

	A	B	C	D	E
2					
3	Commissions par vendeur				
4		Durand	Martin	Morel	Total général
5					
6	Lyon			1 128	1 128
7	Marseille		1 170		1 170
8	Paris	4 969			4 969
9	Reims			4 396	4 396
10	Rouen		1 766		1 766
11	Toulouse		1 695		1 695
12	Total général	4 969	4 631	5 524	15 123

Liste de champs de tableau croisé dynamique

Choisissez les champs à inclure dans le rapport :
- ☑ Date
- ☐ Client
- ☑ Ville
- ☑ Vendeur
- ☐ Montant
- ☑ Commission

Faites glisser les champs dans les zones voulues ci-dessous :

▼ Filtre du rapport	☐ Étiquettes de colon...
Commission ▼	Vendeur ▼
	Date ▼

☐ Étiquettes de lignes	Σ Valeurs
Ville ▼	Commissions par v... ▼

11-TRIEZ LE TABLEAU PAR ORDRE ALPHABÉTIQUE DES VILLES

- Cliquez sur une cellule contenant une étiquette de ville puis, sous l'onglet contextuel **Outils de tableau/Options**>onglet **Trier**, cliquez sur le bouton **Trier de Z à A**.
- Triez aussi, de la même façon, les noms des vendeurs par ordre de Z à A.
- Faites réapparaître les mois : cliquez droit sur une cellule contenant un nom de vendeur puis sur *Développer|réduire* et enfin sur *Développer le champ entier*.
- Vous pouvez faire afficher les dates du jour en dissociant les valeurs de champ date que vous avez groupées précédemment en mois. Cliquez sur une cellule contenant un mois puis sur le bouton **Dissocier** sur le Ruban. Puis, regroupez en trimestre, puis masquez les mois.

Ainsi vous pouvez regrouper des étiquettes de date, en mois, en trimestres et également en années.

- Cliquez sur l'outil 🖫 dans la barre d'outils *Accès rapide*, puis fermez le classeur.

Publiez la composition du CAC 40

	A	B	C	D	E	F	G
1				AC 40			
2							
3							
4			Composition (en %) au 15/02/08				
5		Cours	Poids %			Cours	Poids %
6	ACCOR	48.02	1,02		LAFARGE	110.47	1,89
7	AIR FRANCE -KLM	18.06	0,54		LAGARDERE S.C.A.	49.49	0,71
8	AIR LIQUIDE	92.74	2,36		LVMH	69.00	2,15
9	ALCATEL-LUCENT	4.12	0,98		MICHELIN	59.46	0,94
10	ALSTOM	141.50	1,69		PERNOD RICARD	69.20	1,50
11	ARCELORMITTAL	47.56	4,71		PEUGEOT	49.82	0,91
12	AXA	21.08	4,11		PPR	91.28	0,81
13	BNP PARIBAS	59.11	5,94		RENAULT	69.72	1,60
14	BOUYGUES	48.24	1,39		SAINT GOBAIN	50.71	1,83
15	CAP GEMINI	36.59	0,61		SANOFI-AVENTIS	51.95	6,50
16	CARREFOUR	45.91	2,95		SCHNEIDER ELECTRIC	73.39	1,96
17	CREDIT AGRICOLE	17.56	1,75		SOCIETE GENERALE	76.22	3,90
18	DANONE	52.69	2,72		STMICROELECTRONICS	8.24	0,57
19	DEXIA	15.55	1,06		SUEZ	41.25	5,96
20	EADS	16.62	0,71		TOTAL	49.15	12,83
21	EDF	71.97	3,00		UNIBAIL-RODAMCO	161.28	1,35
22	ESSILOR INTL.	38.91	0,91		VALLOUREC	133.00	0,74
23	FRANCE TELECOM	23.32	5,29		VEOLIA ENVIRON.	55.54	2,41
24	GAZ DE FRANCE	36.92	1,05		VINCI (EX.SGE)	44.34	2,49
25	L'OREAL	82.76	2,61		VIVENDI	26.26	3,54
26							
27							

Publiez le Top 10 depuis le début de l'année

A5 f_x {=Euronext!J6:K15}

	A	B	C	D	E	F
1		AC 40				
2						
3	Les 10 meilleurs résultats					
4		Cours	/31-12	Poids %		
5	UNIBAIL-RODAMCO	161,28	7,58	1,35		
6	LAGARDERE S.C.A.	49,49	-3,51	0,71		
7	ALSTOM	141,5	-3,74	1,69		
8	PEUGEOT	49,82	-3,92	0,91		
9	FRANCE TELECOM	23,32	-5,28	5,29		
10	GAZ DE FRANCE	36,92	-7,7	1,05		
11	AIR LIQUIDE	92,74	-8,89	2,36		
12	DEXIA	15,55	-9,65	1,06		
13	ARCELORMITTAL	47,56	-10,58	4,71		
14	ESSILOR INTL.	38,91	-10,86	0,91		

CAS 18 : IMAGES, PAGES WEB ET E-MAIL

Un document au format HTML (une page Web) a la particularité de pouvoir être affiché par toute personne disposant simplement sur son ordinateur d'un navigateur Web. Une feuille de calcul ou un classeur Excel peuvent être enregistré au format HTML (extension `.htm`).

Dans ce cas pratique, vous présenterez dans une feuille les cours du CAC 40, vous l'agrémenterez de quelques images et de liens hypertextes, puis vous l'enregistrerez comme une page Web.

Si votre poste et le réseau auquel vous êtes connecté le permettent, vous verrez comment publier cette page Web sur un serveur intranet afin de la mettre à la disposition des autres utilisateurs. Pour terminer, vous enverrez la feuille de calcul par messagerie.

Les données correspondant à ce cas ont sont dans le fichier `CasA18.xlsx` enregistré dans le dossier `C:\Exercices Excel 2007`. Ouvrez le fichier et enregistrez-le sous le nom `CasA18-R.xlsx`.

1-COPIEZ LES COURS DU CAC 40 DANS VOTRE CLASSEUR

Ces données sont disponibles sur le site web www.euronext.com. Vous allez constituer un tableau dans la feuille *Euronext* contenant la liste des cours du CAC 40.

■ Avec votre navigateur Internet, accédez à la page d'accueil du site www.euronext.com, choisissez la version française (FR).

■ Repérez sur cette page d'accueil le cadre *Indicateurs de marché*. Cliquez sur le lien CAC40, situé dans ce cadre, pour afficher la page du CAC 40 puis cliquez sur l'onglet **Composition**.

■ Dans la zone listant les valeurs boursières du CAC 40, sélectionnez toutes les cellules incluant la ligne d'étiquettes puis copiez-les dans le Presse-papiers.

■ Cliquez sur l'onglet de feuille *Euronext* du classeur puis, dans cette feuille, cliquez sur la cellule A1. Collez les données du Presse-papiers : cliquez sur le bouton **Coller** sur le Ruban ou Ctrl+V.

CAS 18 : IMAGES, PAGES WEB ET E-MAIL

2-UTILISEZ UNE FORMULE MATRICIELLE DE LIAISON VERS LES DONNÉES EN LISTE

- Cliquez sur l'onglet de feuille *CAC40* du classeur `CasA18-1R.xlsx`.
- Cliquez sur l'onglet de feuille *CAC40*, sélectionnez la plage A6:A25, tapez = pour commencer une formule, cliquez sur l'onglet *Euronext*, sélectionnez la plage A2:A21, validez par `Ctrl`+`⇧`+`↵`.
- Cliquez sur l'onglet de feuille *CAC40*, sélectionnez la plage B6:B25, tapez = pour commencer une formule, cliquez sur l'onglet *Euronext*, sélectionnez la plage D2:D21, validez par `Ctrl`+`⇧`+`↵`.
- Cliquez sur l'onglet de feuille *CAC40*, sélectionnez la plage C6:C25, tapez = pour commencer une formule, cliquez sur l'onglet *Euronext*, sélectionnez la plage H2:H21, validez par `Ctrl`+`⇧`+`↵`.
- Cliquez sur l'onglet de feuille *CAC40*, sélectionnez la plage E6:E25, tapez = pour commencer une formule, cliquez sur l'onglet *Euronext*, sélectionnez la plage A22:A41, validez par `Ctrl`+`⇧`+`↵`.
- Cliquez sur l'onglet de feuille *CAC40*, sélectionnez la plage F6:F25, tapez = pour commencer une formule, cliquez sur l'onglet *Euronext*, sélectionnez la plage D22:D41, validez par `Ctrl`+`⇧`+`↵`.
- Cliquez sur l'onglet de feuille *CAC40*, sélectionnez la plage G6:G25, tapez = pour commencer une formule, cliquez sur l'onglet *Euronext*, sélectionnez la plage H22:H41, validez par `Ctrl`+`⇧`+`↵`.

Si vous récupérez les données du jour sur le CAC40 sur le site www.euronext.com et que vous les copiez-collez dans la feuille *Euronext* à la place des cellules qui s'y trouvent, le tableau de la feuille *CAC40* reflétera automatiquement les valeurs nouvelles.

3-INSÉREZ DES IMAGES

Insérez l'image du drapeau français que vous allez placer à gauche et à droite du bandeau servant de titre à la page.

- Cliquez sur la cellule A1 puis, sous l'onglet **Insertion**>groupe **Illustrations**, cliquez sur le bouton **Image**. Sélectionnez le fichier `Drapeau.jpg` dans le répertoire `C:\Exercices Excel 2007`, cliquez sur [Insérer]. L'image du drapeau apparaît sur la feuille de calcul.
- Réduisez la taille de l'image en faisant glisser les poignées qui l'entourent, faites-la glisser pour la positionner au début du bandeau
- Copiez l'image : en maintenant appuyée la touche `Ctrl`, faites glisser l'image du drapeau à l'autre extrémité du bandeau afin d'en placer un second exemplaire à cet endroit.
- Insérez et placez l'image `Billet.gif` centré sous bandeau CAC40.

	A	B	C	D	E	F	G
1				A 40			
2							
3							
4		Composition (en %) au 15/02/08					
5			Cours	Poids %			Cours	Poids %
6	ACCOR	48.02	1,02	LAFARGE	110.47	1,89
7	AIR FRANCE -KLM	18.06	0,54	LAGARDERE S.C.A.	49.43	0,71
8	AIR LIQUIDE	92.74	2,36	LVMH	69.00	2,15
9	ALCATEL-LUCENT	4.12	0,98	MICHELIN	59.46	0,94
10	ALSTOM	141.50	1,69	PERNOD RICARD	69.20	1,50
11	ARCELORMITTAL	47.56	4,71	PEUGEOT	49.82	0,91
12	AXA	21.08	4,11	PPR	91.28	0,81
13	BNP PARIBAS	59.11	5,94	RENAULT	69.72	1,60
14	BOUYGUES	48.24	1,39	SAINT GOBAIN	50.71	1,83
15	CAP GEMINI	36.59	0,61	SANOFI-AVENTIS	51.95	6,50
16	CARREFOUR	45.91	2,95	SCHNEIDER ELECTRIC	73.39	1,96
17	CREDIT AGRICOLE	17.56	1,75	SOCIETE GENERALE	76.22	3,90
18	DANONE	52.69	2,72	STMICROELECTRONICS	9.24	0,57
19	DEXIA	15.55	1,06	SUEZ	41.25	5,96
20	EADS	16.62	0,71	TOTAL	49.15	12,83
21	EDF	71.97	3,00	UNIBAIL-RODAMCO	161.28	1,35
22	ESSILOR INTL.	38.91	0,91	VALLOUREC	133.00	0,74
23	FRANCE TELECOM	23.32	5,29	VEOLIA ENVIRON.	55.54	2,41
24	GAZ DE FRANCE	36.92	1,05	VINCI (EX.SGE)	44.34	2,49
25	L'OREAL	82.76	2,61	VIVENDI	26.26	3,54
26							
27							

4-Accédez à la bibliothèque multimédia

- Sous l'onglet **Insertion**>groupe **Illustrations**, cliquez sur **Images Clipart**. Le volet *Images clipart* s'affiche à droite de la fenêtre. Dans la zone <Rechercher>, saisissez le mot-clé `euro`. Les vignettes images de vos collections associées au mot-clé euro s'affichent. Glissez-déposez une des vignettes images dans la feuille, redimensionnez-la et placez-la à droite des données.

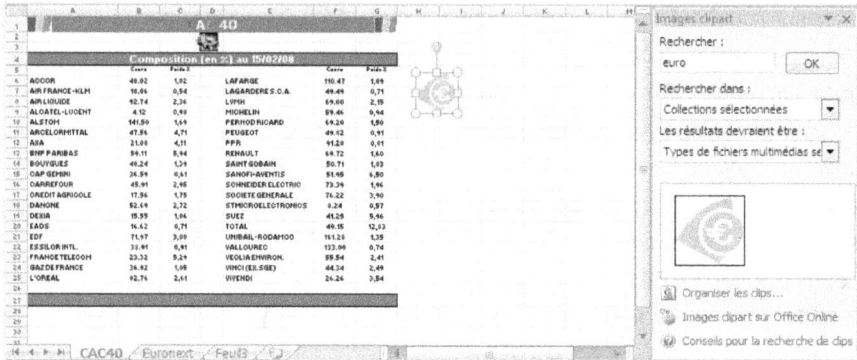

Les images clipart sont organisées par la bibliothèque multimédia.

- Pour voir ce classement par collection des images stockées sur votre ordinateur, cliquez sur le lien *Organiser les clips...*
  Les *Collections Office* sont fournies lors de l'installation d'Office 2007. Sous *Mes collections*, vous créez vos propres collections et vous y classez les images que vous téléchargez. Sous *Collections Web*, vous avez en particulier la collection *Microsoft Office Online* qui vous permet d'accéder à tous les cliparts proposés en ligne sur le site Microsoft et de les télécharger.

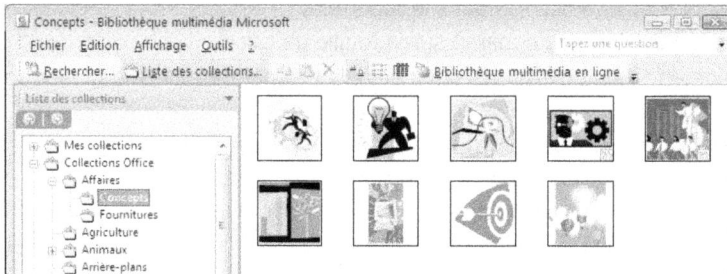

- Ouvrez la rubrique *Microsoft Office Online*, puis cliquez sur différentes sous-rubriques : *Astrologie*, *Émotions*... Les images que vous voyez s'afficher dans le volet de droite sont téléchargeables.
- Amenez le pointeur sur la 9e image de la rubrique *Émotions*, cliquez sur la flèche qui apparaît à sa droite puis sur la commande *Rendre disponible hors connexion...* Dans le dialogue, sélectionnez sous *Mes collections* la rubrique *Favoris* (ou une autre de votre choix) pour y classer l'image, validez par [OK]. L'image est alors téléchargée sur votre ordinateur.

Il est possible de simplement copier une image pour la coller dans votre feuille sans la rendre disponible hors connexion. Pour cela, cliquez sur la flèche à droite de l'image puis sur *Copier*.

5-Insérez un lien vers une page Web

Un lien hypertexte donne un accès immédiat par un simple clic dessus à un autre classeur ou à un document créé par une autre application, ou encore à une page Web, une adresse e-mail.

- Placez le curseur là où le lien doit apparaître en I6 puis, sous l'onglet **Insertion**>groupe **Liens**, cliquez sur le bouton **Lien Hypertexte**.

CAS 18 : IMAGES, PAGES WEB ET E-MAIL

- Dans la zone <Adresse>, saisissez `www.boursoram.com`. Dans la zone <Texte à afficher> saisissez `Pour passer des ordres`. Validez par [OK]. Cliquez ensuite sur le lien pour ouvrir la page du site web www.boursorama.com_ puis fermez la fenêtre de votre navigateur.

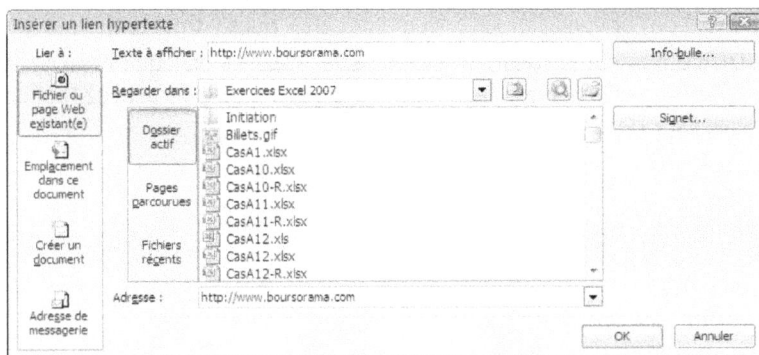

- Affectez un lien hypertexte à une image : cliquez droit sur l'image que vous avez placée sur votre feuille puis sur la commande contextuelle *Lien hypertexte*, dans la zone <Adresse> saisissez `www.euronext.fr`. Validez par [OK]. Puis, cliquez sur l'image pour afficher la page du site.
- Enregistrez le classeur.

6-ENREGISTREZ LA FEUILLE CAC40 COMME UNE PAGE WEB

- Cliquez sur le **bouton Office** puis sur la commande *Enregistrer sous*.

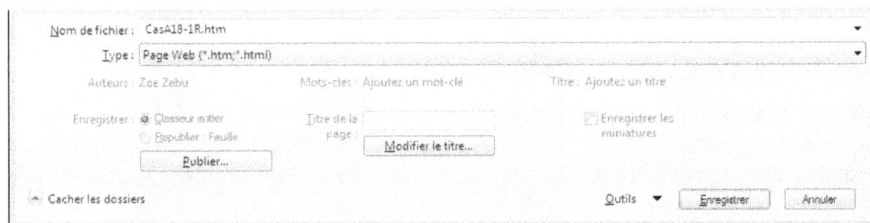

- Dans la zone <Type>, sélectionnez *Page Web (*.htm ;*.html)* puis activez l'option <⊙ Republier : Feuille>, cliquez sur [Enregistrer]. Validez le dialogue qui s'affiche par [OK].

Le fichier `CasA18-R.htm` est créé ainsi qu'un dossier `CasA18-R_fichiers` qui contient les images. Vous allez vérifier le bon fonctionnement de la page Web.

- Ouvrez la fenêtre *Document* (ou *Poste de travail*) sur le dossier `C:\Exercices Excel 2007`, puis double-cliquez sur le fichier `CasA18-R.htm`. Il doit s'ouvrir dans le navigateur Internet par défaut de votre ordinateur. Refermez ensuite la fenêtre de votre navigateur.

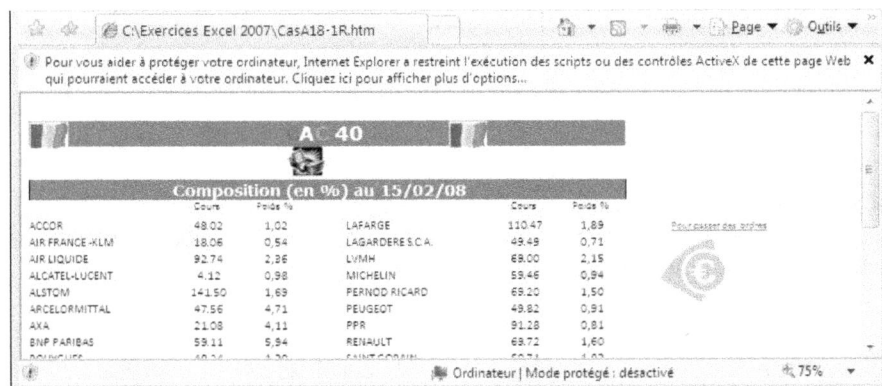

CAS 18 : IMAGES, PAGES WEB ET E-MAIL

7-Publiez la feuille sur un serveur Web

Si votre entreprise est équipée d'un serveur intranet (serveur de fichier utilisant le protocole TCP/IP et distribuant des documents au format HTML), vous pouvez y enregistrer des pages Web créées avec Excel (on parle de publication) et consulter les documents `.htm` qui s'y trouvent.

- Cliquez sur le **bouton Office** puis sur la commande *Enregistrer sous*. Le dialogue *Enregistrer sous* s'affiche, dans la zone <Type> : sélectionnez *Page Web (*.htm ;*.html)*, puis activez l'option <⊙ Republier : Feuille>, cliquez sur [Publier].

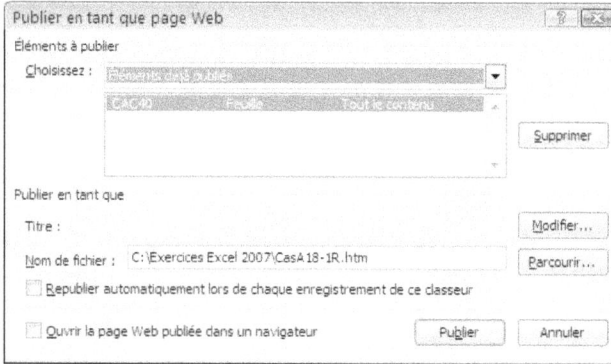

Vous pouvez modifier le nom de fichier `.htm` qui sera créé, et vous pouvez activer l'option <⊙ Republier automatiquement lors de chaque enregistrement de ce classeur>.

- Validez le dialogue par [Publier].

8-Envoyez un message avec le fichier PDF joint

Vous pouvez envoyer le classeur actif en pièce jointe soit dans son format Excel, soit dans le format PDF. Avant d'envoyer le fichier au format PDF, appliquez une orientation *Paysage* afin que le tableau tienne sur une seule page, et vérifiez par l'aperçu avant impression. Puis envoyez le PDF en pièce jointe.

- Cliquez sur le **bouton Office** puis sur *Envoyer* et enfin sur *Créer un fichier Adobe PDF et l'envoyer par messagerie*.

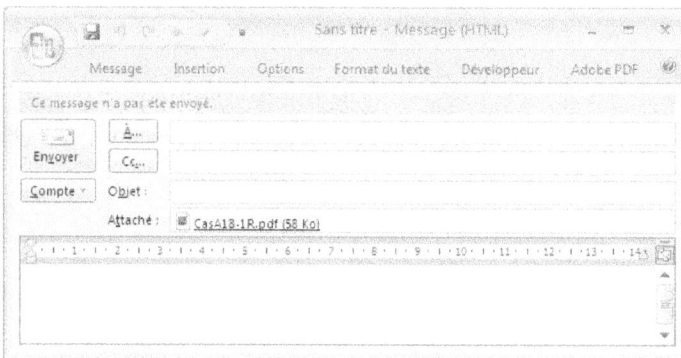

Un nouveau message est créé par votre logiciel de messagerie par défaut, le fichier PDF de la première feuille du classeur est inséré en pièce jointe de ce message qu'il vous reste à envoyer avec un texte dans le corps du message.

9-Convertissez les valeurs texte en nombre

Dans le tableau de la feuille *Euronext*, les données sont toutes des textes car elles ont été copiées d'une page Web. Il n'est donc pas possible de faire de calcul sur les valeurs des colonnes des cours boursier. Vous allez convertir ces valeurs texte des colonnes D à H en valeurs numériques.

	A	B	C	D	E	F	G	H	I
1	Nom de l'action	PEM	Date - heure	Dernier	Volume	Var % j/j-1	/31-12	Poids %	
2	ACCOR	PAR	2/02/08 12:23 CE	51,93	366,004	-0,15	-5,06	1,08	
3	AIR FRANCE -KLM	PAR	2/02/08 12:25 CE	18,06	623,570	-8,93	-24,91	0,53	
4	AIR LIQUIDE	PAR	2/02/08 12:25 CE	93,95	346,274	-0,09	-7,70	2,41	

- Commencez par supprimer les virgules qui servent de séparateurs des milliers : sélectionnez la colonne E puis cliquez sur le bouton **Rechercher et sélectionner** puis sur *Remplacer…* Dans la zone <Rechercher> : tapez , (virgule), puis laissez vide le contenu de la zone <Remplacer par> et cliquez sur [Remplacer tout].

- Remplacez les points décimaux par des virgules décimales : sélectionnez les colonnes D:H puis cliquez sur le bouton **Rechercher et sélectionner** puis sur *Remplacer…* Dans la zone <Rechercher> : tapez . (point), puis dans la zone <Remplacer par > tapez , (virgule) et cliquez sur [Remplacer tout].

- Les valeurs des colonnes D à H sont des chaînes de caractères se terminant par un caractère spécifique (on ne sait pas lequel, il s'affiche comme un espace) qu'il faut supprimer. Cliquez sur une des valeurs texte, par exemple sur la cellule F15, dans la barre de formule s'affiche la chaîne de caractères. Sélectionnez le dernier caractère en faisant glisser le pointeur dessus, et copiez-le dans le Presse-papiers par Ctrl+C.

- Supprimez ce caractère spécifique en fin de chaque valeur texte : sélectionnez les colonnes D:H puis cliquez sur le bouton **Rechercher et sélectionner** puis sur *Remplacer…* Dans la zone <Rechercher> : collez le caractère spécifique par Ctrl+V, effacez le contenu de la zone <Remplacer par > et cliquez sur [Remplacer tout].

Une fois ces caractères spécifiques supprimés en fin de valeur texte, Excel reconnaît les valeurs numériques dans les cellules des colonnes D à H. Il devient possible de faire des calculs et des filtres numériques.

10- Extraire les dix actions ayant eu la meilleure progression

- La plage de données est A1:H41, définissez la zone de critères J1:R2 et la zone d'extraction J5:Q5. La zone de critères contient un critère calculé sous le nom `Critère`, la formule du critère est `=G2≥GRANDE.VALEUR($G$2:$G$1;10)` qui compare G2 à la dixième plus grande valeur de la plage ($G$2:$G$1).

R2   *fx* =G2>=GRANDE.VALEUR($G$2:$G$41;10)

	J	K	L	M	N	O	P	Q	R
1	Nom de l'action	PEM	Date - heure	Dernier	Volume	Var % j/j-1	/31-12	Poids %	Critère
2									VRAI
3									
4									
5	Nom de l'action	PEM	Date - heure	Dernier	Volume	Var % j/j-1	/31-12	Poids %	
6	ACCOR	PAR	2/02/08 12:23 CE	51,93	366004	-0,15	-5,06	1,08	
7	AIR LIQUIDE	PAR	2/02/08 12:25 CE	93,95	346274	-0,09	-7,7	2,41	
8	ALSTOM	PAR	2/02/08 12:24 CE	147,89	263456	8,26	0,61	1,74	
9	ARCELORMITTAL	PAR	2/02/08 12:25 CE	52,72	2644690	2,26	-0,88	5,07	
10	DEXIA	PAR	2/02/08 12:25 CE	15,85	996367	-1,79	-7,9	1,07	
11	LAFARGE	PAR	2/02/08 12:25 CE	116,9	396343	1,3	-6,1	1,92	
12	LAGARDERE S.C.A.	PAR	2/02/08 12:22 CE	51,91	191045	-0,07	1,21	0,75	
13	PEUGEOT	PAR	2/02/08 12:25 CE	50,98	903924	-3,17	-1,68	0,98	
14	UNIBAIL-	PAR	2/02/08 12:24 CE	163,13	172396	-1,61	5,61	1,38	
15	VEOLIA ENVIRON.	PAR	2/02/08 12:25 CE	57,6	882856	8,69	-7,77	2,44	

- Cliquez dans le tableau de données puis, sous l'onglet **Données**> groupe **Trier et filtrer**, cliquez sur **Avancé**. Le dialogue *Filtre avancé* s'affiche.
  - Dans <Plage> : vérifiez que la plage est celle du tableau de données, dans <Zone de critères> : référencez la plage de cellules de la zone de critères (J1:R2), activez l'option <⊙ Copier vers un autre emplacement> et dans la zone <Copier dans> : sélectionnez la plage des étiquettes de la zone d'extraction J5:Q5.
- Cliquez par [OK] pour filtrer.

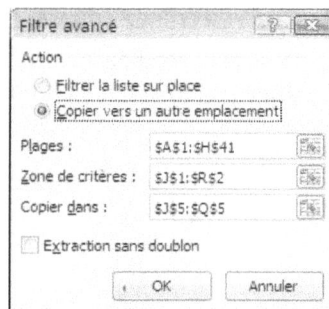

11-CONSTITUEZ LE TABLEAU DES TOP 10 À PUBLIER

- Cliquez sur l'onglet de feuille *Top 10*, sélectionnez la plage A5:B14, tapez = pour commencer une formule, cliquez sur l'onglet *Euronext*, sélectionnez la plage J6:K15, validez par [Ctrl]+[⇧]+[↵].
- Cliquez sur l'onglet de feuille *Top 10*, sélectionnez la plage C5 :C14, tapez = pour commencer une formule, cliquez sur l'onglet *Euronext*, sélectionnez la plage N6 :N15 validez par [Ctrl]+[⇧]+[↵].
- Cliquez sur l'onglet de feuille *CAC40*, sélectionnez la plage D5:14, tapez = pour commencer une formule, cliquez sur l'onglet *Euronext*, sélectionnez la plage O6:O15, validez par [Ctrl]+[⇧]+[↵].
- Triez le tableau extrait des Top 10 : cliquez sur l'onglet *Euronext*, triez la plage J5:O15 sous les en-têtes selon la variation par rapport au 31-12 du plus grand au plus petit.
- Cliquez sur l'onglet de feuille *Top 10*.

	A	B	C	D	E	F
	A5 ▾ fx {=Euronext!J6:K15}					
1	AC 40					
2						
3	Les 10 meilleurs résultats					
4		Cours	/31-12	Poids %		
5	UNIBAIL-RODAMCO	161,28	7,58	1,35		
6	LAGARDERE S.C.A.	49,49	-3,51	0,71		
7	ALSTOM	141,5	-3,74	1,69		
8	PEUGEOT	49,82	-3,92	0,91		
9	FRANCE TELECOM	23,32	-5,28	5,29		
10	GAZ DE FRANCE	36,92	-7,7	1,05		
11	AIR LIQUIDE	92,74	-8,89	2,36		
12	DEXIA	15,55	-9,65	1,06		
13	ARCELORMITTAL	47,56	-10,58	4,71		
14	ESSILOR INTL.	38,91	-10,86	0,91		

- Enregistrez la feuille des *Top 10* au format `.html`, puis vérifiez son bon affichage à l'aide de votre navigateur Internet.
- Envoyez la feuille des *Top 10* au format PDF par courrier électronique.
- Enregistrez et fermez le classeur.

CAS 19 : ACCÉDER À DES DONNÉES EXTERNES

Créez une connexion à une base de données MS Access

Un tableau croisé dynamique des ventes par titre et par client

Créez une connexion par une requête MS Query

CAS 19 : ACCÉDER À DES DONNÉES EXTERNES

Fonctions utilisées

– *Connexion à une base Access*
– *Emplacement des fichiers de connexion*
– *Créer un tableau croisé dynamique*

– *Requête Microsoft Query*
– *Modifier la requête MS Query*

25 mn

Vous pouvez analyser régulièrement dans Excel les données d'une base de données externe sans avoir à les copier à chaque fois dans votre feuille de calcul. Il faut établir une connexion entre la feuille et la base de données externe.

Dans ce cas pratique, vous allez établir une connexion avec une base de données Access. Il existe de nombreux pilotes de connexion fournis dans Office 2007 : dBase, Excel, MS Access (ODBC), Microsoft SQL Server et SQL Server Analysis Services (OLAP), Oracle (OLE DB), fichier texte.

1-CRÉEZ UNE CONNEXION À UNE BASE DE DONNÉES ACCESS

Vous allez créer une connexion à une base de données Access.

- Créez un nouveau classeur puis, sous l'onglet **Données**, cliquez sur le bouton **Données externes** situé à gauche sur le Ruban, cliquez ensuite sur **À partir du fichier Access**. Dans le dialogue *Sélectionner la source de données*, sélectionnez le dossier C:\Exercices Excel 2007, puis double-cliquez sur le fichier CasA19.mdb.

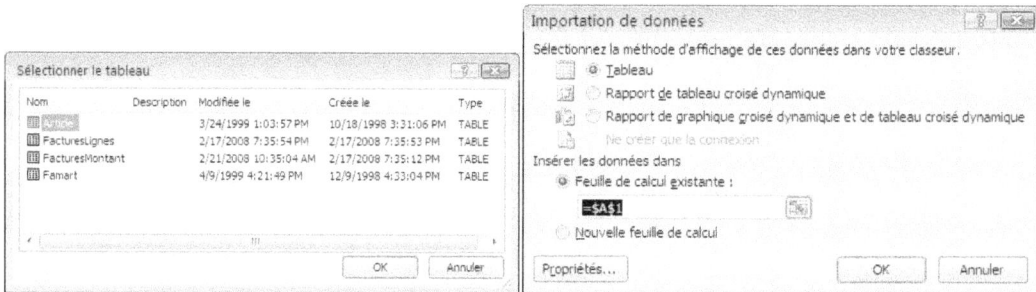

- La liste des tables et des requêtes de la base Access s'affiche. Double-cliquez sur *FacturesMontant*, puis dans le dialogue *Importation de données* spécifiez l'emplacement où vous souhaitez voir s'afficher les données. Validez par [OK]

	A	B	C	D	E	F	G	H
1	NumFac	Date	Codcli	Societe	TotalHT	TotalTVA	TotalTTC	
2	01412	11/03/2005	ATFOR	ATFOR	6092,59	335,06	6427,66	
3	01415	31/03/2005	ATFOR	ATFOR	127,91	5,97	133,88	
4	01460	31/10/2005	ATFOR	ATFOR	695,31	43,82	739,13	
5	01404	31/01/2005	BIBLIMEDIA	BIBLIMEDIA	2276,56	148,84	2425,4	
6	01407	28/02/2005	BIBLIMEDIA	BIBLIMEDIA	13217,6	760,32	13977,92	
7	01418	31/03/2005	BIBLIMEDIA	BIBLIMEDIA	3854,53	203,35	4057,88	
8	01428	30/04/2005	BIBLIMEDIA	BIBLIMEDIA	595,28	49,39	644,67	
9	01429	31/05/2005	BIBLIMEDIA	BIBLIMEDIA	11484,89	687,18	12172,07	

Un tableau de données est créé qui reprend les données issues de la table sélectionnée dans la base de données Access. Une connexion a été créée par Excel, vous pouvez visualiser les propriétés de cette connexion.

- Cliquez dans le tableau de données puis, sous l'onglet **Données**>groupe **Connexions**, cliquez sur la **flèche** du bouton **Actualiser tout** puis sur *Propriétés de connexion...*

CAS 19 : ACCÉDER À DES DONNÉES EXTERNES

Cette connexion est matérialisée par un fichier d'extension `.odc`, enregistré par Excel dans le dossier `C:\Utilisateur\Nom-utilisateur\Documents\Mes sources de données`.

- Dans la fenêtre *Documents* (ou *Poste de travail*) affichez le contenu de ce dossier. Le nom du fichier de connexion est `CasA19 MontantFactures.odc` (nom du fichier Access suivi du nom de la table).

- Cliquez dans la cellule A1 de la feuille *Feuil2*, créez une connexion vers la table *FacturesLignes* de la base de données Access `CasA19.mdb`. Vérifiez que, dans le dossier des sources de données, le fichier `CasA19 FacturesLignes.odc` a été créé.

- La base de données Access étant mise à jour, il faut pouvoir actualiser le tableau de données : pour cela, cliquez sur le bouton **Actualiser** sous l'onglet **Données** sur le Ruban.

2-UTILISEZ LES POSSIBILITÉS DES TABLEAUX DE DONNÉES

Vous pouvez filtrer, trier, faire des analyses croisées et des statistiques sur le tableau de données, sans affecter les données sources dans la base de données. Vos résultats seront actualisés chaque fois que vous actualiserez le tableau de données.

- Dans la feuille *Feuil1*, filtrez les factures du client `ELAN`.

- Dans la feuille *Feuil2*, cliquez droit sur une cellule contenant le titre `Exercices avancés Excel 2003`, puis sur *Filtrer* et enfin *Filtrer par la valeur de la cellule sélectionnée*.

3-CRÉEZ LE TABLEAU CROISÉ DYNAMIQUE DES QUANTITÉS VENDUES PAR TITRE

- Cliquez dans le tableau de données de *Feuil2* puis, sous l'onglet **Insertion**, cliquez sur le bouton **Tableau croisé dynamique**, validez par [OK] pour créer le tableau dans une nouvelle feuille.

- Dans le volet *Liste de champs de tableau croisé dynamique*, glissez-déposez le champ *Codart* (code de l'article) dans la zone <étiquettes de lignes>, glissez-déposez le champ *Qté* (quantité) dans la zone <Valeurs>.

- Figez les volets de façon à maintenir figées les trois premières lignes : cliquez sur la cellule A4 puis, sous l'onglet **Affichage**>groupe **Fenêtre**, cliquez sur le bouton **Figer les volets**. Cliquez ensuite sur la commande *Figer les volets* puis faites ensuite défiler vers le bas les quantités par titre.

- Enregistrez le classeur sous le nom `CasA19-1R.xlsx`.

4-CRÉEZ UNE CONNEXION À UNE REQUÊTE MICROSOFT QUERY

La table *FacturesMontant* contient le code et le nom du client et le numéro de chaque facture. La table *FacturesLignes* contient les quantités par titre de chaque facture, elle contient les numéros de factures mais pas les noms des clients facturés.

Si l'on veut analyser dans Excel les quantités facturées pour différents clients, il faut établir une connexion à une requête avec liaison sur les tables par le numéro de facture, c'est ce que permet entre autres Microsoft Query.

- Créez un nouveau classeur puis, sous l'onglet **Données**, cliquez sur le bouton **Données externes** situé à gauche sur le Ruban. Cliquez ensuite sur **À partir d'autres sources** puis sur **Provenance : Microsoft Query**.

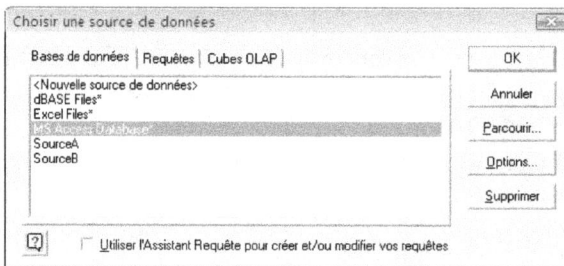

- Sélectionnez *MS Access database*, puis validez par [OK].

- Sélectionnez le dossier `C:\Exercices Excel 2007`, et le fichier `CasA19.mdb`, validez par [OK]. Dans le dialogue *Ajouter une table* double-cliquez sur *FacturesMontant*, puis sur *FacturesLignes*. Terminez en cliquant sur [Fermer].

La fenêtre *Microsoft Query* est ouverte avec les deux tables dans lesquelles vous allez pouvoir choisir les champs que vous voulez afficher dans la feuille Excel. Il faut auparavant créer le lien entre les tables sur le numéro de facture.

- Cliquez sur le champ *NumFac* dans la vignette de la table *FacturesMontant*, et faites glisser ce champ sur le champ *NumFac* de la vignette de la table *FacturesLignes*.

CAS 19 : ACCÉDER À DES DONNÉES EXTERNES

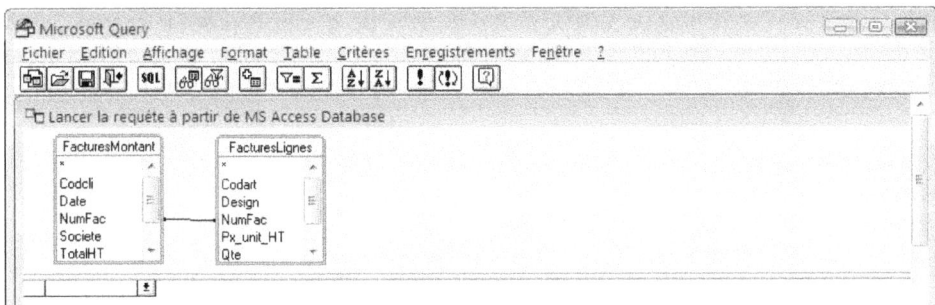

- Double-cliquez sur les noms de champ de la requête à constituer dans le volet inférieur.

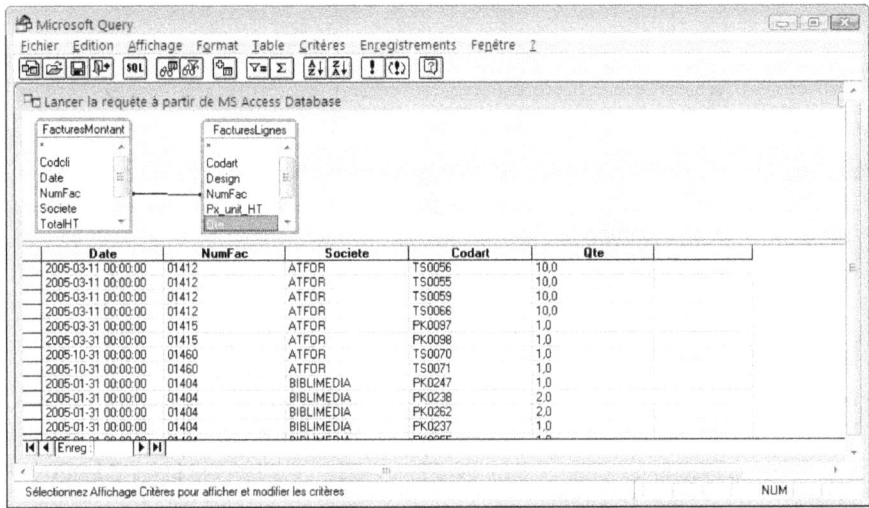

- Pour envoyer les données dans la feuille Excel, cliquez sur le bouton ⬚ *Renvoyer les données*.

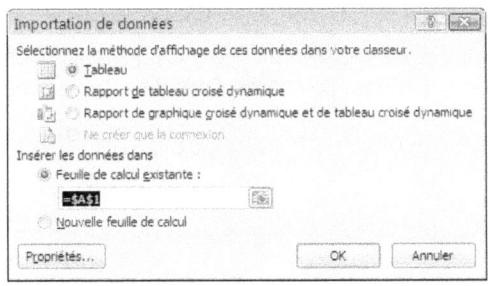

- Spécifiez l'emplacement où vous voulez placer les données, validez par [OK].

5-CRÉEZ LE TABLEAU CROISÉ DYNAMIQUE DES QUANTITÉS PAR TITRE ET PAR CLIENT

- Cliquez dans le tableau de données puis, sous l'onglet **Insertion**, cliquez sur le bouton **Tableau croisé dynamique**, validez par [OK] pour créer le tableau dans une nouvelle feuille.

- Dans le volet *Liste de champs de tableau croisé dynamique*, glissez-déposez le champ *Codart* (code de l'article) dans <Étiquettes de lignes>, glissez-déposez le champ *Societe* (nom de société) dans <Étiquettes de colonnes>, glissez-déposez le champ *Qte* (quantité) dans <Valeurs>.

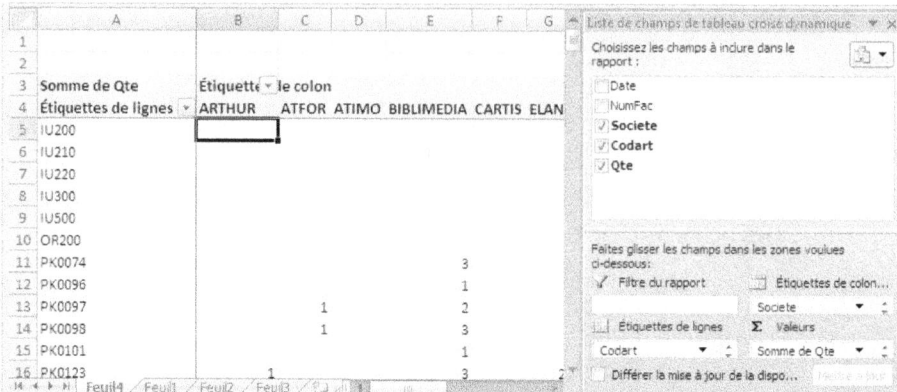

- Figez les volets de façon à maintenir figées les trois premières lignes et la première colonne : cliquez sur la cellule B5 puis, sous l'onglet **Affichage**>groupe **Fenêtre**, cliquez sur le bouton **Figer les volets** puis sur la commande *Figer les volets*. Faites ensuite défiler vers le bas les quantités par titre.
- Enregistrez le classeur sous le nom `CasA19-2R.xlsx`.

6-COMPLÉTEZ LA REQUÊTE MICROSOFT QUERY

Nous voulons pouvoir calculer les ventes en euros par titres et par client. Partant des quantités il nous faut le prix unitaire de chaque titre, il se trouve dans la table *Article*.

- Cliquez dans le tableau de données de *Feuil1* puis, sous l'onglet **Données**>groupe **Connexions**, cliquez sur la **flèche** du bouton **Actualiser** puis sur *Propriétés de connexion...* Dans le dialogue *Propriétés de connexion* sous l'onglet **Définition**, cliquez sur le bouton [Modifier la requête]. La fenêtre *Microsoft Query* s'ouvre.
- Cliquez sur le bouton *Ajouter une ou des tables*, le dialogue *Ajouter une table* s'affiche. Double-cliquez sur le nom de table *Article*, fermez le dialogue en cliquant sur [Fermer]. Faites glisser le nom de champ *CodArt* de la table *FacturesLignes* sur le nom de champ *Code* de la table *Article*.
- Ajoutez le champ *Px_vente_HT* à la requête.

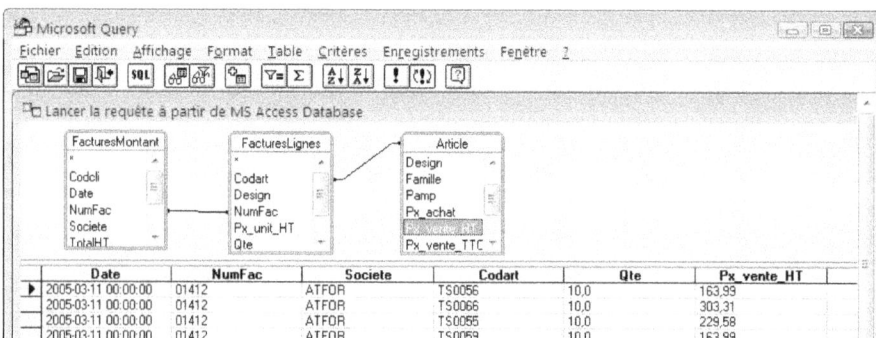

- Cliquez sur le bouton *Renvoyer les données* puis fermez le dialogue *Propriétés de connexion*.
- Dans la cellule G2, saisissez `Ventes_en_€` puis, dans la cellule G3, entrez la formule de calcul des quantités multipliées par le prix. Créez le tableau croisé dynamique des ventes en € par titre et par client. Pour terminer, enregistrez le classeur et fermez le classeur.

CAS 20 : UTILISER EXCEL COMME BASE DE DONNÉES

Créez une requête MS Query sur des tables Excel

Établissez un relevé de titres et des droits par auteur

Enregistrez une macro pour exécuter le filtrage

CAS 20 : UTILISER EXCEL COMME BASE DE DONNÉES

Fonctions utilisées

– *Nommer des plages de cellules*   – *Ajouter une colonne calculée*

– *Transformer des plages en tableau*   – *Filtrer avec une zone de critères*

– *Créer une requête MS Query*   – *Créer une macro*

25 mn

Excel permet de gérer des tableaux de données avec des tris et des filtres, mais on dit qu'Excel ne sait pas gérer les liens entre les tableaux de données. Or, une possibilité existe avec Microsoft Query de faire des requêtes sur des tableaux Excel avec des liaisons comme dans une base de données.

Les données correspondant à ce cas sont dans le classeur `CasA20.xlsx` enregistré dans le dossier `C:\Exercices Excel 2007`. Ouvrez le fichier et enregistrez-le sous le nom `CasA20-R.xlsx`.

1-CRÉEZ LES TABLES DE DONNÉES DANS UN CLASSEUR EXCEL

Dans ce cas pratique, nous sommes une société d'édition. Nous conservons dans une base de données les quantités de livres vendus semestre par semestre pour pouvoir calculer les droits à verser aux auteurs.

Il nous faut trois tables dans la base de données, la table *Auteurs* (nom, adresse…), la table *Livres* (titre du livre, prix de vente, date publication, auteur, % de droits du à l'auteur…), la table *Ventes des quantités vendues* (pour chaque semestre et pour chaque titre la quantité vendue).

Les données de ces tables sont déjà saisies dans les feuilles *Auteurs*, *Livres* et *Ventes*.

- Dans la feuille *Auteurs*, nommez par `T_Auteurs` la plage A1:D20. Dans la feuille *Livres*, nommez par `T_Livres` la plage A1:E20. Dans la feuille *Ventes*, nommez par `T_Ventes` la plage A1:D30. Il est indispensable de nommer les plages pour qu'elles puissent être considérées comme des tables par Microsoft Query.

- Puis, transformez ces plages de données en tableaux de données Excel : cliquez dans les données puis, sous l'onglet **Insertion**>groupe **Tableaux**, cliquez sur le bouton **Tableau**.

2-CRÉEZ UNE REQUÊTE MULTI TABLE

Une requête est une vue sur une table ou plusieurs tables liées par des relations. Nous voulons que la requête affiche toutes les lignes des quantités vendues de chaque titre pour chaque semestre (date dernier jour du semestre) de la table *Ventes*, avec le titre complet du livre, le taux des droits d'auteur et le prix provenant de la table *Livres*, et le nom complet de l'auteur provenant de la table *Auteurs*.

- Insérez une nouvelle feuille dans laquelle vous allez créer une requête *Microsoft Query*. Nommez cette feuille *Droits*.

- Cliquez dans la cellule A1 de la feuille *Droits* puis, sous l'onglet **Données**, cliquez sur le bouton **Données externes**. Cliquez sur **À partir d'autres source** puis sur **Provenance:Microsoft Query** et sélectionnez *Excel Files**, validez par [OK]. Le dialogue *Sélectionner un classeur* s'ouvre.

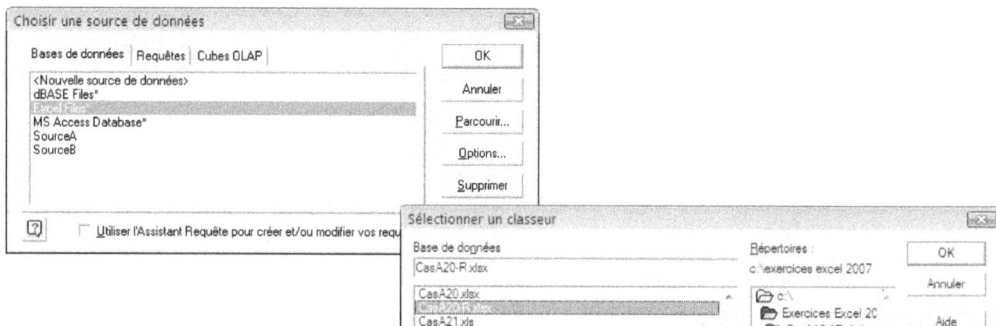

CAS 20 : UTILISER EXCEL COMME BASE DE DONNÉES

- Sélectionnez le fichier `CasA20-R.xlsx`, validez par le bouton [OK].

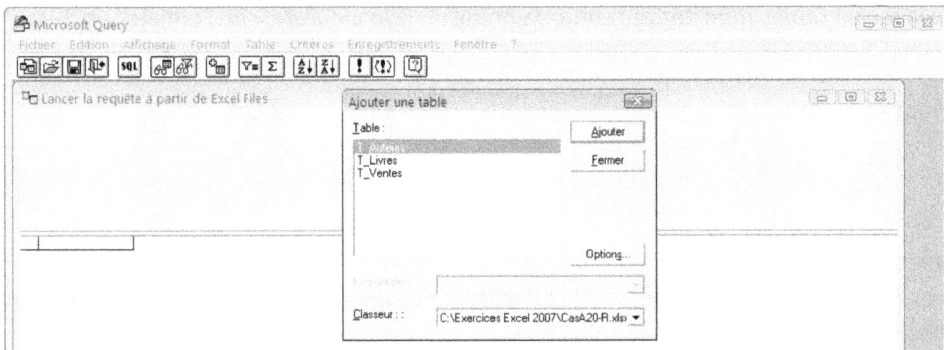

- Dans le dialogue *Ajouter une table*, double-cliquez sur *Ventes*, puis sur *Livres*, puis sur *Auteurs*, ensuite cliquez sur le bouton [Fermer].
- Créez les liaisons : faites glisser le nom de champ *IDLivre* de la table *T_Ventes* sur le champ de même nom de la table *T_Livres*. Faites glisser le nom de champ *IDAuteur* de la table *T_Livres* sur le champ de même nom de la table *T_Auteurs*.

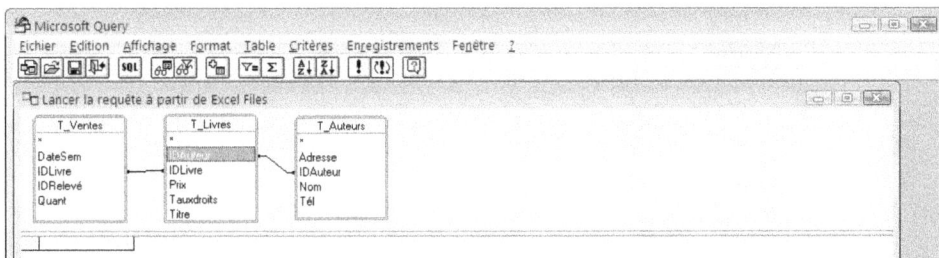

- Choisissez les champs de la requête : double-cliquez sur *DateSem* de la table *Relevé*, double-cliquez sur *Titre* de la table *Livres*, double-cliquez sur *Nom* de la table *Auteurs*, puis double-cliquez sur *Quant* de la table *Ventes*, puis sur *Prix* et enfin sur *Tauxdroits* de la table *Livres*.

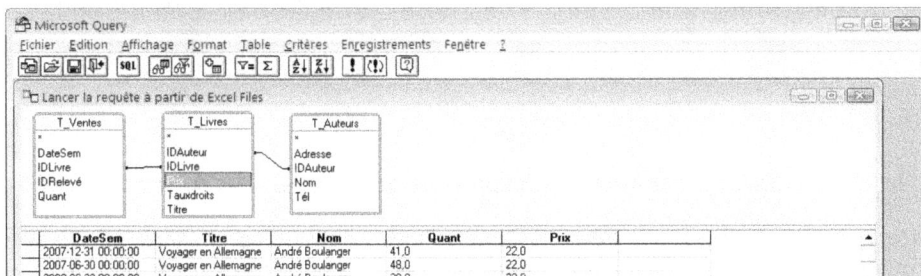

- Terminez en cliquant sur le bouton *Renvoyer les données*. Le dialogue *Importation de données* s'affiche, validez par [OK].

	A	B	C	D	E	F
1	Date Sem	Titre	Nom	Quant	Prix	Tauxdroits
2	31/12/2007 00:00	Voyager en Allemagne	André Boulanger	41	22	0.07
3	30/06/2007 00:00	Voyager en Allemagne	André Boulanger	48	22	0.07
4	30/06/2008 00:00	Voyager en Allemagne	André Boulanger	39	22	0.07
5	30/06/2007 00:00	Voyager en Irlande	André Boulanger	44	22	0.08
6	31/12/2007 00:00	Voyager en Irlande	André Boulanger	49	22	0.08
7	30/06/2008 00:00	Voyager en Irlande	André Boulanger	45	22	0.08
8	30/06/2008 00:00	Voyager en Ecosse	Jean Poulain	53	23	0.08

3-CALCULEZ LES DROITS DE CHAQUE AUTEUR SUR SES TITRES SUR TOUTES PÉRIODES

- Dans la feuille *Droits*, formatez et centrez la première colonne *DateSem*. Formatez en % la colonne *Tauxdroits*.

	A	B	C	D	E	F
1	DateSem	Titre	Nom	Quant	Prix	Tauxdroits
2	31/12/07	Voyager en Allemagne	André Boulanger	41	22	7%
3	30/06/07	Voyager en Allemagne	André Boulanger	48	22	7%
4	30/06/08	Voyager en Allemagne	André Boulanger	39	22	7%
5	30/06/07	Voyager en Irlande	André Boulanger	44	22	8%

Renommez le tableau car son nom automatique est trop long.

- Cliquez dans le tableau puis, sous l'onglet **Outils de tableau/Création**>groupe **Propriétés**, saisissez un nouveau nom pour le tableau : `Tableau_droits`.

Ajoutez au tableau de données une colonne calculée des droits.

- Dans la cellule G1, saisissez `Droits`.

- Dans la cellule G2, tapez =, puis cliquez sur la cellule D2, tapez l'opérateur *, cliquez sur la cellule E2, tapez sur l'opérateur *, cliquez sur la cellule F2, validez la formule.

G2			fx	=Tableau_droits[[#Cette ligne];[Quant]]*Tableau_droits[[#Cette ligne];[Prix]]* Tableau_droits[[#Cette ligne];[Tauxdroits]]				
	A	B	C	D	E	F	G	H
1	DateSem	Titre	Nom	Quant	Prix	Tauxdroits	Droits	
2	31/12/07	Voyager en Allemagne	André Boulanger	41	22	7%	63,14	
3	30/06/07	Voyager en Allemagne	André Boulanger	48	22	7%	73,92	
4	30/06/08	Voyager en Allemagne	André Boulanger	39	22	7%	60,06	
5	30/06/07	Voyager en Irlande	André Boulanger	44	22	8%	77,44	
6	31/12/07	Voyager en Irlande	André Boulanger	49	22	8%	86,24	
7	30/06/08	Voyager en Irlande	André Boulanger	45	22	8%	79,2	
8	30/06/08	Voyager en Ecosse	Jean Poulain	53	23	8%	97,52	
9	31/12/07	Voyager en Ecosse	Jean Poulain	39	23	8%	71,76	
10	30/06/07	Voyager en Ecosse	Jean Poulain	46	23	8%	84,64	
11	31/12/07	Voyager en france	Jean Poulain	55	20	7%	77	
12	30/06/07	Voyager en france	Jean Poulain	40	20	7%	56	

4-ÉTABLIR UN RELEVÉ INDIVIDUEL PAR AUTEUR

Pour établir le relevé des droits d'un auteur pour le dernier semestre 2007 (décembre 2007) :

- Dans la feuille *Droits*, filtrez le tableau sur le nom de l'auteur et filtrez sur la date 31/12/07.

	A	B	C	D	E	F	G
1	DateSem	Titre	Nom	Quant	Prix	Tauxdroits	Droits
4	31/12/07	Voyager en Allemagne	André Boulanger	41	22	7	63,14
5	31/12/07	Voyager en Irlande	André Boulanger	49	22	8	86,24
20							

- Effacez le filtre : sous l'onglet **Données**>groupe **Trier et filtrer**, cliquez sur le bouton **Effacer**.

Pour pouvoir filtrer sur des valeurs entrées dans des cellules, il faut utiliser un filtre élaboré avec une zone de critères dans la feuille contient les valeurs de critères.

- Insérez 8 lignes avant le tableau de données, nommez `Auteurs_Noms` la plage A2:A10 de la feuille *Auteurs*. Il s'agit de nommer la liste des noms des auteurs, pour l'utiliser dans une liste déroulante.

- Dans la cellule F1, définissez une liste déroulante pour choisir un nom d'auteur : sous l'onglet **Données**, cliquez sur **Validation des données**. Le dialogue s'affiche, dans la zone <Autoriser> sélectionnez *Liste*, dans la zone <Source> sélectionnez *Auteurs_Nom*, validez par [OK].

- Dans la cellule F2, entrez la formule : `=RECHERCHEV(F1;T_Auteurs;3;0)`.

- Dans la cellule G3, entrez `Paris le`, puis dans G4 entrez la date, par exemple `31/12/07`.

- Dans la cellule F7 saisissez `Droits bruts`, puis dans la cellule G7 la formule :
  `=SOUS.TOTAL(9;Tableau_droits[Droits])`.

CAS 20 : UTILISER EXCEL COMME BASE DE DONNÉES

	A	B	C	D	E	F	G	H	I	J	K
1						Jean Poulain			Nom	DateSem	
2						3, rue des étangs			Jean Poulain	31/12/2007	
3											
4						Paris, le	31/12/2007				
5											
6											
7						Total Droits	148.76				
8											
9	DateSem	Titre		Nom	Quant	Prix	Tauxdroits	Droits			
17	31/12/07	Voyager en Ecosse	Jean Poulain	39	23	8	71.76				
19	31/12/07	Voyager en france	Jean Poulain	55	20	7	77,				
28											

- La zone de critères sera I1:J2. Saisissez les noms de champ dans les cellules I1:J1, puis dans la cellule I2 entrez la formule =F1, et dans la formule =G4.

- Effectuez le filtrage : cliquez dans le tableau de données puis, sous l'onglet **Données**>groupe **Trier et filtrer**, cliquez sur **Avancé**. Cliquez dans <Zone de critères> et sélectionnez la plage des critères, validez par [OK].

- Effectuez un autre filtrage : dans la cellule F1 sélectionnez un autre nom, dans la cellule G7 entrez la date 30/06/07, puis effectuez le filtrage.

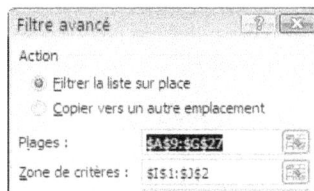

	A	B	C	D	E	F	G	H	I	J	K	L
1						Paul Bongrain			Nom	DateSem		
2						5, place des champs clos			Paul Bongrain	30/06/2007		
3												
4						Paris le	31/12/2007					
5												
6												
7						Droits bruts	138.81					
8												
9	DateSem	Titre		Nom	Quant	Prix	Tauxdroits	Droits				
22	30/06/07	Voyager en Grèce	Paul Bongrain	52	21	8%	87,36					
27	30/06/07	Voyage en Italie	Paul Bongrain	35	21	7%	51,45					

Définissez la zone d'impression A1:G28 englobant le tableau de données, puis affichez l'aperçu avant impression. Vous imprimez le relevé pour un auteur et un semestre (semestre se terminant par la date).

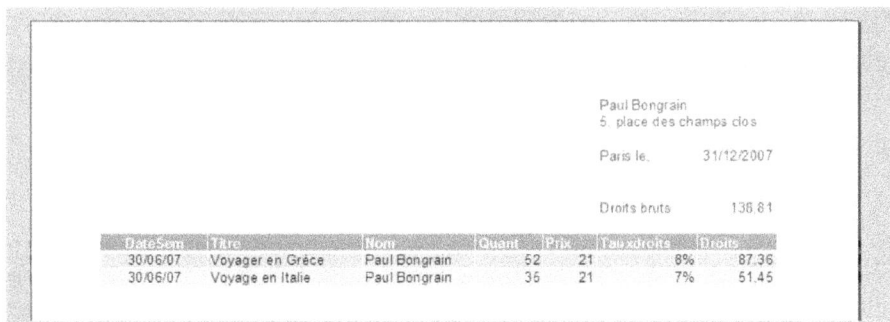

Paul Bongrain
5, place des champs clos

Paris, le   31/12/2007

Droits bruts   138.81

DateSem	Titre	Nom	Quant	Prix	Tauxdroits	Droits
30/06/07	Voyager en Grèce	Paul Bongrain	52	21	8%	87.36
30/06/07	Voyage en Italie	Paul Bongrain	35	21	7%	51.45

- Tapez sur la touche Echap pour fermer l'aperçu avant impression.
- Enregistrez puis fermez le classeur.

5-CRÉEZ UNE MACRO POUR EXÉCUTER LE FILTRAGE

Cliquez dans le tableau puis, pour enregistrer la macro :

- Cliquez sur l'icône Macro dans la barre d'état,

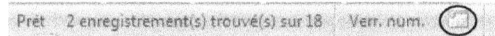

  Prêt   2 enregistrement(s) trouvé(s) sur 18   Verr. num.

  Le dialogue *Enregistrer une macro* s'affiche

- Conservez ici le nom `Macro1`, définissez une touche de raccourci, et saisissez une description. Validez par [OK].

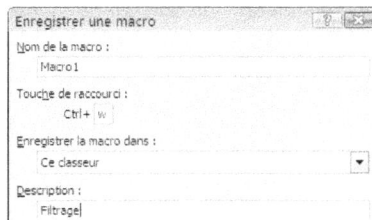

À partir de cet instant tout ce que vous allez exécuter est mémorisé dans la macro nommée `Macro1`. L'icône sur la barre d'état est devenu *Arrêt enregistrement macro*.

Prêt   2 enregistrement(s) trouvé(s) sur 18   Verr. num. ⊙

- Sous l'onglet **Données**>groupe **Trier et filtrer**, cliquez sur le bouton **Avancé**. Le dialogue *Filtre avancé* s'affiche, vérifiez les informations ce sont les mêmes que lors du précédent filtrage, validez par [OK].
- Cliquez sur l'icône *Arrêt enregistrement macro* sur la barre d'état.
- Modifiez la date de la cellule en `30/06/08`, puis tapez sur Ctrl+W, la macro exécute le filtrage.
- Enregistrez le classeur avec l'extension `.xlsm` car il contient une macro. Le format `.xlsx` ne prend pas en charge les macros.

6-ACTUALISER LA REQUÊTE

- Ajoutez les données suivantes au bas du tableau des ventes.

	A	B	C	D
1	IDRelev	Date Ser	IDLivre	Quant
20	13	31/12/08	TS0101	45
21	14	31/12/08	TS0102	45
22	15	31/12/08	TS0103	45
23	16	31/12/08	TS0104	40
24	17	31/12/08	TS0105	40
25	18	31/12/08	TS0106	40
26				

- Actualisez ensuite la requête dans la feuille *Droits*.
- Sélectionnez le nom d'auteur `Jean Poulain` dans la cellule F1 et la date `31/12/08` dans la cellule G4. Puis cliquez sur le bouton **Actualiser** pour mettre à jour le résultat de la requête.
- Lorsque vous actualisez la requête, si la largeur des colonnes s'ajuste et que cela ne vous permet plus d'afficher certaines valeurs, vous pouvez changer les propriétés de la requête en désactivant l'option <☐ Ajuster la largeur des colonnes>.
- Enregistrez et fermez le classeur.

CAS 21 : MAÎTRISER LES GRAPHIQUES

Les données

	A	B	C	D	E	F
1		Trim1	Trim2	Trim3	Trim4	Année 2008
2	Ventes	80 000	88 000	55 000	83 000	306 000
3	Location	70 000	72 000	73 000	79 000	294 000
4	Gestion	120 000	123 000	124 000	132 000	499 000
5	CA 2008	270 000	283 000	252 000	294 000	1 099 000
6		Trim1	Trim2	Trim3	Trim4	Année 2007
7	Ventes	73 000	76 000	52 000	74 000	275 000
8	Location	53 000	52 000	53 000	54 000	212 000
9	Gestion	107 000	112 000	113 000	115 000	447 000
10	CA 2007	233 000	240 000	218 000	243 000	934 000

Les graphiques

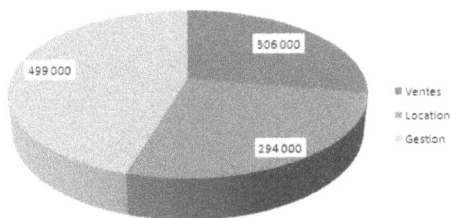

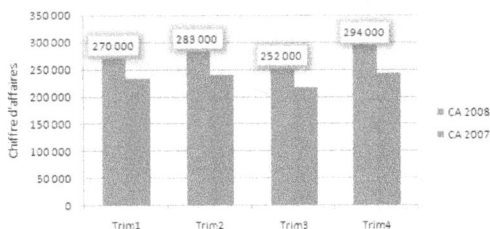

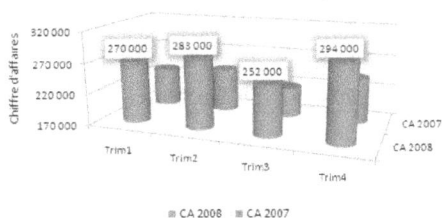

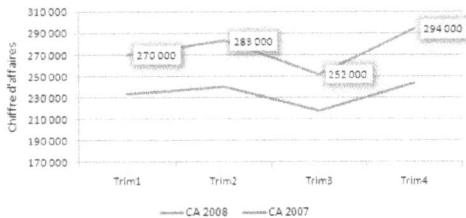

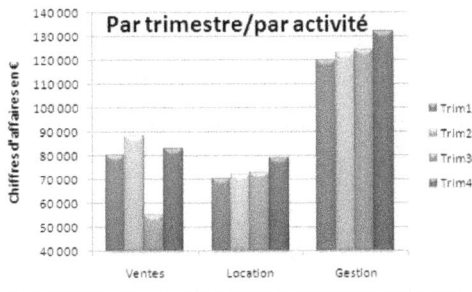

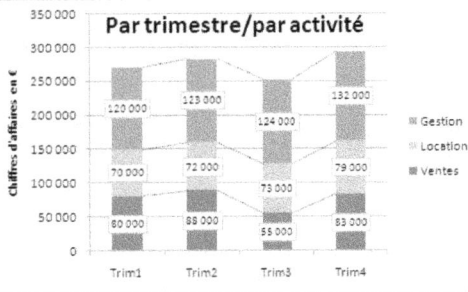

Fonctions utilisées

– Créer un graphique
– Graphique en secteurs
– Graphique en colonnes

– *Graphique en 3D*
– *Paramétrage : titres, axes, légende, étiquettes, formes...*

15 mn

Excel permet de représenter les données d'un tableau par un graphique. Celui-ci est créé dans un objet que l'on peut redimensionner et placer là où on le souhaite dans la feuille. Dans ce cas pratique, vous allez explorer les différents aspects des modifications des diagrammes.

Les données de ce cas pratique sont dans le classeur `CasA21.xlsx`, enregistré dans le dossier `C:\Exercices Excel 2007`. Ouvrez le fichier et enregistrez-le sous le nom `CasA21-R.xlsx`.

1-CRÉEZ UN GRAPHIQUE SECTORIEL POUR ILLUSTRER UNE RÉPARTITION

Nous voulons représenter la répartition du CA de l'année entre les différentes activités : Ventes, Location, et Gestion. Les chiffres annuels sont en colonne dans la plage F2:F4.

	A	B	C	D	E	F
1		Trim1	Trim2	Trim3	Trim4	Année 2008
2	Ventes	80 000	88 000	55 000	83 000	306 000
3	Location	70 000	72 000	73 000	79 000	294 000
4	Gestion	120 000	123 000	124 000	132 000	499 000
5	CA 2008	270 000	283 000	252 000	294 000	1 099 000
6		Trim1	Trim2	Trim3	Trim4	Année 2007
7	Ventes	73 000	76 000	52 000	74 000	275 000
8	Location	53 000	52 000	53 000	54 000	212 000
9	Gestion	107 000	112 000	113 000	115 000	447 000
10	CA 2007	233 000	240 000	218 000	243 000	934 000

Nous voulons que les étiquettes des données servent de légende au diagramme, il faut les inclure dans la sélection des données à représenter, bien que dans notre cas les étiquettes ne soient pas contiguës aux données.

■ Sélectionnez les plages A1:A4 et F1:F4 en maintenant la pression sur la touche Ctrl.

■ Sous l'onglet **Insertion**>groupe **Graphiques**, cliquez sur le bouton **Secteurs**. Puis, dans la galerie, cliquez sur la première vignette.

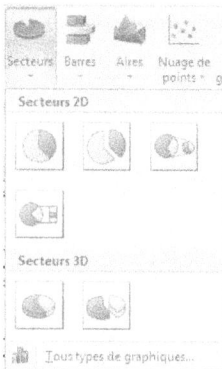

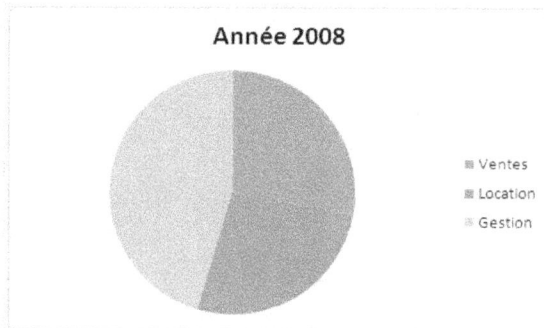

Un titre a été créé parce que l'étiquette de la série représentée était incluse dans la sélection. Modifiez le titre : cliquez dans le titre, et remplacez le texte par `Répartition par activité - Année 2008`.

CAS 21 : MAÎTRISER LES GRAPHIQUES

Le graphique est créé dans un cadre, cliquez en dehors sur une cellule hors du cadre. Cliquez ensuite sur l'objet graphique. Lorsque ce dernier est sélectionné le contour apparaît grisé avec des poignées aux quatre coins et au milieu des quatre côtés. L'onglet contextuel **Outils de graphique/Création** s'affiche.

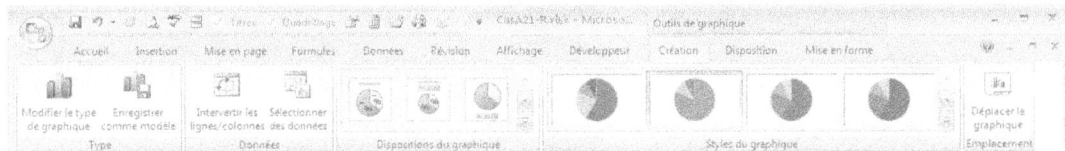

- Pour modifier le graphique : cliquez sur le bouton **Modifier le type de graphique**, puis cliquez sur une vignette, représentant le type de graphique souhaité.

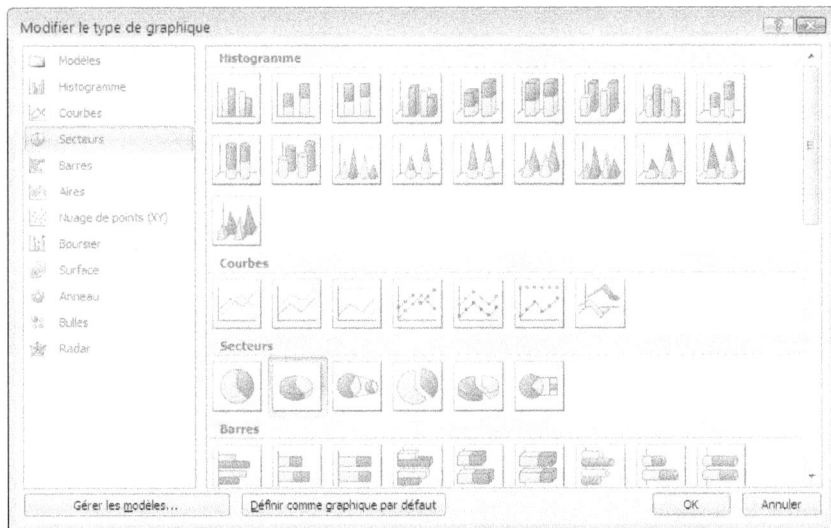

- Vous pouvez ensuite sélectionner une variante de couleur dans la galerie **Style de graphique**.
- Sous l'onglet **Outils de graphique/Disposition**>groupe **Arrière-plan**, cliquez sur le bouton **Rotation 3D** puis, sous la section **Rotation**, spécifiez la zone <Y:> 30%, validez par [OK].

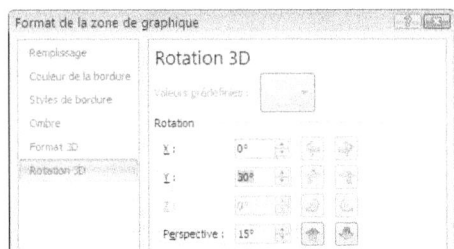

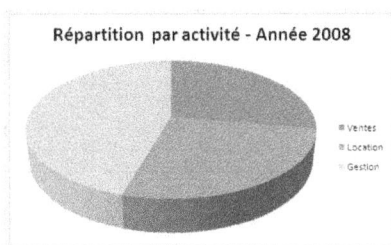

- Pour placer les étiquettes des données sur le graphique : sous l'onglet **Outils de graphique/ Disposition**>groupe **Étiquettes**, cliquez sur le bouton **Étiquettes de données** puis sur *Bord intérieur*. (les autres positions sont *Centre*, *Bord extérieur*, *Ajuster* ou Aucune pour enlever les étiquettes du graphique).
- Cliquez sur une étiquette de données puis, sous **Outils de graphique/Mise en forme,** cliquez sur **Remplissage de forme** et choisissez le *Blanc.*

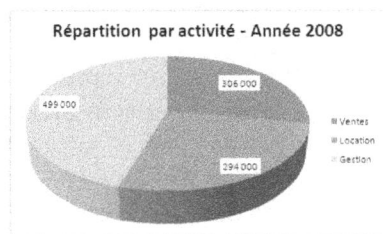

CAS 21 : MAÎTRISER LES GRAPHIQUES

- Changez la couleur d'un secteur : cliquez sur le secteur une première fois (c'est l'ensemble des formes de la série de données qui est sélectionné), cliquez sur le secteur une deuxième fois (c'est la forme qui est sélectionnée). Cliquez ensuite sur **Remplissage de forme**, et choisissez la couleur standard *Jaune*.
- Dimensionnez et positionnez l'objet graphique sous le tableau.

	A	B	C	D	E	F
1		Trim1	Trim2	Trim3	Trim4	Année 2008
2	Ventes	80 000	88 000	55 000	83 000	306 000
3	Location	70 000	72 000	73 000	79 000	294 000
4	Gestion	120 000	123 000	124 000	132 000	499 000
5	CA 2008	270 000	283 000	252 000	294 000	1 099 000
6		Trim1	Trim2	Trim3	Trim4	Année 2007
7	Ventes	73 000	76 000	52 000	74 000	275 000
8	Location	53 000	52 000	53 000	54 000	212 000
9	Gestion	107 000	112 000	113 000	115 000	447 000
10	CA 2007	233 000	240 000	218 000	243 000	934 000

Répartition par activité - Année 2008

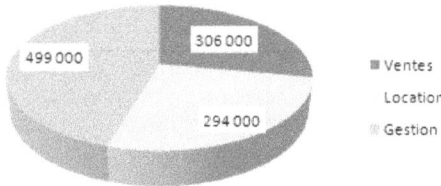

- Créez un deuxième graphique sectoriel pour les données de l'année 2007. Procédez comme précédemment avec les chiffres de 2007

2-CRÉEZ UN GRAPHIQUE POUR COMPARER DEUX SÉRIES

Nous voulons représenter les CA trimestriels des années 2007 et 2008 par des histogrammes.

	A	B	C	D	E	F
1		Trim1	Trim2	Trim3	Trim4	Année 2008
2	Ventes	80 000	88 000	55 000	83 000	306 000
3	Location	70 000	72 000	73 000	79 000	294 000
4	Gestion	120 000	123 000	124 000	132 000	499 000
5	CA 2008	270 000	283 000	252 000	294 000	1 099 000
6		Trim1	Trim2	Trim3	Trim4	Année 2007
7	Ventes	73 000	76 000	52 000	74 000	275 000
8	Location	53 000	52 000	53 000	54 000	212 000
9	Gestion	107 000	112 000	113 000	115 000	447 000
10	CA 2007	233 000	240 000	218 000	243 000	934 000

- Sélectionnez les données à représenter : sélectionnez ensemble les plages A1:E1, A5:E5, et A10:E10 en maintenant la pression sur la touche Ctrl.
- Sous l'onglet **Insertion**>groupe **Graphiques**, cliquez sur le bouton **Colonnes**. Puis, dans la galerie, cliquez sur la première vignette.
- Sous l'onglet **Outils de graphique/ Disposition**, cliquez sur le bouton **Titre du graphique** puis sur *Au-dessus du graphique*.
- Dans la cadre titre, remplacez le texte par Comparaison trimestrielle 2007/2008.

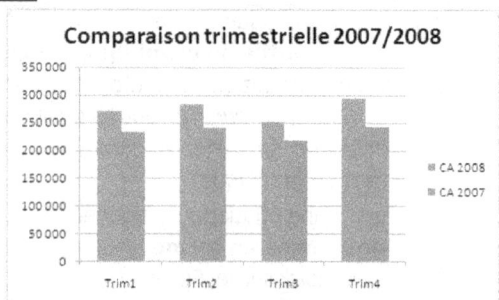

Comparaison trimestrielle 2007/2008

CAS 21 : MAÎTRISER LES GRAPHIQUES

- Ajoutez un titre à l'axe des Y : sous l'onglet **Outils de graphique/Disposition**, cliquez sur le bouton **Titre des axes** puis sur *Titre de l'axe vertical principal* et enfin sur *Titre pivoté*. Remplacez le texte de ce titre par `Chiffre d'affaires`. Cliquez sur le cadre du titre de vertical puis, sous l'onglet **Accueil**>groupe **Police**, cliquez sur le bouton **Gras** pour enlever le gras et spécifiez une taille 11.
- Affichez les étiquettes de données seulement pour la série 2008 : cliquez sur une barre de la série 2008, toutes les barres sont sélectionnées. Cliquez sur le bouton **Étiquettes de données** puis sur *Bord extérieur*.
  Cliquez une fois sur une étiquette pour les sélectionner toutes puis, sous l'onglet **Outils de graphique/Mise en forme**, cliquez sur **Remplissage de forme** et choisissez la couleur *Blanc*. Puis, cliquez sur **Effet sur la forme** puis sur *Lumière* et enfin cliquez sur un effet de lumière (le premier de la deuxième rangée).

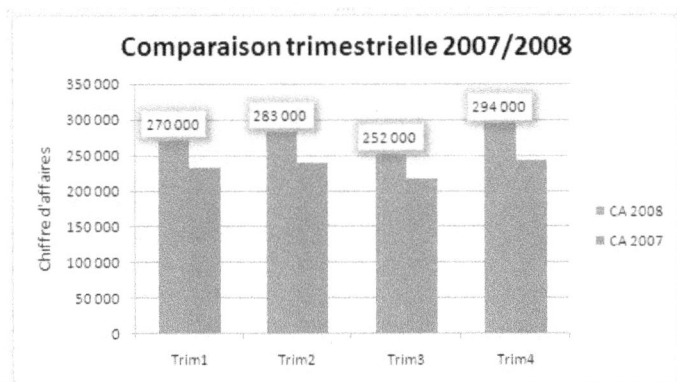

3-MODIFIEZ L'ASPECT DU DIAGRAMME

- Placez la légende sous le graphique : **Outils de graphique/Disposition**>groupe **Étiquettes**, cliquez sur **Légende** puis sur *Afficher la légende en bas*.
- Modifiez la taille des caractères de la légende : cliquez sur le cadre légende puis sous l'onglet **Accueil**>groupe **Police**, spécifiez la taille `11`.
- Modifiez l'ordonnée à l'origine, l'axe des Y commencera à l'ordonnée 170000 : cliquez sur le bouton **Axes** sur le Ruban puis sur *Axe vertical principal* et enfin sur *Autres options de l'axe vertical principal...* En regard de **Minimum**, activez <⊙ Fixe>, spécifiez `170000`, validez par [OK].

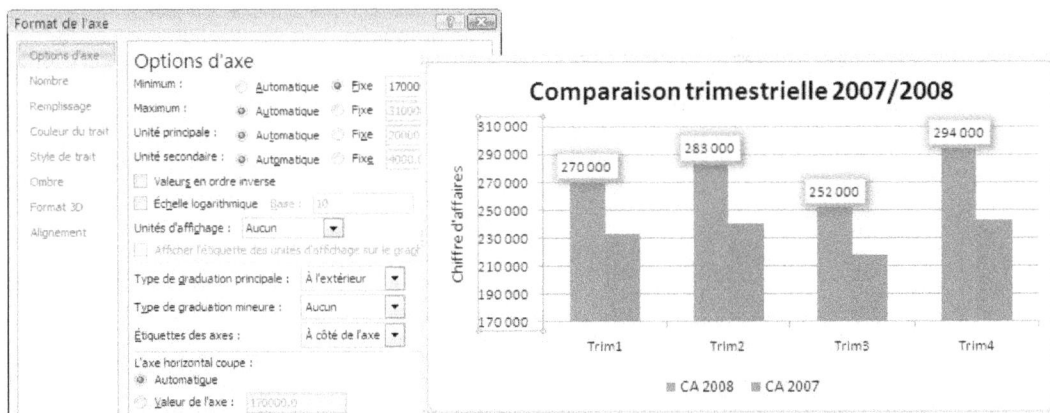

- Essayez différents types de graphique : cliquez sur **Modifier le type de graphique** sur le Ruban ou cliquez droit sur l'objet graphique puis sur la commande *Modifier le type de graphique....*

■ *Sélectionnez la vignette d'un type de graphique.*

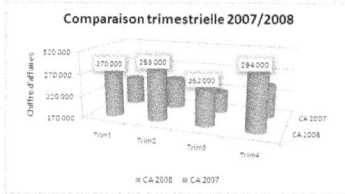

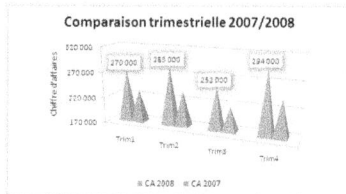

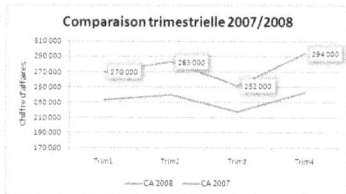

4-COMPAREZ VISUELLEMENT L'ÉVOLUTION DE PLUSIEURS ACTIVITÉS

■ Sélectionnez la plage A6:E9 incluant les étiquettes des données Trim1, Trim2, Trim3, Trim4. Créez le graphique en colonnes. Intervertissez les lignes et les colonnes dans le graphique.

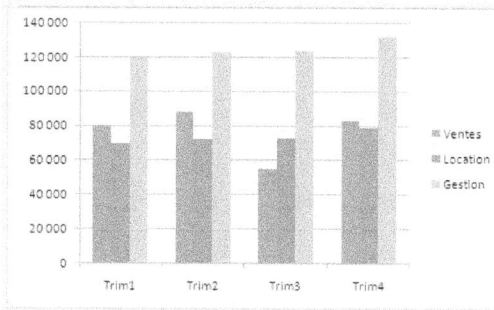

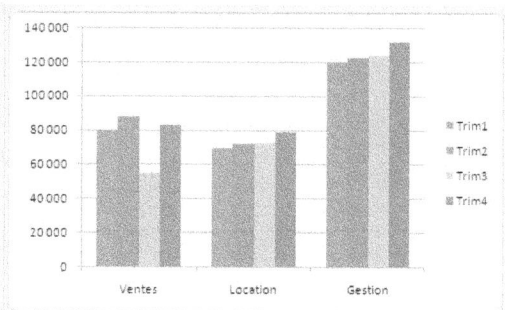

■ Ajoutez un titre principal et un titre pour l'axe vertical. Modifiez l'ordonnée à l'origine et changez le style de présentation.

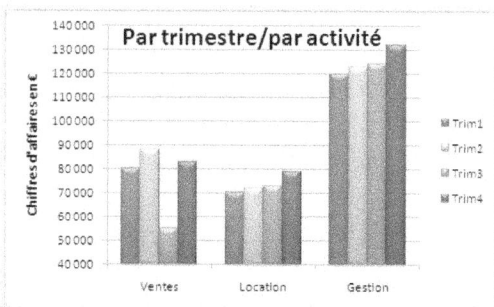

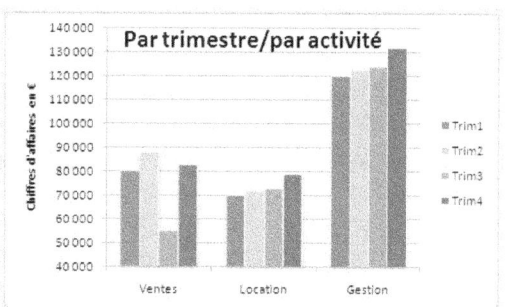

■ Intervertissez lignes et colonnes, modifiez le type de graphique, ajoutez les lignes de série, modifiez la valeur minimum des Y. Ajoutez des étiquettes de données avec taille des caractères 8, remplissage blanc et contour gris.

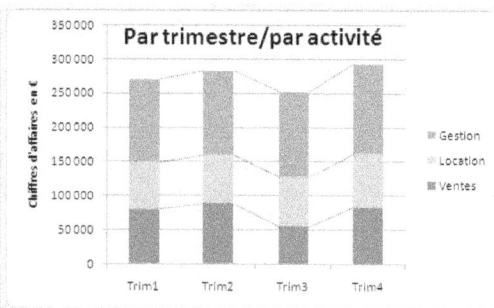

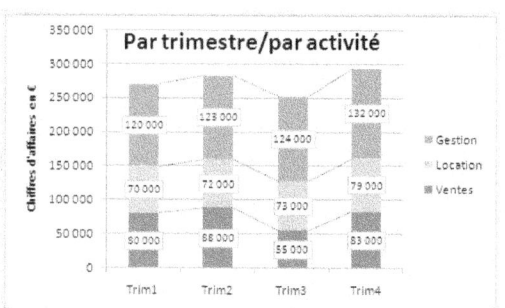

■ Enregistrez et fermez le classeur.

CAS 22 : CONTRÔLE ET PROTECTION DES DONNÉES

Aide à la saisie

Validation des données	Validation des données
Options — Message de saisie — Alerte d'erreur	Options — **Message de saisie** — Alerte d'erreur
Critères de validation	☑ Quand la cellule est sélectionnée
Autoriser :	Afficher le message de saisie suivant
Date ▾ ☑ Ignorer si vide	Titre :
Données :	Date de facture
comprise entre ▾	Message de saisie :
Date de début :	Saisissez une date de l'année 2008
01/01/2008	
Date de fin :	
31/12/2008	
☐ Appliquer ces modifications aux cellules de paramètres identiques	
Effacer tout — OK — Annuler	Effacer tout — OK — Annuler

Déverrouillez des cellules

Format de cellule

Nombre — Alignement — Police — Bordure — Remplissage — **Protection**

☑ Verrouillée

☐ Masquée

Le verrouillage des cellules ou le r
(onglet Révision, groupe Modifica

Nombre — Alignement — Police — Bordure — Remplissage — Protection

☐ Verrouillée

☐ Masquée

Le verrouillage des cellules ou le masquage des formules sont sans effet si la feuille n'est pas protégée (onglet Révision, groupe Modifications, bouton Protéger la feuille).

Autorisez avec un mot de passe la modification de cellules verrouillées

Permettre la modification des plages

Plages déverrouillées par un mot de passe lorsque la feuille est protégée :

| Titre | Fait référence aux cellules | Nouvelle... |

Indiquez qui peut modifier la plage sans m

Autorisations...

☐ Coller les informations sur les autorisat

Protéger la feuille... — OK

Nouvelle plage

Titre :
Plage 1

Fait référence aux cellules :
=H3:H100

Mot de passe de la plage :
•••••

Autorisations d'accès... — OK — Annuler

Permettre la modification des plages

Plages déverrouillées par un mot de passe lorsque la feuille est protégée :

Titre	Fait référence aux cellules	Nouvelle...
Plage 1	$H$3:$H$100	Modifier...
		Supprimer

Indiquez qui peut modifier la plage sans mot de passe :

Autorisations...

☐ Coller les informations sur les autorisations dans le nouveau classeur

Protéger la feuille... — OK — Annuler — Appliquer

Protégez le classeur : la structure et/ou le fichier

Protéger la structure et les fenêtres

Éléments à protéger

☑ Structure

☐ Fenêtres

Mot de passe (facultatif) :

OK — Annuler

Options générales

☐ Créer une copie de sauvegarde

Partage du fichier

Mot de passe pour la lecture : •••••

Mot de passe pour la modification : •••••

☐ Lecture seule recommandée

OK — Annuler

CAS 22 : CONTRÔLE ET PROTECTION DES DONNÉES

Fonctions utilisées

- *Validation de la saisie*
- *Extraction d'une liste de noms*
- *Déverrouiller des cellules*

- *Autoriser une plage de saisie*
- *Mise en forme conditionnelle*
- *Protéger un classeur*

20 mn

Vous allez définir des aides à la saisie pour contrôler les valeurs entrées dans les cellules, en autorisant seulement une saisie conforme à un contenu défini à l'avance. Ensuite, vous autoriserez seulement les cellules de saisie à être modifiées, afin d'éviter les modifications malencontreuses qui pourraient écraser des formules. Enfin, vous utiliserez des mots de passe pour interdire l'accès à des utilisateurs non informés des mots de passe.

Les données pour ce cas pratiques sont dans le classeur `CasA22.xlsx` enregistré dans le dossier `C:\Exercices Excel 2007`. Ouvrez le fichier et enregistrez-le sous le nom `CasA22-R.xlsx`.

	A	B	C	D	E	F	G	H	I
1	Date du jour	14/01/08							
2	Date	N° Fac	Client	€ HT	TVA 19,6	€ TTC	Échéance	Payé	
3	31/01/07	1404	BIBLIMEDIA	321,56	63,03	384,59	01/04/07	1	
4	31/01/07	1405	CHORUS	1 037,59	203,37	1 240,96	01/04/07	1	
5	31/01/07	1406	IBFOR	414,72	81,29	496,01	01/04/07	1	
6	28/02/07	1407	BIBLIMEDIA	1 979,01	387,89	2 366,90	29/04/07	1	
7	28/02/07	1408	CHORUS	480,34	94,15	574,49	29/04/07	1	

Cette feuille est conçue pour faire un suivi de factures. Une ligne par facture contient les valeurs suivantes que vous saisissez : la date de facture, le N° de facture, le nom du client, et l'état Payé (valeur=1) ou non. Les autres cellules contiennent des formules la TVA, le montant TTC et la date d'échéance.

Afin d'éviter les erreurs, nous voulons créer des aides à la saisie pour les cellules de saisie, et nous voulons interdire toute modification des autres cellules.

1-CRÉEZ UNE AIDE À LA SAISIE DE DATE

Il s'agit d'interdire toute saisie qui ne serait pas une date et une date de l'année 2008.

- Cliquez sur la cellule A3 puis, sous l'onglet **Données**>groupe **Outils de données**, cliquez sur le bouton **Validation des données**. Le dialogue *Validation des données* s'affiche.

- Sous l'onglet **Options**, dans <Autoriser> : sélectionnez *Date*, dans <Données> : sélectionnez *comprise entre*, dans <Date de début> : saisissez `01/01/08`, dans <Date de fin> : saisissez `31/12/08`. Validez par [OK].

CAS 22 : CONTRÔLE ET PROTECTION DES DONNÉES

- Sous l'onglet **Message de saisie**, dans <Titre> : tapez `Date de facture`, dans <Message de saisie> : tapez `Saisissez une date de l'année 2008`.

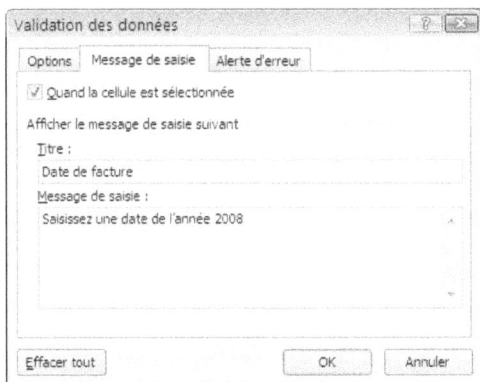

- Sous l'onglet **Alerte d'erreur**, dans <Style> : sélectionnez *Arrêt*, dans <Titre> : tapez `Erreur de date`, dans <Message d'erreur> : tapez `Votre saisie n'est pas une date ou n'est pas une date de l'année 2008`.

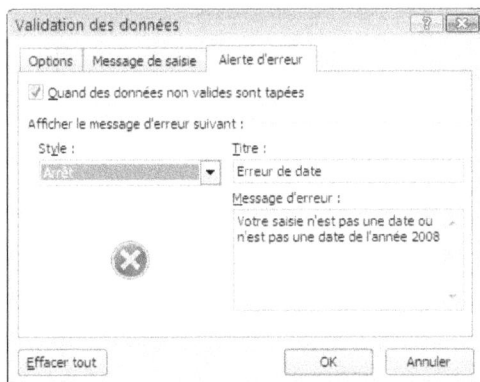

- Pour valider, cliquez sur [OK].
- Sélectionnez la plage de cellule A3:A100 si vous prévoyez que le nombre de factures dans l'année ne dépassera pas 100. Puis, cliquez sur le bouton **Validation des données** sur le Ruban.

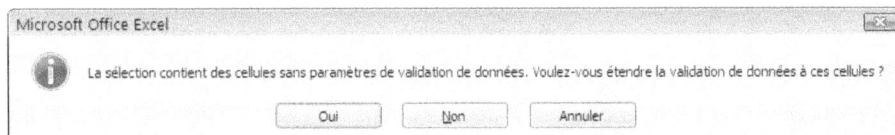

- Répondez [Oui] pour étendre la validation de données de la cellule A3 à toute la plage de données sélectionnée. Le dialogue *Validation des données* s'affiche avec les informations spécifiées pour la cellule A3, validez par [OK] pour les appliquer à toute la plage sélectionnée.

2-CRÉEZ UNE AIDE À LA SAISIE DE NUMÉRO DE FACTURE

- Cliquez sur la cellule B3 en début de colonne puis, sous l'onglet **Données**>groupe **Outils de données**, cliquez sur le bouton **Validation des données**. Le dialogue *Validation des données* s'affiche.
  - Sous l'onglet *Options*, dans <Autoriser> : sélectionnez *Nombre entier*, dans <Données> : sélectionnez *supérieur à*, dans <Minimum> : tapez `1404` (1er numéro de facture de l'année).

- Sous l'onglet **Message de saisie**, dans <Titre> : tapez `Numéro de facture`, dans <Message de saisie> : `Saisissez le numéro de facture.`
- Sous l'onglet **Alerte d'erreur**, dans <Style> : sélectionnez *Arrêt*, dans <Titre> : tapez `Erreur de numéro de facture`, dans <Message d'erreur> : tapez `Le numéro saisi n'est pas valide.`
- Validez en cliquant sur [OK].
- Étendez comme précédemment la validation de données de la cellule B3 à toute la plage B3:B100.

3-CRÉEZ UNE AIDE À LA SAISIE DU NOM DE CLIENT

Nous voulons que le nom du client soit sélectionné dans une liste déroulante. Nous voulons mettre initialement dans cette liste les noms de client qui sont actuellement dans le tableau. Pour établir cette liste initiale, nous allons extraire les noms sans retenir les doublons.

- Créez une nouvelle feuille et nommez-la `Clients`.
- Dans la cellule A1 de la feuille *Clients*, saisissez `Client` en respectant exactement l'orthographe de l'étiquette de la colonne *Client* dans le tableau des factures.
- Sélectionnez la plage A1:A2 (car il faut au moins deux cellules) puis, sous l'onglet **Données**> groupe **Trier et filtrer**, cliquez sur le bouton **Avancé**.

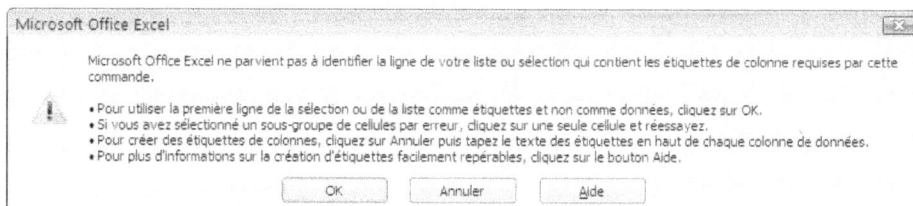

- Cliquez sur [OK] pour considérer la première ligne comme une étiquette.

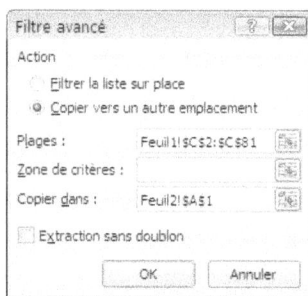

- Cochez l'option <⊙ Copiez vers un autre emplacement>. Cliquez dans la zone <Plages> : sélectionnez la colonne qui contient les noms de client dans la feuille *Factures*. Cliquez dans la zone <Copier dans> : cliquez sur la cellule A1 de la feuille *Clients* qui contient l'étiquette. Cochez l'option <☑ Extraction sans doublon>. Validez par [OK].
- Triez la liste des clients dans la feuille *Clients*. Et nommez cette liste `Clients_Noms` sans inclure l'étiquette.
- Dans la feuille *Factures*, cliquez sur la cellule C3 puis, sous l'onglet **Données**>groupe **Outils de données**, cliquez sur **Validation des données**. Le dialogue *Validation des données* s'affiche.
  - Sous l'onglet **Options**, dans <Autoriser> : sélectionnez *Liste*, cliquez dans la zone <Source> : tapez `F3` et sélectionnez le nom *Clients_Noms*.
  - Sous l'onglet **Messages de saisie**, cochez <☑ Quand la cellule est sélectionnée>, dans <Titre> : tapez `Nom de client`, dans <Message de saisie> : `Sélectionnez le nom de client.`

CAS 22 : CONTRÔLE ET PROTECTION DES DONNÉES

- Sous l'onglet *Message d'erreur*, cochez la case <☑ Quand des données non valides sont tapées>, dans <Style> : sélectionnez *Arrêt*, dans <Titre> : tapez `Erreur de nom de client`, dans >Message d'erreur> : tapez `Vous avez saisi un nom qui n'est pas dans la liste`

- Validez en cliquant sur [OK].
- Étendez comme précédemment la validation de données à la plage C3:C100.

4-Créez une aide à la saisie du montant HT

- Cliquez sur la cellule D3 en début de colonne puis, sous l'onglet **Données**>groupe **Outils de données**, cliquez sur le bouton **Validation des données**. Le dialogue *Validation des données* s'affiche.

  - Sous l'onglet *Options*, dans <Autoriser> : sélectionnez *Nombre décimal*, dans <Données> : sélectionnez *supérieure à*, dans <Valeur> : tapez `0`.

  - Sous l'onglet *Message de saisie*, dans <Titre> : tapez `Montant HT de la facture`, dans <Message de saisie> : `Saisissez le montant HT en € de la facture`.

  - Sous l'onglet *Alerte d'erreur*, dans <Style> : sélectionnez *Arrêt*, dans <Titre> : tapez `Erreur de montant`, dans <Message d'erreur> : tapez `Vous n'avez pas saisi un nombre décimal`.

- Validez en cliquant sur [OK].
- Étendez comme précédemment la validation de données à la plage D3:D100.

5-Créez une aide à la saisie de l'état du paiement

- Cliquez sur la cellule H3 puis, sous l'onglet **Données**>groupe **Outils de données**, cliquez sur le bouton **Validation des données**. Le dialogue *Validation des données* s'affiche.

  - Sous l'onglet *Options*, dans <Autoriser> : sélectionnez *Liste*, cliquez dans la zone <Source> : tapez `1;0`.

  - Sous l'onglet *Message de saisie*, cochez <☑ Quand la cellule est sélectionnée>, dans <Titre> : tapez `Paiement de la facture 1/0`, dans <Aide à la saisie> : `Vous devez saisir 1 (pour réglée) ou 0 (pour Non réglée)`

  - Sous l'onglet *Alerte d'erreur*, cochez la case <☑ Quand des données non valides sont saisies>, dans <Style> : sélectionnez *Arrêt*, dans <Titre> : tapez `Erreur de saisie`, dans <Message d'erreur> : tapez `Vous n'avez pas saisi 1 ou 0`.

- Validez en cliquant sur [OK].
- Étendez comme précédemment la validation de données à la plage H3:H100.

6-Autorisez la modification seulement pour les cellules de saisie

Par défaut, toutes les cellules d'une feuille sont verrouillées. Lorsqu'une cellule est verrouillée, il n'est plus possible de la modifier lorsque la feuille est protégée. Mais tant que la feuille n'est pas protégée il reste possible de modifier toutes les cellules même celles qui sont définies comme verrouillées.

Vous allez déverrouiller les cellules de saisie de notre tableau.

- Sélectionnez A3:D100 puis, sous l'onglet **Accueil**>groupe **Cellules**, cliquez sur le bouton **Format** puis sur *Verrouiller la cellule*. Par défaut, toutes les cellules d'une feuille sont verrouillées, dans le menu **Format** vous constatez que l'icône devant la commande *Verrouiller la cellule* est surlignée. Lorsque cette commande est surlignée, il suffit de cliquer dessus pour déverrouiller les cellules sélectionnées.

- Protégez la feuille de calcul : cliquez sur le bouton **Format** puis sur la commande *Protéger la feuille*... Le dialogue *Protéger la feuille* s'affiche, pour le moment n'entrez pas de mot de passe, validez par [OK].

CAS 22 : CONTRÔLE ET PROTECTION DES DONNÉES

- Vérifiez la protection des cellules, en essayant de modifier une cellule autre que celles de saisie. Un message vous informe que la cellule ne peut être modifiée, validez le message.
- Constatez aussi que si vous modifiez un montant de facture, les formules des cellules protégées par le verrouillage sont tout de même recalculées.

Déverrouillez la plage H3:H100.

- Il faut commencer par ôter la protection de la feuille : cliquez sur le bouton **Format** sur le Ruban puis sur la commande *Ôter la protection de la feuille...*
- Sélectionnez ensuite la plage H3:H100 puis, sous l'onglet **Accueil**>groupe **Police**, cliquez sur le **Lanceur** du groupe. Le dialogue *Format de cellule* s'affiche, cliquez sur l'onglet **Protection** puis décochez la case <□ Verrouillée>, validez par [OK].
- Réactivez ensuite la protection de la feuille, décochez la case <□ Sélectionner les cellules verrouillées> ainsi seules les cellules déverrouillées pourront être sélectionnées.

Une fois la protection de la feuille activée, vous ne pouvez plus modifier que les cellules non verrouillées, c'est-à-dire dans notre cas les cellules de saisie. Mais les formules sont recalculées même dans les cellules verrouillées.

Notez que la protection de la feuille ne s'applique qu'à la feuille active, si vous voulez protéger plusieurs feuilles à la fois, il faut les sélectionner les feuilles ensemble avant d'exécuter la commande de protection.

7-PROTÉGEZ LES CELLULES DE SAISIE PAR MOT DE PASSE

Vous pouvez faire en sorte que certaines cellules verrouillées puissent être modifiées seulement par des personnes qui connaissent un mot de passe, même lorsque la feuille est protégée.

- Ôtez la protection de la feuille puis, sous l'onglet **Révision**>groupe **Modifications**, cliquez sur le bouton **Permettre la modification des plages**.

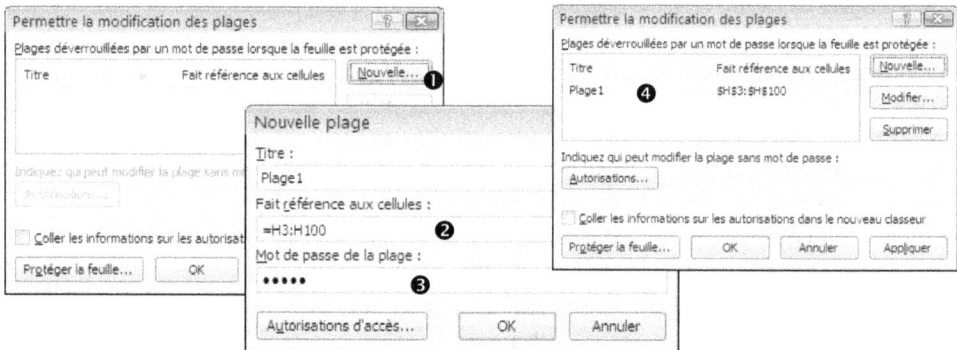

- Cliquez sur [Nouvelle] ❶, cliquez dans la zone ❷, sélectionnez la plage H3:H100 dans la feuille, entrez le mot de passe `tsoft`❸, validez par [OK]. Le mot de passe vous est demandé à nouveau, validez par [OK]. La plage autorisée est ajoutée à la liste ❹.
- Protégez la feuille, puis essayez de modifier une cellule de la colonne *Payé*. Le mot de passe vous est demandé. Après avoir entré le mot de passe une fois, vous pouvez saisir dans toutes les cellules H1:H100.

8-RENDEZ INVISIBLES LES FORMULES DE CERTAINES CELLULES

Vous pouvez masquer la formule dans la barre de formule quand une cellule est sélectionnée, cette invisibilité n'est active que lorsque la feuille a été protégée.

Dans cet exercice, vous allez masquer les formules de calcul de la date d'échéance.

CAS 22 : CONTRÔLE ET PROTECTION DES DONNÉES

- Il faut commencer par ôter la protection de la feuille : cliquez sur le bouton **Format** sur le Ruban puis sur la commande *Ôter la protection de la feuille...*
- Sélectionnez ensuite la plage G3:G100 puis cliquez sur le bouton **Format** sur le Ruban, cliquez ensuite sur *Format de cellule...* Le dialogue s'affiche, cliquez sur l'onglet **Protection**, puis cochez la case <☑ Masquée>, validez par [OK].
- Protégez la feuille pour rendre le masquage effectif.
- Pour le vérifier ensuite, cliquez sur des cellules contenant les dates d'échéance, vous pouvez constater que la formule est invisible dans la barre de formule.

9-SURLIGNEZ EN COULEUR LES FACTURES EN RETARD DE RÈGLEMENT

- Sélectionnez A3:H3 puis, sous l'onglet **Accueil**>groupe **Style**, cliquez sur le bouton **Mise en forme conditionnelle**, puis cliquez sur *Nouvelle règle...*

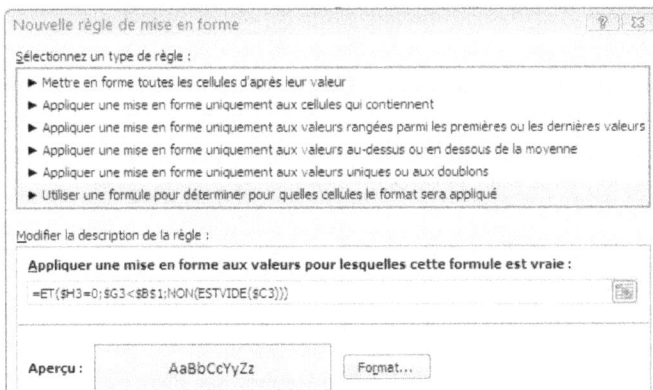

La cellule B1 contient pour l'exemple la date 14/01/09. Dans un cas réel, la cellule B1 contiendra la date du jour par la formule =AUJOURDHUI(). L'échéance de règlement de la facture de la ligne 3 est dépassée si $G3<$B$1.

- – Sélectionnez *Utiliser une formule pour déterminer pour quelles cellules le format sera appliqué*.
- – Saisissez le critère =ET($H3=0;$G3<$B$1;NON(ESTVIDE($C3))).
- – Cliquez sur le bouton [Format], choisissez la couleur de remplissage *Jaune*, validez par [OK].
- Validez la règle par [OK].

La règle a été définie pour les cellules sélectionnées de la 3e ligne.

Nous voulons étendre la règle de mise en forme conditionnelle à toute la plage A3:H100.

- Cliquez sur une cellule concernée par la règle puis, sous l'onglet **Accueil**>groupe **Style**, cliquez sur le bouton **Mise en forme conditionnelle**, cliquez enfin sur *Gérer les règles...*

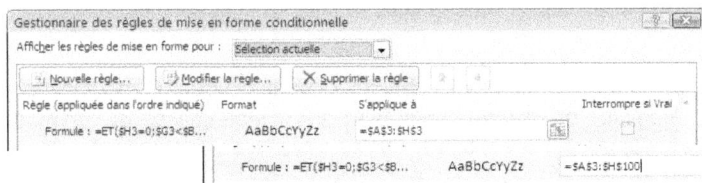

- Modifiez la zone <S'applique à> en =$A$3:$H$100. Il était important que, dans le critère, la référence à la ligne 3 soit une référence relative pour que le critère s'applique à toutes les lignes.

	A	B	C	D	E	F	G	H
1	Date du jour	14/01/09						
2	Date	N° Fac	Client	€ HT	TVA 19,6	€ TTC	Échéance	Payé
3	31/01/08	1404	BIBLIMEDIA	321,56	63,03	384,59	31/03/08	0
4	31/01/08	1405	CHORUS	1 037,59	203,37	1 240,96	31/03/08	1
5	31/01/08	1406	IBFOR	414,72	81,29	496,01	31/03/08	1
6	28/02/08	1407	BIBLIMEDIA	1 979,01	387,89	2 366,90	28/04/08	1
7	28/02/08	1408	CHORUS	480,34	94,15	574,49	28/04/08	1
8	28/02/08	1409	CHORUS	219,77	43,07	262,84	28/04/08	1
9	28/02/08	1410	CHORUS	1 562,36	306,22	1 868,58	28/04/08	0

10-PROTÉGEZ LA FEUILLE AVEC UN MOT DE PASSE

Lorsque vous activez la protection d'une feuille, vous pouvez définir un mot de passe, afin d'empêcher une personne ne connaissant pas ce mot de passe de désactiver la protection de la feuille. Si un mot de passe a été défini, il est demandé pour ôter la protection de la feuille

■ Ôtez la protection puis protégez à nouveau la feuille par un autre bouton : sous l'onglet **Révision**>groupe **Modifications**, cliquez sur le bouton **Protéger la feuille** puis saisissez le mot de passe : `tsoft`. Validez par [OK]. Un dialogue vous demande de confirmer le mot de passe, saisissez le même mot de passe et validez par [OK].

■ Pour ôter la protection, le mot de passe va vous être demandé : cliquez sur le bouton **Ôter la protection de la feuille** sur le Ruban (onglet Révision>groupe Modifications).

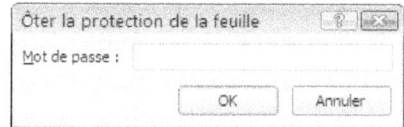

11-PROTÉGEZ LE DOCUMENT CLASSEUR

En protégeant le document classeur, vous rendez impossible d'insérer des feuilles, d'en supprimer, de les renommer ou de les déplacer ou les copier.

■ Cliquez sur le bouton **Protéger le classeur** sur le Ruban. Le mot de passe n'est pas obligatoire, mais pour l'exercice entrez le mot de passe `tsoft`. Validez par [OK].

■ Vérifiez l'effet, en essayant d'ajouter une feuille, ou de renommer une feuille... ce n'est plus possible, les commandes concernées sont désactivées.

■ Déprotégez le classeur : cliquez sur le bouton **Ôter la protection du classeur** sur le Ruban. Entrez le mot de passe, cliquez sur [OK].

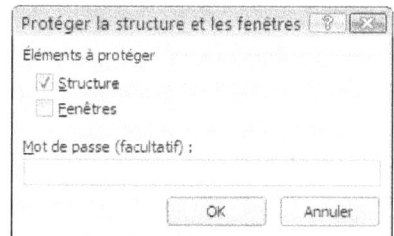

12-CONFIDENTIALITÉ : METTEZ UN MOT DE PASSE POUR OUVRIR LE FICHIER CLASSEUR

■ Cliquez sur le **bouton Office** puis sur *Enregistrer sous*. Dans le dialogue *Enregistrer sous*, cliquez sur le bouton [Outils] puis sur **Options générales**...

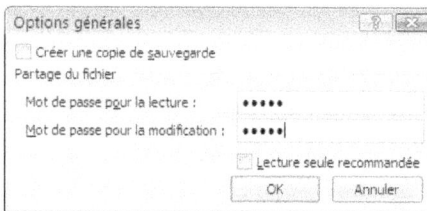

Dans cet exercice, entrez le mot de passe `tsoft` dans les deux zones.

■ Saisissez le mot de passe à connaître pour la lecture et celui à connaître pour la modification, validez par [OK]. Excel affiche ensuite un dialogue pour saisir à nouveau chacun de ces mots de passe.

■ Pour valider les mots de passe, cliquez sur le bouton [Enregistrer].

■ Fermez le *classeur*, puis ouvrez le fichier classeur pour vérifier que les mots de passe vous sont demandés.

Supprimez le mot de passe du fichier classeur :

■ Procédez comme précédemment, mais au lieu de saisir un mot de passe, effacez les deux zones <Mot de passe pour la lecture> et <Mot de passe pour la modification> dans le dialogue *Options générales*.

■ Fermez le classeur, puis vérifiez que vous pouvez ouvrir le classeur sans mot de passe.

INDEX

M

Macro

O

Objet

P

R

S

www.ingramcontent.com/pod-product-compliance
Lightning Source LLC
Chambersburg PA
CBHW080553090426
42735CB00016B/3217